böhlau

Machtfaktor Religion

Formen religiöser Einflussnahme
auf Politik und Gesellschaft

herausgegeben von
Bernd Oberdorfer und Peter Waldmann

2012

BÖHLAU VERLAG KÖLN WEIMAR WIEN

Bibliografische Information der Deutschen Nationalbibliothek:
Die Deutsche Nationalbibliothek verzeichnet diese Publikation in der
Deutschen Nationalbibliografie; detaillierte bibliografische Daten sind
im Internet über http://dnb.d-nb.de abrufbar.

© 2012 by Böhlau Verlag GmbH & Cie, Köln Weimar Wien
Ursulaplatz 1, D-50668 Köln, www.boehlau-verlag.com

Druck und Bindung: Strauss GmbH, Mörlenbach
Gedruckt auf chlor- und säurefreiem Papier
Printed in Germany

ISBN 978-3-412-20826-4

Vorwort

Der Impuls für den vorliegenden Band ging von einer Tagung aus, die die Herausgeber unter dem Titel „Geistliche in Machtpositionen und als Machtberater" im April 2008 in Kooperation mit dem Hamburger Institut für Sozialforschung (HIS) ausgerichtet haben. Bei der Vorbereitung war Herr PD Dr. Ulrich Bielefeld ein verlässlicher Partner. Das HIS übernahm großzügig die gesamte Finanzierung, und die Gastfreundschaft des Hamburger Hauses war dem interdisziplinären Geist ausgesprochen förderlich, in dem die Tagung stattfand. Dafür sei dem HIS und namentlich seinem Direktor, Herrn Prof. Dr. Jan Philipp Reemtsma, herzlich gedankt. Für die Veröffentlichung wurden Aufbau und Gliederung erheblich verändert; außerdem kamen weitere Beiträge sowie eine Einführung (B. Oberdorfer) und ein die Ergebnisse der Einzelstudien in ein typologisches Schema zusammenführendes Schlusskapitel (P. Waldmann) hinzu.

Über Konzeption und Anlage des Bandes und die Einzelbeiträge gibt die Einführung ausführlich Auskunft. Das Vorwort kann sich daher auf den Dank beschränken:

Der Böhlau Verlag hat von Anfang an großes Interesse für das Projekt gezeigt und den Band bereitwillig in sein Verlagsprogramm aufgenommen. Dafür danken wir ebenso wie für die Unterstützung bei den Formatierungsarbeiten. Diese wurden am Lehrstuhl für Systematische Theologie an der Universität Augsburg vorgenommen. Um den Satz verdient gemacht hat sich besonders Frau Margit Schuster. Akribisch Korrektur gelesen haben Frau Bettina Wisiorek, M.A., und Herr Dr. habil. Stefan Scholz. Mitgewirkt haben ebenfalls die studentischen Hilfskräfte Stefanie Knuff und Miriam Schoeller. Ihnen allen danken wir herzlich.

Erfreulicherweise haben wir großzügige finanzielle Unterstützung erhalten: Die Vereinigte Evangelisch-Lutherische Kirche Deutschlands (VELKD) stellte ebenso wie die Evangelisch-Lutherische Kirche in Bayern erhebliche Mittel zur Verfügung. Auch die Kurt-Bösch-Stiftung sowie der Rotary Club Augsburg-Römerstadt haben namhafte Druckkostenzuschüsse beigesteuert. Allen Gebern sei mit Nachdruck gedankt.

Augsburg, im Juli 2011

Bernd Oberdorfer und Peter Waldmann

Inhalt

Teil 3: Religion und Politik

Teil 4: Machtrochaden: Religiöse Funktionsträger in Phasen politischen Wandels

Schluss

Religiöser Einfluss in Staat und Gesellschaft
Eine Problemskizze

Bernd Oberdorfer

1. Die Macht der Machtlosen?

Stalins Frage, wie viele Divisionen der Papst habe, ist zum geflügelten Wort geworden.[1] Selten hat sich die Geringschätzung des innerweltlichen Einflusses von Religion so unverblümt ausgesprochen. Wer seinen Ansprüchen nicht ggf. auch mit physischer Gewalt Nachdruck verleihen kann – so ist die Botschaft –, der ist als Akteur, als Partner wie als Gegner, nicht ernst zu nehmen. Wurde dieses Wort im ‚Kalten Krieg‘ vom erschreckten Westen lange Zeit als Ausdruck eines transzendenz-, zumindest kulturlosen Materialismus herangezogen, der auf nichts als die Macht des Faktischen, genauer: die Macht selbstgesetzter Fakten baut, so hat sich die Perspektive seit dem Ende des osteuropäischen Staatssozialismus gewandelt. Das Zitat erscheint jetzt als Beleg für eine Realitätsblindheit, die die Wirkmacht geistig-kultureller, speziell religiöser Kräfte verkennt und dafür längerfristig mit dem Untergang büßt. Gepaart ist dies häufig mit dem Hinweis auf die Bedeutung, die Papst Johannes Paul II. für den Legitimitätsverlust des sozialistischen Systems zuerst in Polen, dann im ganzen „Warschauer Pakt“ gewonnen habe.[2] „Wojtyla und Reagan“, so heißt es dann, haben den Ostblock zu Fall gebracht (wobei „Reagan“ sozusagen für die Divisionen steht, die der Papst nicht hatte, mit denen man aber – so diese Deutungsperspektive – zumindest drohen können muss). Stalin selbst hatte in seinem eigenen Machtbereich übrigens durchaus ein Gespür für die mentalitätsprägende Wirkung institutionell kommunizierter religiöser Überzeugungen. Dies zeigt nicht nur der groß angelegte Versuch, die orthodoxe Kirche als bewahrende

---

[1] Stalin lehnte damit auf der Konferenz von Jalta eine Beteiligung des Vatikans an den Friedensverhandlungen ab.

[2] So u.a. Michail Gorbatschow.

Kraft des ‚alten Systems‘ zu zertrümmern, in den 30er-Jahren des 20. Jahrhunderts, dem bekanntlich u.a. eine Vielzahl von Priestern zum Opfer fiel, sondern mindestens ebenso sehr die Kehrtwendung im II. Weltkrieg, als nach dem deutschen Überfall die Maßnahmen gegen die Kirche aufgehoben wurden, weil der verbliebene Einfluss der Kirche auf die ‚Seelen‘ zur Erweckung und Verstärkung jenes patriotischen Geistes genutzt werden sollte, der Einsatzbereitschaft und Durchhaltewillen im „Großen Vaterländischen Krieg" motivierte – und die Kirche ließ sich umstandslos darauf ein, teils weil die Symbiose mit der Nation der tief verwurzelten orthodoxen Tradition entsprach, teils gewiss auch wegen der damit verbundenen relativen Verbesserung der eigenen Lage.[3]

Die Frage nach dem Einfluss religiöser Institutionen und Funktionsträger in Staat und Gesellschaft – das zeigen bereits diese wenigen Andeutungen – ist komplex und facettenreich. Schon *dass* – und dann auch, *wie* sie gestellt wird, ist aufschlussreich. Als empirisch evident vorausgesetzt wird dabei das Faktum, dass Religionen Einfluss nehmen oder jedenfalls Einfluss haben auf das politisch-gesellschaftliche Leben. Doch gleich hier gerät man ins Stocken. Was ist mit „Religionen" gemeint? Sind es religiöse Überzeugungen, ‚Werte‘ und dergleichen, die diesen Einfluss haben, oder sind es religiöse Kultpraxen, oder religiöse Institutionen und deren leitende oder wie auch immer maßgebliche Funktionsträger? Gibt es in dieser Hinsicht Unterschiede zwischen den konkreten Religionen? Muss eine gewisse ‚kritische Masse‘, d.h. ein hinreichend hoher Anteil der Angehörigen einer Religion an der Gesamtgesellschaft, vorhanden sein, damit man von Einfluss sprechen kann? Und worauf bezieht sich dieser Einfluss? Nur auf die Lebensführung der ggf. durch Sanktionen disziplinierbaren Mitglieder? Und bei diesen nur auf ihre *religiöse* Konformität, oder auch auf ihr *bürgerliches* Leben? Oder greift der Einfluss über die religiöse Institution hinaus und versucht politische Entscheidungen zu lenken, eigene Überzeugungen in die Rechtsetzung und Rechtsprechung einzuspeisen, die öffentliche Meinung zu prägen? Oder geht es um die Selbsterhaltung und Bestandssicherung der Institution? Und *wie* wird dieser Einfluss ausgeübt? Durch Formierung einer nach innen homogenen, nach außen ‚schlagkräftigen‘ Organisation? Durch öffentliche Stellungnahmen? Durch direkten Kontakt leitender Funktionsträger mit politischen Instanzen bzw. deren führenden Repräsentanten? Durch gezielte Lobbyarbeit? Oder gar indem Geistliche selbst politische Ämter übernehmen?

---

[3]   Vgl. Thomas Bremer, Geistliche Würdenträger und politische Macht. Orthodoxie in Russland, in: Bernd Oberdorfer / Peter Waldmann (Hg.), Die Ambivalenz des Religiösen. Religionen als Friedensstifter und Gewalterzeuger, Freiburg i.Br. 2008, 247-265.

Mit diesen Fragen ist ein enorm weites empirisches Feld aufgespannt, aus dem der vorliegende Band einige exemplarische Fallstudien vorstellen wird. Aber nach dem politisch-gesellschaftlichen Einfluss von Religionen zu fragen, enthält darüber hinaus noch eine normative Tiefendimension, die im Verständnis des Religiösen selbst begründet liegt. Nach zweierlei Richtung wird nämlich immer wieder in Zweifel gezogen, ob es tatsächlich angemessen sei, dass religiöse Institutionen und ihre Vertreter nach gesellschaftlichem Einfluss streben. Widerspricht es nicht, so hört man zum einen, dem Wesen der Religion, die das Innerweltliche relativiert und alles Seiende unter das Licht der Transzendenz stellt, innerweltliche Geltung zu suchen? Ist es also nicht zutiefst unreligiös, wenn religiöse Instanzen weltliche Macht beanspruchen? Dieser Zweifel wird nicht primär von außen an die Religionen herangetragen, er begleitet vielmehr die Religionsgeschichte von innen. Es waren und sind immer wieder *religiöse* Menschen, die empfinden, dass der Umgang mit der Macht den Glauben kontaminiere. Die ‚konstantinische Wende' im vierten nachchristlichen Jahrhundert beispielsweise, in der das Christentum von der verfolgten Sekte zur öffentlich geförderten Religionsgemeinschaft mit vielfältigen Gestaltungsmöglichkeiten wurde, ist immer wieder als großes Verhängnis, gar Sündenfall der Christenheit wahrgenommen worden, da diese hier für weltliche Geltung und sicheres Auskommen ihre überweltliche Seele verkauft habe. Und Verweltlichung gehörte ja auch zu den Vorwürfen, mit denen die Reformatoren die römische Kirche ihrer Zeit überzogen.[4]

Gleichsam komplementär zu dieser innerreligiösen Selbstkritik steht nun, zum andern, vor allem in der Neuzeit, ein von außen kommender Einwand gegen einen über die Grenzen der eigenen Gruppe hinausgehenden Einfluss von Religionsgemeinschaften: Religion ist eine zutiefst individuelle Überzeugung, so heißt es dort, die nicht vernünftig verallgemeinerbar ist. Religiöse Überzeugungen dürfen daher der Allgemeinheit nicht zugemutet, zumindest nicht normativ zugemutet werden. Sie gehören in die Privatsphäre, wo sie so lange ungehindert ‚ausgelebt' werden dürfen, wie Unbeteiligte dadurch nicht eingeschränkt werden.[5] Dass Religionsgemeinschaften auf dem wettbewerbsförmigen gesellschaftlichen „Markt der Möglichkeiten" für ihre Positionen werben, muss dabei nicht bestritten sein. Strukturell verhindert aber werden muss, dass religiöse Überzeugungen *als solche* in die normativen Grundlagen und inhaltlichen Bestimmungen der Rechtsordnung eingehen.

---

4   Heute wird derselbe Vorwurf allerdings eher in die entgegengesetzte Richtung erhoben: gegen den sich angeblich dem Zeitgeist ausliefernden Protestantismus, der Frauen ordiniert, Homosexuelle segnet, Geschiedene wiederverheiratet etc.

5   Die Frage, wieweit Religionsgemeinschaften *Beteiligte* in ihrer Selbstbestimmung einschränken dürfen, beschäftigt Feuilletons und Gerichte.

Wir stehen also vor einem schillernden Phänomen. Ohne Zweifel haben Religionen Einfluss auf das Leben ihrer Mitglieder und das Gemeinwesen, in dem sie existieren, und dies schon durch ihre mentalitätsbindende und kulturprägende Existenz, aber doch auch durch intentionales Handeln von Funktionsträgern institutionalisierter Religion. Zugleich jedoch ist die – wie wir gesehen haben, bei Verehrern wie Verächtern der Religion verbreitete – Intuition nicht von vornherein abwegig, dass innerweltliches Machtstreben nicht vereinbar sei mit dem Wesen oder dem Status von Religion. Nicht von ungefähr häufen sich allerdings beim Versuch, den Einfluss von Religionen auf die Gesellschaft begrifflich zu fassen, paradoxe Formulierungen wie die von der „Macht der Machtlosen". Dies ist ein Hinweis darauf, dass hier eine Spannung obwaltet, die nicht einfach aufgelöst werden kann – weder durch radikalen Machtverzicht noch durch differenzlose Integration ins ‚weltliche Leben'.

Der vorliegende Band bietet Fallstudien aus Geschichte und Gegenwart, die das Spektrum der Möglichkeiten religiöser Einflussnahme ausleuchten sollen. Dies geschieht bewusst anhand empirischer Einzeluntersuchungen, da die Stellung und das Agieren von Religionsgemeinschaften in Gesellschaft und Politik nicht gleichsam aus Wesensbeschreibungen des Religiösen deduziert werden können und zudem außer von religiösen immer auch von anderen, etwa ethnischen, kulturellen oder ökonomischen, Faktoren beeinflusst sind. Dieser induktive Ansatz schließt aber weder den Versuch aus, aus den Einzelfällen und ihrem Vergleich verallgemeinernde Einsichten abzuleiten – dies unternimmt Peter Waldmann mit dem Entwurf eines typologischen Schemas am Ende des Bandes –, noch macht er theoretische Vorüberlegungen überflüssig. Bevor daher Auswahl und Anordnung der Fallstudien kurz erläutert werden, soll im Folgenden die bereits angedeutete Spannung von Weltdistanz und Weltorientierung als nichtaufhebbare Grunddialektik des Religiösen herausgearbeitet werden.[6]

---

[6] Das in dieser Einleitung vorgetragene Verständnis des Religiösen beansprucht zwar durchaus Allgemeingültigkeit, ist heuristisch aber zweifellos am Christentum orientiert. Daher kann nicht ungeprüft vorausgesetzt werden, dass die am Christentum herausgearbeiteten Strukturen sich auch zur Analyse des gesellschaftlichen Einflusses anderer Religionen eignen. Ohnehin versteht sich von selbst, dass die Autorinnen und Autoren des Bandes nicht auf den hier entwickelten Religionsbegriff festgelegt sind.

2. Weltdistanz und Weltorientierung als elementare Dialektik des religiösen Bewusstseins[7]

Dass Religion die lebensweltlichen Verhältnisse relativiert, zu ihnen eine dem Eigenanspruch nach ‚heilsame' Distanz herstellt, setzen selbst noch diejenigen implizit voraus, die beispielsweise den Kirchen vorwerfen, sich zu stark in die Politik einzumischen. Wie auch immer man Religion genau definiert, ein konstitutives Moment scheint jedenfalls zu sein, dass Religion dasjenige zum Thema macht, was über das faktisch Bestehende hinausweist, und zwar auf etwas hin, was unbedingt Bestand hat – im Unterschied zum Kontingent-Vergänglichen der Lebenswelt. Insofern unterbricht Religion die unmittelbare Vertrautheit mit den vorfindlichen Verhältnissen, genauer: sie kommuniziert einen Umgang mit der faktischen Brüchigkeit jener Verhältnisse, die an Existenzialerfahrungen wie Tod oder Schuld offenbar wird. Religion lehrt Daseinsvertrauen angesichts der Relativität und Fragilität der Welt. Anders gewendet: Sie lehrt, sich nicht an die vergehende Welt zu klammern, das eigene Dasein, die eigene Identität nicht auf das Vergängliche zu gründen, das Vorfindliche nicht zu verabsolutieren. Etwas salopp formuliert: Sie lehrt, nicht auf ein Schiff zu setzen, das – früher oder später – dem Untergang geweiht ist. Sie lehrt Weltdistanz.

Interessanterweise wird freilich häufig nicht nur die quietistische Weltabkehr als im emphatischen Sinne religiöse Haltung wahrgenommen, sondern mindestens ebenso sehr, wenn nicht noch mehr, der Bruch mit gesellschaftlichen Erwartungen, sofern er den Verzicht auf Selbsterhaltung und Selbststeigerung verbindet mit einem Ethos des ‚selbstlosen' Einsatzes für Andere. Damit erklärt sich beispielsweise die fast einhellige Bewunderung für Mutter Theresa, die ansonsten kaum zu verstehen wäre, da deren eigene im engeren Sinn religiöse Vorstellungswelt von den wenigsten ihrer Verehrer geteilt werden dürfte.[8] Religiöse Weltdistanz muss also nicht notwendig als untätiger Rückzug aus der Welt realisiert werden, sondern hat durchaus eine ethische, zum Handeln motivierende Dimension. Ein quietistischer Rückzug

---

[7]   Zu diesem Abschnitt vgl. auch meinen Beitrag: Resakralisierung als Signum der Postmoderne? Chancen und Gefahren für den Frieden, in: Bernd Oberdorfer / Peter Waldmann (Hg.), Die Ambivalenz des Religiösen. Religionen als Friedensstifter und Gewalterzeuger, Freiburg i.Br. 2008, 377-394.

[8]   Damit meine ich nicht ihre jüngst bekannt gewordenen tiefen Glaubenszweifel. Diese haben sie vermutlich dem Gegenwartsbewusstsein eher näher gebracht. Ich denke vielmehr an ihre sehr traditionell-katholische Frömmigkeit oder ihre kompromisslose Haltung in moraltheologischen Fragen, namentlich beim Schutz ungeborenen Lebens. Es ist auch unter dem Aspekt des Einflusses von Religion eine interessante Frage, wie es zu erklären ist, dass u.U. eine *Haltung* als religiös konnotiert und respektiert wird, ohne dass deren *Begründung* mitbejaht wird.

kann vielmehr sogar als bequeme Flucht aus der Verantwortung kritisiert werden – wie das etwa die Reformatoren taten, als sie dem Mönchtum jeden religiösen Vorzug absprachen, der ihre Weltabkehr hätte legitimieren können, und betonten, das Aufziehen von Kindern oder die Pflichterfüllung im Beruf erfordere mindestens ebenso viel innerweltliche Askese und Selbstverleugnung wie das Leben in Armut, Keuschheit und Gehorsam – zumal die Mönche gut versorgt und von den Existenznöten normaler Sterblicher ohne eigenes Zutun verschont seien.

Implizit enthält also schon die Dimension der Weltdistanz ein dialektisches Moment der Weltzuwendung. Das gilt übrigens sogar für so exzentrische Gestalten wie die „Säulenheiligen", die ihre Weltabkehr in fast reißerischer Form *öffentlich* zelebrierten und zu denen die Leute pilgerten, um ihren Rat zu hören. In der Tat kommunizieren zumindest die großen, kulturell wirkmächtigen Religionen immer auch eine *normative Weltordnung*, die den Gläubigen *Lebensorientierung* vermittelt. Besonders eindrücklich illustriert das ein alttestamentlicher Psalm, der Psalm 19. Er besteht aus zwei Teilen: Während der erste (V. 1-7) die umfassende kosmische Ordnung der Gestirne preist, die Gott geschaffen hat, dankt der zweite (V. 8-14) Gott für die Gabe der Tora, also des Gesetzes. Die Parallelität ist vollkommen: So wie Gott dem Kosmos eine stabile Struktur gegeben hat, so ordnet er auch die geschichtliche Welt. Die Gabe der Tora am Berg Sinai ist also weit mehr als die Überreichung eines ebenso willkürlichen wie detailreichen Verhaltenskodex; sie offenbart die Gestalt der geschichtlichen Welt, wie Gott sie gewollt hat, also: wie sie sein soll. Deshalb ist die Erfüllung der Gebote mit einem Segen verbunden.[9] Das eigene Verhalten an den Geboten zu orientieren bedeutet also nicht bloß, einer mit absoluter Autorität vorgetragenen Forderung zu willfahren, es bedeutet vielmehr, die gleichsam ontologische Bestimmung der Welt zu realisieren. Die Weltgestaltung wird so zu einem religiösen Auftrag. Dieser Auftrag ist tendenziell universal, d.h., es gibt keinen Bereich der menschlicher Tätigkeit zugänglichen Wirklichkeit, der davon ausgenommen wäre. Mit anderen Worten: Die Gestaltung des sozialen Lebens ist religiös nicht neutral. Deshalb gehört Gesellschaftskritik im Namen Gottes zu den hervorstechendsten Merkmalen der alttestamentlichen Prophetie.

Schaut man genauer hin, so offenbaren sich an der religiösen Fundierung einer moralischen Weltordnung mindestens zwei Funktionen von Religion, von denen die zweite gewissermaßen ein Folgeproblem der ersten löst: Zum einen nämlich dient die Rückführung der ethischen Normen auf den norm-

---

[9]   Klassisch etwa im 4. Gebot des Dekalogs: „auf dass du lang lebest und dir's wohlgehe in dem Lande, das dir der Herr, dein Gott, geben wird" (Deuteronomium 5,16) – in Luthers Katechismus verallgemeinert: „auf Erden".

gebenden Gott, der zugleich „Schöpfer des Himmels und der Erde" ist, der *Ordnungsvergewisserung* – was es erlaubt, die Normerfüllung als „gut" zu bezeichnen – und erhöht damit sowohl die Verbindlichkeit der Normen als auch die Attraktivität einer normgemäßen Lebensführung. Damit stellt sich aber die Frage, was dann geschieht, wenn das soziale Leben *nicht* den gottgegebenen Normen entspricht. Bleibt dann nur die ergebene Hinnahme des eintretenden Unheils als verdiente Strafe?[10] Hier konkretisiert sich nun aber eine zweite Funktion von Religion. Denn sie stellt Möglichkeiten der *Devianzverarbeitung* zur Verfügung. Bezeichnenderweise enthält die alttestamentliche Tora selbst detaillierte Regelungen für das kultische Sühnopfer, mit dem die Gebotsübertretungen des Volkes rituell getilgt und seine Integrität gleichsam auf indirektem Wege wiederhergestellt werden konnte, wenn und weil eine direkte ‚Wiedergutmachung' durch eigenes Handeln nicht mehr möglich war (vgl. bes. Leviticus 16). Die Tora reguliert also noch die Folgen ihres eigenen Nichtbeachtetwerdens. Ethos und Kult gehören eng zusammen. In dieser Hinsicht dient Religion der Wiederherstellung von Handlungsfähigkeit, *innerweltlicher* Handlungsfähigkeit, wohlgemerkt.[11]

Dieser starke Impuls zur Weltgestaltung, der durchaus eine Dynamik der Weltbejahung, der Weltbeheimatung einschließt, hebt aber das Moment der Weltdistanz nicht auf. Denn auch die kultisch wiederhergestellte Handlungsfähigkeit bleibt eine begrenzte, die Integrität eine fragile, und es gibt Erfahrungen des irreversiblen Zerbrechens von Ordnung, auf der Ebene des Individuums natürlich vor allem: den Tod. Insofern bleibt das Motiv der Weltgestaltung weiterhin verwiesen auf das Moment der Weltüberwindung. So wenig Weltdistanz radikale Weltabkehr impliziert, so wenig macht die Weltgestaltung die Welt zu einer „bleibenden Stadt" (Hebräer 13,14). Weltdistanz und Weltgestaltung sind dialektisch aufeinander bezogen.

Was folgt daraus aber für unser Thema? Zunächst einmal ist offenkundig, *dass* Religionen Einfluss nehmen auf die Lebensführung ihrer Anhänger und, da diese immer auch Mitglieder der Gesellschaft sind, indirekt auch auf

---

10 Auch dies ist durchaus eine reale Option. Vgl. die „Gerichtsdoxologie" (Gerhard von Rad), als die das sog. „deuteronomistische Geschichtswerk" gestaltet ist, das die Zerstörung des Jerusalemer Tempels durch Nebukadnezar und das babylonische Exil als immanente (und verdiente) Konsequenz des jahrhundertelangen Fehlverhaltens namentlich der judäischen Verantwortungsträger interpretiert. – In hoch umstrittener Weise hat Karl Barth dieses Deutungsmodell auf die deutsche Teilung angewandt und die ostdeutschen Christen aufgefordert, ihr Schicksal als Folge der Verbrechen des Nationalsozialismus anzunehmen und sich nicht gegen die ‚babylonische' DDR-Obrigkeit aufzulehnen.

11 Man könnte erwägen, inwieweit sich hier Einflussmöglichkeiten des Klerus auftun, etwa durch Konditionierung oder gar Verweigerung von Entsühnung. Allerdings war der Tempelkult in hohem Maße regelgebunden; den „großen Versöhnungstag" konnte man nicht einfach verschieben.

die Gestaltung der Gesellschaft. Eine Religion, die nicht in irgendeiner Form die Weltsicht – und d.h. die Sicht auf die Dinge ‚dieser‘, der ‚irdischen‘ Welt – prägte, hätte vermutlich empirisch wenig Chancen, Gläubige in gesellschaftsdurchdringender Breitenwirkung dauerhaft an sich zu binden. Aber mehr noch, zweitens: Religionen beschränken sich nicht darauf, das Leben ihrer Mitglieder zu regulieren, sie entwerfen auch normative Bilder des ‚Ganzen‘ der Gesellschaft, sie greifen über die Grenzen ihrer institutionalisierten Gestalt hinaus und entwickeln Visionen des Lebens der sozialen Welt als Ganzer.[12] Dass Religionen darauf verzichten sollten, wäre angesichts dessen eine Forderung, die den Kern von deren Selbstverständnis tangierte.[13] Drittens: Elaborierte religiöse Weltsichten sind gekennzeichnet durch die dialektische Verbindung von Weltdistanz und Weltbejahung. Sie relativieren das Bestehende, bestätigen und stützen es aber auch. Sie befreien den Einzelnen aus Bindungen, erzeugen oder bestärken aber auch gesellschaftliche ‚commitments‘.

Dementsprechend lässt sich der Einfluss von Religion auf die Gesellschaft nicht auf einen einfachen Nenner bringen. Dies spiegelt sich auch in den höchst unterschiedlichen Erwartungen wider, die aus Politik und Gesellschaft den Religionsgemeinschaften entgegengebracht werden. Sollen sie sich in mancher Hinsicht tunlichst heraushalten, wird in anderer Hinsicht ihr Engagement heftig begrüßt, gelegentlich sogar eingefordert. Dabei würde es übrigens viel zu kurz greifen, wenn der ‚positive‘ Beitrag der Religion einseitig in der weltgestaltenden Dimension gesucht würde, während die weltdistanzierende Dimension primär als Gefährdung der gesellschaftlichen Kohäsion und also desintegrativ wahrgenommen würde. Denn zwar könnte eine religiös begründete Weigerung, sich an der Gestaltung dieser Welt zu beteiligen, oder auch nur die Behauptung, angesichts der Ewigkeit mache es keinen Unterschied, ob die Welt so oder anders gestaltet ist, durchaus zur Delegitimierung der sozialen Ordnung beitragen und ein Engagement für

---

12 Man kann natürlich einwenden, dass es apokalyptisch gestimmte Religionsgemeinschaften gibt wie die Zeugen Jehovas, die für die ‚Welt‘ nur den Untergang erwarten und das Heil darin erblicken, sich von dieser ‚Welt‘ radikal loszusagen. Sie entwickeln keine positiven Visionen für die Welt, die zur Beteiligung an der Weltgestaltung motivierten. Darin dürfte freilich auch ihre begrenzte Anziehungskraft begründet sein. Außerdem stellt sich die Frage, inwieweit der rigide Konformitätsdruck auf die Mitglieder nicht die notwendige Innenseite des Verzichts auf Außenwirkung darstellt. Die für modern-liberale Gesellschaften vielleicht sympathische Selbstzurücknahme hat also ihren Preis. Defensivapokalyptische Religionen sind nicht notwendig ‚sanft‘.

13 Dies trifft auch auf ‚negative Visionen‘ wie die der Zeugen Jehovas zu. Wie konfliktreich das ist, zeigt sich etwa anlässlich der Forderung, die Zeugen Jehovas sollten sich aktiv an der Erhaltung des Gemeinwesens beteiligen (z.B. durch Wehr- oder Ersatzdienst) oder sie dürften den Einsatz moderner Medizin zur Lebensrettung bei ihren Mitgliedern nicht verweigern.

deren Erhaltung als sinnlos erscheinen lassen.[14] Aber indem Religionen – um nur ein Beispiel zu nennen – die Nichtselbstverständlichkeit der Ordnung und die diese gefährdenden Grenzfälle (Schuld, Unglück, Tod etc.) thematisieren und eine Sprache und Formen für den Umgang damit anbieten, erfüllen sie auch eine sozial integrative Funktion.[15] Umgekehrt kann die religiös motivierte Weltbejahung gewiss die Religiösen zu einem intensiven und extensiven gesellschaftlichen Engagement aktivieren. Sie fördert aber natürlich auch, dass partikular-religiöse Sichten der Dinge dieser Welt in der Öffentlichkeit konfliktträchtig geltend gemacht werden. Man kann schwer das eine wollen und das andere nicht akzeptieren.

Wie diese skizzenhaften Ausführungen belegen, entwickeln Religionen im Zuge der Entfaltung ihres normativen Selbstverständnisses ein differenziertes Verhältnis zur ‚Welt‘, das ein nuancenreiches Spektrum von religiös motivierten innerweltlichen Handlungsmöglichkeiten eröffnet. Allerdings sind an dieser Stelle wichtige Ergänzungen angebracht: Zum einen entstehen religiöse ‚Programme‘ des Weltumgangs nicht gleichsam im luftleeren Raum, sondern erwachsen aus der reflexiven Bewältigung konkreter geschichtlicher Herausforderungen, die nicht nur religiöser, sondern auch gesellschaftlicher, politischer oder kultureller Natur sind. Sie sind also ihrerseits geschichtlich, reagieren auf Veränderungen, werden einem je spezifischen Kontext angepasst. Zum anderen aber ist der Handlungs- und Einflussspielraum religiöser Gruppen, Institutionen und Funktionsträger nicht allein durch deren aus dem normativen Selbstverständnis abgeleitete Handlungsintentionen definiert, sondern hängt in hohem Maße ab von externen Faktoren, über die sie nur sehr bedingt verfügen können. Macht und Machtlosigkeit sind also nicht ausschließlich Entscheidungsoptionen der religiösen Akteure selbst: Der Wille zur Weltgestaltung kann scheitern an der gesellschaftlichen Marginalisierung oder gar Unterdrückung der religiösen Bewegung; umgekehrt kann eine dezidierte Selbstunterscheidung von der ‚Welt‘ kollidieren mit den funktionalen Erwartungen der Gesellschaft im Blick auf die Beteiligung an den Aufgaben des Gemeinschaftslebens.[16] Im Übrigen

---

14 Bekanntlich wird dieser Vorwurf gegen die sog. „Dialektischen Theologen" um Karl Barth erhoben. Durch die radikale Unterscheidung von Gott und Welt hätten sie die weltlichen Dinge vergleichgültigt, den Sinn für eine relative Verbesserung der Verhältnisse verstellt und damit zumindest faktisch den Legitimationsverlust der Weimarer Republik gefördert.

15 Interessanterweise werden bei Ereignissen, die in großem Umfang Irritationen, Ängste, Unruhe auslösen (schwere Unfälle, opferreiche Amokläufe, Terroranschläge), besonders nachdrücklich im öffentlichen Raum Gottesdienste ‚nachgefragt‘.

16 Klassisches Beispiel dafür ist die Wehrdienstverweigerung. Die Täuferbewegungen der Reformationszeit wurden z.T. nicht trotz, sondern wegen ihrer Nicht-Militanz staatlich verfolgt, genauer: weil sie sich weigerten, im Dienst der Obrigkeit Gewalt einzusetzen.

können gerade derartige Durchbrechungen der eingespielten Erwartungs-
kulturen religiöse Bewegungen zu einer Reflexion der Grundlagen ihres
Weltverhältnisses veranlassen und produktive Neuansätze bewirken.

Diese Einsichten haben, wie bereits gesagt, zur Konsequenz, dass der
Einfluss religiöser Instanzen auf Politik und Gesellschaft an den je konkreten Einzelfällen untersucht werden muss, wie dies der vorliegende Band
unternimmt. Auswahl und Anordnung der Fallstudien sollen im Folgenden
knapp erläutert werden.

3. Die Beiträge des Bandes

Mit dem zuletzt genannten Fragekomplex beschäftigt sich das erste Kapitel
des Bandes unter der Überschrift „Die Dialektik von Macht und Machtlosigkeit bei religiösen Bewegungen". *Eckart Otto* zeigt auf, wie im antiken
Judentum aus dem sukzessiven Verlust politischer Autonomie seit dem 8.
Jahrhundert v.Chr., der im 6. Jahrhundert im Ende der Eigenstaatlichkeit,
der Zerstörung des Kultzentrums und dem babylonischen Exil kulminierte,
eine kraftvolle „religiöse Erneuerungsbewegung" erwuchs, die den Erweis
der göttlichen Allmacht prinzipiell abkoppelte von der Demonstration innerweltlichen Erfolgs. Die damit verbundene Unterscheidung von geistlicher und weltlicher Macht habe nicht nur dem Judentum *als Religion* das
Überleben gesichert; sie gehöre vielmehr auch zur Vorgeschichte des modernen Staatsverständnisses und der Menschenrechtsidee. *Peter Gemeinhardt*
verfolgt den „Aufstieg des Christentums von einer verfolgten zur staatstragenden Religion" in der Spätantike und untersucht dabei namentlich die
Rolle der Bischöfe im politischen Gefüge des römischen Reichs seit der sog.
„Konstantinischen Wende". Zwar waren, wie Gemeinhardt betont, die
Christen vorher keineswegs so vollständig unterprivilegiert und machtfern,
wie das verbreitete Bild unterstellt; dennoch bedeutete die staatliche Anerkennung und Förderung einen grundlegenden Wandel, der den kirchlichen
Funktionsträgern neuen Einfluss, aber auch neue Abhängigkeiten einbrachte, Loyalitätskonflikte erzeugte und die Kirche generell zur Neujustierung
ihres Verhältnisses zur ‚Welt' nötigte. Diese Aufgabe blieb, wie *Bernd Oberdorfer* in seinem Beitrag belegt, der Kirche erhalten. Oberdorfer reflektiert,
ausgehend von der Konfessionalisierung des 16. Jahrhunderts, Stellung und
Einfluss der christlichen Kirchen in Deutschland unter den Bedingungen
zunehmender gesellschaftlicher Differenzierung. Deutlich wird im ge-

---

Die lutherischen Reformatoren beeilten sich denn auch, sich von ihnen zu distanzieren:
Der 16. Artikel der „Confessio Augustana" beispielsweise erlaubt nicht nur die gehorsa-
me Mitwirkung der Christen an den Aufgaben der Obrigkeit, sondern fordert sie geradezu als Christenpflicht.

schichtlichen Verlauf, dass die ‚Säkularisierung' sowohl die gesellschaftliche Rolle als auch die Binnenstrukturen der Kirchen massiv verändert hat. Dies eröffnete ihnen einerseits neue Freiräume, machte aber andererseits die Entwicklung neuer Formen politisch-gesellschaftlicher Einflussnahme erforderlich. Angesichts dessen erweist sich die (auch von Kirchenvertretern nicht selten vorgebrachte) Behauptung eines geschwundenen Einflusses der Kirchen als in dieser Pauschalität unzutreffend.

Die bewusst heterogen gewählten Fallstudien des zweiten Kapitels engen die Fragestellung ein auf „Rollen und Formen der Machtausübung durch Geistliche". Dabei arbeitet *Nicole Reinhardt* anhand kirchlicher Lehrentscheidungen und moraltheologischer Grundlagenschriften zunächst das spezifische Rollenprofil des katholischen Beichtvaters als „Berater, Richter und Prophet" in der frühen Neuzeit heraus, untersucht an konkreten Beispielen v.a. aus der spanischen und französischen Geschichte den faktischen Einfluss von Beichtvätern auf die politischen Entscheidungen der Herrscher und fragt auch nach den Gründen für den Plausibilitätsschwund eines derart politisierten Rollenverständnisses seit der Mitte des 17. Jahrhunderts. Mit einem protestantischen Beispiel informeller Machtausübung durch Geistliche beschäftigt sich *Uta Balbier*, die aufzeigt, wie der baptistische Prediger Bill Graham durch Massenpredigten und umfassende Medienpräsenz seine „fundamentalistischen Inhalte" ins öffentliche Bewusstsein der US-amerikanischen Nachkriegsgesellschaft einspeiste und damit das politische Klima prägte, neben dieser indirekten Wirksamkeit aber auch im direkten Kontakt zu den amtierenden Präsidenten politischen Einfluss zu gewinnen suchte. *Hans G. Kippenberg* analysiert auf der Grundlage von Überlegungen zur „Gemeindereligiosität" den Einfluss von „fatwas" auf die moralisch-politische Verhaltensorientierung in muslimischen ‚communities'. Kippenberg macht auf die gestiegene Bedeutung derartiger informeller Rechtsgutachten für muslimisches Leben in nicht islamisch normierten politischen Strukturen oder gar in der Diaspora aufmerksam, zeigt anhand aktueller Beispiele Wirksamkeit und Rezeptionsbedingungen von „fatwas" auf und beleuchtet schließlich deren enorme quantitative Ausweitung durch die Verbreitung über das Internet. Wichtig ist sein Hinweis, dass „fatwas" von beamteten Muftis, aber auch von nicht formal autorisierten Privatpersonen abgegeben werden können, so dass über ihren Erfolg die inhaltliche Akzeptanz, nicht die institutionelle Stellung des Ratgebers entscheidet.

Fokussierten diese Beiträge auf geistliche Einzelakteure, so wird im dritten Kapitel unter dem Titel „Religion und Politik" allgemeiner nach dem politischen Einfluss religiöser Gruppen gefragt. Der geographische Schwerpunkt liegt dabei auf dem Nahen Osten. *Angelika Timm* skizziert zunächst den eigentümlichen säkular-religiösen Doppelcharakter des „jüdischen Staates" Israel, ehe sie die Rolle explizit religiöser, genauer: jüdisch-orthodoxer Parteien in der israelischen Politik untersucht. Obwohl diese nur etwa ein Fünftel der Wählerschaft repräsentieren, wächst ihnen häufig wegen unklarer Mehrheitsverhältnisse im Parlament eine weit überproportionale Bedeutung zu, die sie zur Durchsetzung ihrer religiös motivierten Ziele nutzen, selbst wenn diese von der überwiegenden Mehrheit der Bürger nicht geteilt werden. Eine ‚theokratische' Durchdringung der Gesamtgesellschaft ist in dieser Konstellation freilich ausgeschlossen. Anders als in Israel ist die Situation im Libanon durch eine spannungsvolle Kopräsenz unterschiedlicher Religionsgemeinschaften geprägt, von denen keine eine uneingeschränkte Dominanz zu erlangen vermochte. Am Beispiel der maronitischen Kirche zeigt *Thomas Scheffler* im historischen Längsschnitt, wie diese ihren Weg zwischen religiösem Wahrheitsbewusstsein, ethnischer Repräsentanz und politischen Machtansprüchen zu bahnen versuchte. Interessant ist, dass die maronitische Kirche über die Jahrhunderte „erhebliche wirtschaftliche, kulturelle und soziale Macht akkumuliert" hat, diese aber nicht „aus eigener Kraft militärisch schützen" kann und somit in den fragilen gesellschaftlichen Verhältnissen „in hohem Maß auf einen moderaten, ausgleichsbetonten und diplomatischen *Politikstil* angewiesen" ist. Gleichsam das Gegenmodell dazu stellt der Iran dar, der sich nach der Revolution von 1979 dezidiert als „islamische Republik" konstituiert hat, in der ein an religiösen Prinzipien orientiertes Gesellschaftsmodell umfassend etabliert werden soll. In seinem differenzierten Nachvollzug der postrevolutionären Entwicklung weist *Henner Fürtig* freilich nach, dass die politische Macht im Iran keineswegs vollständig auf den Klerus monopolisiert wurde, sondern sich durchaus republikanische Momente erhalten haben. Der (unbestrittene) „Primat des Islam (…) muss sich nicht zwangsläufig in der Omnipräsenz von Geistlichen in allen wichtigen Staatsämtern ausdrücken".

Das vierte Kapitel „Machtrochaden" beleuchtet exemplarisch die Rolle religiöser Funktionsträger in Phasen politischen Wandels. Besonders eindrücklich ist in dieser Hinsicht der Weg des nordirischen presbyterianischen Pastors Ian Paisley „vom Konflikttreiber zum Friedensermöglicher", den *Corinna Hauswedell* präzise nachzeichnet. Im Blick auf die südafrikanische Geschichte des 20. Jahrhunderts fragt *Dirk Smit* nach den konkreten Formen, durch die calvinistische Kirchenführer direkt oder indirekt Einfluss genommen haben auf die Einführung, Gestaltung und Legitimierung des Apartheid-Regimes. Er macht freilich darauf aufmerksam, dass im Kampf *gegen* die Apartheid „die Rolle geistlicher Führer und kirchlicher Persönlichkeiten viel prominenter" gewesen sei als bei deren Rechtfertigung: Obwohl sie im Widerstand keine eigentlichen „Machtpositionen" innehatten, waren sie „Hauptfiguren" im „Kampf um die ‚Herzen und Gedanken'". Ob die

Kirchen auch in der Gesellschaft der Post-Apartheid-Ära noch prägenden
Einfluss entfalten können, ist nach Smit umstritten: „Führende Persönlich-
keiten aus dem Widerstand, darunter schwarze Theologen und Anti-
Apartheid-Theologen", besetzen zwar wichtige Posten in Staat und Gesell-
schaft, verbinden dies aber nicht mehr durchgängig mit expliziten religiösen
Motiven. In Lateinamerika hat die katholische Kirchenhierarchie, wie *Peter
Waldmann* in seinem Beitrag festhält, in manchen Ländern – etwa Argentini-
en – die Militärdiktaturen massiv unterstützt, während sie in anderen wie
Chile sich entschieden an die Seite der Regimegegner und der Opfer der
Diktatur stellte. Waldmann sucht nach Gründen für diese überraschende
Diskrepanz und nennt zum einen Unterschiede in der politischen Kultur
jener Länder, zum anderen aber die katalysierende Wirkung der religiösen
Konkurrenz durch protestantische Kirchen, deren Fehlen wie in Argentini-
en den katholischen Klerus um so enger mit einem Regime zusammen-
schmiedete, das sich als Bewahrer der katholischen Nation stilisierte.

Am Schluss des Bandes unternimmt es *Peter Waldmann*, aus den vielfältigen empirischen Studien ein typologisches Schema abzuleiten, das von der
absoluten Machtlosigkeit religiöser Gruppen und deren relativer Unterlegenheit über informelle Einflussnahme und direkte Formen der Machtbetei-
ligung bis hin zum religiösen Machtmonopol das Spektrum der Möglichkeiten systematisiert, wie sich das Verhältnis religiöser Bewegungen, Institutionen und Funktionsträger zur politischen Macht gestalten kann. Waldmann
verweist auch noch einmal auf das Dilemma, das sich jedem religiösen Akteur stellt: Die Abstinenz von der Macht lässt zwar die religiöse Dimension
in größerer Klarheit und Reinheit erkennen und bewahrt vor Zweideutigkeit
und Verweltlichung, sie nimmt aber auch Möglichkeiten der religiös motivierten Gesellschaftsgestaltung und schränkt den Wirkungsradius der Religion ein. Die Religionen werden daher ihren Weg weiterhin *zwischen* Weltabkehr und „Selbstsäkularisierung" (Wolfgang Huber) suchen müssen, wenn
sie die Transzendenz in der Immanenz repräsentieren wollen.

Teil 1
Die Dialektik von Macht und Machtlosigkeit bei religiösen Bewegungen

Erneuerungen aus dem Nullpunkt

Situationen extremer Machtlosigkeit als Ursprung religiöser
Erneuerungsbewegungen in der Literatur des antiken
Judentums

Eckart Otto

Die Literatur des antiken Judentums[1] in der Hebräischen Bibel, die zum
Wurzelboden der abrahamitischen Weltreligionen von Judentum, Christentum und Islam geworden ist und diesen Religionen charakteristische Züge
übergeben hat, ist durch ein Spezifikum der geographischen Lage geprägt:
Das antike Judentum war ursprünglich auf der Landbrücke zwischen großen
Machtblöcken im Süden und Norden verortet, zwischen Ägypten auf der
einen Seite, Syrien-Mesopotamien und Kleinasien auf der anderen. Die politische Geschichte dieses später als Palästina bezeichneten Raumes wird im
2. und 1. Jahrtausend v. Chr. davon bestimmt, dass er als Aufmarschgebiet
im Kampf der Großmächte des Alten Orients um die Vorherrschaft eine
wichtige strategische Rolle spielte. Dies ließ die Bewohner der Region regelmäßig zu Opfern der wechselnden Machtkonstellationen werden. Es gibt
mit Ausnahme der hasmonäischen Königsherrschaft im 2. und 1. Jahrhundert v. Chr. kaum eine Geschichtsphase, in der nicht fremde Mächte – seien

---

[1] Auf eine gerade in christlicher Exegese seit dem ausgehenden 19. Jahrhundert übliche
Unterscheidung zwischen Hebraismus zur Bezeichnung der „wahren" biblischen Religion der Propheten einerseits und dem nachexilisch-pejorativen Derivat des Judaismus
andererseits wird hier nachdrücklich verzichtet und stattdessen das biblische und post-
biblische Judentum unter dem Begriff des „antiken Judentums" in Absetzung vom späteren rabbinischen Judentum zusammengefasst; siehe dazu U. Kusche, Die unterlegene
Religion. Das Judentum im Urteil deutscher Alttestamentler, Berlin 1991; L. Perlitt,
Hebraismus – Deuteronomismus – Judaismus, in: ders., Deuteronomiumstudien, Tübingen 1994, 247-260. Man mag allerdings fragen, ob die Einschaltung eines „Deutero-
mismus" zwischen Hebraismus und Judaismus dem Problem ausreichend gerecht wird.

es die Ägypter im 2. Jahrtausend, die Assyrer, Babylonier, Perser, Ptolemäer und Seleukiden und schließlich die Römer im 1. Jahrtausend v. Chr. – Herrschaft über dieses Gebiet ausgeübt hätten. Wenn die Bibel von einem Großreich Israel zur Zeit Davids und Salomos im frühen 1. Jahrtausend erzählt, so ist dies eine Machtphantasie aus einer etliche Jahrhunderte späteren Zeit; ein solches Großreich hat es faktisch nie gegeben.[2]

Die permanente Opferrolle der Bewohner Palästinas hat zu umso stärkerer Sensibilität und Offenheit bei der Interpretation historischer Erfahrungen geführt. Dies hat sich in der Literaturgeschichte der Hebräischen Bibel mit elementarer Prägekraft niedergeschlagen.[3] Wie kaum sonst im Alten Orient dokumentieren die Texte der Hebräischen Bibel einen Reflexionsprozess, der die Einsicht erzeugte, dass Situationen extremer Machtlosigkeit Umschlagspunkte für religiöse Erneuerung werden können. Die Tradierung dieser geschichtlichen Erfahrung schließt die Botschaft ein, dass solche Erneuerung auch in aktuellen Ohnmachtskonstellationen immer wieder neu möglich ist. Erst auf dem Boden dieser Einsicht konnte die christliche Grundüberzeugung von der Heilsbedeutung des Kreuzestodes Jesu im Neuen Testament überhaupt entstehen. Wie dieses Wissen generiert wurde, soll im Folgenden an drei Paradigmen der Hebräischen Bibel aufgezeigt werden.

1. Triumph in der politischen Ohnmacht: Die Auszugserzählung im Buch Exodus

Die bekannte Erzählung vom Meerwunder beim Auszug aus Ägypten in Exodus 14 weist zwei literarische Schichten auf. Die ältere Version ist Teil einer Exodus-Mose-Erzählung aus dem 7. Jahrhundert v. Chr., die Mose als Freiheitsbringer zum Antitypus des assyrischen Großkönigs stilisiert.[4] Die jüngere Erzählung hingegen wurde im 6. Jahrhundert v. Chr. von judäischen Priestern im babylonischen Exil als Teil der „Priesterschrift" verfasst und überlagert als jüngerer Text literarisch den älteren, der aber noch deutlich zu erkennen ist:[5]

---

[2]   Siehe Verf., Jerusalem. Archäologie und Geschichte, München 2008, 40-55.

[3]   Zu Fragen der Literaturgeschichte der Hebräischen Bibel siehe R. Achenbach / E. Otto, Einleitung in die Literaturgeschichte der Hebräischen Bibel, Tübingen 2010; E. Zenger u. a., Einleitung in das Alte Testament, Stuttgart ⁷2008; Verf., Das Gesetz des Mose. Die Literatur- und Rechtsgeschichte der Mosebücher, Darmstadt 2007.

[4]   Siehe Verf., Mose – Geschichte und Legende, München 2006, 34-42. Für den exegetischen Nachweis siehe ders., Die Tora des Mose. Die Geschichte der literarischen Vermittlung von Recht, Religion und Politik durch die Mosegestalt, Göttingen 2001.

[5]   In der folgenden Übersetzung wird der ältere Text in Klammern gesetzt und kursiv hervorgehoben.

„Jahwe sprach zu Mose: Befiehl den Israeliten, dass sie aufbrechen. Du aber erhebe deinen Stab und strecke deine Hand über das Meer aus und spalte es, damit die Israeliten mitten in das Meer hinein auf trockenem Boden gehen können; ich aber will das Herz der Ägypter verhärten, dass sie hinter ihnen hineinziehen und ich will mich am Pharao und seiner ganzen Streitmacht verherrlichen, an seinen Streitwagen und ihren Besatzungen. Und die Ägypter sollen erkennen, dass ich Jahwe bin, wenn ich mich am Pharao, an seinen Streitwagen und ihren Besatzungen verherrliche. [*Der Engel Gottes, der dem Heerlager Israels voranzog, brach auf und begab sich hinter sie. Die Wolkensäule brach von ihrer Spitze auf und trat hinter sie und stellte sich zwischen das ägyptische und das israelitische Heerlager und die Wolke war dunkel, nur Blitze erhellten die Nacht, so dass sie die ganze Nacht voneinander getrennt blieben.*] Da streckte Mose seine Hand aus über das Meer. [*Jahwe aber ließ durch einen starken Ostwind die ganze Nacht hindurch das Meer zurückgehen und machte so das Meer zu trockenem Land.*] Da wurde das Wasser gespalten und die Israeliten konnten auf trockenem Boden mitten in das Meer hineinziehen, während die Wasser ihnen zur Rechten und zur Linken wie eine Mauer standen. Die Ägypter verfolgten sie und zogen hinter ihnen mitten in das Meer, alle Pferde, Streitwagen und ihre Besatzungen des Pharao. [*Zur Zeit der Morgenwache blickte Jahwe aus der Feuer- und Wolkensäule zum ägyptischen Kriegslager hinunter und versetzte es in panische Angst. Er hemmte die Räder ihrer Wagen und ließ sie nur mit Schwierigkeiten vorankommen. Da sprachen die Ägypter: Wir wollen vor Israel fliehen; denn Jahwe selbst kämpft für sie gegen Ägypten.*] Da sagte Jahwe zu Mose: Strecke deine Hand erneut aus über das Meer, damit das Wasser zurückflute über die Ägypter, über ihre Streitwagen und ihre Besatzungen. Da streckte Mose seine Hand erneut über das Meer aus. [*Bei Anbruch des Morgens kehrte das Wasser an seinen gewohnten Ort zurück, während die Ägypter ihm entgegen flohen. So schüttelte Jahwe die Ägypter mitten in das Meer hinein.*] Da kehrte das Wasser zurück und bedeckte die Streitwagen und ihre Besatzungen, die ganze Streitmacht des Pharao, die hinter ihnen in das Meer hineingezogen waren, so dass von ihnen kein einziger überlebte. Die Israeliten aber waren auf trockenem Boden mitten durch das Meer hindurchgezogen, während die Wasser ihnen zur Rechten und zur Linken wie eine Mauer standen. [*So rettete an jenem Tag Jahwe Israel aus der Gewalt der Ägypter und Israel sah die Ägypter tot am Ufer des Meeres liegen. Und Israel sah die große Macht, die Jahwe an Ägypten ausgeübt hatte, so dass das Volk Jahwe fürchtete und ihm vertraute und auf seinen Diener Mose.*]" (Exodus 14,15b-31).

Die ältere Erzählung aus dem 7. Jahrhundert spricht unspektakulär von einem starken Ostwind, der die Wasser – offensichtlich denken die Autoren an die Bitterseen – zurücktreibt und eine Furt freilegt, auf die die Streitwagen der Ägypter einfahren. Als der Wind jedoch unversehens dreht, werden die Ägypter von den wiederkehrenden Wassermassen erfasst. Das Phänomen des schnell drehenden Windes, das die Autoren beschreiben, stellt eine in dieser Gegend typische meteorologische Erscheinung dar. Dass hier nicht historisches Geschehen im 2. Jahrtausend v. Chr. berichtet wird, sei nur angemerkt; es wäre nach einem halben Jahrtausend ja auch kaum mehr möglich. Vielmehr orientieren sich die Autoren neben mündlichen jüdischen Traditionen auch an assyrischen Texten des 7. Jahrhunderts v. Chr. Diese erzählen, wie der Kronprinz Asarhaddon siegreich den Tigris überschreitet, um sich anschließend zum assyrischen Großkönig krönen zu lassen. Allerdings findet bei der Aufnahme dieses Motivs durch die biblische Erzählung ein Perspektivwechsel statt: Mose durchzieht das Schilfmeer nicht, um Herrschaft über die Völker zu übernehmen, sondern um sein Volk in die Freiheit zu führen.[6]

Der Aspekt der Wunderhaftigkeit des Geschehens ist in dieser ersten Gestalt der Erzählung hintergründiger als in ihrer späteren Erweiterung. Es war Jahwe, der jüdische Gott, der die meteorologischen Erscheinungen dirigierte und die Ägypter „verwirrte", dass sie die durch den Ostwind freigelegte Furt betraten. Diese Motive stehen im Dienste des geistigen Ringens um die Frage, wer Subjekt der Geschichte sei. Für die assyrischen Oberherren waren dies der assyrische Reichsgott Assur als Schöpfergott und der assyrische Großkönig als sein „Ebenbild" und Werkzeug. Sie schrieben Geschichte mithin als Geschichte des assyrischen Imperialismus. Dem setzten die judäischen Autoren in einer Art von „narrativer Revolte" die Mose-Exodus-Erzählung entgegen: Ihre Adressaten hörten sehr wohl ‚Assyrien' mit, wenn die Autoren von der Fron sprachen, die die Ägypter dem jüdischen Volk auferlegten.[7]

Wir werden hier eines wesentlichen Impulses ansichtig, der die Literaturgeschichte der Hebräischen Bibel schon in ihren Anfängen bestimmte. In einer Situation politischer Ohnmacht greifen judäische Intellektuelle, d. h. priesterliche Schreiber, zum Griffel und führen schreibend die Auseinandersetzung mit der Hegemonialmacht, um die eigene Kultur gegen die Ansprüche der assyrischen Königsideologie auf eine religiös begründete Weltherrschaft abzugrenzen und damit auch ihre religiöse Identität zu bewahren. Man mag es für eine Ironie der Geschichte halten, dass das neuassyrische Großreich wenige Jahrzehnte später in Trümmern lag, die Idee der Unterlegenen dagegen bis heute in ungebrochener Kontinuität tradiert und interpretiert wird.[8]

Die Konstellationen der neuassyrischen Zeit spitzten sich in der spätbabylonischen Epoche des 6. Jahrhundert v. Chr. noch zu mit der Zerstörung Jerusalems und des Tempels durch den babylonischen König Nebukadnezar

---

[6]   Siehe dazu Verf., Die Geburt des Mose. Die Mose-Figur als Gegenentwurf zur neuassyrischen Königsideologie im 7. Jahrhundert v. Chr., in: ders., Die Tora. Studien zum Pentateuch, Wiesbaden 2009, 9–45.

[7]   Siehe nur zeitgenössisch in einer Unheilsankündigung im Buch Hosea: „Doch er (sc. Israel) muss wieder zurück nach Ägypten, Assur wird sein König sein" (Hosea 11,6).

[8]   Siehe Verf., Die besiegten Sieger. Von der Macht und Ohnmacht der Ideen in der Geschichte am Beispiel der neuassyrischen Großreichspolitik, in: Biblische Zeitschrift (Neue Folge) 43 (1999), 277–284.

(586), dem Verlust von Staat und Königtum sowie der Deportation der Oberschicht nach Babylonien.[9] Die Autoren der Priesterschrift[10] schrieben im Exil die spätvorexilische Exodus-Mose-Erzählung und damit auch die Meerwundererzählung in Exodus 14 fort. Sie steigerten den Wunderaspekt und gaben damit der Erzählung das Profil, das sie noch heute hat. Nunmehr gibt Jahwe, der jüdische Gott, Mose die Anweisung, seinen Stab zu heben, so dass die Wasser zur Rechten und zur Linken wie eine Mauer stehen und die Israeliten trockenen Fußes durchziehen können. Als die ägyptische Streitmacht ihnen folgt, erhebt Mose auf Gottes Geheiß den Stab erneut, so dass die Wasser zusammenfallen und die Ägypter begraben.

Es wäre zu kurz gegriffen, wollte man diese Steigerung der Wunderhaftigkeit allein daraus erklären, dass die Exilssituation die Ohnmachtserfahrung des 7. Jahrhundert noch überbot und als Antwort eine entsprechend gesteigerte Allmachtsphantasie provozierte. Vielmehr wird mit den literarischen Mitteln der Erzählung der Akzent erneut und mit noch größerem Nachdruck auf die Frage gelegt, wer Subjekt der Geschichte sei. Für die exilischen Autoren, die gerade die Überlegenheit der babylonischen Militärmaschinerie erlebt hatten, ergab sich hier eine klare Alternative: Kommt die Macht, modern gesprochen, „aus den Gewehrläufen" oder gibt es allen politischen Ohnmachtserfahrungen zum Trotz noch eine Kraft, die der Militärmacht Babylons überlegen ist? Klar und eindeutig wird in der Meerwundererzählung die zuletzt genannte Option bejaht und damit auch die religiöse Überhöhung des babylonischen Imperialismus ideologiekritisch destruiert, die in den Feldzügen des Königs den Kampf gegen ein die Welt beherrschendes und bedrohendes Chaos sah. Die Spannung zwischen der Erfahrung militärischer Unterlegenheit und dem Anspruch, dass der jüdische Gott Jahwe noch mächtiger sei als alle weltlichen Gewalten und selbst die Macht der Babylonier transzendiere, wird durch die Steigerung der Wunderhaftigkeit des Geschehens zum Ausdruck gebracht.[11]

Mit dieser Gestalt literarischer Résistance in einer Situation politischer Ohnmacht wurde die Grundlage dafür geschaffen, dass das Judentum auch ohne Staat in exilischer und dann vor allem auch in nachexilisch-persischer Zeit seine Identität weiterhin bewahren und sich gegen eine Staatsideologie abgrenzen konnte, die den Staat mit religiöser Bedeutung auflud. Gott stehe, so Napoleon, stets auf der Seite der stärkeren Artillerie. Es ist erstaunlich zu

---

9   Zu den politischen Konstellationen im 6. und 5. Jahrhundert v. Chr. siehe Verf., Jerusalem, 55-79.

10 Siehe dazu die in Anm. 3 genannte Literatur.

11 Siehe dazu Verf., Eine Theologie der Wundererzählungen im Alten Testament, in: W. H. Richter / M. Albrecht (Hg.), Zeichen und Wunder. Interdisziplinäre Zugänge, Göttingen 2007, 17-29.

sehen, wie nachdrücklich dem schon im 7. und 6. Jahrhundert v. Chr. wider-
sprochen wurde. Werden allerdings Erzählungen wie Exodus 14 ihrer historischen Kontexte entkleidet, so können sie gerade für das Gegenteil dessen,
was ihre ursprüngliche Intention war, dienstbar gemacht werden: Dann
werden die Gegner mit den Ägyptern identifiziert, während man für sich
selbst die Wundermacht Gottes reklamiert, um die eigenen Kriegszüge mit
höheren Weihen zu versehen. Hier wird deutlich, dass nur ein historisches
Verständnis religiöse Texte vor Missbrauch zu bewahren vermag.

2. Die Macht der Ohnmächtigen: Die Erzählungen von der Eroberung des Landes Kanaan im Buch Josua

Die auffällig gewaltbesetzten Erzählungen von der Eroberung des Landes
Kanaan und der Vernichtung der Landesbewohner durch Israel sind immer
wieder zur Legitimation eigenen gewalttätigen politischen Handelns gebraucht worden, sei es in Amerika und Australien im Kampf gegen die Ur-
einwohner und bei ihrer Unterdrückung, sei es in Afrika bis in die südafrikanische Apartheid-Politik des 20. Jahrhunderts hinein.[12] Nun stammt das
Buch Josua in seinen literarischen Grundzügen (Josua 2-10) aus derselben
spätvorexilisch-neuassyrischen Zeit des 7. Jahrhunderts v. Chr. wie die
Grunderzählung des Meerwunders in Exodus 14.[13] Das ist überraschend.
Denn wie sollte es möglich sein, dass in der einen Erzählung die Israeliten
vor einem Schicksal gerettet werden, das sie in der anderen ihrerseits den
Landesbewohnern zufügen?

In den Erzählungen von der gewaltsamen Eroberung Palästinas durch
die Israeliten in Josua 6-11 geht es nicht um die Beschreibung historischen
Geschehens, sondern um eine literarische Fiktion, die mindestens ein halbes
Jahrtausend nach der ersten Erwähnung eines „Israel" in einer ägyptischen
Quelle (ca. 1219 v. Chr.) verfasst wurde. Dies wird deutlich, wenn wir einen
Blick auf die Entstehung Israels werfen, wie sie sich dem Auge des Histori-
kers darstellt. Anders als es die Erzählungen des Josuabuches suggerieren,
ist niemals ein Volk Israel aus Ägypten kommend in Palästina eingedrungen
und dort sesshaft geworden, schon gar nicht mit militärischer Gewalt. Wenn
Bibelwissenschaftler noch im 20. Jahrhundert meinten, einen Feldzug Josuas
unter Zuhilfenahme zeitgenössischer britischer und deutscher Taktikvor-
schriften rekonstruieren zu können, so haben sie die ideologische Natur des
biblischen Textes als historische Fiktion gründlich verkannt: Er ist nicht

---

[12]   Siehe dazu C. J. S. Lombaard, The Bible in the Apartheid-Debate, in: J. W. Hofmeier /
       C. J. S. Lombaard / P. J. Maritz (Hg.), 1948 plus Fifty Years. Theology, Apartheid and
       Church: Past, Present and Future, Pretoria 2001, 68-86.

[13]   Siehe die in Anm. 3 genannte Literatur.

history, sondern *story*. Die „Landnahme" Israels war nicht eine Eroberung Palästinas, sondern vollzog sich als Änderung der Lebensweise von Menschen, die wie schon ihre Vorfahren stets im Land gelebt hatten. Was war der Grund für diese Entwicklung? Im Zuge des Zusammenbruchs der gesamten Zivilisation des Alten Orients von Mykene über Kleinasien und Mesopotamien bis Ägypten im 13. Jahrhundert v. Chr. wurde auch die spätbronzezeitliche Stadtstaatenkultur in Palästina zerstört. Ursache dieser Katastrophe waren klimatische Schwankungen im Mittelmeerraum. Die überlebenden Bewohner der palästinischen Städte gingen zu bäuerlicher Lebensweise über, ebenso die Hirten, denen die Möglichkeit des Tauschhandels mit den Städten genommen war. In diesem Sinne kann man mit guten Gründen sagen, dass die Wurzeln Israels in Kanaan liegen. Von einer Einwanderung Israels aus der Wüste kann ebenso wenig die Rede sein wie von einer israelitischen Eroberung der Städte des Kulturlandes Kanaan.

Wie also ist die so andere fiktive Erzählung im Josuabuch zu erklären? Wieder ist der historische Kontext der literarischen Entstehung der Erzählung im 8. bis 7. Jahrhundert v. Chr., in der Zeit der Unterwerfung Judas unter die neuassyrische Hegemonialmacht, zu beachten.

Erzählungen von der Landnahme wie die von der Eroberung und Zerstörung der Stadt Jericho in Josua 6 bedienen sich zahlreicher Motive, die aus assyrischen Königsinschriften entnommen sind.[14] Im Josuabuch werden sie aber so gesteigert, dass sie sich gegen die assyrischen Spendertexte wenden. So marschieren die Götterstatuen auf dem Marsch der assyrischen Armee so lange vor dem Heer, bis eine Kampfsituation zu erwarten ist; dann nehmen Vorhuttruppen zur Aufklärung diese Position ein, während die Götterstatuen mit ihren Priestern an den Schluss des Heereszuges wechseln.[15] In Josua 6 hingegen wird die Lade, begleitet von den Priestern als Musikanten, dem Heereszug der Israeliten vorangetragen, wenn diese unter den Augen der Verteidiger die Stadt mehrmals nach Art einer kultischen Prozession umkreisen, bis die Mauern unter Hörnerblasen und Kriegsgeschrei, nicht aber durch den Einsatz von Belagerungswerkzeug zusammenfallen. Wieder wird Jahwe, der Gott der Israeliten, zum Subjekt des Geschehens, das seine prinzipielle Überlegenheit über die assyrische Militärmaschinerie zum Ausdruck bringen soll: Die Assyrer müssen kämpfen, die Israeliten brauchen nur auf Geheiß ihres Gottes die Widderhörner zu blasen und das Kriegsgeschrei zu erheben, um zu siegen. Um den provokanten Charak-

---

14 Siehe K. L. Younger, Ancient Conquest Account. A Study in Ancient Near Eastern and Biblical History Writing, Sheffield 1990.

15 Zum ideologischen Kontext siehe Verf., Krieg und Frieden in der Hebräischen Bibel und im Alten Orient, Stuttgart 1999, 37ff., sowie B. Oded, War, Peace, and Empire. Justifications for War in Assyrian Royal Inscriptions, Wiesbaden 1992.

ter dieser Erzählung zu verstehen, muss man sich vor Augen halten: Hier
schreiben Autoren, die den Untergang des Nordreichs Israel und Samarias
722-720 v. Chr. unter den Schlägen des assyrischen Heeres in Erinnerung
hatten – mit allen grausamen Folgen, die der assyrische Sieg für die Bewohner Samarias hatte, die, sofern sie überlebten, deportiert[16] wurden.[17]

3. Die Macht der Intellektuellen: Die Loslösung der Religion von der Tradition der Legitimation der Herrschaft des Staates

Im Jahr 672 v. Chr. schwören die Granden des neuassyrischen Reiches,
unter ihnen der judäische König Manasse, dem assyrischen König Asarhaddon einen Eid, ihm und seinem Kronprinzen Assurbanipal absolute Loyalität entgegenzubringen, auf jede Form von Illoyalität und Kritik gegenüber
dem Königshaus zu verzichten, dort, wo man Zeuge von Illoyalität wird,
diese zur Anzeige zu bringen oder gar durch Lynchjustiz selbst zu ahnden,
auch dann, wenn es sich beim Täter um einen Propheten oder engste Fami-
lienangehörige handelt.[18] Jede Form der Kritik am König und damit am
Staat soll mit dem Tod bestraft werden.

Die priesterlichen Autoren im vorexilischen Buch Deuteronomium (5.
Buch Mose) nehmen diesen Loyalitätseid in einer Form subversiver Rezep-
tion auf und ersetzen den assyrischen König und seinen Kronprinzen durch
Jahwe, den judäischen Gott, dem absolute Loyalität zukommen soll, so
Deuteronomium 13.[19] Dies wird in der politischen Situation assyrischer
Hegemonie über Juda formuliert, also in der Zeit, in der auch die Grunder-
zählungen vom Meerwunder in Exodus 14 und von der Landnahme im
Josuabuch niedergeschrieben wurden.[20]

Mit dieser Form der subversiven Rezeption eines der zentralen Texte der
neuassyrischen Königslegitimation im 7. Jahrhundert v. Chr. wurde ein reli-
gionspolitisch wichtiger, bis heute wirksamer Schritt der Lösung der Religion von der Aufgabe der Legitimation des Staates vollzogen. Die Forderung
unbedingter Staatsloyalität wird durch die Religion ausgehebelt, da absolute
Loyalität keinem Staat, sondern nur Gott zukommen soll. Im Neuen Testa-

---

[16] Siehe dazu B. Oded, Mass Deportations and Deportées in the Neo-Assyria Empire,
      Wiesbaden 1979.
[17] Siehe Verf., Zwischen Strafvernichtung und Toleranz. Kulturgeschichtliche Aspekte im
      Umgang des neu-assyrischen Reiches mit dem besiegten Feind, in: O. Kraus (Hg.), „Vae
      victis". Über den Umgang mit Besiegten, Göttingen 1998, 9-44.
[18] Siehe K. Watanabe, Die adê-Vereidigung anläßlich der Thronfolgeregelung Asarhaddons,
      Berlin 1987.
[19] Siehe Verf., Das Deuteronomium. Politische Theologie und Rechtsreform in Juda und
      Assyrien, Berlin / New York 1999, 15-90.
[20] Siehe die in Anm. 3 genannte Literatur.

ment wird dies durch die explizite Forderung akzentuiert, Gott sei mehr zu gehorchen als den Menschen (Apostelgeschichte 5,9).

So wird in einer Notsituation der judäischen Politik ein emanzipatorischer Grundsatz formuliert: die Unterscheidung der Religion vom Staat.[21] Dies kann als eine der vielen Geburtsstunden der Idee der Menschenrechte als Abwehrrechte gegen den Staat gelten. Es ist kein Zufall, dass in genau diesem Zusammenhang auch einer Pazifizierung politischen Handelns das Wort geredet wird.[22]

In der persischen Zeit (5. bis 4. Jahrhundert v. Chr.) wurde dieser pazifistische Impuls programmatisch auf den Begriff gebracht[23]. An den Psalm 46 wurde eine Ergänzung angefügt, die als Voraussetzung von Frieden die Abrüstung nennt (Ps 46,7-10):

„Es toben die Völker, es wanken Königreiche,
er erhebt seine Donnerstimme.
JHWH der Heerscharen ist mit uns,
der Gott Jakobs ist unsere Burg.
Kommt und seht die Wundertaten JHWHs,
der Erstaunliches auf Erden vollbringt,
der die Kriege abschafft bis an die Enden der Welt.
Den Bogen zerbricht er und den Spieß zerschlägt er.
Die Schilde verbrennt er im Feuer."

Der Psalm erwartet keineswegs eine konfliktfreie Zukunft, gibt aber der Hoffnung Ausdruck, dass die Konflikte einmal nicht mehr mit militärischer Gewalt gelöst werden. Die jüdischen Autoren aus der Achaemenidenzeit im 5. bis 4. Jahrhundert v. Chr., von denen auch wichtige Passagen im Jesajabuch stammen, wissen sehr wohl, dass es zu einer solchen Friedensordnung eines internationalen Rechtssystems bedarf.

Hier zeigt sich nun freilich ein signifikanter Unterschied zu den achaemenidischen Oberherren des persischen Reiches: Für sie kann es nur der Rechtswille des Großkönigs sein, der diese umfassende Ordnung schafft. So

---

[21] Siehe Verf., Auszug und Rückkehr Gottes. Säkularisierung und Theologisierung im Judentum, in: H. Joas / K. Wiegandt (Hg.), Säkularisierung und die Weltreligionen, Frankfurt/Main 2007, 125-171.

[22] Siehe Verf., Zwischen Imperialismus und Friedensoption. Religiöse Legitimation politischen Handelns in der orientalischen und okzidentalen Antike, in: F. Schweitzer (Hg.), Religion, Politik und Gewalt, Gütersloh 2006, 250-266; vgl. in diesem Band auch A. Kunz-Lübke, Eschatologisierung von Krieg und Frieden in den späten Überlieferungen der Hebräischen Bibel, a. a. O., 267-289.

[23] Siehe dazu Verf., Krieg und Frieden in der Hebräischen Bibel und im Alten Orient. Aspekte für eine Friedensordnung in der Moderne, Stuttgart 1999.

nimmt der persische König Darius I. in der Behistun-Inschrift[24] für sich in Anspruch, dass sein Wille Gesetzeskraft für die Völker habe:

„Es kündet Darius, der König: Diese Länder, die mir zugekommen sind – nach dem Willen des [sc. persischen Reichsgottes] Ahuramazda wurden sie mir untertan. Sie brachten mir Tribut. Was ihnen von mir gesagt wurde, sei es bei Nacht oder bei Tag, das taten sie. Es kündet Darius, der König: In diesen Ländern habe ich einen Mann, der treu war, reich belohnt. Doch wer treulos war, den habe ich streng bestraft. Nach dem Willen Ahuramazdas haben diese Länder mein Gesetz befolgt. Wie ihnen von mir gesagt wurde, so taten sie." (Behistun-Inschrift §§ 7-9)

Für die schriftgelehrten Autoren im Jesajabuch hingegen soll der einigende Rechtswille eines Völkerrechts nicht vom persischen Großkönig in Persepolis, sondern vom Gott Israels in Jerusalem ausgehen:

„Am Ende der Tage wird es geschehen:
Der Berg mit dem Haus JHWHs
steht fest gegründet als höchster der Berge.
Er überragt alle Berge. Zu ihm strömen alle Völker.
Viele Nationen machen sich auf den Weg; sie sagen:
Kommt, wir ziehen hinauf zum Berg JHWHs
und zum Haus des Gottes Jakobs.
Er zeige uns sein Recht,
nach seinem Recht wollen wir leben.
Denn vom Zion kommt die Weisung JHWHs,
aus Jerusalem sein Wort.
Er wird Recht zwischen den Völkern schaffen
und Schlichter sein für viele Völker.
Sie schmieden ihre Schwerter zu Pflugscharen und ihre Spieße zu Winzermessern.
Niemals wird ein Volk gegen ein anderes das Schwert erheben,
und sie werden das Kriegshandwerk nicht mehr lernen." (Jesaja 2,1-4)

Allerdings zeitigt erst die Neuzeit im modernen Völkerrecht Ansätze zur Verwirklichung dieser antiken Utopie, nicht zuletzt mit der Einrichtung internationaler Gerichtshöfe zur Durchsetzung von Menschenrechten. Aber das Ideal eines umfassenden, gerechten Friedensreiches harrt weiterhin der vollständigen Verwirklichung. Die zitierten biblischen Texte sind also heutzutage aktueller denn je; nach 2500 Jahren ist ihr Anspruch an das politische Handeln immer noch nicht abgegolten. [25]

---

[24] Siehe R. Borger / W. Hinz, Die Behistun-Inschrift Darius' des Großen, Texte zur Umwelt des Alten Testaments I/4, Gütersloh 1984, 419-450.

[25] Siehe dazu Verf., Völkerrecht im Alten Orient und in der Hebräischen Bibel, in: ders., Altorientalische und biblische Rechtsgeschichte. Gesammelte Studien, Wiesbaden 2008, 433-455.

So wurden in der Hebräischen Bibel wichtige Ideen der Menschenrechte und des Völkerrechts aus Ohnmachtssituationen heraus geboren: aus der Erfahrung, den Assyrern, Babyloniern und Persern ausgeliefert zu sein. Von besonderer Bedeutung war die Lösung der Religion von der Funktion der Legitimation und religiösen Überhöhung des Staates im 7. Jahrhundert v. Chr.[26] – eine Idee, die vermittelt über die Bibelrezeption in der Staatsrechtstheorie des 17. und 18. Jahrhunderts bis heute im Verständnis der Menschenrechte nachwirkt. Vor allem aber konnte dadurch, dass das Schicksal der Religion von dem des Staates unabhängig wurde, das Judentum als einzige der Religionen der Antike vor Christentum und Islam bis in die Moderne überleben. Umgekehrt würde es ohne diesen Emanzipationsschub für die Religion wie für den Staat die Moderne wohl kaum geben.

---

[26] Siehe dazu Verf., Menschenrechte im Alten Orient und im Alten Testament, a.a.O., 120-153.

„Quid est imperatori cum ecclesia?"

Das Christentum in der Spätantike und seine Geistlichen auf dem Weg in die Nähe der politischen Macht

Peter Gemeinhardt

I.

Beginnen wir mit einer Niederlage. Der römische Historiker Zosimus berichtet, dass zur Zeit, als Gabinius Barbarus Pompeianus Stadtpräfekt von Rom war (d.h. 408/09 n.Chr.), Männer aus dem etruskischen Narnia in die ewige Stadt kamen und davon berichteten, wie effektiv ihre Götter und deren Kulte die Stadt vor den Barbaren geschützt hätten. Das stieß in Rom auf offene Ohren, denn dass besagte Barbaren – die Westgoten unter ihrem Heerführer Alarich – auch versuchen würden, Rom einzunehmen, war nur eine Frage der Zeit. Zosimus zu Folge beschlossen die tonangebenden Männer Roms, auch ihre traditionellen Kulte zu vollziehen und die Götter anzurufen, die Rom seit seiner Gründung beschützt hatten. Dies sollte sogar mit heimlicher Zustimmung des christlichen Bischofs Innocenz geschehen. Als es aber daran ging, öffentlich im Tempel auf dem Kapitol zu opfern, habe sich, so Zosimus, kein Senator dazu bereit gefunden: Die Angst vor der „herrschenden Religion", nämlich dem Christentum, war größer als die Angst vor den Barbaren.[1] So unterblieb die Fürbitte für die Stadt, und das Ergebnis war für den römischen Historiker ebenso zwangsläufig wie erschütternd: Alarich nahm Rom im Jahr 410 ein und plünderte es.

Selbst wenn das noch nicht das unmittelbare Ende Roms war, so läutete die Niederlage den Abgesang doch unüberhörbar ein. Als Zosimus am Ende des 5. Jahrhunderts schrieb, war das weströmische Reich Geschichte. Dass der Einfall der Westgoten aber bereits die Zeitgenossen in tiefe Zweifel stürzte, bezeugt das Werk des Bischofs Augustin von Hippo „Vom Gottesstaat" (*De civitate Dei*), in dem dieser dem Vorwurf entgegentrat, der Abfall von den alten Göttern habe den Niedergang Roms bewirkt. Nach Augustin ließen sich am äußeren Wohl und Wehe des Staates keinesfalls die Aussichten seiner Bürger auf das ewige Heil ablesen, auf das allein es ankomme; und wenn überhaupt ein Gott für die einstige Größe Roms haftbar zu machen

---

[1] Zosimus, *Historia nova* V 41,3 (III/1, 61,11-18 Paschoud). Vgl. Peter Gemeinhardt, Das lateinische Christentum und die antike pagane Bildung (STAC 41), Tübingen 2007, 142f.

sei, dann der christliche Gott, der sich seit jeher den Römern, wenn sie denn tugendhaft lebten, heilvoll zugewandt habe.[2]

Diese Diskussion über die Rolle Gottes oder der Götter in Herkunft und Zukunft Roms bewegte sich freilich auf einer literarischen Ebene und hatte tatsächlich nur wenig Einfluss auf die fortschreitende Christianisierung des Imperiums. Der Aufstieg des Christentums von einer verfolgten zur staatstragenden Religion war um 400 in vollem Gange, aber keineswegs abgeschlossen.[3] In der populären, aber auch in der wissenschaftlichen Literatur findet man oft ein einfaches Schema: Mit der „konstantinischen Wende" – die oft als spontane Bekehrung Kaiser Konstantins im Jahr 312 vorgestellt wird – sei das Christentum von einer verfemten Sekte zur gesellschaftsfähigen, ja bald zur karriereförderlichen Religion avanciert. Im Jahr 380 sei das Christentum dann von Kaiser Theodosius I. förmlich zur Staatsreligion erhoben worden. „Von der Christus-Sekte zur Weltreligion" – so hat es der SPIEGEL zu Ostern 2008 (wieder einmal) öffentlichkeitswirksam formuliert.[4]

Blickt man auf die Details, ist an diesem Bild freilich einiges schief. Das Edikt „Cunctos populos" vom 27. Februar 380 erhob nicht das Christentum zur Staatsreligion, sondern schlichtete zunächst nur einen Streit unter den rivalisierenden christlichen Gemeinden in Konstantinopel, wer den rechten Glauben an die göttliche Dreieinigkeit vertrete.[5] Theodosius wollte in seiner Residenz zunächst einmal Ruhe haben, und zwar unter den Christen! Zwar sprach er im Jahr 392 als erster römischer Kaiser ein generelles Verbot der heidnischen Kulte aus[6], die faktische Verdrängung der „Heiden" aus dem

---

2 Vgl. Augustin, *De civitate dei* V 12 (CChr.SL 47, 142,1-11 Dombart/Kalb); dazu zuletzt Christian Tornau, Zwischen Rhetorik und Philosophie. Augustins Argumentationstechnik in *De civitate Dei* und ihr bildungsgeschichtlicher Hintergrund (UALG 82), Berlin / New York 2006, 129-131.

3 Zur Christianisierung des Imperium Romanum vgl. zuletzt den Sammelband: The Spread of Christianity in the First Four Centuries. Essays in Explanation, ed. by William V. Harris (CSCT 27), Leiden / Boston 2005.

4 Matthias Schulz, Der göttliche Bote, in: DER SPIEGEL Nr. 13 vom 22.3.2008, 142-153 (angekündigt auf der Titelseite: „Als Jesus noch ein Guru war. Von der Christus-Sekte zur Weltreligion").

5 *Codex Theodosianus* XVI 1,2 (833,1-12 Mommsen) vom 27.2.380. Zur Interpretation vgl. Robert Malcolm Errington, Christian Accounts of the Religious Legislation of Theodosius I., in: Klio 79 (1997), 398-443, bes. 411-416; ders., Roman Imperial Policy from Julian to Theodosius, Chapel Hill 2006, 217f.

6 *Codex Theodosianus* XVI 10,12 (900,2-5 Mommsen) vom 8.11.392: „*Nullus omnino ex quolibet genere ordine hominum dignitatum vel in potestate positus vel honore perfunctus, sive potens sorte nascendi seu humilis genere condicione fortuna in nullo penitus loco, in nulla urbe sensu carentibus simulacris vel insontem victimam caedat*"; vgl. Michele Renée Salzman, The Evidence for the Conversion of the Roman Empire to Christianity in Book 16 of the Theodosian Code, in: Hist. 42 (1993), 362-378, hier 372.

öffentlichen Leben nahm jedoch erst unter Theodosius II. (408-450) Fahrt
auf, konkret mit einem Gesetz aus dem Jahr 416, das Nichtchristen von
Staatsämtern ausschloss.[7] Bereits 423 wurden Gesetze gegen die „Heiden"
erlassen, „obwohl wir glauben möchten, dass es diese gar nicht mehr gebe"[8]
– was nicht der Fall war, vielmehr blieb das Imperium trotz der prochristli-
chen Religionspolitik auch im 5. Jahrhundert noch religiös plural. Immerhin
sollten die verbliebenen „Heiden" ebenso wie die Juden, solange sie sich un-
auffällig verhielten, Schutz vor religiös motivierten Übergriffen durch fanati-
sche Christen genießen.[9] Damit wurde den „Heiden" der Status einer geduldeten, wenn auch unverstandenen und vom öffentlichen Leben weitgehend
ausgeschlossenen Minderheit zugebilligt – ein rechtlicher Zustand, den die
Christen selbst sich in den ersten drei Jahrhunderten sehnlich gewünscht
hatten.

Freilich ist nicht nur das Bild der intoleranten Staatsreligion zu differen-
zieren, sondern auch das der verfolgten Unterschichtsekte, die durch die
plötzliche und nicht gewünschte Nähe zu Kaiser und Reich kompromittiert
worden sei. Ein solches Geschichtsbild vertrat nicht erst die Historiographie
des radikalen Pietismus.[10] Schon der Kirchenvater Hieronymus entwarf um
400 das Konzept einer Kirchengeschichte, die zeigen sollte,

„wie von der Ankunft unseres Erlösers bis zu unserer Zeit, das heißt von den Apos-
teln bis zum Abschaum dieser Zeit, wie und durch wen die Kirche Christi gegründet und gefördert worden ist, wie die Verfolgungen sie stark machten und die Blut-
zeugen sie krönten und wie, nachdem sie christliche Kaiser bekommen hatte, ihre
Macht und ihr Reichtum wuchs, während sich ihr sittlicher Zustand verschlechter-
te."[11]

---

[7]   *Codex Theodosianus* XVI 10,21 (904,1-3 Mommsen) vom 7.12.416. Nach Zosimus, *Historia
       nova* V 46,3 (III/1, 68,24f. Paschoud) legte schon zuvor ein gewisser Generidus sein Amt
       nieder, weil den Nichtchristen öffentliche Ämter verwehrt seien. Gemeint ist hier aber
       die anti-*donatistische* Bestimmung in *Codex Theodosianus* XVI 5,42 (869,2f. Mommsen) vom
       14.11.408; vgl. Salzman, Evidence (wie Anm. 6), 368.

[8]   *Codex Theodosianus* XVI 10,22 (904,1f. Mommsen) vom 9.4.423: „*Paganos qui supersunt,
       quamquam iam nullos esse credamus, promulgaturum ... iam dudum praescripta conpescant.*"

[9]   *Codex Theodosianus* XVI 10,24 (904,4-7 Mommsen) vom 8.6.423; dazu Salzman, Evidence
       (wie Anm. 6), 364 mit Anm. 9.

[10]   Klassisch hierfür ist die 1699/1700 erschienene „Unparteyische Kirchen- und Ketzer-
       Historie" Gottfried Arnolds (1666-1714); vgl. Hans Schneider, Gottfried Arnold, in:
       RGG[4] 1 (1998), 791f., sowie – besonders zu Arnolds Kenntnis und Deutung der
       patristischen Zeit – Wolfgang Bienert, Ketzer oder Wahrheitszeuge. Zum Ketzerbegriff
       Gottfried Arnolds, in: ZKG 88 (1977), 230-246 (wieder in: ders., Werden der Kirche –
       Wirken des Geistes. Beiträge zu den Kirchenvätern und ihren Nachwirkungen, hg. von
       Uwe Kühneweg, MThSt 55, Marburg 1999, 224-239).

[11]   Hieronymus, *Vita Malchi* 1 (SC 508, 186,13-19 Leclerc/Morales; Übers. Manfred Fuhr-
       mann, Christen in der Wüste. Drei Hieronymus-Legenden, Zürich / München 1983, 23);

Leider hat Hieronymus diese Kirchengeschichte nie geschrieben. Er hätte sich für die Klage über den negativen Einfluss christlicher Kaiser z.B. auf den Nordafrikaner Tertullian berufen können, der noch um 200 kategorisch ausgeschlossen hatte, dass es jemals christliche Kaiser geben könnte[12]; und eine prinzipielle Distanznahme gegenüber dem Staat ist bei vielen Theologen der frühen Kirche belegt, freilich nur äußerst selten eine Ablehnung des Imperiums an sich.[13] Vielmehr wandten sich die Autoren des 2. und 3. Jahrhunderts im Modus der Apologie gerade an Kaiser und Beamte als Exponenten des Imperiums: Die Römer sollten einsehen, dass die Christen für den Staat ganz ungefährlich, ja bei näherem Hinsehen sogar nützlich, weil politisch loyal und moralisch vorbildlich seien. Insofern möge man sie in Ruhe ihrer Religion frönen lassen und nicht zu inakzeptablen kultischen Handlungen zwingen; denn dass dies zu nichts führe, zeigten schließlich die zahlreichen Märtyrer, die für den Glauben an Christus gestorben seien.[14] In frühchristlichen Apologien und ebenso in Märtyrerakten wird immer wieder betont: Wer Sokrates für ein Vorbild an ethischer Konsequenz halte, der müsse auch würdigen, dass die Christen lieber stürben als ihren Glauben verleugneten.[15]

Apologetische und martyrologische Texte erwecken allerdings den unzutreffenden Eindruck, als lebten die frühen Christen in einer ständigen Bedrohungssituation. Zwar war im Prinzip die Rechtslage überaus prekär, denn seit Kaiser Trajan galt der Grundsatz, dass schon die Zugehörigkeit zu Christus – das *nomen Christianum ipse* – strafbar sei. Doch hatte Trajan zugleich verfügt, dass die Christen nicht aktiv aufgespürt werden sollten; nur

---

vgl. Roland Kany, Tempora Christiana. Vom Umgang des antiken Christentums mit Geschichte, in: ZAC 10 (2006), 564-579, hier 577.

12 Tertullian, *Apologeticum* 21,24 (136 Becker).

13 Vgl. den Überblick bei Joachim Lehnen, Zwischen Abkehr und Hinwendung. Äußerungen christlicher Autoren des 2. und 3. Jahrhunderts zu Staat und Herrscher, in: Rom und das himmlische Jerusalem. Die frühen Christen zwischen Anpassung und Ablehnung, hg. von Raban von Haehling, Darmstadt 2000, 1-28. Zu den wenigen, meist apokalyptisch grundierten Beispielen einer radikalen Verwerfung des Imperiums vgl. Peter Gemeinhardt, Anti-Imperialism, in: Encyclopedia of the Bible and Its Reception, Bd. 2, Berlin – New York 2009, 196-198.

14 So am eindrücklichsten bei Tertullian, *Apologeticum* 50,13 (222 Becker): „*Plures efficimur, quotiens metimur a vobis: semen est sanguis Christianorum*"; vgl. auch *Ad Scapulam* 5,4 (CChr.SL 2, 1132,22f. Dekkers).

15 Vgl. Ilona Opelt, Das Bild des Sokrates in der christlichen lateinischen Literatur, in: Platonismus und Christentum. FS Heinrich Dörrie, hg. von Horst-Dieter Blume / Friedhelm Mann (JbAC.E 10), Münster 1983, 192-207. Zur Gestalt des Sokrates in frühchristlichen Märtyrerakten vgl. u.a. *Acta Apollonii* 41; *Martyrium Pionii* 17 (100,23-26; 158,10f. Musurillo); dazu Glenn W. Bowersock, Martyrdom and Rome, Cambridge 1995, 9.

wenn man quasi über einen stolperte, müsse man sich gerichtlich mit ihm befassen.[16] Die Auswirkungen dieser Regelung illustrieren z.B. die Soldatenmartyrien, denen zu Folge der Protagonist oft seit Jahren oder Jahrzehnten seinen Dienst leistete, ohne je zum Opfern aufgefordert und damit als Christ enttarnt worden zu sein.[17] Märtyrerbischöfe wie Polykarp und Pothinus waren hoch in den Achtzigern, ohne je zuvor belangt worden zu sein.[18] Selbst die erste reichsweite Christenverfolgung unter Kaiser Decius (249-251) begann nicht als Maßnahme gegen die Christen, sondern als Opferedikt, das sich an *alle* Reichsbewohner richtete. Das Erstaunen der Römer, dass die Christen sich dem Opfer für den Kaiser kategorisch verweigerten, obwohl doch offensichtlich das Überleben Roms daran hing, war dabei mindestens ebenso groß wie das der Christen darüber, dass viele von ihnen sich im Ernstfall als alles andere als standhafte Märtyrer entpuppten.

Das lag neben menschlicher Schwäche vor allem daran, dass die theologisch begründete Distanznahme gegenüber dem Staat für viele Christen lebenspraktisch meist folgenlos geblieben sein dürfte. Dem populären Bild einer Unterschichtensekte widerspricht, dass im Zuge der Verfolgungen in der Mitte des 3. Jahrhunderts – lange vor der „konstantinischen Wende" – Christen in Staatsämtern und höheren sozialen Schichten gesucht und gefunden wurden. Bischof Dionysius von Alexandrien berichtete, schon bald nach dem Abflauen der Verfolgung unter Decius sei wieder „der ganze Hof voll von gottesfürchtigen Männern und einer Gemeinde Gottes gewesen".[19] Kaiser Valerian ließ 257/58 entsprechend zielsicher nach christlichen Angehörigen des Senatoren- und Ritterstandes, nach der Kirche nahestehenden vermögenden Frauen und Hofbeamten fahnden. Bereits Tertullian kannte „Frauen und Männer aus dem Stand der *clarissimi*", die Kaiser Septimius Severus geschätzt und geschützt habe.[20] Und schon Plinius der Jüngere, dessen Berichte aus Kleinasien Trajan zu seinem erwähnten Edikt veranlassten, entdeckte Menschen „jeden Alters, jeden Standes und beider Ge-

---

[16] Plinius minor, *Epistula* X 97 (BiTeu 357,14-24 Schuster/Hanslik). Diesem Grundsatz, dass man die Christen nicht suchen solle, entspricht auf christlicher Seite die Haltung, dass man das Martyrium nicht suchen solle! Vgl. hierzu Peter Gemeinhardt, Märtyrer und Martyriumsdeutungen von der Antike bis zur Reformation, in: ZKG 120 (2009), 289-322, hier 297-301.

[17] Nach *Acta Marcelli* 4,2; 5,1 (256,13f.; 258,7-10 Musurillo) verweigerte Marcellus nach langer Dienstzeit als Centurio den weiteren Militärdienst; nach *Acta Maximiliani* 2,9 (246,21-23 Musurillo) wurde ein Rekrut, der sich der Einberufung widersetzte, beschieden, es gebe sogar Christen in der kaiserlichen Leibgarde!

[18] *Martyrium Polycarpi* 9,3; *Martyrium Lugdunensium* 1,29 (8,28-30; 70,20-22 Musurillo).

[19] Euseb von Caesarea, *Historia ecclesiastica* VII 10,3 (GCS Eusebius II/2, 650,8f. Schwartz). Zum Folgenden vgl. Gemeinhardt, Das lateinische Christentum (wie Anm. 1), 116-119.

[20] Tertullian, *Ad Scapulam* 4,6 (CChr.SL 2, 1131,33-35 Dekkers).

schlechter" in den christlichen Gemeinden.[21] Dass die Christen aus dem
Prekariat stammten, unanständige Berufe ausübten und Bildung weder besaßen noch schätzten, schrieb man ihnen in polemischer Absicht zu, und
wo man sich diesen Vorwurf zu eigen machte, geschah dies in der Absicht,
Kritiker mit ihren eigenen rhetorischen Waffen zu schlagen.[22] So bekräftigte
Origenes gegenüber dem paganen Philosophen und Christentumskritiker
Celsus, es sei in der Tat das Proprium des Evangeliums, für alle Menschen
verständlich kommuniziert werden zu können; und insofern sei es ein Ar-
mutszeugnis der hellenistischen Philosophie, nur wenigen Eingeweihten
zugänglich zu sein.[23]

Das literarische Niveau, auf dem solche Entgegnungen formuliert wurden, zeigt aber, dass das Christentum gerade nicht nur eine Sache der Ungebildeten war. Die zitierten Nachrichten über Christen in hohen gesellschaftlichen und beruflichen Positionen lassen gewiss keine quantitativen Schlüsse
zu, sind jedoch eindeutig nur die Spitze eines veritablen Eisbergs von welt-
zugewandten Christen, was auch erklärt, warum Kaiser Konstantin das
Christentum wenig später als förderungswürdig erscheinen konnte. Die
neuere Sozialgeschichte vor allem angelsächsischer Provenienz hat zu Recht
hervorgehoben, dass bereits im 3. Jahrhundert die gesellschaftliche Veranke-
rung des Christentums große Fortschritte gemacht hatte.[24] Das belegt das
Scheitern der massiven Verfolgungsmaßnahmen unter Diocletian seit 303,
die zu vielen Martyrien führten, aber nicht zum Zusammenbruch der kirchlichen Organisation. Und das belegt ebenso Konstantins Maßnahme, nur

---

21 Plinius minor, *Epistula* X 96 (BiTeu 357,2-6 Schuster/Hanslik); vgl. auch Tertullian, *Ad Scapulam* 5,2 (CChr.SL 2, 1132,8-10 Dekkers); *Apologeticum* 37,4 (178 Becker).

22 Minucius Felix, *Octavius* 36,3 (BiTeu 34,12f. Kytzler); vgl. Andreas Merkt, „Eine Religion von törichten Weibern und ungebildeten Handwerkern." Ideologie und Realität eines Klischees zum frühen Christentum in: Frühchristentum und Kultur, hg. von Ferdinand R. Prostmeier (KfA.E 2), Freiburg u.a. 2007, 293-310.

23 Vgl. Origenes, *Contra Celsum* VI 1f. (GCS Origenes II, 70,2-71,20 Koetschau).

24 Vgl. Rodney Stark, Der Aufstieg des Christentums: Neue Erkenntnisse aus soziologi-
scher Sicht, übers. von Wolfgang Ferdinand Müller, Weinheim 1997 (Orig.: The Rise of Christianity: A Sociologist Reconsiders History, Princeton 1996); vgl. aber auch schon Hanns Christof Brennecke, Ecclesia est in re publica, id est in imperio Romano (Optatus III 3). Das Christentum in der Gesellschaft an der Wende zum „Konstantinischen Zeitalter", in: JBTh 7 (1992), 209-239. Die Binnenlogik antiker christlicher Darstellungen dieser Ausbreitung, der die moderne Forschung allzu oft gefolgt ist, beleuchtet Peter Brown, Autorität und Heiligkeit. Aspekte der Christianisierung des Römischen Reiches, übers. von Diether Eibach, Stuttgart 1998, 13-44 (Orig.: Authority and the Sacred. As-
pects of the Christianisation of the Roman World, Cambridge 1995).

wenige Jahre später die christlichen Bischöfe mit der Wahrnehmung öffentlicher Gerichtsbarkeit, der *episcopalis audientia*, zu betrauen.[25]

II.

Damit sind wir bei den Amtsträgern angelangt, bei Geistlichen in Machtpositionen, denen ich nach der Einführung in das vorkonstantinische Christentum nun die folgenden Ausführungen widmen möchte.[26] Der Übersichtlichkeit halber beschränke ich mich auf die Bischöfe, obwohl natürlich auch über Priester, Diakone und niedere Weihegrade manches zu sagen wäre. In der Außenwahrnehmung spielten aber zweifellos die Bischöfe die entscheidende Rolle. Hingegen waren sie innerkirchlich nie ganz ohne Konkurrenz: In vorkonstantinischer Zeit war der Bischof zwar der verantwortliche Gemeindeleiter und Seelsorger, jedoch in vielen Fällen nicht der maßgebliche Theologe; die erwähnten Apologeten und auch die Lehrer innerhalb der Gemeinden waren überwiegend keine Bischöfe, und zumal in Rom wurde im Zweifelsfall eher ein frommer Pragmatiker als ein scharfzüngiger Intellektueller ins Bischofsamt gewählt.[27] In der Spätantike zogen die Bischöfe dann zwar das theologische Grundsatzreferat an sich[28], mit den Asketen und Heiligen erwuchs ihnen aber eine neue geistliche Konkurrenz: Wenn man nicht mehr den Märtyrertod erleiden konnte, musste sich die Glaubensstärke im Leben erweisen; und das war in der Abgeschiedenheit der ägyptischen oder syrischen Wüste natürlich eindeutiger und eindrucksvoller zu bewerk-

---

25 *Codex Theodosianus* I 27,1 (62,1-7 Mommsen) vom 23.6.318; vgl. dazu Peter Brown, Macht und Rhetorik in der Spätantike. Der Weg zu einem christlichen Imperium, übers. von Victor von Ow, München 1995, 130f. (Orig.: Power and Persuasion in Late Antiquity. Towards a Christian Empire, Madison, Wisc. 1992).

26 Weder in Bezug auf die Quellen noch auf die Literatur wird hierbei Vollständigkeit angestrebt. Einen guten Überblick bietet Richard Klein, Zur staatlichen Dimension des Bischofsamtes seit Konstantin dem Großen, in: ders., Zum Verhältnis von Staat und Kirche in der Spätantike. Studien zu politischen, sozialen und wirtschaftlichen Fragen (Tria Corda 3), Tübingen 2008, 1-42; weitere Aspekte, die hier nicht behandelt werden können, bietet der Sammelband: Christentum und Politik in der Alten Kirche, hg. von Johannes van Oort / Otmar Hesse (SPA 8), Leuven / Walpole 2009.

27 Vgl. die gescheiterte Bischofskandidatur des Gnostikers Valentin (Tertullian, *Adversus Valentinianos* 4,1; SC 280, 86,5-8 Fredouille) sowie die Konflikte zwischen Hippolyt und Kallist oder zwischen Novatian und Cornelius am Anfang bzw. in der Mitte des 3. Jahrhunderts; dazu Hans Reinhard Seeliger, Litteratulus christianus. Beobachtungen und Bemerkungen zum Bildungsgrad der antiken Christen, in: ThQ 183 (2003), 297-312, hier 304; Gemeinhardt, Das lateinische Christentum (wie Anm. 1), 124.

28 Vgl. Christoph Markschies, Kaiserzeitliche christliche Theologie und ihre Institutionen. Prolegomena zu einer Geschichte der antiken christlichen Theologie, Tübingen 2007, 228, zur Feststellungskompetenz bezüglich des biblischen Kanons als Realsymbol der Definitions- und Interpretationsgewalt des Bischofs.

stelligen als im Leitungsamt einer Großstadtgemeinde.[29] Nicht zufällig blickten viele Bischöfe auf eine Phase asketischen Lebens zurück – nicht als formale, aber doch als faktische Qualifikation für ihr Amt.[30]

Die Macht des Bischofs hing vor allem daran, wie er sich dem Anforderungsprofil der jeweiligen Gemeinde gewachsen zeigte – und d.h.: inwiefern er gerade in größeren Städten die Balance zwischen authentischer christlicher Verkündigung und rhetorischer Inszenierung seiner Position bewerkstelligte. Das Beispiel des Johannes Chrysostomus († 407) zeigt, dass ein Übergewicht von asketischen Elementen in Predigt und Lebensführung in Antiochien zu erheblicher Popularität, in Konstantinopel dagegen zu blankem Unverständnis und schließlich zu offener Feindschaft seitens der städtischen Honoratioren führen konnte.[31] Kaiser Arcadius (395-408) und Kaiserin Eudoxia erwarteten, dass „ihr" (Hof-)Bischof die frühbyzantinische Kaiserideologie unterstützte: Der Herrscher galt darin als Symbol für politische Stabilität und göttlichen Beistand, als „natürliches Sinnbild der Allmacht des strafenden und gnädigen Gottes".[32] Chrysostomus' Amtsvorgänger Nectarius († 397) war diesem Wunsch bereitwillig nachgekommen – wenig erstaunlich, denn er wurde als Senator und Prätor 381 von Kaiser Theodosius zum Patriarchen erhoben, obwohl er noch gar nicht getauft war (ebenso wie kurz zuvor Bischof Ambrosius in Mailand).[33]

Schon Nectarius' Vorgänger Gregor von Nazianz war freilich daran gescheitert, dass er weit mehr als Theologe und Redner brillierte denn als Integrationsfigur in einer komplexen Gemengelage von Klerus, Adel und Kaiserhof in Konstantinopel. Und dies wiederholte sich bei Johannes Chrysostomus: Eudoxia erwartete, dass der Bischof öffentlich ihre Frömmigkeit pries – als Legitimationsgrundlage der kaiserlichen Autorität. Höchst verär-

---

[29] Zum Streit um Leitbilder im spätantiken Christentum vgl. meinen Beitrag: Staatsreligion, Volkskirche oder Gemeinschaft der Heiligen? Das Christentum in der Spätantike: eine Standortbestimmung, in: ZAC 12 (2008), 453-476.

[30] Vgl. Andrea Sterk, Renouncing the World Yet Leading the Church. The Monk-Bishop in Late Antiquity, Cambridge MA / London 2004.

[31] Dazu ausführlich Claudia Tiersch, Johannes Chrysostomus in Konstantinopel (398-404). Weltsicht und Wirken eines Bischofs in der Hauptstadt des Oströmischen Reiches (STAC 6), Tübingen 2002, 183-264.

[32] Tiersch, Johannes Chrysostomus (wie Anm. 31), 192.

[33] Nectarius' steile Karriere wird referiert von Socrates, *Historia ecclesiastica* V 8,12 (GCS N.F. 1, 280,13-17 Hansen) und Sozomenos, *Historia ecclesiastica* VII 7,9-8,8; 10,1-3 (FC 73/3, 854,10-858,10; 860,27-862,21 Hansen); vgl. Tiersch, Johannes Chrysostomus (wie Anm. 31), 27; zu Ambrosius vgl. Paulinus von Mailand, *Vita Ambrosii* 9,3 (Vite dei Santi III, 64,11-14 Bastiaensen); Rufin von Aquileia, *Historia ecclesiastica* XI 11 (GCS Eusebius II/2, 1018,10-18 Mommsen); dazu Ernst Dassmann, Ambrosius von Mailand. Leben und Werk, Stuttgart u.a. 2004, 26f.

gert nahm sie zur Kenntnis, dass Chrysostomus eigenmächtig die „christus-liebende Kaiserin" dafür lobte, dass sie „an Bescheidenheit und Demut alle derart in den Schatten stelle, daß sie von ihrem Volke kaum unterschieden werden könne".[34] Das war nun gewiss nicht das, was sie sich als Kaiserin nachsagen lassen wollte! Als der Bischof im Jahr 403 in einer Predigt auch noch über die Laster der Frauen herzog und die Zuhörer dies *nolens volens* als kritische Anspielung auf die Kaiserin verstehen mussten[35], war das Maß voll: Der Bischof hatte sich als inkompatibel mit dem Establishment erwiesen und wurde fallen gelassen wie eine heiße Kartoffel, als er kurz darauf in Konflikt mit seinem Amtskollegen aus Alexandrien geriet.

Dabei äußerten sich auch andere Bischöfe zu jener Zeit herrschaftskritisch: Augustin betonte, zwar sei nun der Kaiser Christ geworden, nicht aber der Teufel; und Ambrosius von Mailand stellte fest, jedes Staatsamt unterliege der Macht des Teufels.[36] Doch Augustin saß in Hippo fernab der Zentren der Macht, und Ambrosius' Verhältnis zu den Kaisern des Westens war in mancher Hinsicht ein Sonderfall (s.u.). Chrysostomus vertrat dagegen in unmittelbarer Nähe zu Kaiser Arcadius die Ansicht, hohe Staatsämter seien ein Hindernis auf dem Weg zum ewigen Heil.[37] Zwar wurde den Bischöfen im 4. Jahrhundert das traditionelle Recht der römischen Bürger auf *parrhesia*, d.h. auf freimütige Rede und auf das Vorbringen von Petitionen beim Kaiser, zugestanden.[38] Chrysostomus' geistliche und asketische Autorität verlieh dieser *parrhesia* noch eine zusätzliche Legitimation. Doch erwarteten die Kaiser nicht, dass solche freimütige Rede zum Zweck ihrer eigenen Ermahnung eingesetzt wurde. Macht wurde dem Bischof der östlichen Kaiserstadt nicht als einer unabhängigen religiösen Autorität zugestanden. Wer sich in der Nähe des Kaisers befand, hatte vielmehr dessen eigene, sakral legitimierte Autorität zu respektieren und ihn nicht als normalen Gläubigen zu behandeln. Offenbar gab es auch genügend Bischöfe, die dazu bereit waren,

---

[34]   Tiersch, Johannes Chrysostomus (wie Anm. 31), 213, als Paraphrase von *Homiliae dictae postquam reliquiae martyrum* 2,3 (PG 63, 470).

[35]   Die Predigt ist nicht erhalten, doch referieren die antiken Kirchenhistoriker Duktus und Reaktion: Socrates, *Historia ecclesiastica* VI 15,1-3 (GCS N.F. 1, 336,10-15 Hansen); Sozomenos, *Historia ecclesiastica* VIII 16,1 (FC 73/4, 1006,8-15 Hansen).

[36]   Augustin, *Enarrationes in psalmos* 93,19 (CChr.SL 39, 1320,33-36 Dekkers/Fraipont); Ambrosius, *Expositio Evangelii secundum Lucam* IV 28 (CChr.SL 14, 115,333f. Adriaen); vgl. Henry Chadwick, The Church in Ancient Society. From Galilee to Gregory the Great, Oxford 2001, 190.

[37]   Johannes Chrysostomus, *Homiliae in epistula Pauli ad Philippos* 12,3 (PG 62, 274).

[38]   Vgl. dazu jetzt Claudia Rapp, Holy Bishops in Late Antiquity. The Nature of Christian Leadership in an Age of Transition (The Transformation of the Classical Heritage 37), Berkeley u.a. 2005, 260-273.

wie die bittere Klage von Chrysostomus' erstem Hagiographen über dessen Konkurrenten erkennen lässt:

„Beneidet werden stets die, welche im kaiserlichen Hause gut angesehen sind, und die Neider selbst tragen wiederum dafür Sorge, dass sie ihrerseits von anderen beneidet werden, [und das geht immer weiter,] da keiner je genug hat am Reichtum, selbst diejenigen nicht, die es ganz in die Nähe des Kaisers geschafft haben!"[39]

In der Tat war der kaiserliche Hof schon zu Konstantins Zeiten zu einem Betätigungsfeld für Bischöfe geworden: Ein Kaiser, der offensiv in innerkirchliche Streitigkeiten eingriff, brauchte entsprechend versierte Berater. Im donatistischen Streit fungierte Bischof Miltiades von Rom – widerstrebend – als Erfüllungsgehilfe der kaiserlichen Friedensbemühungen, die letztlich erfolglos blieben. Als im Osten ein Streit über die Lehre von der Dreieinigkeit Gottes ausbrach (der so genannte arianische Streit), sollte Bischof Hosius von Cordoba vor Ort die Streithähne versöhnen. Das gelang freilich weder dem Gesandten noch dem schließlich von Konstantin einberufenen Reichskonzil von Nizäa (325). Vielmehr sollte der Streit noch bis 381 dauern, und über weite Strecken könnte man ihn als Geschichte des Konflikts zwischen Bischöfen um den Einfluss auf den oder die Kaiser schreiben. Zwar ist der arianische Streit nicht auf reine Machtpolitik zu reduzieren, wie man es z.B. im Blick auf Protagonisten wie Konstantius II. und Athanasius von Alexandrien oft genug getan hat.[40] Doch hing die Klärung theologischer Fragen natürlich immer auch mit dem Problem der Durchsetzung der als richtig erkannten Lehre zusammen: Wo mehrere Bischöfe in einer Stadt rivalisierten, musste letztlich eine externe Instanz für Klarheit sorgen.[41] Dass unter den Kaisern Konstantius II. (337-361) im Urteil der Nachwelt eine unrühmliche, Theodosius I. (379-395) dagegen eine ruhmreiche Rolle spielte, weil jener sich auf die Seite der späteren dogmatischen Verlierer, dieser sich auf die Seite der Sieger geschlagen hatte, ist für die prinzipielle Konfiguration von kaiserlicher und bischöflicher Macht letztlich irrelevant: Die Machtposition eines Bischofs hing stets – wenn auch nicht nur – von seiner Unterstützung durch den Kaiser ab.

---

[39] Ps.-Martyrius, *Oratio funebris in laudem Sancti Iohannis Chrysostomi* 13 (58,21-25 Wallraff).

[40] So zuletzt von Manfred Clauss, Der Kaiser und sein wahrer Gott. Der spätantike Streit um die Natur Christi, Darmstadt 2010, 60f. Zu diesem Problemfeld vgl. jetzt Peter Gemeinhardt, Theologie und Kirchenpolitik, in: Athanasius Handbuch, hg. von dems., Tübingen 2011, 93-104 (in kritischer Auseinandersetzung u.a. mit der ebenso anregenden wie streitbaren Studie von Timothy D. Barnes, Athanasius and Constantius. Theology and Politics in the Constantinian Empire, Cambridge MA / London 1993).

[41] Der *locus classicus* ist das antiochenische Schisma; vgl. Chadwick, The Church in Ancient Society (wie Anm. 36), 415f.429-432.

Das zeigt sich im 4. Jahrhundert am eindrücklichsten an Athanasius von Alexandrien, der in seiner langen Amtszeit (328-373) insgesamt fünf Mal ins Exil gehen musste und erst am Ende seines Lebens bzw. im Urteil der Nachwelt den Ruf als „Säule der Orthodoxie" erhielt, der ihm in seiner eigenen Sicht immer schon gebührt hatte. Athanasius gelangte erst durch die Erfahrung, von Konstantin 335 abgesetzt und exiliert, auf Drängen von dessen einem Sohn Konstans (337-350) rehabilitiert und von dessen anderem Sohn Konstantius II. wiederum bekämpft und von seinem Bischofssitz vertrieben worden zu sein, zu einer Unterscheidung von Theologie und Kirchen- oder Religionspolitik.[42] Es dauerte nach seinem ersten Exil über zwanzig Jahre, bis Athanasius schließlich zu der These vorgestoßen war: „Wenn es über einen Bischof zu urteilen gilt, was hat der Kaiser damit zu schaffen?"[43] – wobei man diesen Ausruf nicht allzu grundsätzlich verstehen sollte, denn Athanasius hatte gar nichts gegen kaiserliche Interventionen einzuwenden, solange sie der wahren Lehre und ihren Vertretern (also letztlich ihm selbst) zu Gute kamen.[44] Zu Konstantins Lebzeiten hatte er die Unterscheidung zwischen Kaiser und Kirche noch keineswegs so trennscharf gezogen, und auch später nahm er den verstorbenen Kaiser in Schutz: Dieser habe ihn nur zu seinem eigenen Schutz gegen die Nachstellungen Eusebs von Nikomedien nach Gallien ins Exil geschickt.[45] Die verschärfte Abgrenzung gegen kaiserliche Interventionen erfolgte nicht zufällig im Krisenjahr 357, als Athanasius gegenüber den von Konstantius unterstützten Bischöfen in die theologische und politische Isolation geraten war. Ein knappes Jahrzehnt später (366) ließ er sich dagegen vom kaiserlichen *notarius* Brasidas, der in Kaiser Valens' Auftrag das Dekret mit der Aufhebung der fünften und letzten Exilierung des Bischofs überbracht hatte, per-

---

[42]   Zu den Daten der Exile des Athanasius vgl. jetzt Winrich A. Löhr, Athanasius und Alexandrien, in: Athanasius Handbuch (wie Anm. 40), 113-122, bes. 113f.

[43]   Athanasius, *Historia Arianorum* 52,3 (Athanasius Werke II, 213,5f. Opitz); vgl. zum Folgenden Karen Piepenbrink, Athanasius und die Kaiser, in: Athanasius Handbuch (wie Anm. 40), 134-139; ausführlich dies., Das römische Kaisertum und das Verhältnis von Kaiser und Kirche bei Athanasius von Alexandrien, in: Klio 86 (2004), 398–414.

[44]   So Barnes, Athanasius and Constantius (wie Anm. 40), 132; vgl. Piepenbrink, Athanasius und die Kaiser (wie Anm. 43), 137, mit Verweis auf seine Bemühungen um Konstantius' Unterstützung bei der Rückkehr nach Alexandrien 346; den Vorgang referiert Athanasius in *Historia Arianorum* 21 (Athanasius Werke II, 194,1-13 Opitz); die dazugehörigen Briefe sind überliefert in *Historia Arianorum* 23 (a.a.O. 195,22-28); *Apologia secunda* 54,2-55,7 (a.a.O. 135,1-136,7 Opitz).

[45]   Athanasius, *Historia Arianorum* 50,2 (Athanasius Werke II, 212,4-9 Opitz).

sönlich in seinem Zufluchtsort – einer Villa am Nil – abholen und zu seiner Residenzkirche geleiten.[46]

Insofern muss man bei Athanasius ebenso auf den Kontext der ostentativen Abgrenzung schauen wie bei dem ähnlich lautenden Ausruf: *„Quid est imperatori cum ecclesia?"*[47] – hier waren es die seit 321 als Schismatiker verfolgten Donatisten, die sich über die Unterstützung des Kaisers für ihre Gegner beklagten. Hatten sie anfangs noch selbst an Kaiser Konstantin appelliert, damit er ihre Position – die Behauptung der Ungültigkeit der Weihe von Bischof Caecilian in Karthago, da daran ein Bischof beteiligt gewesen sei, der in der Verfolgung unter Diokletian nicht hinreichend standhaft geblieben sei – unterstützen möge, brachten sie nun selbst die Trennung kaiserlicher Gewalt und kirchlicher Angelegenheiten ins Spiel. Doch wurde der Streit zwischen Donatisten und Katholiken in Nordafrika seit 411 mit staatlicher Gewalt – und nur teilweise erfolgreich – zu beenden versucht. Kein Geringerer als Augustin rechtfertigte das staatliche Eingreifen mit dem Verweis auf das Gleichnis vom Gastmahl und dem Befehl des Herrn: „Zwingt sie einzutreten!" (*compelle intrare*, Lk 14,23).[48]

Die Machtposition von Geistlichen war also oft prekär: Normative Gestalten der Tradition wie Athanasius und Augustin hatten zu Lebzeiten durchaus zu kämpfen, um die Kaiser und ihre Statthalter dauerhaft auf ihrer Seite zu haben; Johannes Chrysostomus scheiterte gar bei dem Versuch, als Bischof der östlichen Reichshauptstadt asketisches Vorbild und kritisches Gewissen des Kaiserhauses zu sein. Die neuen Möglichkeiten, die das Ende der Verfolgungen christlichen Bischöfen bot, mussten vielfach erst in harten Konflikten untereinander und mit den Kaisern ausgelotet und realisiert werden.

III.

Unabhängig von solchen Wechselfällen der kaiserlichen Gunst nahm die Attraktivität des Bischofsamtes für Mitglieder der römischen High Society im 4. Jahrhundert erheblich zu. Auch hier gab es Vorläufer: Bischof Cyprian von Karthago, der 258 den Märtyrertod erlitt, entstammte dem Stand der Kurialen, vielleicht sogar dem der Senatoren. Als sein Todesurteil bekannt wurde, strömte „eine ganze Reihe von Besuchern, Leute von hohem, angesehenem Rang und Geschlecht, aber auch Männer aus heidnischem Adel" in

---

46 *Historia acephala* 5,6f. (SC 317, 162,37-53 Martin); vgl. Löhr, Athanasius und Alexandrien (wie Anm. 42), 115.

47 Optat von Mileve, *Contra Parmenianum* III 3,3 (CSEL 26, 73,20 Ziwsa).

48 Vgl. Pamela Bright, Augustin im Donatistischen Streit, in: Augustin Handbuch, hg. von Volker Henning Drecoll, Tübingen 2007, 171-178, hier 173.

sein Gefängnis, um ihn zur Flucht zu bewegen.[49] Die Aufgabe des Rhetorenberufs, die Konversion und die Weihe zum Bischof hatten also bestehende soziale Bindungen nicht so radikal aufgelöst, wie sein Hagiograph das behauptete. Dem Prokonsul Paternus stellte sich Cyprian nicht nur, wie üblich, als Christ, sondern als „Christ und Bischof" vor[50]; und als der Richter ihn über seine Kleriker befragte, begab sich Cyprian der Bischof in die Rolle des *patronus*, d.h. des allein verantwortlichen Repräsentanten und Schutzherrn der karthagischen Gemeinde, und wies als „selbstbewusster und fähiger Anwalt seines Klerus ... den Prokonsul in die Schranken des billigen Rechtsherkommens".[51]

Die Machtposition des Bischofs war hier eine paradoxe: Cyprian konnte dem Todesurteil nicht entkommen, dokumentierte aber mit seinem Auftreten, dass er mit dem Prokonsul auf Augenhöhe zu verhandeln in der Lage war. Mit der latenten Bedrohung durch Verfolgung entfiel das Paradox, und kirchliche Ämter entfalteten eine große Anziehungskraft auf Personen des Kurialenstandes (nicht nur aufgrund der damit verbundenen Steuerbefreiung).[52] Das Bischofsamt galt als neue, ehrenvolle Stufe innerhalb der traditionellen Karriereleiter. Die Bischöfe zählten zu den führenden Persönlichkeiten ihrer *civitas*, sie wurden *viri venerabiles* oder „new urban functionaries".[53] Angesichts der Desintegration des Reiches im Zuge der Völkerwanderung übernahmen in Gallien im 5. Jahrhundert zunehmend Senatoren das Amt des Bischofs und wirkten als solche auch als *defensor* ihrer jeweiligen *civitas*. Im Idealfall ergänzten sich die geistliche Kompetenz des Bischofs, seine

---

49 Pontius, *Vita Cypriani* 14 (CSEL 3/3, CV,22f. Hartel): „*plures egregii et clarissimi ordinis et sanguinis, sed et saeculi nobilitate generosi*"; zu dieser Notiz vgl. Wolfgang Wischmeyer, Von Golgatha zum Ponte Molle. Studien zur Sozialgeschichte der Kirche im dritten Jahrhundert (FKDG 49), Göttingen 1992, 70.

50 *Acta proconsularia Cypriani* 1,2 (168,8f. Musurillo).

51 Wolfgang Wischmeyer, Der Bischof im Prozeß. Cyprian als episcopus, patronus, advocatus und martyr vor dem Prokonsul, in: Fructus centesimus. FS Gerard J.M. Bartelink, hg. von A.A.R. Bastiaensen u.a., Turnhout u.a. 1989, 363-371, hier 367.

52 *Codex Theodosianus* XVI 2,2 (835,1-3 Mommsen) vom 21.10.319; vgl. Euseb von Caesarea, *Historia ecclesiastica* X 7,1f. (GCS Eusebius II/2, 891,4-20 Schwartz).

53 So Rapp, Holy Bishops (wie Anm. 38), 274-289; vgl. bereits Ernst Jerg, Vir venerabilis. Untersuchungen zur Titulatur der Bischöfe in den außerkirchlichen Texten der Spätantike als Beitrag zur Deutung ihrer öffentlichen Stellung (WBTh 26), Wien 1970; daran anschließend Brown, Macht und Rhetorik (wie Anm. 24), 102. Freilich beziehen sich die erhaltenen Quellen größtenteils auf Bischöfe, die aus der Oberschicht stammen und insofern nur bedingt repräsentativ sind. Zu einem sozialgeschichtlich verbreiterten Zugang vgl. Sabine Hübner, Der Klerus in der Gesellschaft des spätantiken Kleinasien (AwK 15), Stuttgart 2005.

rhetorische Gewandtheit und seine Fähigkeit, soziale Netzwerke zu bilden.[54]
Doch erfuhr ein solches Verständnis des Bischofsamtes als *honor* heftige
Kritik, so etwa bei Sulpicius Severus, dem Biographen des Martin von
Tours, der über die Zeit der Verfolgungen schrieb: „Seinerzeit suchte man
noch viel eifriger durch einen ruhmreichen Tod das Martyrium, als man jetzt
aus niederem Ehrgeiz das Bischofsamt anstrebt."[55] Welche Folgen dieser
Ehrgeiz zeitigen konnte, berichtet – nicht ohne ein gerüttelt Maß an
Schockiertheit – der heidnische Historiker Ammianus Marcellinus:

„[Die römischen Kleriker] Damasus und Ursinus brannten beide maßlos darauf,
den Bischofsstuhl an sich zu reißen, und bei ihren gegen einander gerichteten Intrigen kämpften sie mit derartiger Verbissenheit, dass es bei den Auseinandersetzungen ihrer Anhänger Tote und Verwundete gab … Bedenke ich aber den Prunk, wie
er in Rom herrscht, so kann ich nicht leugnen, dass diejenigen, die eine solche Würde erstreben, unter Aufbietung all ihrer Kräfte darum bemüht sein müssen, ihr Ziel
zu erreichen. Denn wer es glücklich erreicht hat, der hat für alle Zukunft ausgesorgt:
Er gedeiht durch die Schenkungen der Matronen, fährt nur noch in Kutschen einher, ist prunkvoll gekleidet und lässt sich so reichliche Schmäuse herrichten, dass
seine Tafel selbst ein Königsmahl in den Schatten stellt."[56]

Solche gewalttätigen Ausschreitungen um des Bischofsamtes willen waren
gewiss nicht die Regel, und die 137 Toten, die nach Ammianus an einem
einzigen Tag zu beklagen waren, sind für Papstwahlen ein trauriger Rekord.
Der Sieger Damasus musste sich aber ebenso aus christlicher Warte Kritik
gefallen lassen: Sein Kontrahent Ursinus titulierte ihn wegen seiner guten
Beziehungen als „Ohrlöffel der Damen".[57] Doch war Damasus (366-384)
aus anderer Perspektive der Mann der Stunde: Mit ihm amtierte erstmals ein
Mitglied der Oberschicht als Bischof von Rom – in einer Zeit, als das Chris-
tentum unter adligen Römern großes Interesse fand und ein mit beiden
Welten vertrauter Vermittler erforderlich war. Zwischen ihm und dem
Wortführer der Senatsaristokratie und Inhaber von sieben heidnischen
Priesterämtern, Vettius Agorius Praetextatus, bestand ein freundschaftliches

54 Rapp, Holy Bishops (wie Anm. 38), 16-18, führt als heuristisches Mittel eine Matrix aus
    „spiritual, ascetic and pragmatic authority" ein.
55 Sulpicius Severus, *Chronica* II 32,2 (SC 441, 298,17-19 de Senneville-Grave): „*multoque
    avidius tum martyria gloriosis mortibus quaerebantur, quam nunc episcopatus pravis ambitionibus appe-
    tuntur.*"
56 Ammianus Marcellinus, *Res gestae* XXVII 3,12.14 (LCL III, 18-20 Rolfe); Übers. Adolf
    Martin Ritter, Kirchen- und Theologiegeschichte in Quellen, Bd. I, Neukirchen-Vluyn
    ⁹2007, 194.
57 *Collectio Avellana* I 9 (CSEL 35/1, 4,5 Günther): „*matronarum auriscalpius*"; vgl. Jean Guy-
    on, Die Kirche Roms vom Anfang des 4. Jahrhunderts bis zu Sixtus III. (312–432), in:
    Die Geschichte des Christentums, Bd. II: Das Entstehen der einen Christenheit (250–
    430), hg. von Charles und Luce Piétri, dt. Freiburg u.a. 1996, 877–917, hier 890.

Miteinander, das in dem Praetextatus zugeschriebenen Diktum gipfelte:
„Macht mich zum Bischof von Rom, und ich werde augenblicklich
Christ!"[58] Vielleicht war das nicht völlig ernst gemeint (wenn es denn überhaupt je gesagt wurde). Aber dass eine solche Nähe im späteren 4. Jahrhundert zwischen den Inhabern geistlicher und weltlicher Ämter herrschen
konnte, ist in vielen Fällen Realität.

IV.

Man hat gelegentlich für das späte 4. Jahrhundert vom „letzten Kampf des
Heidentums in Rom" gesprochen.[59] Das ist zum einen problematisch, weil
für die römische Oberschicht jener Zeit, wie gesehen, eine starre, gar pole-
mische Unterscheidung von Christen und „Heiden" weitgehend unange-
messen ist; und zum anderen entbrannte der Kampf, den es dann doch gab,
nicht in Rom, sondern in Mailand. Mit Ambrosius wirkte dort seit 374 ein
Bischof in Nachbarschaft der kaiserlichen Residenz, der selbst senatorischen
Geblüts war und zuvor als Statthalter der Provinz Aemilia-Liguria amtiert
hatte. Anders als der Römer Damasus sah Ambrosius deutlich, dass weniger
der traditionsreiche, politisch aber entmachtete Senat Roms für das Christentum von Bedeutung war, sondern vielmehr der Kaiser. Das wurde zuerst
in der Auseinandersetzung um den Altar der Victoria in der römischen Kurie deutlich, den Kaiser Gratian 382 hatte entfernen lassen. Ambrosius gelang es zweimal, diesbezügliche Interventionen des Senats an Gratian und
seinen Nachfolger Valentinian II. zu stoppen, u.a. mit der leider nicht mehr
nachprüfbaren Behauptung, der Senat sei längst in seiner Mehrheit christ-
lich.[60] Sein entscheidendes Argument war, dass christliche Senatoren nicht
von einem christlichen Kaiser zum Schwören an einem heidnischen Altar
gezwungen werden dürften.[61] Für Ambrosius war es also nicht nur selbstverständlich, dass nunmehr ein Kaiser prinzipiell Christ sein konnte. Wenn
er dies war, hatte er auch Verpflichtungen gegenüber den Christen, auf die
ein Bischof ihn behaften durfte.[62]

   Der jugendliche Valentinian war freilich ein Leichtgewicht im Vergleich
zu Theodosius, der 388 den Usurpator Maximus aus Italien vertrieb und

[58]   Hieronymus, *Contra Iohannem* 8 (CChr.SL 79A, 15,32f. Feiertag); vgl. Gemeinhardt, Das
       lateinische Christentum (wie Anm. 1), 157f.
[59]   Jelle Wytzes, Der letzte Kampf des Heidentums in Rom (EPRO 56), Leiden 1977.
[60]   Ambrosius, *Epistula* 72(17),9 (CSEL 82/3, 15,74f. Zelzer).
[61]   Ambrosius, *Epistula* 73(18),31 (CSEL 82/3, 50,313f. Zelzer).
[62]   Vgl. die konzise Darstellung von Hartmut Leppin, Politik und Pastoral – Politische
       Ordnungsvorstellungen im frühen Christentum, in: Die Anfänge des Christentums, hg.
       von Friedrich Wilhelm Graf / Klaus Wiegandt, Frankfurt 2009, 308-338, hier 324-332.

sich damit zum Alleinherrscher aufschwang. Von seinen Begegnungen mit Ambrosius hat man gerne eine gerade Linie nach Canossa gezogen[63], was im verbindenden Stichwort Buße begründet ist. Ambrosius brachte in der Tat erstmals einen römischen Kaiser dazu, für eine politische Maßnahme Buße zu tun und damit öffentlich zuzugestehen, dass auch ein Kaiser der bischöflichen Bußgewalt unterliege. Dass er den Kaiser höflich, aber bestimmt anwies, der Messe nicht (wie in Konstantinopel) im Chorraum, sondern im Kirchenschiff beizuwohnen – der Purpur mache zum Kaiser, aber nicht zum Priester[64] –, war nur ein Vorspiel. Ernst wurde es, als in der Festungsstadt Kallinikum am Euphrat auf Geheiß des dortigen Bischofs eine Synagoge niedergebrannt wurde. Theodosius konnte das schon um des Friedens im Militärlager willen nicht dulden. Er befahl, die Täter – fanatisierte Mönche – streng zu bestrafen und die Synagoge auf Kosten des Bischofs wieder aufzubauen.[65] Das wiederum nahm Ambrosius nicht hin. Er hatte juristisch und argumentativ eine wenig erfolgversprechende Position, spielte jedoch erfolgreich die Karte der exklusiven religiösen Zugehörigkeit des Kaisers:

„Kaiser, dir geht es darum, Rücksicht auf die öffentliche Ordnung zu nehmen. Doch was hat größere Bedeutung, eine bloß vordergründige öffentliche Ordnung oder die Sache der Religion? Die Strafgewalt des Staates hat der Religion den Vorrang einzuräumen."[66]

In einer denkwürdigen Begegnung im Gottesdienst erreichte Ambrosius, dass nicht nur der Bischof keine Synagoge bauen musste, sondern auch die Mönche straffrei ausgingen. Sein Verhältnis zum Kaiser sah Ambrosius in Analogie zum Propheten Nathan, der König David seine Fehler vor Augen hielt und dies um dessen Seelenheil willen auch tun musste.[67] Damit fuhr er fort, nachdem Theodosius zur Vergeltung für einen Volksaufstand in Thessaloniki ein Blutbad unter der Bevölkerung hatte anrichten lassen. Obwohl

---

[63] So Hans Lietzmann, Geschichte der Alten Kirche, Bd. IV, Berlin ²1953, 81; Frank Kolb, Der Bußakt von Mailand, in: Geschichte und Gegenwart. FS Karl Dietrich Erdmann, hg. von Hartmut Boockmann u.a., Neumünster 1980, 41-74; Brown, Macht und Rhetorik (wie Anm. 24), 141-146; zur zwischenzeitlich dominierenden „seelsorgerlichen" Deutung vgl. Rudolf Schieffer, Von Mailand nach Canossa. Ein Beitrag zur Geschichte der christlichen Herrscherbuße von Theodosius d.Gr. bis zu Heinrich IV., in: DA 28 (1972), 333-370; vgl. weiterhin die bei Dassmann, Ambrosius (wie Anm. 33), 309, Anm. 590, zitierte Literatur.

[64] Theodoret von Cyrus, *Historia ecclesiastica* V 18,2-4 (GCS N.F. 5, 309,1-19 Parmentier/Hansen); Sozomenos, *Historia ecclesiastica* VII 25,8 (FC 73/3, 930,15-23 Hansen); vgl. Dassmann, Ambrosius (wie Anm. 33), 181f.

[65] Ambrosius, *Epistula extra collectionem* 1a(40),6 (CSEL 82/3, 165,82f. Zelzer).

[66] Ambrosius, *Epistula extra collectionem* 1a(40),11 (CSEL 82/3, 167,32-34 Zelzer); Übers. Dassmann, Ambrosius (wie Anm. 33), 183.

[67] Ambrosius, *Epistula extra collectionem* 1(41),25f. (CSEL 82/3, 159,309-160,342 Zelzer).

er es schon bald bereute, war der Kaiser für einen vielfachen Mord verant-
wortlich und damit nach kirchlichem Recht exkommuniziert. Ambrosius rief
Theodosius in einem Brief nachdrücklich zur Buße auf.[68] Und tatsächlich:
Der Kaiser

„legte alle seine kaiserlichen Insignien ab, beweinte in der Kirche öffentlich seine
Sünde …, erbat unter Seufzen und Tränen Verzeihung. Wessen sich die Untertanen
schämen, dessen schämte sich der Kaiser nicht: öffentlich Buße zu tun."[69]

Freilich ist der betreffende Brief wiederum ein Muster an seelsorgerlicher
Diplomatie und orientierte sich am Ideal der *amicitia*, des respektvollen Um-
gangs unter Gleichgestellten, folgte also den Regeln der antiken Epistolog-
raphie. Wohl auch deshalb konnte Theodosius sich von einem Bischof zur
Buße rufen lassen – was in Konstantinopel, wie gesehen, grandios gescheitert wäre. Von Canossa kann daher keine Rede sein – ganz abgesehen von
der Frage, wer im 11. Jahrhundert in Canossa wirklich den Sieg davongetra-
gen hat.

V.

Die Frage nach Geistlichen in Machtpositionen durch die Geschichte des
Christentums hindurch weiter zu verfolgen wäre Thema einer – oder auch
mehrerer – Monographie(n). Für das Mittelalter wurde in Fortschreibung
der skizzierten Entwicklung prägend, *dass* Geistliche Machtberater, seltener
Machtkritiker, schließlich auch Machtinhaber wurden. Die Frage „*Quid est
imperatori cum ecclesia?*" wurde parallel dazu immer wieder laut, nicht zufällig
aus der Ecke derer, die unter solcher Nähe zur Macht zu leiden hatten: die
Donatisten in der Spätantike, die Katharer und Waldenser im Hochmittelal-
ter, die Täufer der Reformationszeit. Grundsätzliche Kritik an der Verwo-
benheit von Geistlichen in Machtzusammenhänge erhob sich erst im Zuge
der Ausbildung einer eigenständigen Politiktheorie im Spätmittelalter; Wilhelm von Ockham und Marsilius von Padua wären hier zu nennen. Für das
vorhergehende Jahrtausend war jedoch die Nähe kirchlicher Amtsträger zur
politischen Macht mindestens faktisch durchgehend gegeben. Wo sich Kritik am Verhältnis von Kirche und Staat regte, da wurde sie bis zum Beginn
der Neuzeit nur höchst selten mit dem Verweis auf die Ideale der Urkirche
begründet. Seit der Spätantike war die Kirche nicht gleich Weltreligion und
schon gar nicht überall Staatsreligion, aber doch definitiv in Welt und Staat
angekommen.

---

68   Ambrosius, *Epistula extra collectionem* 11(51) (CSEL 82/3, 212-218 Zelzer); vgl. Dass-
      mann, Ambrosius (wie Anm. 33), 187-189.
69   Ambrosius, *De obitu Theodosii* 34 (CSEL 73, 388,2-7 Faller).

Geistliche Identität und weltlicher Einfluss

Stellung und Macht der christlichen Kirchen in Deutschland: Geschichtliche Beobachtungen, gegenwärtige Perspektiven

Bernd Oberdorfer

Wenn im Folgenden nach Stellung und Einfluss der christlichen Kirchen und ihrer Funktionsträger in der und auf die Gesellschaft in Deutschland gefragt wird, so kann es weder um die bloße Analyse eines aktuellen Ist-Zustandes gehen noch um die Anwendung eines vorgegebenen abstrakten Modells auf eine bestimmte Konstellation. Die Rede vom „Einfluss auf …" setzt nämlich eine Differenz zu dem voraus, worauf Einfluss genommen werden soll, und diese Differenz, die die Kirche als eigenständigen Handlungsträger neben und gegenüber anderen Akteuren konstituiert, ist ihrerseits geschichtlich gewachsen und existiert nur in je spezifischer Konkretion. Ungeachtet dass die Frage der Verhältnisbestimmung von Kirche und „Welt" die ganze Christentumsgeschichte durchzog, bedeuten für die europäische und besonders die deutsche Geschichte die Reformation und die durch sie angestoßene Entwicklung eine signifikante Zäsur, die das institutionelle Selbstverständnis und den gesellschaftlichen Handlungsspielraum sowohl der aus der Reformation hervorgegangenen protestantischen Kirchen als auch der römisch-katholischen Kirche, die faktisch zur Konfessionskirche unter anderen wurde, massiv und nachhaltig beeinflusste. Allerdings bewirkte die Ausbildung der modernen „säkularen" Gesellschaft, die sich in den geistigen Grundlagen schon seit der Mitte des 17., im Wesentlichen aber seit der Mitte des 18. Jahrhunderts vollzog, einen weiteren Differenzierungsschub, der die Rolle der Kirchen in der Gesellschaft bis in die Gegenwart prägt. In den folgenden Ausführungen sollen daher zunächst zur Präzisierung der Fragestellung systematisch einzelne Aspekte dieser Ausdifferenzierung eines eigenständigen kirchlich-religiösen Handlungsfelds unterschieden werden, ehe grundlegende Elemente der durch die Reformation angestoßenen Entwicklung benannt werden. Im weiteren Fortgang werden knapp die neuzeitlichen Transformationen des gesellschaftlichen Einflusses religiöser Institutionen und Funktionsträger nachgezeichnet und unterschiedliche Formen angesprochen, in denen die Kirchen in der gegenwärtigen Gesellschaft ihre Botschaft zur Geltung zu bringen versuchen. Das Resümee gewichtet den faktischen Einfluss der Kirchen heute und lenkt noch einmal den Blick auf die grundlegende Ambivalenz weltlicher Machtausübung, die den Kirchen Wirksamkeit sichert, zugleich aber ihre religiöse Identität gefährdet.

1. Kirche und „Welt": Aspekte einer elementaren Differenzierung

Die Rede vom Einfluss der Kirche auf die und in der Gesellschaft impliziert eine (Selbst- und Fremd-)Unterscheidung der religiösen Instanzen (Individuen, Gruppen, Organisationen) von anderen Vergemeinschaftungs- und Kommunikationsformen. Diese Unterscheidung, an der sich die Identität jener Instanzen *als* religiöser Instanzen ausbildet, hat zwar, wie angedeutet, in der europäischen Moderne besonders deutliche Konturen angenommen. Sie lässt sich aber schon in vormodernen Formen des Religiösen feststellen. Genauer betrachtet, handelt es sich freilich nicht um eine einzige, einfache Differenz, sondern um einen Komplex von Unterscheidungen, bei dem mindestens drei Ebenen zu berücksichtigen sind, die wiederum unterschiedliche Formen von Einfluss konstituieren.

Zunächst einmal muss Religion als spezifische menschliche ‚Tätigkeit' identifiziert und gegenüber anderen Tätigkeitsformen abgehoben werden können. Es muss klar sein, dass *religiös* kommuniziert wird und nicht z.B. politisch, rechtlich, ökonomisch oder ästhetisch. Das klingt trivialer, als es ist. Denn das ganze Pathos, mit dem etwa der protestantische Theologe Friedrich Schleiermacher an der Wende zum 19. Jahrhundert in seinen epochemachenden Reden „Über die Religion"[1] diese als „eigne Provinz im Gemüthe" von Wissen und Moral abgrenzte, macht deutlich, dass dies nicht selbstverständlich war (und in mancher Hinsicht immer noch nicht ist). Schleiermacher wandte sich dagegen, dass religiöse Aussagen als wissenschaftliche Aussagen über die empirische Weltwirklichkeit auftreten – eine Unterscheidung, die, wie die Kreationismus-Diskussion zeigt, an Aktualität nicht verloren hat –, und er kritisierte – dies richtete sich gegen die Aufklärer seiner Zeit –, dass Religion nur noch als Motivationsverstärker moralischer Zumutungen Anerkennung findet.

Gewiss spiegelt sich hier die neuzeitliche Ausdifferenzierung funktionaler gesellschaftlicher Teilsysteme wider. Eine völlige Indifferenz der Tätigkeitsfelder gab es aber auch in der Vormoderne nicht. Man kann etwa die reformatorische sog. „Zwei-Reiche-Lehre", d.h. die Unterscheidung einer religiösen von einer profanen Form der göttlichen Weltregierung, als den Versuch lesen, einen spezifischen Bereich des Religiösen einzugrenzen und damit Allkompetenzansprüche religiöser Autoritäten zu konterkarieren. Die Tatsache, dass in dieser Lehre auch die Sphäre des ‚weltlichen' Handelns unter Gottes Regiment gestellt wird, ist allerdings ein Hinweis darauf, dass das aus dem unmittelbar Religiösen Ausgegrenzte dann gleichsam indirekt wieder religiös eingeholt wird; man muss eben auch über die Welt religiös reden

---

[1]   Friedrich Schleiermacher, Über die Religion. Reden an die Gebildeten unter ihren Verächtern (1799), in: ders.: Kritische Gesamtausgabe I/2, Berlin / New York 1984.

können. Ohnehin zeigt die weitere Geschichte des Protestantismus[2], dass die vermeintlich eindeutige Unterscheidung von „geistlicher" und „weltlicher" Gewalt sich in der konkreten Umsetzung durchaus nicht als durchgängig klar erweist.[3]

Eine zweite Differenz ist die Unterscheidung zwischen Religionsgemeinschaften und Sozialformen, die auf anderen Vergemeinschaftungsgründen beruhen. Die wichtigste davon ist sicherlich, modern gesprochen, die zwischen „Kirche" und „Staat". Mit anderen Worten: Es geht um die Identifikation einer ‚religiösen Gruppe' als Teilmenge einer – beispielsweise ethnisch oder national definierten – Gesamtgesellschaft. Oder, um eine Formel Karl Barths aufzugreifen: um die Unterscheidung von „Christengemeinde" und „Bürgergemeinde".[4] Auch dies ist keineswegs selbstverständlich. Noch in der Reformation war völlig klar, dass alle Bewohner eines politischen Herrschaftsgebiets – Herrscher wie Untertanen – zugleich Kirchenmitglieder sind.[5] Gerade der Augsburger Religionsfriede setzte dies voraus: *Cuius regio, eius religio*.[6] Nicht die Parität in den Reichsstädten, sondern die Konfessionshomogenität in den anderen Territorien war der gewünschte Normalfall.[7] Bürgergemeinde und Kultgemeinde fallen ineins.[8] Es ist kein Zufall,

---

2   Vgl. dazu unten Abschnitt 2.

3   Dies gilt im Übrigen schon für das Konzept selbst, dessen Wirkungs- und Interpretationsgeschichte ebenso komplex wie umstritten ist. Nicht von ungefähr sprach ein Kenner der Materie von einem „Irrgarten" (Johannes Heckel, Im Irrgarten der Zwei-Reiche-Lehre, München 1957). Zur Thematik vgl. Gunther Wenz, Theologie der Bekenntnisschriften der evangelisch-lutherischen Kirche, Bd. 2, Berlin / New York 1997, 437-464 (mit weiterer Literatur).

4   Karl Barth, Christengemeinde und Bürgergemeinde, Zürich ⁴1989.

5   Deshalb war die Frage des Status der Juden ein fundamentales Systemproblem.

6   Vgl. dazu die umfassende Monographie von Axel Gotthard, Der Augsburger Religionsfrieden, Münster 2004; kürzer ders., Autonomie des Politischen? Über Befriedungsstrategien und Eskalationsmechanismen im Konfessionellen Zeitalter, in: Bernd Oberdorfer / Peter Waldmann (Hg.), Die Ambivalenz des Religiösen. Religionen als Friedensstifter und Gewalterzeuger, Freiburg i.Br. 2008, 339-356.

7   Die konfessionelle Koexistenz in den Reichsstädten war interessanterweise von den katholischen Mächten durchgesetzt worden, da diese sonst in den weithin protestantischen Reichsstädten nicht mehr präsent gewesen wären.

8   Besonders deutlich ist dies in der Schweizer Reformation. Obwohl weder Zwingli in Zürich noch Calvin in Genf offizielle politische Ämter inne hatten, erhoben sie den klaren Anspruch einer religionskonformen Gestaltung der Gesamtgesellschaft und forderten von den politischen Leitungsinstanzen die Durchsetzung dieses Konzepts. Dies hatte durchaus theokratische Züge (vgl. das typologische Schema von Peter Waldmann am Ende dieses Bandes). Wegen der bleibenden formalen Differenzierung von geistlichen und weltlichen Instanzen sollte man freilich allenfalls von einer *informellen* Theokratie reden. Die Kämpfe, die namentlich Calvin mit dem Genfer Rat und einzelnen mächtigen Bürgern auszufechten hatte, und die Niederlagen, die er dabei auch erlitt, beleuchten in-

dass eine eigenständige dogmatische Reflexion auf die Kirche *als Sozialform* erst in der Neuzeit einsetzte, als diese (um das Wort einmal in ungewohntem Sinn zu verwenden) ‚Personal-Union' zerbrochen war. Erst jetzt macht es, streng genommen, Sinn, nach dem Einfluss „der Kirche" *in* Staat und Gesellschaft zu fragen.

Natürlich heißt das nicht, dass vorher alles unterschiedslos eins war. Aber die Differenz zwischen Religion und „Politik" war nicht durch unterschiedliche Mitgliedschaften markiert, sondern – und damit kommen wir zu einer dritten Differenz – durch die Ausdifferenzierung von ‚Expertenrollen', plakativ gesagt: *Priester* auf der einen Seite, *Herrscher* auf der anderen. Religiöser Einfluss manifestiert sich also nicht durch das Gewicht einer Bevölkerungsgruppe im Gegenüber zu anderen Gruppen oder zum ‚Ganzen', sondern durch die Stellung religiöser Repräsentanten gegenüber den Trägern anderer Funktionen im selben Gemeinwesen. Auf der Seite der Religion impliziert dies einen gewissen Grad an interner Ausdifferenzierung und Organisationsentwicklung: Zumindest die Unterscheidung von Klerus und Laien, die innerhalb des Klerus durch die Ausbildung einer Hierarchie von Bischof und Priester verfeinert und verstärkt werden kann, muss gegeben sein; ggf. kommt aber auch die Unterscheidung und Zuordnung von ‚ordentlicher' (amtlicher) und ‚außerordentlicher' (charismatisch legitimierter) Autorität hinzu.[9]

Was den Einfluss betrifft, so hat die Fokussierung religiöser Autorität auf hierarchische Funktionsträger eine doppelte Stoßrichtung: Sie zielt – gewissermaßen intern – auf die Formierung und Disziplinierung der ‚Laien', und sie zielt – gewissermaßen extern – auf die ‚Beratung', ja Lenkung der Träger *anderer*, v.a. politischer Leitungsfunktionen.

Ich sage bewusst: gewissermaßen. Denn in einer Gesellschaft wie der vormodernen, in der religiöse und ‚bürgerliche' Vergemeinschaftung zusammenfallen, ist auch die religions-,interne' Disziplinierung von gesamtgesellschaftlicher Extension: Exkommunikation hatte bürgerliche Konsequen-

---

des sehr klar die *Grenzen* der geistlichen Machtausübung. Vgl. knapp Christoph Strohm, Johannes Calvin, München 2009.

9   Vgl. in der spätantiken Kirche den Streit darüber, ob den „Confessores", d.h. jenen, die in der Verfolgung standhaft geblieben waren, aufgrund ihres Lebenszeugnisses eine eigenständige innerkirchliche Autorität zukomme, auch gegenüber den eingesetzten Amtsträgern (Bischöfen), die teilweise der Verfolgung weniger mutig widerstanden hatten. Strittig war etwa, ob die Zustimmung der „Confessores" bei der Wiederaufnahme abgefallener Gemeindeglieder ausschlaggebend sein müsse – oder ob dies allein in der Befugnis der Bischöfe stehe. Längerfristig setzte sich die institutionell-formale Legitimierung durch. Vgl. dazu knapp Wolf-Dieter Hauschild, Lehrbuch der Kirchen- und Dogmengeschichte, Bd. 1, Gütersloh 1995, 96.

zen.[10] Und umgekehrt sind die ‚externen' politischen Herrscher ja auch Kirchenmitglieder und als solche ‚intern' belangbar.[11] Erst in der Neuzeit wird der disziplinarische Zugriff der Kirchen auf ihre Mitglieder gleichsam partikularisiert, religiöser und bürgerlicher Status werden im Namen der Religionsfreiheit entkoppelt und die Frage, welchen Einfluss kirchliche Organisationen auf Gesellschaftsmitglieder, *die nicht zugleich Kirchenglieder sind*, ausüben dürfen, tritt allererst auf den Plan.[12]

Das heißt natürlich nicht, dass das vormoderne Modell spannungsfrei war. Die Vorstellung eines von den modernen Entzweiungen und Entfremdungen verschonten Mittelalters ist nichts als eine romantische, also sehr neuzeitliche Fiktion. Wie der Investiturstreit[13] klassisch zeigt, waren Bischöfe bzw. Päpste und Herrscher aufeinander angewiesen, hatten aber durchaus unterschiedliche Interessen, und die ideologische Struktur des Reichs war so angelegt, dass den Päpsten sehr spezifische Einflussmöglichkeiten zu Gebote standen. Sie konnten beispielsweise durch Exkommunikation den Kaisern ihre politische Legitimation entziehen und sie ineins damit durch die Drohung des Verlusts des ewigen Heils religiös-moralisch persönlich unter Druck setzen. Umgekehrt konnten sie ihre (religiösen wie profanen) Ansprüche durch die Behauptung untermauern, die weltlichen Herrscher verdankten ihre Macht der Übertragung durch die Kirche und seien daher zum Schutz von deren Interessen verpflichtet. Allerdings waren die Mittel religiöser Herrschaftsdisziplinierung in hohem Maße formgebunden und daher nicht autokratisch verfügbar. Sobald der Kaiser nach Canossa ging, *musste* er resozialisiert werden, und in bestimmter Hinsicht ging er aus Canossa als Sieger hervor.

Fragen wir nach den konkreten Interessen der kirchlichen Leitungsträger in dieser Phase, so verfolgten sie mit der Wahrung bzw. Wiederherstellung der Autonomie kirchlicher Organisationsvollzüge (konkret: Bischofsernennungen) gewiss das Ziel einer an geistlichen Kriterien orientierten kirchlichen Selbststeuerung. Davon gar nicht trennscharf abzuheben ist indes, dass es ihnen natürlich auch um die Sicherung ihrer institutionellen Stellung im gesellschaftlichen Ordnungsgefüge ging, mit anderen Worten: um institutio-

---

10 Klassisches, wenn auch exponiertes Beispiel: Der kirchliche Bann über Luther (1520) zog mit rechtsverbindlicher Konsequenz die staatliche Reichsacht (1521) nach sich.

11 Zur berühmten Maßregelung des Kaisers Theodosius durch Bischof Ambrosius von Mailand vgl. den Beitrag von Peter Gemeinhardt in diesem Band.

12 Ein aktuelles Beispiel dafür wäre der Streit um die Ladenöffnung am Sonntag: Warum sollen Ladenbesitzer und Kunden auf die religiös begründete Sonntagsruhe verpflichtet werden?

13 Vgl. dazu u.a. Wilfried Hartmann, Der Investiturstreit, München 1993 (³2007), sowie knapp ders., Art. Investiturstreit, in: RGG⁴, Bd. 4, 2001, Sp. 212-214.

nelle Selbsterhaltung, oder, noch nüchterner: Besitzstandswahrung. Denn so sehr die Kirche gleichsam ihre ‚himmlische Herkunft' betonte, so sehr sah sie sich in ihrer Organisationsgestalt als Teil der Gesellschaft. In gewisser Weise konnte sogar die Tatsache, dass die Päpste und Bischöfe zugleich weltliche Herrscher waren und z.T. große Besitztümer angehäuft hatten, als Bedingung der Möglichkeit ihres *geistlichen* Einflusses, als strukturelle Voraussetzung ihrer *religiösen* Prägekraft erscheinen. Dass durch diese Verquickung mit handfestem Selbsterhaltungsegoismus die religiösen Motive kontaminiert sein könnten, konnte zwar im Einzelfall als übertriebene Verweltlichung kritisiert werden, wurde aber noch kaum als grundsätzliches Problem wahrgenommen; für die Weltdistanz hatte man ja die Reform-, später die Bettelorden.

2. Die Reformation und ihre Folgen

Dies sah die Reformation bekanntlich anders. Durch die direkte politische Machtausübung, so ihr Vorwurf, gehe der spezifisch geistliche Charakter kirchlicher Leitungsautorität verloren. Im berühmten letzten, dem 28. Artikel der Confessio Augustana von 1530 wird geistliche Autorität von weltlicher dezidiert durch ‚Gewaltverzicht' unterschieden: Dem Amt des Bischofs obliege nichts anderes als die Verantwortung für die rechte Verkündigung des Evangeliums, und dem Wesen des Evangeliums entspreche es, dass diese Verantwortung *„sine vi humana, sed verbo"*[14] wahrgenommen wird, also ohne äußere Zwangsmittel, allein durch die Überzeugungskraft des verkündigten Wortes. Die „geistlichen Fürstentümer", in denen Bischöfe zugleich weltliche Herrscher waren, verfielen der Kritik.

Das heißt nun freilich nicht, dass die Reformatoren den Anspruch auf religiöse Prägung der Gesellschaft gleichsam heruntergefahren hätten. Ganz im Gegenteil. Um es plakativ zu sagen: Die Reformatoren schlossen zwar die Klöster, aber nur, um die religiösen Ansprüche auf die Gesamtgesellschaft hin zu entgrenzen. Dazu wurden die Obrigkeiten in die Pflicht genommen. In seiner Kirchenreformschrift „An den christlichen Adel deutscher Nation von des christlichen Standes Besserung" von 1520[15] schreibt Luther angesichts des Versagens der bisherigen kirchlichen Leitungelite den weltlichen Obrigkeiten die Aufgabe zu, die – modern gesprochen – Strukturen der religiösen Kommunikation zu reformieren, um damit die Vorausset-

---

[14]   Die Bekenntnisschriften der Evangelisch-Lutherischen Kirche (BSLK), Göttingen 1930 u.ö., 124,9.

[15]   Martin Luther, An den christlichen Adel deutscher Nation von des christlichen Standes Besserung, WA 6, 404-469. Diverse neudeutsche Ausgaben, z.B. Karin Bornkamm / Gerhard Ebeling (Hg.), Martin Luther, Ausgewählte Schriften, Bd. 1, Frankfurt (M) 1982, 150-237.

zungen zu schaffen für eine wirksame Ausrichtung der Gesamtgesellschaft auf das Evangelium. Die Obrigkeiten haben dann etwa dafür zu sorgen, dass eine hinreichende Zahl von gut ausgebildeten Pfarrern und Lehrern vorhanden ist, die wiederum eine möglichst gesellschaftsuniversale religiöse Bildung gewährleisten. Was bei Luther zunächst gewissermaßen als Notlösung gedacht war, setzte sich dann in Gestalt des „landesherrlichen Kirchenregiments" für Jahrhunderte als die typisch protestantische Form der Steuerung des religiösen Lebens in Deutschland durch. Die kirchliche Versorgung der Bevölkerung wurde zu einem Teil des staatlichen Handelns, institutionell verankert in ‚Kirchenministerien'; die Pfarrer waren Staatsbeamte.

Natürlich stellt sich diese Konstruktion aus der geschichtlichen Distanz als einigermaßen paradox dar: Eine Bewegung, die ausgezogen war, die Eigenständigkeit des Religiösen wiederherzustellen, endet gleichsam als Unterabteilung der staatlichen Verwaltung. Akzeptabel erschien sie den Protagonisten unter mindestens zwei Voraussetzungen: Auf der einen Seite war die Zuständigkeit des Staates auf die äußere Ordnung der kirchlichen Organisation begrenzt; Lehrfragen blieben in der Obhut der ordinierten Theologen (eine in Theorie und Praxis allerdings nicht immer leicht durchzuhaltende Unterscheidung). Auf der anderen Seite sicherte die ‚Fürsorge' der frommen Obrigkeit ja gerade die flächendeckende religiöse Versorgung; der Staat konnte in dieser Perspektive als der äußere Garant des kirchlichen Verkündigungsauftrags erscheinen. Außerdem konnte man in der Regel darauf vertrauen, dass der Herrscher denselben kirchlichen Bekenntnisstand hatte wie Klerus und Bevölkerung und also auch ein Interesse daran, die kirchlichen Belange zu fördern.[16]

Fragt man konkret, wie sich der Einfluss kirchlicher Funktionsträger in dieser Konstellation gestaltete, stößt man auf eine eigentümliche Gemengelage. Institutionell waren die Geistlichen in den Staatsapparat integriert. Dies bedeutete einerseits, dass sie als abhängige Beamte dem Staat nur bedingt eigenständig gegenübertreten konnten; andererseits aber verfügten sie über die Instrumente der staatlichen Verwaltung, und der ‚kurze Dienstweg'

---

16 Wenn – wie in Preußen – aufgrund des Konfessionswechsels des Herrscherhauses der Bekenntnisstand von Obrigkeit und Bevölkerung differierte, signalisierten die Herrscher um so deutlicher die Bereitschaft, sich in die inhaltlich-kirchlichen Belange nicht einzumischen. Dies gilt jedenfalls in der Theorie. Faktisch forcierten die calvinistisch gewordenen preußischen Könige beispielsweise die Zuwanderung von Calvinisten (Hugenotten!) und waren dem Vorwurf ausgesetzt, diese gegenüber den Lutheranern zu begünstigen. Längerfristig griffen sie auch in die inhaltlich-theologische Selbststeuerung der Kirche ein, indem sie die Bildung einer reformiert-lutherischen Unionskirche förderten. Dass diese 1817 zustande kam, ist allerdings nicht mit einem Oktroi von oben zu erklären, sondern wäre ohne die weitgehende Erosion eines konfessionellen Differenzbewusstseins in den Gemeinden und der Pfarrerschaft selbst nicht durchsetzbar gewesen.

stand ihnen offen, ihre Interessen geltend zu machen. Man darf sich die
Verhältnisse freilich auch nicht völlig konfliktfrei vorstellen. So dekretierte
in Preußen beispielsweise der ‚Große Kurfürst' Friedrich Wilhelm ein Verbot konfessioneller Polemik für die Kanzelpredigt, an das sich durchaus
nicht alle Pfarrer halten wollten; der bedeutende Liederdichter Paul Gerhardt etwa, ein standhafter Lutheraner, verließ 1667 lieber seine Pfarrstelle
an der Berliner Nikolaikirche, als hier nachzugeben.[17] Umgekehrt gab es
Kanäle kirchlicher Herrscherkritik, die den Getroffenen nicht immer behag-
te. So quittierte der berühmte pietistische Theologe Philipp Jakob Spener
seinen Dienst als Oberhofprediger bei Kurfürst Johann Georg III. von
Sachsen, weil dieser sich dessen (nichtöffentlich-seelsorgerlich vorgetragene)
Kritik an seinem privaten Lebensstil nicht gefallen lassen wollte.[18]

3. Neuzeitliche Transformationen des gesellschaftlichen Einflusses
   religiöser Institutionen und Funktionsträger

Es leuchtet ein, dass dieses System mit der Entstehung der neuzeitlichen
Gesellschaft brüchig wird, weil seine wichtigsten Voraussetzungen ver-
schwinden. Die Bevölkerung der Territorien ist nicht mehr konfessionsho-
mogen; kirchliches Handeln ist nicht mehr gesellschaftsuniversal, die Konfessionskirche wird zur Teilmenge der Gesellschaft neben anderen Teilmen-
gen – sie wird im Grunde erst jetzt (oder: jetzt wieder) zur Religionsgemeinschaft. Angesichts dessen kann dann natürlich auch nicht mehr eine besondere religiöse Verbundenheit des Herrschers mit der Kirche unterstellt werden; denn er muss ja ‚auch für die anderen da sein'. Ohnehin hatten die
Erfahrungen des Dreißigjährigen Krieges gelehrt, die politische Ordnung
nicht mehr religiös zu begründen. Die Kirche verlor die Funktion der Legitimierung politischer Macht, bzw. genauer: derartige Legitimierungen wurden austauschbar, d.h. kontingent. Was bedeuteten diese hier nur angedeute-
ten gesellschaftlichen Transformationsprozesse für Stellung, Selbstverständnis und Einfluss der Religion in Gesellschaft und Politik?
    Strukturell wurden die Veränderungen erst nach und nach wirksam, und
es kam in vieler Hinsicht zu Anachronismen, die teils seltsame Blüten trieben. So blieb formell das landesherrliche Kirchenregiment auch nach dem
Ende des Alten Reiches in Kraft, obwohl die napoleonische Neugliederung
Deutschlands auf konfessionelle Zuordnungen wenig Rücksicht genommen

---

[17] Vgl. knapp Christian Bunners, Art. Gerhardt, Paul(us), in: RGG⁴, Bd. 3, 2000, Sp. 728-
      730, bes. 729.
[18] Vgl. dazu Martin Brecht, Philipp Jakob Spener, sein Programm und dessen Auswirkun-
      gen, in: ders. (Hg.), Geschichte des Pietismus, Bd. 1: Der Pietismus vom siebzehnten bis
      zum frühen achtzehnten Jahrhundert, Göttingen 1993, 279-389, hier: 329-333, bes. 332f.

hatte. In Bayern etwa, dem das größerenteils protestantische Franken ein-
verleibt wurde, führte das dazu, dass der katholische König nominell Oberhaupt der lutherischen Kirche war. Dass dies möglich war, genauer: dass
dies von allen Beteiligten als möglich akzeptiert wurde, ist aber bei näherer
Betrachtung ein starker Indikator für den eingetretenen Wandel. Denn es
belegt, dass die Obrigkeit – unabhängig vom persönlichen religiösen Bekenntnis des Herrschers – nicht mehr primär als Hort und Schutzmacht
einer bestimmten konfessionellen Identität wahrgenommen wurde. Und es
belegt, dass die Kirchen ihre eigene Existenz als vom Staat unterschiedene
partikulare Religionsgemeinschaft neben anderen partikularen Religionsgemeinschaften zumindest als Faktum hinnahmen.

Dies fiel Protestanten und Katholiken übrigens in unterschiedlicher Weise schwer. Die Protestanten waren aufgrund der jahrhundertelangen Übung
so gewöhnt an die Einbettung der Kirche in den Staat, dass sie nur sehr
langsam die Herausforderung annahmen, organisationsförmige Eigenstruk-
turen zu entwickeln. Obwohl dies in Ansätzen schon im 19. Jahrhundert
geschah, kam die eigentliche Zäsur für sie erst 1918 mit dem Ende der Monarchie, das zugleich das Ende des landesherrlichen Kirchenregiments be-
siegelte. Es wundert nicht, dass dies zunächst weithin als Verlust, ja als Katastrophe wahrgenommen wurde. Die evangelische Kirche sah sich nicht
nur des obrigkeitlichen Schutzes im Allgemeinen, sondern auch ihres orga-
nisationsstrukturellen Korsetts im Besonderen beraubt und fühlte sich einer
neuen Obrigkeit ausgeliefert, die von vielen als nicht nur religionsneutral,
sondern explizit religionsfeindlich eingestuft wurde (obwohl die Weimarer
Verfassung die Rechte der Religionsgemeinschaften in hohem Maße wahr-
te). Der Einfluss der Kirche auf die Gestaltung des Gemeinwesens schien
damit marginalisiert zu sein. Man empfand sich als unbehaust, um nicht zu
sagen: obdachlos in der neuen Gesellschaft. Zwar wurden relativ schnell die
strukturellen Voraussetzungen für die Selbststeuerung der kirchlichen Organisation geschaffen (die heute bekanntesten Instanzen protestantischer Kir-
chenleitung, Landesbischof und Landessynode, sind im Wesentlichen erst
Produkte dieser Zäsur); aber nur wenige (unter ihnen z.B. Otto Dibelius[19]
oder Dietrich Bonhoeffer[20]) erkannten in der neuen Konstellation eine
Chance für Freiheit und Selbstbestimmung der Kirche. Die Grundstim-

---

[19] Vgl. den programmatischen Titel: Das Jahrhundert der Kirche, Berlin 1926. Zur Biogra-
      phie vgl. Robert Stupperich, Otto Dibelius. Ein Bischof im Umbruch der Zeiten, Göt-
      tingen 1989.

[20] Nicht zufällig gehörte Bonhoeffer zu den ersten Theologen, die sich unter Aufgreifen
      soziologischer Theorien mit der Kirche als Sozialform beschäftigten. Vgl. seine Disserta-
      tion: Sanctorum Communio. Eine dogmatische Untersuchung zur Soziologie der Kirche,
      Berlin 1930.

mung blieb depressiv und defensiv, und daraus erklärt sich, dass weite Teile des deutschen Protestantismus die Weimarer Republik nicht – oder jedenfalls nicht aus innerer Überzeugung – als legitime Obrigkeit akzeptierten und ihr kaum eine Träne nachweinten; die Hoffnung, dass Hitler die alten Zustände wiederherstellen werde, erwies sich allerdings schnell als illusionär. Erst angesichts des staatlichen Drängens auf „Gleichschaltung" auch der Kirche entstand im sog. „Kirchenkampf" ein klares Bewusstsein für die Bedeutung des institutionellen Eigenstands der Kirche gegenüber dem Staat.[21]

Der Katholizismus hingegen hatte (und hat) zwar prinzipielle Schwierigkeiten damit, eine Pluralität christlicher Konfessionskirchen als theologisch legitim anzuerkennen[22]; auf das Erfordernis institutioneller Selbststeuerung war er hingegen besser vorbereitet als die Protestanten. Der von Bismarck forcierte „Kulturkampf" im zweiten Kaiserreich hatte den Katholiken auch hinreichend deutlich gemacht, dass sie vom Staat wenig zu erwarten hatten. Sie mussten lernen, ihre Interessen *als partikulare gesellschaftliche Kraft* geltend zu machen. Nicht zufällig war die erste konfessionell geprägte politische Partei, das Zentrum, katholisch. Das heißt nun nicht, dass der Katholizismus das Ende der Monarchie und die neue Republik emphatisch begrüßt hätte – dazu war das katholische Staatsbild viel zu autoritär und die Republik viel zu ,laizistisch'; aber mit den neuen Formen gesellschaftlicher und politischer Einflussgewinnung war er bereits vertraut. Allerdings muss man hinzufügen, dass die Entstehung starker kirchlicher Laienverbände zwar die Präsenz der Kirche in der Gesellschaft stärkte, kirchenintern aber große Spannungen erzeugte, da der Klerus um seine ,Richtlinienkompetenz' fürchten musste.[23]

4. Formen kirchlichen Einflusses in der gegenwärtigen deutschen Gesellschaft

Die neue Situation der Kirchen im konfessionspluralen und religionsneutralen Staat ist im Wesentlichen durch eine doppelte Nichtselbstverständlichkeit charakterisiert, nämlich zum einen die Nichtselbstverständlichkeit der Kirchenmitgliedschaft – man muss werben – und zum anderen die Nicht-

---

[21] Klassisches Dokument dafür ist die Barmer Theologische Erklärung von 1934.

[22] Noch im Jahr 2000 erregte die Studie „Dominus Iesus" der vatikanischen Glaubenskongregation erhebliches Aufsehen, weil sie den protestantischen Kirchen absprach, „Kirchen im eigentlichen Sinn" zu sein. Trotz protestantischer Proteste wurde diese Feststellung 2007 ausdrücklich wiederholt.

[23] Dies wirkt bis heute fort etwa in den Spannungen zwischen der Deutschen Bischofskonferenz und dem „Zentralkomitee der deutschen Katholiken" als dem wichtigsten Laiengremium.

selbstverständlichkeit des gestaltgebenden Einflusses auf Politik und Gesellschaft. Wie stellten die Kirchen sich auf diese Herausforderung ein? Welche Formen der Einflussnahme bildeten sich heraus? Ich deute nur einige wenige Faktoren an.

Historisch als erstes zu nennen ist die Gründung kirchlicher Vereine und Verbände. Einrichtungen wie das Kolpingwerk oder die Innere Mission (heute: Diakonisches Werk) dienten allerdings nicht unmittelbar dazu, kirchliche Eigeninteressen politisch geltend zu machen. Sie entstanden im 19. Jahrhundert als Reaktion darauf, dass die Kirchen im Zuge der Industrialisierung und der damit verbundenen sozialen Verwerfungen eine wichtige Klientel zu verlieren drohten. Der Begriff „Innere Mission" trifft die ursprüngliche Intention daher sehr gut: Die Sozialarbeit stand im Dienst der Verkündigung. In neuerer Zeit hat sich der Akzent indes etwas verschoben: Die diakonisch-karitative Tätigkeit, so sehr sie als Ausdruck der Nächstenliebe ein wesentliches Moment kirchlichen Handelns ist, soll zumindest im Nebeneffekt die gesellschaftliche Akzeptanz der Kirchen erhöhen, gerade bei denen, die deren Verkündigungsinhalten wenig abgewinnen können.

Was die Bildung konfessioneller Parteien betrifft, zog in gewisser Weise der Protestantismus nach, indem sich nach dem Zweiten Weltkrieg CDU und CSU bewusst nicht als bloße Wiederaufnahme des katholischen Zentrums, sondern als christliche, bikonfessionelle Parteien konstituierten. Dies hatte freilich schon strukturell eine Autonomisierung dieser Parteien gegenüber den Kirchenleitungen zur Folge, da sie noch weniger, als dies beim Zentrum allenfalls möglich gewesen wäre, als bloßer verlängerter Arm der kirchlichen Hierarchie (welcher nämlich?!) verstanden werden konnten. Allerdings lernten die Kirchen, v.a. die katholische, erst relativ spät, dass dies umgekehrt auch ihnen eine inhaltliche Autonomie gegenüber diesen Parteien ermöglichte; man kann auch in anderen Parteien Bündnispartner für die Durchsetzung eigener Interessen und Ziele suchen und finden. Zu diesem Zweck haben die Kirchen im Übrigen auch das Mittel des Lobbyismus für sich entdeckt, indem sie beispielsweise in Bonn bzw. Berlin Verbindungsbüros einrichteten, um die Kontakte zu den politischen Entscheidungsträgern kontinuierlich zu pflegen.

Obwohl die Zeiten vorbei sind, dass von den Kanzeln direkte Wahlempfehlungen gegeben wurden, wenden sich Repräsentanten und Leitungsgremien der Kirchen natürlich weiterhin mit Stellungnahmen zu einzelnen Fragen des politisch-gesellschaftlichen Lebens oder auch mit Denkschriften grundsätzlicherer Art an die Öffentlichkeit. Diese haben faktisch eine Doppelfunktion: Nach innen sollen sie einen kirchlichen Konsens darstellen und/oder herstellen bzw. die Verbindlichkeit einer kirchlichen Lehre kommunizieren, nach außen kirchliche Positionen im gesellschaftlichen Diskurs geltend machen. Dabei ergeben sich allerdings unter den Bedingungen moderner Gesellschaften in beiden Richtungen Legitimationsprobleme. Zum einen haben die Kirchen weithin den disziplinarischen Zugriff auf ihre Mitglieder verloren, jedenfalls sofern diese nicht auf die Kirche als Arbeitgeber angewiesen sind; nicht einmal die Drohung der Exkommunikation verhindert gelebte Devianz. Dies bedeutet übrigens auch, dass die Kirchenmitglieder nicht beliebig für kirchliche Kampagnen mobilisiert werden können; Massendemonstrationen gegen die sog. „künstliche" Empfängnisverhütung wären vermutlich schwer zu organisieren[24], und bei verkaufsoffenen Sonntagen stimmen auch viele Christen mit den Füßen ab – indem sie die Einkaufszentren stürmen.[25] Zum anderen aber können die Kirchen nicht mehr damit rechnen, dass ihre Kundgaben kraft ihrer formalen kirchlichen Autorisierung öffentliche Beachtung finden. Der Einfluss kirchlicher Stellungnahmen ist nicht mehr institutionell abgesichert; er muss gleichsam je neu erarbeitet werden.

Was die Selbstpräsentation in der Öffentlichkeit angeht, haben die Kirchen auch gelernt, sich der modernen Kommunikationsmedien zu bedienen. Kirchliche Zeitschriften, religiöse Radioprogramme und Fernsehsendungen fristen zwar häufig ein Nischendasein und werden wegen ihrer Hausbackenheit, teilweise auch vermeintlich ‚trendigen' Flachheit von Außenstehenden gerne belächelt (was, nebenbei gesagt, nicht durchweg gerecht ist). Wirkungslos sind sie aber nicht. Zumindest dienen sie nach innen der Selbstverständigung und Selbstvergewisserung der Nahestehenden und besetzen auch nach außen durch ihre bloße Existenz einen Platz in der Öffentlichkeit, machen dadurch die Kirchen als Teil der Gesellschaft kenntlich. Dass die Bedeutung der medialen Außenwirkung verstärkt wahrgenommen wird, zeigt sich im Übrigen auch an der Diskussion über die „Medientauglichkeit" als Kriterium der Auswahl kirchlichen Führungspersonals.[26]

Schwierig einzuschätzen ist in diesem Zusammenhang der Effekt von ‚Events' wie Kirchentagen, Taizétreffen, Weltjugendtagen und Papstbesuchen. Gewiss ermöglichen sie durch ihre schiere Größe den Beteiligten die

---

[24]   Interessanterweise hat die deutsche katholische Kirche, anders als die italienische oder die spanische, nicht versucht, ihre Mitglieder zu öffentlichem Massenprotest gegen die gesetzliche Institutionalisierung gleichgeschlechtlicher Lebenspartnerschaften aufzurufen – vermutlich in realistischer Einschätzung der Erfolgsaussichten.

[25]   Auch das Scheitern des von beiden großen Kirchen mit Vehemenz unterstützten Bürgerbegehrens „Pro Reli" in Berlin (2009) wäre in diesem Zusammenhang zu nennen.

[26]   Im Vorfeld der Wahl um die Nachfolge Wolfgang Hubers im Ratsvorsitz der Evangelischen Kirche in Deutschland (EKD) 2009 spielte dieser Aspekt eine nicht zu unterschätzende Rolle – nicht zuletzt angesichts der höchst professionellen Medienpräsenz, die Huber selbst während seiner Amtszeit entwickelt hatte – und war vermutlich für den Erfolg von Margot Käßmann mitverantwortlich.

Erfahrung, nicht Teil einer versprengten anachronistischen Minderheit zu sein, wie man dies gelegentlich beim Besuch sonntäglicher Gemeindegottesdienste empfinden mag, sondern einer vitalen Bewegung anzugehören, für die man sich nicht genieren muss. Dies kann durchaus die Bereitschaft stärken, sich öffentlich zur Kirchenmitgliedschaft oder zumindest in vagerer Form zum christlichen Glauben zu bekennen. Auch kann es zur Mitgliederbindung, ja Nachwuchsrekrutierung beitragen. Zugleich wird dadurch, zumal in der medialen Verstärkung, der außerkirchlichen Öffentlichkeit der entsprechende Eindruck signalisiert, dass die Kirche ein quantitativ wie qualitativ ernst zu nehmender Faktor des gesellschaftlichen Lebens sei, was der weit verbreiteten Annahme einer unaufhaltsamen Säkularisierungsdynamik der Moderne zuwider zu laufen scheint. Fraglich ist allerdings die Nachhaltigkeit dieser Effekte. Schon in den Anfängen jener religiösen ‚Event-Kultur' (als es diesen Begriff noch gar nicht gab) klagten Kirchenvertreter, die euphorisierte Stimmung der Kirchentage lasse nach Rückkehr den Gemeindealltag umso trister erscheinen, und dass der Besuch des Kölner Weltjugendtages 2005 *eo ipso* eine implizite Zustimmung zur katholischen Glaubens- und Sittenlehre dokumentiere, werden auch eifrigste Optimisten kaum behaupten wollen. Als Indikator für die soziale Strahlkraft, gar den gesellschaftlichen Einfluss der christlichen Kirchen in Deutschland können diese Ereignisse daher nur sehr bedingt herangezogen werden.

5. Wirksamkeit und Identitätsgefährdung: Die Ambiguität des Einflusses

Der Streifzug durch die gesellschaftlich-politischen Selbstdarstellungs- und Handlungsmöglichkeiten der Kirchen in der modernen Gesellschaft ergab ein so breites Spektrum, eine so vielfältige Vernetzung der Kirche in der Gesellschaft, dass nüchterne Beobachter sogar behaupten konnten, noch nie hätten die Kirchen so viel Einfluss gehabt wie heute – ausgerechnet in einer Zeit also, in der ihre institutionellen Privilegien, bezogen auf die Neuzeit, einen historischen Tiefstand erreicht haben dürften und sowohl die Zahl der Mitglieder als auch der Grad von deren innerer Verbundenheit mit ihrer Kirche im Abnehmen begriffen ist, wie Statistiken und demoskopische Studien belegen.

Dieses Phänomen kann sehr unterschiedlich beurteilt werden. Ein säkularistischer Kirchenkritiker mag sein Urteil bestätigt sehen, dass in Deutschland die Trennung von Staat und Kirche bis heute nur sehr unvollkommen gelungen sei. Soziologen im Gefolge Habermas' könnten darin umgekehrt positiv zu erkennen meinen, dass die Kirchen sich darauf eingelassen hätten, ihr tradiertes Sinnpotenzial so für die Moderne aufzuschließen, dass sie als konstruktive Akteure einen Platz in der modernen Gesell-

schaft gefunden hätten.[27] Für die Kirchen selbst wäre das zwar kein vergifte-
tes, aber doch ein zweischneidiges Lob. Denn stimmt es, dass das religiöse
Weltverhältnis zu charakterisieren ist als dialektische Verbindung von Weltdistanz und Weltgestaltung[28], dann könnte der Eindruck entstehen, dass die
Waagschale in der skizzierten Konstellation deutlich, vielleicht allzu deutlich
auf die Seite der Weltgestaltung neigt. Die vielfältigen Wirkmöglichkeiten,
die den Kirchen offen stehen, hätten also den Preis, dass das religiöse Salz
ein wenig schal geworden wäre.

Sehe ich recht, dann ist dies der Hintergrund der offensichtlichen Reserve, mit der Papst Benedikt XVI. die Situation im deutschen Katholizismus
betrachtet. Angesichts dessen mehren sich katholische Stimmen, die im
Mitgliederschwund und dem Verlust des volkskirchlichen Charakters geradezu die Chance des ‚Gesundschrumpfens‘ und der Regeneration erblicken
und für die klare Profilierung eines kirchlich-religiösen Kernprogramms *in
Distanz* zur modernen Gesellschaft plädieren, da dies trotz des damit verbundenen Verzichts auf gesellschaftliche Einflussmöglichkeiten das deutlichere christliche Zeugnis sei und den Bestand der Kirche längerfristig besser
sichere, zumal angesichts der offenkundigen Krisenphänomene der liberal-
pluralistischen Marktgesellschaften eine allzu enge Bindung an diese ohnehin nicht ratsam sei.[29] Man wird freilich zurückfragen dürfen, ob der Preis
für den konsequenten Rückzug aus der Vernetzung nicht mindestens ebenso hoch wäre. Die innerkatholischen Verwerfungen, die der von Papst Johannes Paul II. angeordnete Ausstieg katholischer Organisationen aus der
staatlichen Schwangerenberatung ausgelöst hat, belegen jedenfalls nachdrücklich, dass es häufig gerade überzeugte Katholiken sind, die diesen Kurs
nicht mitvollziehen, da sie in diesem Fall die Mitwirkung in der gesellschaftlich institutionalisierten Sozialdiakonie im Sinne tätiger Nächstenliebe für
das deutlichere christliche Zeugnis halten, dem gegenüber die Furcht vor
einem Verschwimmen katholischer Identität sich als unbegründet erweise.[30]

Im deutschen Protestantismus, so scheint es, dominiert immer noch die
Tendenz, das christliche Zeugnis in der kritisch-konstruktiven Beteiligung
an gesellschaftlichen Gestaltungsprozessen zu artikulieren und also den

---

[27] Zu Habermas’ eigenen Überlegungen vgl. ders., Zwischen Naturalismus und Religion.
     Philosophische Aufsätze, Frankfurt (M) 2005.

[28] Vgl. dazu die Einleitung des vorliegenden Bandes.

[29] Unter veränderten Bedingungen und im neuen Gewande leben hier die (Anti-)Moder-
     nismus-Diskussionen des 19. Jahrhunderts wieder auf.

[30] In der Tat teilen ja die Vertreter von „Donum Vitae“ – jener katholischen Laienorganisa-
     tion, die ohne kirchliche Unterstützung die Schwangerenberatung fortführt – mit der
     ‚Amtskirche‘ das *Ziel* des Schutzes ungeborenen Lebens, unterscheiden sich nur in der
     Wahl und Beurteilung der *Mittel* dazu.

immer noch gegebenen kirchlichen Einfluss zu nutzen. Allerdings wird in jüngster Zeit deutlicher die Gefahr einer Diffusion protestantischer Identität wahrgenommen und gegen solche „Selbstsäkularisierung"[31] die Ausbildung eines prägnanten kirchlich-religiösen Profils angemahnt, das nach innen und außen die Kirche als Gemeinschaft *sui generis* besser erkennbar macht. Dies scheint im Übrigen auch unter dem Gesichtspunkt angebracht, dass sich die protestantischen Kirchen des „globalen Nordens" in ihren eigenen weltweiten Konfessionsfamilien dem Vorwurf der Anpassung an einen liberalen Werterelativismus ausgesetzt sehen, die die Klarheit des Zeugnisses untergrabe. Gegenüber den weltweit an Zuspruch und Dynamik gewinnenden fundamentalistischen Strömungen hat das Modell der „Kirche im Pluralismus" nur dann eine Chance auf Akzeptanz, wenn es die gesellschaftliche Integration der Kirche, die sich nach außen in der aktiven Partizipation an der Gesellschaftsgestaltung, nach innen in der Fortschreibung kirchlicher Lehre, Praxis und Ethik artikuliert[32], überzeugend als Ausdruck lebendiger Glaubenstreue darzustellen und damit dem Verdacht des Zeitgeistopportunismus nachhaltig zu begegnen vermag. Längerfristig dürfte dies auch für den innergesellschaftlichen Bestand des deutschen Protestantismus und seine Ausstrahlungskraft von ausschlaggebender Bedeutung sein. Nur wenn die Kirche als *religiöse* Instanz kenntlich bleibt und überzeugte Mitglieder zu halten und neu zu gewinnen vermag, wird sie auch als gesellschaftlicher Akteur mit Erfolgschancen in Erscheinung treten können.

Was den frommen Verdacht der Verweltlichung der Kirche ebenso wie die säkulare Befürchtung einer religiösen Indoktrination der Gesellschaft betrifft, so legt die nüchterne Betrachtung es indes ohnehin nahe, vor einer Überschätzung der weltlichen Stellung der Kirchen zu warnen. Trotz aller Möglichkeiten, Einfluss auszuüben, hat die moderne Gesellschaft für die Kirchen weiterhin genügend Erfahrungen der Ohnmacht, der Wirkungslosigkeit, des Ignoriert- oder gar Nicht-einmal-mehr-ignoriert-Werdens parat – Erfahrungen, die ein allzu wohliges Sich-Einhausen in den abgesicherten Verhältnissen der Gegenwart, ein allzu selbstgewisses Geltendmachen der eigenen Interessen unmöglich machen. Recht verstanden, kommt das auch ihnen selbst zugute.

---

31 Wolfgang Huber, Im Geist der Freiheit. Für eine Ökumene der Profile, Freiburg i.Br. 2007, 67.

32 Vgl. dazu exemplarisch die Einführung der Frauenordination in der zweiten Hälfte des 20. Jahrhunderts und die aktuellen Diskussionen um eine kirchliche Akzeptanz gleichgeschlechtlicher Lebensgemeinschaften.

Der Beichtvater in der Frühen Neuzeit als Berater, Richter und Prophet

Nicole Reinhardt

Noch bis in die Mitte des 18. Jahrhunderts galt der königliche Beichtvater vielen als unentbehrlicher Berater des Monarchen, dessen Präsenz auch das Staatswohl beförderte.[1] Im Folgenden möchte ich daher einigen theoretischen und praktischen Problemen nachgehen, die den Beichtvater als politischen Ratgeber betreffen. Es handelt sich dabei um ein Problem der Moderne. Zwar lassen sich seit dem 13. Jahrhundert königliche Beichtväter als Mitglieder königlicher Haushalte nachweisen, doch der Beichtvater als königlicher Berater ist ein frühneuzeitliches Phänomen.[2] Seit dem Ende des 15. Jahrhunderts hatten sich die Beichtväter langsam von der Hofkapelle gelöst und waren zunehmend als Ratgeber am Hof präsent, ohne dass ihre Rolle in dieser weltlichen Sphäre je eindeutig festgelegt worden wäre. Gerade diese unscharfe Rollendefinition machte die Figur des Beichtvaters zu einer umstrittenen Größe, an der sich indirekt zeit- und ortspezifische Veränderun-

---

[1] *Real Biblioteca* (Palacio Real, Madrid) *[RB]*, ms. II/2836, f. 58-70: Pater Nicolas Gallo an Ferdinand VI. von Spanien (1746-1759). Interne Kriterien erlauben eine Datierung um 1746. Zu diesem Schreiben auch Isabelle Poutrin, Los confesores de los reyes de España: carrera y función (siglos XVI y XVII), in: Antonio L. Cortés Peña / José L. Betrán / Eliseo Serrano Martín (Hg.), Religión y poder en la edad moderna, Granada 2005, 67-81.

[2] Vgl. Xavier De La Selle, Le service des âmes à la Cour : Confesseurs et Aumôniers des Rois de France du XIIIe au XVe siècle, Paris 1995. Zur Differenzierung der Beichtväter von der Kapelle in Frankreich vgl. Nicole Reinhardt, The King's Confessor: Changing Images, in: Michael Schaich (Hg.), Monarchy and Religion. The Transformation of Royal Culture in Eighteenth-Century Europe, Oxford 2007, 153-185, bes. 155-158; für Spanien vgl. Poutrin, Los Reyes, 69f.

gen des Verständnisses der Beziehung zwischen Religion und Politik ablesen lassen.

Im Mittelpunkt stehen im Folgenden Fragen nach der Definition des Amtes, den Aufgaben und Kompetenzen, vor allem in Abgrenzung und Konkurrenz zu anderen weltlichen Ratgebern und zu den Günstlingsministern. Hierzu werden zunächst normative Texte herangezogen. Der Frage nach der Umsetzung theoretischer Normen gehen wir am Beispiel zweier großer katholischer Monarchien – Spanien und Frankreich – nach. An diesem Vergleich sollen konstante Strukturen und divergierende Entwicklungen herausgearbeitet werden.

1. Die *personae* des Beichtvaters

Königliche Beichtväter unterschieden sich in ihren Pflichten nicht von „gewöhnlichen" Beichtvätern. Die im Konzil von Trient erneuerte Bedeutung des Beichtsakraments als Mittel der inneren Mission, Christianisierung und Disziplinierung hatte dem Buchmarkt eine Flut von Beichtmanualen zur entsprechenden Schulung des Klerus beschert.[3] Diese machten das komplexe einschlägige moraltheologische und kasuistische Wissen handhabbar und anwendbar. Die Handbücher spiegeln ein Wechselspiel von Tradition, Theorie und Praxis, das ständig neue Fragen aufwarf.[4] Ein wichtiger Aspekt bestand darin, den Beichtvätern methodisch die unerlässlichen Fragen zur Erforschung des Gewissens des Beichtkinds nahezubringen. In diesem Zusammenhang tauchten auch berufsspezifische Fragenkataloge für Richter, Ärzte usw. auf. Fragen an Fürsten sind eher selten, systematische Handbücher für königliche Beichtväter existieren nicht. Im Jahr 1685 hielt ein spanischer Hofkaplan resigniert fest: „Obwohl wir unzählige Handbücher haben, um das Gewissen des gemeinen Mannes zu führen, hat bis heute kein Moraltheologe versucht, das Problem des königlichen Gewissens in den Griff zu bekommen, als ob Fürsten ohne Sünde wären und Gott Belohnungen und ewige Verdammnis nur für dessen Vasallen ausgesetzt hätte."[5] Dies war nicht ganz zutreffend, und die Unzufriedenheit war wohl einem Mangel an klaren Richtlinien geschuldet. Theologen hatten sich durchaus mit dem Thema befasst, allerdings behandelten sie es nicht auf den Titelblättern ihrer

---

[3]   Vgl. Roberto Rusconi, L'ordine dei peccati. La confessione tra Medioevo ed età moderna, Bologna 2002, 59-83; John Bossy, The social history of confession in the age of Reformation, in: Transactions of the Royal Historical Society 25 (1975), 21-38.

[4]   Grundlegend Miriam Turrini, La coscienza e le leggi. Morale e diritto nei testi per la confessione della prima età moderna, Bologna 1991, und Adriano Prosperi, Tribunali della coscienza. Inquisitori, confessori, missionari, Turin 1996.

[5]   *Real Academia de Historia*, Colección Salazar y Castro, 9/454 bis (Tratado de la Real Capilla de Matheo Frasso), f. 87v.

Traktate, eine Tatsache, die andeutet, wie schwierig und brisant diese Fragen waren.

Die ausführlichste frühneuzeitliche Auseinandersetzung mit dem königlichen Beichtvater findet sich in Roberto Bellarmins 1619 veröffentlichtem Werk *De officio principis Christiani*.[6] Ein ganzes Kapitel ist dem Beichtvater gewidmet, der als Teil des *Princeps Christiano* begriffen wird. Vor allem Jesuiten hatten dieses Ideal gegen machiavellistische Tendenzen ins Spiel gebracht.[7] Die Bedeutung, die Bellarmin dem Beichtvater beimisst, ist seiner Theorie der Unterwerfung des Fürsten unter die päpstliche *potestas indirecta* geschuldet. Sie spiegelt die Unterordnung des Monarchen unter Gott in der hierarchischen Kaskade der sichtbaren Kirche – Papst, Bischof und Beichtvater – und wird im Moment der Beichte aktualisiert: Der Beichtvater sitzt mit bedecktem Haupt vor dem barhäuptigen und knienden fürstlichen Beichtkind.[8] Bellarmin ist überzeugt, dass der königliche Beichtvater ein unverzichtbares Instrument zur Verwirklichung seines theologisch-politischen Gesamtkonzepts und der christlichen Ordnung der Welt darstellt.[9]

Die Begegnung zwischen Beichtvater und Fürst ist die Begegnung zweier janusköpfiger Figuren: „*Confessarius duas gerit personas, Judici et Medici; et princeps duas alias, privatam et publicam.*"[10] Der Fürst ist eine private und öffentliche Person und seine Beichte muss daher beide Sphären umfassen. Beichtväter, die sich nur mit einer der beiden Sphären zufriedengeben, setzten ihr eigenes Seelenheil und das ihres Beichtkinds aufs Spiel.[11] Auf der anderen Seite war der Beichtvater zugleich Arzt (*medicus*) und Richter (*iudex*) in einer Person. Dies galt für alle Beichtväter. Schon die dogmatische Definition des

---

[6] Ich zitiere die moderne Edition: Roberto Bellarmino, Scritti spirituali, vol. 3, hg. von Pasquale Giustiniani / Gustavo Galeota S.J., Brescia 1997, 24-238. Zur Kontextualisierung des Principe Christiano vgl. Sylvio Hermann de Franceschi, Le modèle jésuite du prince chrétien. À propos du De officio principis Christiani de Bellarmin, in: XVIIe siècle 237 (4/2007), 713-728.

[7] Vgl. Robert Bireley S.J., The Counter-Reformation Prince. Anti-Machiavellianism or Catholic Statecraft in Early modern Europe, Chapel Hill / London 1990, 218ff; zur Bedeutung im spanischen Kontext vgl. José A. Fernández-Santamaria, Reason of State and Statecraft in Spain (1595-1640), in: Journal of the History of Ideas 41 (3/1980), 355-379, und Donald W. Bleznick, Spanish Reaction to Machiavelli in the Sixteenth and Seventeenth Century, in: Journal of the History of Ideas 19 (1958), 542-550.

[8] *De officio principis Christiani*, Kapitel 6, 82.

[9] Vgl. Vittorio Frajese, Una teoria della censura: Bellarmino e il potere indiretto dei papi, in: Studi storici 47 (1984), 139-152.

[10] *De officio principis Christiani*, Kapitel 6, 82. Nicht die zwei Körper, sondern die zwei Seelen des Monarchen stehen hier im Mittelpunkt.

[11] *De officio principis Christiani*, Kapitel 6, 84 : „… non potest Confessarius absolvere poenitentem nisi confessionem integram faciat; non autem est integra confessio Principis, si peccata confiteatur, quae ad ipsum, ut privatum hominum pertinent…"

Beichtsakraments im Vierten Laterankonzil im Jahr 1215 hatte dies festge-
schrieben. Allerdings war die Frage der Beziehung zwischen diesen beiden
personae seither Gegenstand durchaus widerstreitender Ansichten.[12]

Die Metapher des Beichtvaters als Arzt durchzieht den Kanon 21 des
Vierten Laterankonzils. Der Beichtvater solle *„more periti medici"* vorgehen
und Wunden „mit Öl und Wein" behandeln. Er solle seine Befragung
„diligenter" durchführen, um Natur und Umstände der „Krankheit" in Erfahrung zu bringen und klugen und angemessenen Rat zur Heilung zu ertei-
len.[13] Diese medizinischen Bilder verlängerten jene des Christus-medicus
und der Vorstellung vom Glauben als Medizin der Seele, in dem die Beichte
zum zentralen Moment christlicher Caritas wurde. Die Untersuchung der
Seele wurde auf vielen Ebenen mit der körperlichen Untersuchung, wie
Temperaturnehmen oder Pulsfühlen, gleichgesetzt. Dabei wurden physische
Zeichen, wie Erröten oder Tränen, als Indikatoren des Seelenzustands interpretiert: Tränen als Symptome des durch die Sünde hervorgerufenen
seelischen Leidens oder der ersehnten Buße, Erröten und Herzklopfen als
tiefe Reue usw. Thomas von Chobam hatte in diesem Zusammenhang gar
von einer *„physica theologica"* gesprochen, die allerdings nur wirksam war, weil
der Beichtvater zugleich auch mit der richterlichen *potestas ligandi et solvendi*
ausgestattet war.[14]

Bellarmin konnte auf diese lange Tradition medizinischer Metaphern zu-
rückgreifen, die inzwischen zweifellos auch um das humanistisch erneuerte
Interesse an Hippokrates bereichert worden war. Der hippokratische Arzt
ging umsichtig vor. Er erkannte die versteckten Ursachen der Krankheiten
durch sorgsame Beobachtung äußerer Symptome. Um das Vertrauen des
Patienten zu gewinnen, sprach er wenig und verließ sich vielmehr auf seine
diagnostischen Fähigkeiten. Seine *prognosis* erklärte, was war, ist und sein
werde.[15] Der karitative und hippokratische medicus-Beichtvater verstand die

---

12 Zur mittelalterlichen Diskussion vgl. Pierre-Marie Gy, Les définitions de la confession
    après le quatrième concile du Latran, in: L'aveu. Antiquité-Moyen Âge, Rom 1986, 238-
    296, und Rusconi, L'ordine dei peccati, 74-80.

13 Siehe Giuseppe Alberigo u.a. (Hg.), Les Conciles Œcuméniques, vol. II-1, Paris 1994,
    524. Zum Christus-medicus-Motiv vgl. Hubertus Lutterbach, Der Christus medicus und
    die medici sancti. Das wechselvolle Verhältnis zweier Grundmotive christlicher Fröm-
    migkeit zwischen Spätantike und Früher Neuzeit, in: Saeculum 47 (1996), 239-281.

14 Vgl. Nicole Bériou, La confession dans les écrits théologiques et pastoraux du XIIIe
    siècle: médication de l'âme ou démarche judiciaire?, in: L'aveu. Antiquité-Moyen Âge,
    Rom 1986, 261-282, zu Thomas von Chobam: 273.

15 Ich folge hier Karl-Heinz Leven, „Mit Laien soll man nicht viel schwatzen sondern nur
    das Notwendige". Arzt und Patient in der hippokratischen Medizin, in: Wolfgang Rein-
    hard (Hg.), Krumme Touren. Anthropologie kommunikativer Umwege, Wien / Köln /
    Weimar 2007, 47- 62.

Wahrheit durch genaue Beobachtung und nicht durch ausforschende Patientenbefragung.

Bellarmin verlängerte das Arztbild und betonte, dass der Beichtvater und Arzt in erster Linie selbst gesund (*sano*) sein müsse, wolle er heilen. Im Kontext frühneuzeitlicher konfessioneller Auseinandersetzungen verwies *sanitas* auf "*sana doctrina*", d.h. theologische Kompetenz und „Immunität" gegen alle Formen der Häresie, die als ansteckende Krankheit begriffen wurde.[16] Nur eine über alle Zweifel erhabene Kenntnis in praktischen und theoretischen Fragen der Moraltheologie konnte den Beichtvater und seinen Pönitenten vor häretischer Ansteckung schützen. Dies war nicht nur eine Frage theoretischer Kenntnisse, hierzu gehörten auch eine moralische zweifelsfreie innere Disposition und ein entsprechendes Verhalten.

Ärzte wie Richter waren daran interessiert, trotz dauernder Berührung mit „Infizierten" wie Häretikern und Verbrechern „gesund zu bleiben", doch ihre Vorgehensweisen waren grundverschieden. Vom dogmatischen Standpunkt her war klar, dass der Beichtvater als Arzt *nur* heilen konnte, weil er *auch* Richter des *foro interiore* war, dessen Absolution nach kanonischem Recht Gültigkeit besaß. Die Verkörperung beider *personae* in einem Beichtvater war kein leichtes Unterfangen, da Arzt und Richter entgegengesetzte kommunikative Strategien verfolgten. Nicht wenige Verfasser von Beichthandbüchern waren zurückhaltend, was das Rollenmodell des Richters betraf. Sie befürchteten, dass Beichtväter, die wie erbarmungslose Richter vorgingen und den Beichtstuhl mit der Inquisition verwechselten, die reuigen Sünder abschreckten.[17] Bellarmin insistierte allerdings auf der richterlichen *persona* des königlichen Beichtvaters, selbst wenn dies zu Konflikten führte. Wer nicht den Mut aufbringe, Mächtigen zu widerstehen und für Gerechtigkeit einzustehen, der sei als Richter und als Beichtvater ungeeignet. Daher durfte sich der Beichtvater auch nicht mit einer unvollständigen Beichte zufrieden geben.[18]

---

16 Vgl. Peter Schmidt, „Et si conservi sana ..."" – Konfessionalisierung und Sprache in den Briefen der römischen Inquisition, in: Peter Burschel u.a. (Hg.), Historische Anstöße. FS Wolfgang Reinhard, Berlin 2002, 131-151, und Eckehart Stöve, Häresiebekämpfung und „ragione di stato". Die Protestanten und das protestantische Lager in den Hauptinstruktionen Clemens' VIII., in: Georg Lutz (Hg.), Das Papsttum, die Christenheit und die Staaten Europas, 1592-1605, Tübingen 1994, 53-66.

17 Siehe z. B. Valère Regnault S.J., De la Prudence des confesseurs et autres qualités requises au devoir de leur charge, traduit par Estienne la Plonce Richette, chanoine de l'église cathédrale de Grenoble, Lyon: Antoine Pillehotte & Jean Cassin 1626, 24f.

18 *De officio principis Christiani*, Kapitel 6, 84. Bellarmin zitiert Liber Ecclesiasticus 7,6 : „Noli quaerere fieri iudex, nisi valeas virtute irrumpere iniquitatem, ne forte extimescas faciem potentis et ponas scandalum in aequitate tua."

Neben den traditionellen *personae* des Beichtvaters als Arzt und Richter
entwickelt Bellarmin eine dritte Figur des Beichtvaters als Anti-Höfling.[19] Er
diskutiert diese Figur unter der Frage, wie und wo sich der geeignete Beichtvater finden ließe. Die Antwort lautete: keinesfalls bei Hofe und in keiner
Person, die Ambitionen auf das Amt anmeldete oder für dritte um Ämter
bat. Mit Ehrgeiz „infizierte" Personen disqualifizierten sich selbst, sie waren
nicht in der Lage, die Wahrheit zu suchen oder auszusprechen, noch zu
heilen oder zu richten. Der königliche Beichtvater musste sich in Sprache
und Handeln von Höflingen – notorischen Meistern der Verstellung,
Schmeichelei und *sprezzatura* – absetzen.[20] Dieses anti-höfische Rollenmodell wird bisweilen, wenngleich nicht bei Bellarmin selbst, in der Figur des
Beichtvaters als Prophet radikalisiert. Propheten sprechen Gottes Wahrheit
offen und unerschrocken aus. Sie geben nichts auf soziale Konventionen,
sondern zeigen Falschheit, Eitelkeit und Korruption auf. Wie Propheten
sollten auch Beichtväter heroisch diese Mission annehmen, ohne Rücksicht
auf die Anfeindungen, denen sie sich hierdurch aussetzten. Francisco de
Quevedo beispielsweise entwickelte in seiner *Política de Dios y Gobierno de
Cristo sacada de la Sagrada Escritura* (verfasst 1617, veröffentlicht 1626) den
Propheten als Vorbild für königliche Berater, „Beichtväter und Günstlinge".[21] Quevedo beruft sich auf das Zweite Buch der Chroniken (18,1-19,3)
und stellt den Propheten Micha gegen Zidkija (Sohn des Kenaana), den er
als einen „Günstling des Königs Ahab von Israel" bezeichnet. Es wird hier
schnell deutlich, dass der Prophet als Gegenmodell zum Günstling gedacht
ist. Ahab hasse Micha, weil dieser „immer nur Schlimmes [weissagt]." Ahab
lässt den unbequemen Propheten ins Gefängnis werfen und vertraut lieber
dem Schmeichler Zidkija: so rennt Ahab ins Verderben und wird in der
Schlacht von Ramot-Gilead getötet. Quevedos Position ist eindeutig: Monarchen, die den Rat ihrer Beichtväter in den Wind schlugen, waren dem
Untergang geweiht. Allerdings scheint das Beispiel schon pessimistisch die
Vergeblichkeit des Wirkens von Beichtvätern und Propheten vorwegzu-

---

[19] *De officio principis Christiani*, Kapitel 6, 86: „… non sit frequens in Aula, nec se immisceat
     in negotiis aulicorum ne se ipse ex medico animarum, aulicus et curialis fiat. Denique, ut
     cum vera humilitate, et sanctitate conjunctam habeat modestam libertatem admonendi
     Principis."

[20] Vgl. Ronald G. Asch, Der Höfling als Heuchler? Unaufrichtigkeit, Konversationsge-
     meinschaft und Freundschaft am frühneuzeitlichen Hof, in: Reinhard (Hg.), Krumme
     Touren, 183-204.

[21] Vgl. Francisco de Quevedo y Villegas, Política de Dios y Gobierno de Cristo sacada de la
     Sagrada Escritura para acierto de rey y reino en sus acciones, San Lorenzo 1986, Kapitel
     XXIII. Zu Quevedos politischem Denken vgl. Donald W. Bleznick, La Politica de Dios
     de Quevedo y el pensamiento político en el siglo de oro, in: Nueva revista de filología
     hispanica IX (1955), 385-394.

nehmen, was in Quevedos späteren Positionen noch deutlicher werden sollte .[22]

Nicht nur Quevedo sah im Beichtvater einen modernen Propheten. Das Bild findet sich beispielsweise auch in einer spanischen Darstellung aus der zweiten Hälfte des 17. Jahrhunderts. Es handelt sich um ein anonymes Schreiben an den Beichtvater des spanischen Königs, das diesen auffordert, dem König „wie ein Prophet" die Wahrheit zu sagen und sich hiervon nicht durch höfische Anfeindungen abhalten zu lassen.[23] Der rote Faden ist das Bild des Propheten als '*vox clamantis in deserto*', das anhand zahlreicher biblischer und patristischer Quellen zur Erbauung des Beichtvaters erläutert wird. Neben biblischen Propheten wird interessanterweise auch ein zeitgenössisches Vorbild des Beichtvater-Propheten genannt: der Jesuit Nicolas Caussin (1583-1651), der 1638 mit Richelieu in Konflikt geraten und schließlich vom Hof entfernt worden war. Zu harsch hatte der Beichtvater Ludwig XIII. (1610-1643) auf dessen private *und* öffentliche Sünden aufmerksam gemacht.[24]

2. Königliche Sünden

Wie schon angedeutet, insistierte Bellarmin auf der umfassenden Beichte, die beide monarchischen *personae*, die private und öffentliche, umfassen musste. Monarchen mochten als Privatpersonen „*piissimi*" sein – und doch Sünder, was ihre Verantwortung bezüglich der *res publica* anging, vor allem wenn sie Ministern freie Hand ließen. Politische Verantwortung sollte und durfte nicht unkontrolliert delegiert werden, und der Fürst war im Gewissenstribunal grundsätzlich für alles verantwortlich, was in seinem Namen geschah. Abgesehen von dieser allgemeinen Warnung bezüglich der Delegation politischer Macht werden andere Sünden eher oberflächlich erwähnt: Unterdrückung von Untertanen, Ungerechtigkeit, öffentlicher „Skandal" und allgemeine monarchische Pflichtvergessenheit. Durch den Gebrauch des Passivs vermeidet Bellarmin die genaue Zuschreibung der Sünden an die

---

[22] Vgl. Walter Ghia, Legittimità del potere e istituzione monarchica in Francisco de Quevedo, in: Chiara Continisio / Cesare Mozzarelli (Hg.), Repubblica e virtù: pensiero politico e Monarchia Cattolica fra XVI e XVII secolo, Rom 1995, 529-539. Quevedo stand zu diesem Zeitpunkt noch dem Günstling Olivares nahe. Das gute Verhältnis der beiden zerbrach 1639 und führte zu Quevedos bis 1644 andauernder Haft.

[23] *BNE*, ms. 5758, f. 4-20. Das Manuskript kann ungefähr zwischen 1676 und 1686 datiert werden, da der „gegenwärtige" Papst Innozenz XI. mehrfach genannt wird (f. 17r). Ich nehme an, dass das Schreiben an den Dominikaner Tomás Carbonell gerichtet war. Er wurde 1676 Beichtvater Carlos II. und infolge einer Auseinandersetzung mit dem Günstling Valenzuela zügig wieder vom Hof entfernt. Zwischen 1682 und 1686 war er erneut Beichtvater.

[24] *BNE*, ms. 5758, f. 12.

Minister oder den Fürsten, doch er beharrt darauf, dass letztlich der Monarch für diese Verfehlungen haftbar sei und Buße leisten müsse. Diese bestand nicht nur aus frommen Gebeten, sondern beinhaltete die Restitution widerrechtlich entwendeter oder vorenthaltener Güter materieller und immaterieller Natur (Gerechtigkeit, guter Ruf oder Besitz) und war Bedingung der Absolution.[25] Bellarmin erwähnt so *en passant* sämtliche potentiell problematischen Politikbereiche, schließt aber mit der Feststellung, dass Beichtväter sich nicht unaufgefordert in politische Fragen einmischen sollten.[26] Auf den ersten Blick scheint dies nur ein weiterer widersprüchlicher Aspekt in Bellarmins auch sonst nicht ganz widerspruchsfreier Ausführung. Zum besseren Verständnis ist es daher nötig, sich ein genaueres Bild des theoretischen Rahmens zu machen, in dem Bellarmin schreibt.

Worin bestanden jene königlichen Sünden, auf die Bellarmin hier nicht näher eingeht? Antworten hierauf finden sich in Beichtmanualen und Kasuistiken. Eine ausführliche Liste von Fragen, die Fürsten in der Beichte zu stellen waren, liefert Martín de Azpilcueta (1493-1586). Der auch als Doktor Navarro bekannte Autor legte das vielleicht vollständigste nachtridentinische Beichthandbuch vor, das rasch zum am weitesten verbreiteten und übersetzten Buch dieses Genres aufstieg.[27] Auf fünf Seiten entwickelte

---

[25] *De officio principis Christiani*, Kapitel 6, 84 : „Non desunt enim Principes, qui quod ad personam propriam attinet, piissimi et justissimi sunt, sed peccata ministrorum suorum principalium, qui Rempublicam administrant, nesciunt quidem, et interim opprimuntur pauperes, pervertuntur judicia, scandalizantur pusilli et ignorantia Prinicpis non excusat illum apud Deum … Debet serio cogitare quos habeat administros, et investigare quomodo se gerant, et quaemodum Rempublicam administrent. Confessarius igitur, qui est Judex loco Dei, non debet esse contentus ea confessione quam facit Princeps, ut homo privati, praesertim si ex fama publica, vel aliunde novit quam male administri sui in Republica administranda se gerant … Denique non potest Confessarius absolvere poenitentem suum, quantumvis magnum Principem, nisi satisfacere serio sit paratus: nec solum satisfacere Deo per iniuncta jejuna, elemosynas, preces, et alia poenitentia opera: sed etiam satisfacere iis, quibus forte debet, in restituenda fama, in resarciendis detrimentis, in aere alieno solvendo, in stipendiis, suo tempore non tributis. Saepe enim Principes multa debent subditis, quae illi exigere non audent, ne forte iram Principis incurrant."

[26] *De officio principis Christiani*, Kapitel 6, 88: „Sic enim erit minus odiosus aliis, minusque superbus; gratus omnibus, nulli molestus."

[27] Azpilcueta veröffentlichte sein Handbuch zunächst auf Spanisch (1552), die lateinische Version folgte erst 1573. Ich zitiere aus einer post-tridentinischen Edition aus dem Jahr 1567: Manual de confessores y penitentes que contiene quasi todas las dudas que en las confessiones suelen ocurrir, de los pecados, absoluciones, restituciones, censuras & irregularidades, con cinco commentarios …, Barcelona: Claudio Bornat 1567, hier 519-524 (Kapitel 25). Navarros Handbuch wurde bis in die Mitte des 17. Jahrhunderts über 90-mal aufgelegt, vgl. Vincenzo Lavenia, Martín de Azpilcueta (1492-1586). Un profilo, in: Archivio Italiano per la storia della pietà XVI (2003), 15-148, bes. 69-79. Zu vorreforma-

er die spezifischen Fragen, die fürstliche Beichtväter ansprechen sollten. Diese dem Handbuch entsprechende Methode impliziert, dass Navarro nicht systematisch vorgeht und erklärt, was getan und unterlassen werden sollte (und warum). Er geht vielmehr phänomenologisch vor und fragt, was geschehen ist oder geschehen sein mochte. Diese Technik strukturiert das Feld entlang der *vom Autor* für möglich erachteten Fälle. Diese Fälle sind der kasuistischen Tradition und dem spezifischen Zeithorizont des Autors verpflichtet. Die wesentlichen Themen, die Navarro behandelt, sind folgende: unzureichende Versorgung der Untertanen mit den für ein „gutes Leben" notwendigen Gütern (was neben materieller Grundversorgung auch persönliche Sicherheit und Justizgerechtigkeit umfasst); ungerechte Kriege; Enteignung der Untertanen durch ungerechte Besteuerung (häufig als Folge königlicher Luxusbedürfnisse); ungerechte Gesetze; fehlender Zugang zur Rechtsprechung; Ämterhandel; Aushöhlung der Rechtsprechung von oben. In allen Fällen war Restitution obligatorisch. Da es bisweilen schwer war, Ungerechtigkeiten individuell wiedergutzumachen, mussten Werke zum Wohle der Allgemeinheit unternommen und Schuldenberge, die Ursache für exzessive Besteuerung waren, grundsätzlich abgetragen werden. Navarro deckte mit seinen Fragen einige der schwierigsten Fragen der Moraltheologie und politischen Theorie seiner Zeit ab. Kurz gesprochen: die vollständige Liste aller Elemente, die Historikern heute als wesentlich für die moderne Staatsbildung erscheinen, sind hier versammelt.[28] Die Tatsache, dass sie dem Augustinermönch als Gewissensprobleme erscheinen, zeigt an, dass, was Historiker heute für selbstverständlich erachten, – kein moderner Staat ohne Krieg, Staatsschuld, Ämterhandel, Zentralisierung von Entscheidungen und Delegation politischer Macht – den historischen Protagonisten moralische Bedenken bereitete.

Wie bereits angedeutet, entwickelte Navarro einen Fragenkatalog, zeigte aber nicht, wie die Fragen im Detail zu analysieren oder zu beantworten waren. Die Frage des gerechten Krieges wird beispielsweise folgendermaßen behandelt: „*Ob er einen ungerechten Krieg angefangen hat, auf Grund mangelnder Rechtstitel, oder aus ungerechten Gründen. Und wenn er einen an sich gerechten Krieg führte, ob seine Intention ungerecht war.*"[29] Er erläutert nicht, wie sich der gerechte Krieg definiere oder was ungerechte Intentionen seien, sondern scheint davon auszugehen, dass die betreffenden Beichtväter wussten, wie sie diese

torischen Beichtmanualen Thomas N. Tentler, Sin and Confession on the Eve of Reformation, Princeton 1977.

28 Vgl. Wolfgang Reinhard, Geschichte der Staatsgewalt. Eine vergleichende Verfassungsgeschichte Europas von den Anfängen bis zur Gegenwart, München 1999, v.a. Kapitel IV (Machtmittel und Machtpolitik).

29 Azpilcueta, *Manual*, 521.

Fragen, die moraltheologisch extrem kontrovers diskutiert wurden, lösen sollten. Die Frage des gerechten Krieges hatte christliche Autoren seit Augustin umgetrieben. Im Rahmen der Legitimation der spanischen Eroberung der Neuen Welt, die vor allem unter diesem Gesichtspunkt behandelt wurde, wurde sie intensiv neu diskutiert. Theologen äußerten sich hierzu in Expertenkommissionen und universitären Disputationen, und die hieraus hervorgegangene Literatur war Navarro zweifellos bekannt.[30] Aus den Marginalanmerkungen kann man schließen, dass Navarro sich weitgehend an Thomas von Aquin anlehnt, was den Schluss zulässt, dass Angriffskriege als ungerechte Kriege aufgefasst werden und Rache, Hass oder Eifersucht usw. als ungerechte Intentionen.[31]

Interessanterweise geht Navarro weder auf Glaubensfragen zur Begründung eines gerechten Krieges ein, noch auf die Notwendigkeit, Untertanen zu religiöser Konformität zu zwingen. Ein weiterer blinder Fleck ist der gesamte Bereich der Frage der Beziehung zur Kirche überhaupt.[32] Diesen Fragen schenkten spätere Autoren mehr Aufmerksamkeit. Navarros Fragenkatalog avancierte dennoch zum unübertroffenen Standardtext, alternative Kataloge wurden nicht vorgelegt.[33] Die meisten Beichthandbücher gehen nicht näher auf königliche Sündenkataloge ein, das Problem wanderte in die Sphäre der komplexeren moraltheologischen *Summae* ab. Dort wurde die Frage, was Monarchen tun oder unterlassen sollten,[34] nicht notwendigerwei-

---

[30] Zur scholastischen Kriegstheorie vgl. Richard Tuck, The rights of war and peace: political thought and the international order from Grotius to Kant, Oxford 1999, 51-77. Zur spanischen Diskussion im 16. Jahrhundert vgl. Anthony Pagden, Lords of all the World. Ideologies of Empire in Spain, Britain and France, 1500-1800, New Haven / London 1995, Kapitel III.

[31] Die *scholastische Theorie* des gerechten Kriegs, wie sie in Anlehnung an Thomas entwickelt wurde, verurteilte Angriffs- und Präventivkriege. Gerechte Kriegsgründe waren ausschließlich defensiver Natur: Abwehr von Angriffen, Verteidigung und Rückerwerb von Eigentum, Bestrafung für erlittenes Unrecht. Letztere erlaubten auch direkte Interventionen. Allerdings mussten die Gründe objektiv vorliegen.

[32] Hier werden nur zwei Probleme kurz behandelt. Als Todsünde werden die Verteilung von Benefizien an ungeeignete Personen behandelt (522) sowie die Behinderung der Visitation von Frauenklöstern (521).

[33] Vgl. Antonio Escobar y Mendoza S.J., Liber Theologicae Moralis Viginti Quattuor Societatis Jesu Doctoribus Reseratus, Lyon: Philippe Borde / Laurent Arnaud-Claude Rigaud 1659, 26. Das mit *Peccata Mortalia Principum* überschriebene Kapitel fasst Navarros Fragen in etwa 20 Zeilen zusammen.

[34] Dies ist auch ein wichtiges Problem „säkularer" politischer Theorie, die allerdings anders argumentiert. Sie ist eher an Fragen königlichen Machterhalts und Kontrolle des Staates interessiert als an der Frage, inwiefern bestimmte Maßnahmen ein Gewissensproblem darstellen. Die Verurteilung des Ämterhandels z.B. erfolgt in der säkularen Theorie aus Gründen, die den Kontrollverlust betrafen, und nicht aus moralischen Bedenken. Vgl. Wolfgang Weber, What a Good Ruler Should Not Do: Theoretical Limits of Royal Po-

se direkt als Sünde, sondern auch unter rechtlichen Gesichtspunkten abgehandelt.

Zusätze zu Navarros Katalog betrafen zumeist die Fragen der Beziehung zwischen weltlicher und kirchlicher Macht. Dieser Trend lässt sich bereits in Juan Azors 1606 veröffentlichten *Institutionum Moralium* nachweisen.[35] Das Werk des Jesuiten fasste den moraltheologischen Stand der Dinge zusammen und wurde zum Referenzwerk seines Ordens. Azor behandelte alles, von der *translatio imperii* bis hin zu Weissagungen. Er analysierte systematisch die Entstehung und Begründung politischer Herrschaft, vom Kaiser bis zum Kleinadel, und gab detailliert Auskunft über ihren Ursprung, ihre Entwicklung und Rechtstitel etc. Das elfte Buch des zweiten Bandes handelt von monarchischen *vitijs et peccatis*, und zwar, wie Azor unterstreicht, jenen, die den Monarchen als öffentliche Person betrafen. Diesem Kapitel vorangestellt ist ein anderes, das auf die Tugenden des Herrschers eingeht. Hier versucht Azor vor allem, gegen Machiavelli zu argumentieren und eine Liste klassischer Fürstentugenden aufzustellen, die um die *pietas* als zentrale Tugend kreisen.[36]

Das Kapitel zu den königlichen Sünden nimmt im Wesentlichen Navarro wieder auf und fügt ausführlichere Bemerkungen zur Beziehung zwischen Staat und Kirche hinzu. Azor stellt diesbezüglich den Unterschied zwischen der Pflicht zur Verteidigung der Kirche und dem Verbot der Einmischung in Kirchenfragen scharf heraus. Der Schutz kirchlicher Immunität ist ebenfalls ein wesentliches Anliegen. Laien hatten demnach weder Jurisdiktion über Kleriker noch Kompetenz in sakralen Fragen. Der Staat war Teil der Kirche, und Monarchen waren lediglich dazu bestellt, sich um die Fragen des gesellschaftlichen Zusammenlebens zu kümmern. Sie hatten keinerlei

---

wer in European Theories of Absolutism, 1500-1700, in: Sixteenth Century Journal 26 (4/1995), 897-915, zum Ämterhandel 909. Weber unterschätzt allerdings den *Einfluss der Moraltheologie auf die politische Theorie*, der zum Beispiel in der Steuertheorie deutlich wird. Die von Weber mit Erstaunen berichteten Einschätzungen gehören zum Grundbestand der Moraltheologie der Frühen Neuzeit, vgl. Vincenzo Lavenia, L'infamia e il perdono. Tributi, pene e confessione nella teologia morale della prima età moderna, Bologna 2004. Politische Autoren verschleierten meist die moraltheologischen Wurzeln ihrer Erkenntnisse, so z. B. Hobbes. Hierzu Margeret Sampson, „Will you hear what a casuist he is?" Thomas Hobbes as director of conscience, in: History of Political Thought XI (4/1990), 721-736.

35   Juan Azor S.J., Institutionum Moralium in quibus universae quaestiones ad conscientiam recte aut prave factorum pertinentes, breviter tractantur, Pars secunda, Romae, ex Typographia Alfonsi Ciacconi apud Carolum Vulliettum 1606.

36   Ibid., vol. II, 687f.

priesterliche Gewalt, was sie wesentlich von alttestamentarischen Vorbildern unterschied.[37]

Wie aber war mit neuen „Sekten" umzugehen, die den religiösen Zusammenhalt in Frage stellten? Azor ruft nicht direkt zu religiöser Verfolgung auf. Er stellt aber fest, dass religiös geeinte Gesellschaften besonders stabil seien und dass Glaubensstreit in erster Linie den öffentlichen Frieden beeinträchtige. Die relative religiöse Pluralität des römischen Imperiums lässt er nicht als Vorbild gelten. Vergangenheit und Gegenwart ließen sich nicht vergleichen, denn die verschiedenen Sekten der Antike hätten sich nicht in öffentlichen „*conciones*" zusammengerottet oder vorgegeben, dass ihre Überzeugung die einzig heilbringende sei.[38] Was dieser Unterschied aber für die Gegenwart bedeutet, führt Azor nicht näher aus. Er scheint nahezulegen, dass religiöse Differenzen keinen legitimen Kriegsgrund abgeben. Nur wenn Glaubensstreit in politische Rebellion umschlug, wenn religiös Andersdenkende Aggressoren waren oder Missionen behinderten, konnten militärische Aktionen legitimiert werden. Der Kriegsgrund war dann allerdings nicht religiöser, sondern säkularer Natur.[39]

Wir können annehmen, dass Bellarmin solche und ähnliche Autoren als Beichtvätern bekannt voraussetzen durfte. Bevor wir jedoch zu Bellarmins Verbot politischer Einmischung für Beichtväter zurückkehren, soll noch ein Blick auf ein ca. 1642 von einem spanischen königlichen Beichtvater verfasstes Manuskript geworfen werden, an dem sich ablesen lässt, wie die moraltheologische Theorie in der Auseinandersetzung mit der Praxis eingesetzt wurde. Der kurze Text stammt von dem Dominikaner Juan de Santo Tomás (1598-1644), der Philip IV. (1631-1665) für knapp zwei Jahre (1643-1644) als Beichtvater diente.[40] Typologisch unterscheidet er sich von den

---

[37] Ibid., vol. II, 691: „Sunt igitur duo munera distincta in Ecclesia: Ecclesiasticum & Regium huius est curatio rerum civilium, illius rerum divinarum."

[38] Ibid, vol. II, 692: „Respondeo, apud eos [paganos] esse, varias inanium Religionum sectas, cum pace, quia non sunt apud eos publiae conciones, quibus alij aliorum sectas confutent, aut hi vel illi dicant suam sectam esse ad salutem aeternam necessariam & nullum in alia secta saluum esse posse."

[39] Das war auch die Position von Francisco de Vitoria (1492-1546) und Francisco Suarez S.J. (1548-1617), vgl. James Turner Johnson, Ideology, Reason, and the Limitation of War. Religious and Secular Concepts, 1200-1740, Princeton 1975, 150-203.

[40] Ich zitiere die moderne Edition in Georges Desdives du Dezert, „Du moyen de discourir sur les péchés des rois". Par Fray Juan de Santo Thomas, confesseur de Philippe IV (Texte inédit espagnol du XVIIe siècle), in: Mélanges littéraires publiées à l'occasion du centenaire de la Faculté des lettres de Clermont Ferrand, Clermont-Ferrand 1910, 37-54. Zu Fray Juan vgl. Orietta Filippini, La coscienza del re. Juan de Santo Tomás, confessore di Filippo di Spagna (1643-1644), Firenze 2006, und dies., La disciplina dell'autorità: l'autorevolezza del confessore e legittimità del potere regale se-

Beichtmanualen und *Summae*. Es handelt sich um direkt von einer politischen Krise provozierte Überlegungen. Die praktische Umsetzung moraltheologischer Fragen, nicht die theoretische Definition der Gewissensprobleme, steht im Mittelpunkt. Fray Juan fasst das Material in vier Punkten zusammen: Sünden gegen die Kirche, durch Krieg gegen andere Monarchen entstandene Sünden, solche, die in der Verwaltung des Königreichs begründet sind, und schließlich Sünden gegen Untertanen. Alle haben ihren Ursprung in einem Übel: dem Günstlingsminister, an den Macht delegiert worden war. Dies hatte zu Verzerrungen im Verhältnis von Untertanen und Herrscher geführt, der nicht mehr Herr der Lage war. So verletzte er seine Amtspflichten, wofür er vor Gott einzustehen hatte,[41] ein bereits von Bellarmin vorgebrachtes Argument.

Die Tatsache, dass Juan de Santo Tomás sich zuerst mit den Sünden gegen die Kirche befasst, zeigt an, dass er dies als vordringendliches Problem ansah. Im Laufe des 16. Jahrhunderts hatten sich der päpstliche Absolutismus auf der einen Seite und die Konfessionalisierung der Staaten auf der anderen parallel entwickelt, aber auch vielfach überkreuzt, was nicht nur Konvergenzen, sondern auch Konflikte zwischen *sacro* und *profano* provoziert hatte. Als Navarro sein Handbuch verfasste, hatte sich dies schon angedeutet, doch lag die Tragweite der Konflikte noch nicht so deutlich zutage wie dies in der Mitte des 17. Jahrhunderts der Fall war.[42] Diese Spannungen hatten auch in der moraltheologischen Produktion Spuren hinterlassen, und Bellarmin selbst war ja ein bekannter Protagonist der europaweit geführten Debatte über die Grenzen säkularer und kirchlicher Herrschaft. Fray Juan zieht hieraus praktische Schlüsse für die Sphäre des königlichen Gewissens. Trotz aller Ordensdifferenzen scheint er Azors Auffassungen zum Verhältnis von Staat und Kirche zu teilen. Auch er betont in diesem Zusammenhang die Bedeutung kirchlicher Immunität in Rechtssprechung und Fiskus. Die in katholischen Staaten zunehmend verbreitete Besteuerung des Klerus wird ohne Umschweife als Sünde gebrandmarkt, so nicht päpstliche Dispense dies erlaubten. Gleichzeitig insistiert er auf der Pflicht des Monarchen, für die Umsetzung der tridentinischen Dekrete in Fragen der Kirchendisziplin Sorge zu tragen. Er rief auch den dem Papst geschuldeten

---

condo Juan de Santo Tomás O.P., confessore di Filippo IV di Spagna (1643-1644), in: Rivista di filosofia neo-scolastica 94 (2/2002), 587-635.

41 Fray Juan de Santo Tomás, op. cit., 41f.: „*El dar tanta mano y poder a uno fué sin duda pecado grande, porque los Reyes no pueden poner en otro el poder que Dios les ha dado* [Herv. N.R.], de suerte que cerra el govierno por aquella sola mano y tenga como dos Reyes.“

42 Vgl. Paolo Prodi, Il sovrano pontefice: Un corpo due anime. La monarchia papale nella prima età moderna, Bologna 1982, und Wolfgang Reinhard, Reformation, Counter-Reformation, and the Early Modern State: A Reassessment, in: Catholic Historical Review 75 (1989), 383-404.

Gehorsam in Erinnerung: politische Differenzen mit dem Oberhaupt des Kirchenstaates durften die Unterordnung unter die Autorität des Papstes als Kirchenoberhaupt nicht in Frage stellen. Diese Bemerkungen sind wohl direkt vor dem Hintergrund der Spannungen mit dem zu Frankreich neigenden Urban VIII. (1623-1644) während des 30-jährigen Krieges zu verstehen.[43]

Krieg gegen andere Monarchen ist Fray Juans nächster Gegenstand. Auch hier sind zeitgenössische Entwicklungen ausschlaggebend. Wiederum wird gerechter Krieg als Defensivkrieg definiert. Andere Kriege benötigten spezifischere Begründungen, die jedoch angesichts der schlimmen Folgen von Kriegen nur mit Vorsicht in Betracht gezogen werden und auf Kriege zur Verteidigung des Glaubens beschränkt werden sollten.[44] Dies ist schon eine deutliche Modifikation klassischer scholastischer Positionen, und der Dominikaner bezeichnet diesen Standpunkt ausdrücklich als *„probable"*. Wenn gerechte Kriegsgründe nicht zweifelsfrei festgestellt werden konnten, sollten Kriege daher unterbleiben. Als Beispiel nennt er Spaniens Eingreifen in den Mantuanischen Erbfolgekrieg (1628-1631), das nicht direkt als Krieg zur Verteidigung des Glaubens gerechtfertigt werden konnte. Santo Tomás' Ausführungen zeigen die Weiterentwicklung der Diskussion um den gerechten Krieg im 17. Jahrhundert, aber auch die damit einhergehende Verunsicherung. Die Unsicherheitskrise war eine Folge dieser Debatten und der zeitgleichen kriegerischen Ereignisse selbst, aber auch der Probabilismus, der die Moraltheologie seit dem ausgehenden 16. Jahrhundert erfasst hatte, trug hierzu bei. Letzterer hatte die Spannbreite der Lösungsmöglichkeiten für moralische Probleme erheblich erweitert, aber eben auch „unsicherer" gemacht. Er erlaubte, einer wahrscheinlichen Meinung zu folgen, selbst wenn eine andere Meinung wahrscheinlicher schien, was die hergebrachten Lösungsmodelle sowie die Stellung der autoritativen Positionen deutlich relativierte.[45] Es ist interessant, dass ausgerechnet ein Dominikaner hier „probable" Positionen geltend macht, obwohl der Probabilismus von seinem Orden bereits verurteilt worden war.

---

[43]   Hierzu Georg Lutz, Rom und Europa während des Pontifikats Urbans VIII. Politik und Diplomatie – Wirtschaft und Finanzen – Kultur und Religion, in: Reinhard Elze u.a. (Hg.), Rom in der Neuzeit, Rom 1976, 72-267.

[44]   Fray Juan de Santo Tomás, op. cit., 46.

[45]   Diese Methode war von Bartolomé de Medina 1577 in seinem Kommentar zu Thomas von Aquin entwickelt worden. Vgl. Turrini, Coscienza e leggi, 174, die den Probabilismus als „kopernikanische Revolution" der Moraltheologie bezeichnet. Vgl. auch Rudolf Schüßler, Moral im Zweifel. Die Herausforderung des Probabilismus, Paderborn 2006, 77-96, der Probabilismus und Skeptizismus als zwei Seiten der frühneuzeitlichen europäischen „Unsicherheitskrise" versteht.

Fray Juan nimmt auch das Problem des *ius in bello* in den Blick, in erster Linie die Folgen militärischer Undiszplin für die Zivilbevölkerung. Die europäischen Kriegsschauplätze, nicht zuletzt jene des 30-jährigen Krieges, hatten hierfür reichliches und grauenerregendes Anschauungsmaterial geliefert. Der Theologe machte hier neue Gewissensprobleme für die verantwortlichen Monarchen aus. Er forderte eine effizientere militärische Disziplinierung und Kompensationsleistungen für entstandene Schäden.[46] Direkt hiermit verbunden war auch die Frage überhöhter Steuerlasten sowie jene der distributiven Gerechtigkeit überhaupt. Steuern zu erheben, war nur legitim, wenn gerechte Gründe vorlagen. Krieg war ein solcher Grund, doch nur wenn der Krieg selbst gerechtfertigt war.[47] Fray Juan war der Meinung, dass eine Reihe der kriegerischen Konflikte, in die Spanien verwickelt war, diesen Ansprüchen nicht genügte, dass die Kriegskosten und damit die Steuerlast unerträgliche Ausmaße erreicht hatten bzw. nicht nur die Kriegskosten alleine die Staatsausgaben hatten explodieren lassen.[48]

Die schlechte Regierung war hierfür hauptausschlaggebend.[49] Grundprinzipien guter Herrschaft, wie die Auswahl der Amtsinhaber nach Qualifikation, waren nicht mehr gewährleistet, und Ratsgremien waren auf Veranlassung des Günstlingsministers unnötig aufgebläht worden. Besonders die Vielzahl der Ad-hoc-Kommissionen (*juntas*) hatten Entscheidungsprozesse unübersichtlich gemacht, die Untertanen belastet und die kommutative und distributive Gerechtigkeit untergraben.

Fassen wir zusammen: Die Umrisse des königlichen Sündenkatalogs standen seit Navarro fest und wurden in den folgenden Jahrzehnten zunehmend präzisiert. Die Hauptthemen blieben Gerechtigkeits-, Kriegs- und Steuerfragen. Daneben rückten allmählich auch religions- und kirchenpolitische Fragen in den Mittelpunkt. Dies ist als doppelte „Reaktion" auf die wachsende Staatsmacht einerseits und spezifische historische Ereignisse andererseits zu verstehen. Zweifellos waren alle hier verhandelten königlichen Sünden eminent politisch. Wie also ist Bellarmins Forderung zu verstehen, dass Beichtväter sich nicht unaufgefordert zu politischen Themen äußern sollten?

---

[46] Die militärische Disziplinierung sollte auch mit Hilfe von Beichtvätern bewirkt werden. Hierzu entstanden spezifische Handbücher für Soldaten und ihre Seelsorger, vgl. Vincenzo Lavenia, Tra Cristo e Marte. Disciplina e catechesi del soldato cristiano in età moderna, in: Gian P. Brizzi / Giuseppe Olmi (Hg.), Dai cantieri alla storia. Liber amicorum per Paolo Prodi, Bologna 2007, 37-54.

[47] Zu Moraltheologie und Steuerpolitik vgl. Lavenia, L'infamia e il perdono, passim.

[48] Fray Juan de Santo Tomás, op. cit., 47-48.

[49] Fray Juan de Santo Tomás, op. cit., 48-51.

Bellarmins Position geht konform mit der vom Jesuitenorden 1608 rati-
fizierten Instruktion für königliche Beichtväter. Die Regelung betonte, dass
der Beichtvater sich ausschließlich mit Fragen des königlichen Gewissens
befassen durfte, sich aber nicht in politische und internationale Fragen einmischen sollte. Die Jesuiten sahen sich als einziger Orden genötigt, in dieser
Hinsicht Regelungen zu treffen, um anti-jesuitischen Angriffen, insbesondere in Frankreich, zu begegnen.[50] Trotz ihrer vermeintlichen Klarheit macht
die Instruktion nicht explizit deutlich, ob sie sich auf den Moment der
Beichte selbst bezog, was im Widerspruch stünde zur Forderung der integ-
ralen Beichte, oder aber ob sie den Beichtvater als königlichen Berater im
Blick hatte. Letzteres ist wahrscheinlicher, denn das Problem bestand ja
genau darin, dass die Position des Beichtvaters bei Hofe nicht auf den Moment der Beichte beschränkt war. Er war vielmehr ein Mitglied des Hofes
mit unbestimmter Rolle und konnte sich allenfalls an den von Bellarmin und
anderen zusammengefassten Vorbildern des Anti-Höflings bzw. Propheten
orientieren. Die jesuitische Instruktion scheint sich auf diesen undefinierten
Aktionsrahmen zu beziehen. Zweifellos mussten alle königlichen Sünden
während der Beichte angegangen werden, außerhalb der Beichte war Zurückhaltung gefragt. Trotzdem ließ sich die informelle Interaktion zwischen
Beichtvater und Herrscher nur schlecht in den Griff bekommen. Gerade
innerhalb des Jesuitenordens war die Beichte nicht nur als ein punktuelles
Ereignis gedacht, sondern als ein Element langfristiger spiritueller Beratung.[51] Die Beziehung zwischen Beichtvater und Monarch konnte Formen
spiritueller Betreuung und Leitung annehmen, aber auch eine Vertrauensbeziehung, eventuell eine Freundschaftsbeziehung sein. Die Möglichkeiten
informeller Einflussnahme waren ausgesprochen vielfältig. Eine weitere
Schwierigkeit bestand darin, dass die Rollen und entsprechenden Interakti-
onsformen des Beichtvaters als Arzt, Richter, Anti-Höfling und Prophet
teilweise widersprüchlich waren. Und nicht zuletzt waren auch die Grenzen
zwischen Religion und Politik gerade in der Frühen Neuzeit nicht klar defi-

---

[50] Vgl. Robert Bireley S.J., Hofbeichtväter und Politik im 17. Jahrhundert, in: Michael
      Sievernich S.J. / Günter Switek S.J. (Hg.), Ignatianisch. Eigenart und Methode der Ge-
      sellschaft Jesu, Freiburg u.a. 1990, 386-403, hier 386-389; zu Frankreich vgl. Pierre Blet
      S.J., Jésuites gallicans au XVIIe siècle? A propos de l'ouvrage du P. Guitton sur le P. de
      La Chaize, in: Archivum Historicum Societatis Jesu 29 (1960), 55-84, hier 57-64, und Er-
      ic Nelson, The Jesuits and the Monarchy. Catholic Reform and Political Authority in
      France (1590-1615), Aldershot 2005. Zum frühneuzeitlichen Anti-Jesuitismus vgl. Sabina
      Pavone, Le Astuzie dei Gesuiti. Le false Istruzioni segrete della Compagnia di Gesù e la
      polemica antigesuita nei secoli XVII e XVIII, Rom 2000.
[51] Hierzu Jodi Bilinkoff, Related Lives: Confessors and their Female Penitents, 1450-1750,
      Ithaca 2005, 17. Zum Konzept der geistlichen Beratung vgl. Michela Catto (Hg.), La
      direzione spirituale tra medioevo ed età moderna. Percorsi di ricerca e contesti specifici,
      Bologna 2004.

niert bzw. erst im Begriff, sich zu definieren. Die königlichen Beichtväter waren an dieser Ausdifferenzierung des Religiösen vom Politischen beteiligt, und die Entwicklung ihrer Position und ihres Aktionsradius spiegelte diesen Prozess. Es ist daher nötig, einige Etappen dieser Entwicklung nachzuzeichnen.

3. Beichtväter, weltliche Berater und Günstlingsminister

Beratung und gute Ratgeber sollten den christlichen Fürsten in seinem schweren Amt unterstützen, das, da von Gott eingesetzt, zu besonderer Verantwortung vor Gott verpflichtete und den Monarchen nicht über das göttliche und natürliche Recht stellte.[52] Hier hatte Bellarmin auch die Rolle des Beichtvaters angesiedelt: Er war Stütze und Instrument zur Verwirklichung eines Ideals. Trotz aller vorsichtigen Beschränkungen von dessen Aktionsradius bei Hofe stellte sich daher die Frage, wie, wann und wo der Rat des Beichtvaters in politische Entscheidungsprozesse integriert werden konnte oder sollte. Der Beichtvater konnte sich in der Beichte *ex post* mit dem Geschehenen befassen, was auf lange Sicht zukünftiges Handeln in die gewünschte Richtung lenken konnte. Die Verhinderung von durch Sünde ausgelösten Schäden mochte allerdings auf der individuellen wie kollektiven Ebene sinnvoller erscheinen: Es schützte den königlichen Pönitenten vor Schuld und Sünde und das Gemeinwesen vor deren Folgen. Wenn der Beichtvater auch als Berater *ex ante* eingebunden wurde, konnte er der Politik eine moralisch akzeptable und wünschenswerte Richtung geben und weltliches Handeln vor den immer drohenden sündhaften Abgründen schützen.

Die Apologeten der spanischen Monarchie waren der Meinung, dass sich dies durch die Integration von Beichtvätern und anderen Theologen in verschiedene Beratungsgremien, wie in Spanien der Fall, am besten bewerkstelligen ließ. Die Anhörung von Ratgebern unterschied den guten Herrscher vom Tyrannen. Diego Saavedra Fajardo bezeichnete alle Berater als „Augen des Szepters" und war überzeugt, dass die Präsenz der Beichtväter in einigen weltlichen Ratsgremien wie dem Staatsrat (*Consejo de Estado*) besonders sinnvoll war. Er war überhaupt der Meinung, dass alle am Hofe vertretenen Kleriker (Hofprediger etc.) Gehör verdienten, da sie „Trompeten der Wahrheit" seien.[53] Ähnliches hatte auch Juan de Mariana in *De Rege* vertreten, der

---

[52] Vgl. José A. Maravall, Teoria del Estado en el siglo XVII, Madrid 1997 (¹1944).

[53] Vgl. Diego Saavedra Fajardo, Idea de un Príncipe Político Christiano representada en cien empresas, dedicada al Príncipe de las Españas, Mailand 1642, 406. Zur Einbindung von Beichtvätern in Ratsgremien vgl. Carlos J. de Carlos Morales, La participación en el gobierno a traves la conciencia regia. Fray Diego Chaves, O.P., confesor de Felipe II, in:

den spanischen Klerus insgesamt als beste Berater empfahl und dem der
Einfluss desselben zu seinem großen Bedauern nicht weit genug ging.[54]
Es existierte allerdings keine feste Regel bezüglich der Präsenz der
Beichtväter in Ratsgremien. Einige, aber nicht alle, waren Mitglieder des
Consejo de Estado. Dieses zentrale Regierungsorgan, dessen Mitglieder zu-
gleich *ex officio* dem Kriegsrat angehörten, behandelte die wichtigsten Fragen
der Innen- und Außenpolitik, darunter auch die Beziehungen zur Kurie.
Neben den Mitgliedern des Hochadels waren hier immer auch hohe Vertreter der spanischen Nationalkirche präsent (z.b. der Erzbischof von Toledo),
aber erst unter Philip III. (1598-1621) und Philip IV. (1621-1665) zählte der
Beichtvater zu den regelmäßigen Mitgliedern.[55] Die *Suprema de la Inquisición*,
die die Inquisitionstribunale überwachte, war ein weiteres bedeutendes Regierungsorgan. Seine Mitglieder bestanden aus Laien und Klerikern, die vom
Monarchen ernannt wurden. Auch hier wurden immer wieder Beichtväter
bestellt, doch nicht mit der Regelmäßigkeit, wie man es angesichts der Bedeutung dieses Organs für die Überwachung der religiösen Orthodoxie
erwarten könnte. Einige Beichtväter brachten es zum Großinquisitor, doch
war dies eher die Ausnahme als die Regel.[56] Sporadisch können Beichtväter
auch in anderen Gremien nachgewiesen werden: in der *Camara de Castilla*,
die unter anderem für die Benefizienverteilung in Kastilien zuständig war,
im Indienrat und schließlich in den sogenannten „*tres gracias*", die sich mit
den durch päpstliche Konzession erhobenen Steuern (*cruzado, excusado,
subsidio*) befassten.[57]
Doch selbst wenn der Beichtvater nicht offiziell Ratsmitglied war, konnte er am Beratungsprozess teilhaben. Entweder auf dem normalen Amts-
weg, so z.B. im Fall der *Camara de Castilla*, die die Liste der Kandidaten für
Benefizien dem Beichtvater zur Durchsicht vorlegte, der diese dann mit
Kommentaren versehen an den König weitergab, oder wenn Ratsentschei-
dungen mit der Bitte um Stellungnahme vom König an ihn weitergeleitet
wurden. Der potentielle Einfluss des Beichtvaters lässt sich daher nicht
direkt an seiner Präsenz in Ratsgremien ablesen. Für Fray Luis de Aliaga

---

Flavio Rurale (Hg.), I religiosi a corte. Teologia, politica e diplomazia in Antico Regime,
Rom 1998, 131-157.

[54] Vgl. Harald E. Braun, Juan de Mariana and Early Modern Spanish Political Thought,
London 2006.

[55] Vgl. Leandro Martínez Peñas, El confesor en el antiguo régimen, Madrid 2007, 836-841;
Isabelle Poutrin, Cas de conscience et affaires d'Etat: le ministère du confesseur royal en
Espagne sous Philippe III, in: Revue d'histoire moderne et contemporaine 53 (3/2006),
7-28.

[56] Vgl. José Martínez Millán, Los miembros del Consejo de Inquisición durante el siglo
XVII, in: Hispania Sacra 76 (1985), 409-449.

[57] Vgl. Martínez Peñas, El confesor en el antiguo régimen, 849-868.

(1565-1626, Beichtvater 1608-1621) beispielsweise sind allein für drei Jahre (1608-1611) mehr als 650 Stellungnahmen (*pareceres*) zu den verschiedensten Fragen belegt.[58]

Doch damit war es nicht getan. Seit dem Ende des 16. Jahrhunderts wurden immer mehr kurzlebige Ad-hoc-Kommissionen (*juntas*) einberufen. Ihre Vermehrung besonders in der ersten Hälfte des 17. Jahrhunderts wurde nicht zu Unrecht den Günstlingsministern zugeschrieben, die sie zur Umgehung der regulären Ratsgremien nutzten.[59] Zwischen 1484 und 1664 lassen sich 159 *juntas* nachweisen; an 40 von ihnen nahmen Theologen oder Kleriker teil, davon waren 18 königliche Beichtväter. Gerade in der ersten Hälfte des 17. Jahrhunderts war ihre Präsenz besonders stark. Die in den *juntas* behandelten Probleme waren ausgesprochen breit gestreut – von Steuerfragen und Geldpolitik bis hin zu kirchenpolitischen Fragen. Nach bisherigem Forschungsstand führte die Präsenz und Beteiligung der Beichtväter in den *juntas* und Ratsgremien nicht zu Auseinandersetzungen zwischen Laien und Klerikern. Moralische Bedenken wurden quer zu dieser Linie artikuliert, und zu keiner Zeit bestritten die Laien die Sachkompetenz der Kleriker. Es scheint vielmehr so, als hätten sich Kleriker in Entscheidungsprozessen häufig Argumente der Staatsraison zu eigen gemacht und mit ihrem „theologischen Segen" versehen.[60] Die Integration von Klerikern in Ratsgremien führte nicht zu einer „Theologisierung" der Politik, sondern scheint eher die „Säkularisierung" der Theologen bewirkt zu haben.

Das war zumindest der Eindruck einiger Kleriker, die sich zu Beginn des 17. Jahrhunderts kritisch zu Wort meldeten und den Ausschluss der Theologen aus der Staatsverwaltung forderten. So z.B. der Jesuit Andres Mendo, der selbst an einigen *juntas* unter Philip IV. teilgenommen hatte. Er behauptete kategorisch, dass der Hof kein Ort für Mitren sei und dass alle weltlichen Angelegenheiten außerhalb der „*sfera*" der Kleriker lägen.[61] Francisco

---

58 Vgl. Bernardo J. García García, El confessor fray Luis Aliaga y la conciencia del rey", in: I religiosi a corte, 159-194, hier 184ff. Die Manuskriptbände befinden sich leider nicht mehr in der Spanischen Nationalbibliothek, weshalb ich sie nicht persönlich einsehen konnte. Ich folge hier Poutrin und García García, deren Untersuchungsergebnisse in den zitierten Aufsätzen zugänglich sind.

59 Vgl. Dolores Sánchez González, El deber de consejo en el Estado Moderno. Las juntas „ad hoc" en España (1471-1665), Madrid 1993, 233-236. Die *juntas* verteilen sich folgendermaßen: 1484-1597 (54 juntas), 1598-1621 (20 juntas), 1621-1664 (103 juntas). Zur Bedeutung der Regierung mittels der *juntas* vgl. Richard A. Stradling, Philip IV and the Government of Spain 1621-1665, Cambridge 1988, 24ff.

60 Siehe Stradling, Philip IV, 87, 91.

61 Andres Mendo, Prinicipe perfecto y Ministros aiustados, Documentos politicos y morales. Al rey nuestro Señor, Por Andres Mendo de la Compañia de IESUS, calificador de la Inquisicion Suprema, lector de Theulugia (!), y de Sagrada Escritura en Salamanca, Salamanca 1657, 47.

de Quevedo, der in seiner *Politica de Dios* noch gefordert hatte, in der Politik dem Beispiel Christi zu folgen, riet dem jungen Philip IV. im Jahr 1621, alle Kleriker aus Ratsgremien und *juntas* auszuschließen. Er zweifelte nicht daran, dass Theologen „Trompeten der Wahrheit" waren, doch nur, wenn sie in ihrer angestammten Sphäre blieben. Besonders die Beteiligung des Beichtvaters war Quevedo ein Dorn im Auge. Er solle keinesfalls am *Consejo de Estado* teilnehmen, da sich Politik nicht mit *summae* betreiben ließe.[62] Es war der Beichtvater des verstorbenen Philip III., Luis de Aliaga, der Quevedos Unmut erregt hatte. Quevedo war nicht als einziger der Meinung, dass dieser Kirchenmann nicht an exzessiven Skrupeln litt, sondern an allzu großem Ehrgeiz und an der Geltungssucht eines Politikers.

Doch schon vor Aliagas Amtszeit waren Bedenken an den gängigen Verfahren laut geworden. Ironischerweise war eine der ersten „Amtshandlungen" Aliagas die Blockade einer Initiative, die den Aktionsradius der Beichtväter erheblich verändert hätte, wenn sie denn erfolgreich gewesen wäre. Im Jahr 1608 machte der Erzbischof von Valencia Juan de Ribera den Vorschlag, Kleriker von weltlichen Gremien auszuschließen und stattdessen einen Gewissensrat einzuführen.[63] Dieser Gewissensrat sollte neben dem Beichtvater aus zwei weiteren Klerikern bestehen, die zusammen die weltlichen Gremien überwachen und deren Entscheidungen gegebenenfalls korrigieren sollten. In Riberas Augen lag der Vorteil seiner Idee darin, dass ein solches Gremium in der Lage war, die z.T. öffentlich geäußerte Kritik an politischen Entscheidungen und damit auch am Monarchen einzudämmen.[64] Die Kleriker konnten den Monarchen direkt beraten (was in der Beichte nicht unbedingt möglich war) und ihn als „wahre Propheten"[65]

---

[62] Francisco de Quevedo y Villegas, Grandes Anales de Quince Dias, in: Obras Completas, vol. I, hg. von Aureliano Fernandez-Guerra y Orbe, Madrid 1859, 183-216, hier 200.

[63] *BNE*, ms. 5758, f. 1r-29v. Hierzu ausführlich Isabelle Poutrin, L'œil du souverain: Luis de Aliaga et le métier de confesseur royal sous Philippe III, in: Johannes-Michael Scholz / Tamar Herzog (Hg.), Observation and Communication: The Construction of Realities in the Hispanic World, Frankfurt/M. 1997, 253-270, hier 258ff.

[64] Besonders in der Hofkapelle wurden des öfteren politische Entscheidungen in Predigten heftig kritisiert. Vgl. *BNE*, ms. 18728-5: António Carvalho de Parada: Discurso politico fundado en la doctrina de Christo nuestro Señor. Si conviene al gobierno espiritual de las almas y al bien temporal de la republica el modo de predicar que oy se ussa en la Corte reprehendiendo a los Principes y Ministros. Hierzu ausführlich Francisco Negredo del Cerro, La Capilla Real como escenario de la lucha polítca. Elogios y ataques al valido en tiempos de Felipe IV, in: Juan J. Carreras / Bernardo J. García García (Hg.), La Capilla Real de los Austrias. Música y ritual de corte en la Europa Moderna, Madrid 2001, 323-344; Antonio Álvarez-Ossorio, Ceremonial de la Majestad y protesta aristocrática. La Capilla Real en la corte de Carlos II, in: La Capilla Real, 345-401.

[65] *BNE*, ms. 5758, f. 26: Ribera nennt Samuel und Nathan.

theologisch verbindlich absichern, was letztlich die monarchische Autorität erhöhte.

Aliaga blockte sofort ab und bestritt, dass Beichtväter aus Ehrgeiz oder Feigheit nicht die Wahrheit aussprächen, wie Ribera suggerierte, oder gar durch die „Gremienarbeit" von ihren wahren Aufgaben abgehalten würden. Er betonte stattdessen die Bedeutung dieser Arbeit zum Nutzen der Erleichterung des königlichen Gewissens. Nicht zuletzt sei die *geheime* Beichte ein unverzichtbares Instrument auf dem Weg zum christlichen Fürsten. Es sei eben kein Zufall, dass sowohl die Staatsraison als auch das Band zwischen Fürst und Beichtvater vom Mantel des Geheimnisses umgeben seien.[66]

Riberas Vorschlag eines Gewissensrates war keineswegs so abwegig wie Aliaga vorgab. Ein solcher existierte in Portugal, wo er hauptsächlich mit der Benefizienverteilung und der Verwaltung der Ritterorden befasst war. Zumindest dem Namen nach gab es auch in Frankreich einen *conseil de conscience*, doch wie Joseph Bergin deutlich gemacht hat, handelte es sich bis 1643 hierbei eher um einen Akt als um ein festes Gremium.[67] Der *conseil* war in erster Linie mit Fragen der Benefizienverteilung befasst, die seit dem Konkordat von Bologna (1516) weitgehend in königlicher Hand lag, was als ein erhebliches Gewissensproblem aufgefasst wurde. Bis zu Beginn des 17. Jahrhunderts hatte der Beichtvater hier als Ratgeber zur Seite gestanden, wie überhaupt Kirchenfragen in Frankreich der einzig anerkannte Handlungsbereich des Beichtvaters waren, der keinen Zugang zu weltlichen Gremien hatte. Die Situation verhält sich also exakt spiegelverkehrt zur spanischen: dort war gerade die Kirchenpolitik weder das exklusive Terrain des Beichtvaters noch das einzige königliche Gewissensproblem. In Frankreich wurde die Beteiligung des *confesseur* an der Benefizienverteilung allerdings zu dem Zeitpunkt strittig, als ausschließlich Jesuiten für das Amt rekrutiert wurden, was ab 1604 der Fall war. Der gallikanische Flügel des Nationalklerus meldete nun Bedenken an, dass ein einfacher Regularkleriker mit diesen wichtigen Fragen betraut wurde. Um solcher Kritik den Boden zu entziehen, beschloss Richelieu 1625, die Sache selbst in die Hand zu nehmen, und da er selbst dem Klerus angehörte, konnte er auf den Beichtvater als weiteren Berater verzichten.

Dies blieb der Stand der Dinge bis zum Tod Kardinal Mazarins 1661, als Ludwig XIV. beschloss, auf einen ersten Minister zu verzichten. Damit stellte sich erneut die Frage nach der Beratung in Benefizienangelegenheiten, da nun auch kein Kirchenmitglied mehr in der Regierungsentourage zur

---

[66]   Vgl. Poutrin, L'œil du souverain, 261-263.

[67]   Vgl. Joseph Bergin, The Royal Confessor and his Rivals in Seventeenth Century France, in: French History 21 (2007), 187-204, hier 190.

Verfügung stand. Erst hier setzte der wahre Aufstieg des Beichtvaters in Frankreich im 17. Jahrhundert ein.[68] Der *conseil de conscience* umfasste zunächst den König, den Beichtvater und den Erzbischof von Paris, doch spätestens ab 1671 wurde er zu einem *tête-à-tête* zwischen König und Beichtvater. Der Beichtvater führte die *feuille de bénéfices*, d.h. die Liste der Kandidaten für Benefizien, und er traf sich einmal pro Woche mit dem König zur Beratung von Kirchenfragen.[69] Vor allem Père de La Chaize (Beichtvater 1674-1709) wurde so zum vielleicht engsten Vertrauten des Sonnenkönigs. Sein Einfluss dehnte sich auch auf die Beziehung zur Kurie und das Verhältnis zu den französischen Jesuiten aus, die in diesem Zeitraum mit La Chaizes Unterstützung fest unter königliche Kontrolle gebracht wurden.[70] Dies blieb das verbindliche Arrangement bis 1715.

Der Vergleich mit Spanien ist erneut erhellend: In Spanien hatte die massive Integration von Beichtvätern und anderen Klerikern in politische Entscheidungsprozesse zu einer wahrnehmbaren Enttäuschung bezüglich der Möglichkeit der Moralisierung des Politischen geführt. Wenn der Ausschluss von Klerikern aus den Ratsgremien gefordert wurde, so nicht deshalb, weil religiöse Einflussnahme als zu stark empfunden worden wäre, sondern eher weil sie vor allem Klerikern nicht ausreichend und effizient genug erschien. In Frankreich hingegen, wo Beichtväter allenfalls in einem sehr begrenzten und zudem eng kirchenpolitischen Rahmen aktiv wurden, wurde der angeblich exzessive Einfluss des Beichtvaters zum Gegenstand hitziger Polemik und zum Hauptgegenstand der jansenistischen Kampagne gegen die Gesellschaft Jesu. Sie unterstellte dem Orden tyrannische Absichten gegenüber der Nationalkirche und einen verderblichen Einfluss auf den *bon roi* mittels des von seinen Beichtvätern eingeträufelten „probabilistischen Gifts". Für diese widersprüchlichen Entwicklungen sind sicherlich unterschiedliche religiös-politische Sensibilitäten verantwortlich.[71] Doch auch die Spannung zwischen Günstlingsministern und Beichtvätern innerhalb der jeweiligen politischen Systeme trug hierzu bei. In der Auseinandersetzung zwischen beiden wurde das königliche Gewissen zum Schauplatz unterschiedlicher Anschauungen von Inhalt und Reichweite politischer Beratung.

---

[68] Vgl. Joseph Bergin, Crown, Church and the Episcopate under Louis XIV, New Haven / London 2004, 155-184.

[69] Bergin, Crown, Church, 160.

[70] Hierzu Reinhardt, The king's confessor, 164-170, und vor allem Jean-Paul Gay, Voués à quel royaume? Les jésuites entre vœux de religion et fidélité monarchique. À propos d'un mémoire inédit du P. de La Chaize, in: XVIIe siècle 227 (2/2005), 285-314.

[71] Vgl. Alain Tallon, Conscience nationale et sentiment religieux en France au XVIe siècle, Paris 2002; für Spanien Eva Botella Ordinas, Monarquía de España: discurso teológico, 1590-1685, PhD Universidad Autónoma de Madrid 2002.

Aliagas Ablehnung des von Ribera vorgeschlagenen Gewissensrats bewies seine Instinktsicherheit. Er hatte wohl verstanden, dass dieses Projekt einen gefährlichen Angriff auf die Position des Beichtvaters darstellte. Er gefährdete namentlich die exklusive, weitgehend informelle und vom Beichtgeheimnis geschützte Beziehung zum Herrscher. Diese umfasste zwar nicht unbedingt das Band der Freundschaft, doch ist klar, dass der Beichtvater als „Seelenarzt" und Anti-Höfling eine Vertrauensbeziehung aufbauen musste, damit eine kanonischen Anforderungen genügende Beichte überhaupt möglich war. Es ist zudem wahrscheinlich, dass die geistlichen Berater, vor allem wenn sie wie z.B. Père La Chaize über Jahrzehnte im Amt waren, über ein erhebliches Vertrauenskapital verfügten.

Doch noch ein anderer Protagonist am frühneuzeitlichen Hof passte auf diese Beschreibung und stellte einen potentiellen Konkurrenten dar: der Günstlingsminister, der im frühen 17. Jahrhundert zu einer Quasi-Institution aufgestiegen war.[72] Auch sein „Zugang zum Machthaber" (Carl Schmitt) beruhte im wesentlichen auf einem informellen, schwer fassbaren Band, auf Vertrauen, bisweilen auch auf Furcht, Liebe oder Freundschaft. Wie die des Beichtvaters war auch seine Position im Hofzeremoniell weder vorgesehen noch festgelegt. Der frühneuzeitliche Günstlingsminister war mehr als ein *mignon*, aber auch mehr als einfacher „Bürokrat". Seine Macht stand und fiel mit seinem unkontrollierten Zugang zum Herrscher.

Der Günstlingsminister war ein relativ neues Phänomen und wurde dementsprechend kontrovers diskutiert, insbesondere in Spanien.[73] Die Apologeten des *valido* oder *privado* begründeten seine Existenz als Freund des Königs. Monarchen benötigten Freunde und zwar noch dringender als der gemeine Mann. Sie seien einsamer, da sie am von Dissimulation und Schmeichelei geprägten Hof niemandem trauen konnten. Nur ein Freund konnte die Wahrheit sagen und ihm einen Teil der anstrengenden Papierar-

---

[72] Zur Bedeutung der Günstlingsminister als Phänomen der frühmodernen Staatsbildung vgl. John H. Elliott, Richelieu and Olivares, Cambridge 1984; Jean Bérenger, Pour une enquête européenne: Le problème du ministériat au XVIIe siècle, in: Annales. Histoire, Economie, Société 29 (1/1974), 166-192; Laurence W. B. Brockliss / J. H. Elliott (Hg.), The World of the Favourite, New Haven / London 1999; Ronald G. Asch, Höfische Gunst und höfische Günstlinge zwischen Mittelalter und Neuzeit. 18 Thesen, in: Jan Hirschbiegel / Werner Paravicini (Hg.), Der Fall des Günstlings. Hofparteien in Europa vom 13. bis zum 18. Jahrhundert, Ostfildern 2004, 515-531.

[73] Grundlegend Francisco Tomás y Valiente, Los validos en la manarquía española del siglo XVII, Madrid ²1990; komparativ ausgerichtet: Antonio Feros, Images of Evil, Images of Kings. The Contrasting Faces of the Royal Favourite and the Prime Minister in Early Modern European Political Literature, c. 1580-1650, in: The World of the Favourite, 206-222.

beit abnehmen. Entlastung des Königs, Vertrauen und Aussprechen der Wahrheit: das kam der Rollenbeschreibung des Beichtvaters gefährlich nahe.

Die Tatsache, dass Freundschaft ein so ausschlaggebendes Argument darstellte, lag an der neo-aristotelischen Weltsicht, der eine Mehrheit der politischen Schriftsteller anhing, die sich mit dem Thema befassten. Die Ungleichheit, die diese besondere Freundschaft kennzeichnete, stellte allerdings ein Problem dar. Aristoteles hatte die Gefahren ungleicher Freundschaften behandelt, die leicht zu utilitaristischen, und damit dem Freundschaftsideal widersprechenden Beziehungen degenerierten. Die Apologeten des *valido* setzten hingegen voraus, dass Freundschaft zwischen einem Fürsten und einem seiner Untertanen möglich war, was mittelalterliche Kommentatoren der „Nikomachischen Ethik" noch ausgeschlossen hatten.[74] Erst Nicolas Oresme (1325-1382), der seinen Kommentar bezeichnenderweise unter der Patronage von Charles V. (1364-1380) verfasst hatte, hielt eine solche Freundschaft für möglich und positiv für das Gemeinwesen.[75] Die Verteidiger des *valido* griffen dieses Argument auf und suggerierten, dass die Ungleichheit durch „wahre Affekte" ausgeglichen werde, die sich an den vielseitigen Diensten des Günstlingsministers ablesen ließen. So trage dieser zum Ideal der *amicitia* als Grundlage guter Herrschaft bei, denn nur Tyrannen hätten keine Freunde und unterdrückten die Freundschaftsbande ihrer Untertanen.[76]

Die Gegner des Günstlingsministers drehten dieses Argument um: Mit Aristoteles bestritten sie, dass die Favoriten wahre Freunde sein konnten, und unterstellten, dass sie von persönlichem Ehrgeiz angetrieben waren und so die Grundlagen guter Regierung untergruben. Dieser Argumentationsstrang konnte in zwei Richtungen fortgeführt werden. Die erste lautete so: Der Günstlingsminister marginalisiere die natürlichen Berater und Freunde des Monarchen (d.h. den Hochadel) und pervertiere so die traditionelle gute Regierung, um eine unnatürliche „absolute" Herrschaft mit tyrannischen Tendenzen zu begründen. Letzteres natürlich gegen die natürlichen guten Neigungen des Königs, der von seinem Berater in die Irre geleitet wurde. Die zweite Möglichkeit bestand in der Kritik daran, dass dem Günst-

---

74 Vgl. Bénédicte Sère, Penser l'amitié au Moyen Âge. Étude historique des commentaires sur les livres VIII et IX de l'Étique Nicomaque (XIIIe-Xve siècle), Turnhout 2007, 153-167. Zur ungleichen Freundschaft siehe Aristoteles, Nikomachische Ethik, Buch 8 und 9, vor allem 1162b-1163b.

75 Sère, Penser l'amitié, 171ff. Diese Tradition scheint in Frankreich allerdings abgerissen zu sein, vgl. Feros, Images of Evil, 214.

76 Vgl. Horst Hutter, Politics as Friendship: The Origins of Classical Notions of Politics in the Theory and Practice of Friendship, Waterloo 1978; Peter N. Miller, Friendship and Conversation in Seventeenth-Century Venice, in: The Journal of Modern History 73 (2001), 1-31.

lingsminister ein Teil der monarchischen Macht per Delegation übertragen worden war, was eine Verletzung der dem Monarchen von Gott aufgetragenen Verpflichtung bedeute und dessen Reputation und Autorität beschädige. Diese beiden Argumentationsstränge widersprachen sich nicht notwendigerweise und sie sollten nicht als pro- oder anti-absolutistisch missverstanden werden. Vor allem spanische politische Schriftsteller waren überzeugt, dass Ratgeber monarchische Herrschaft nicht beeinträchtigten, sondern erhöhten. Problematisch war lediglich die Legitimation der Ratgeber und ihre Teilhabe an der Herrschaftsausübung. Dies war das Hauptargument des radikalsten Traktates gegen den *valido*, den Fray Juan de Santa Maria (ca. 1551-1622) im Jahr 1617 veröffentlichte.[77] Bellarmin hatte ebenfalls die unverantwortliche Delegation königlicher Macht als Hauptsünde angeprangert, und Fray Juan de Santo Tomás stieß 1642 ins gleiche Horn, als er die Liste königlicher Sünden als Folge der Machenschaften des Günstlingsministers Olivares interpretierte. Es ist daher nicht zu übersehen, dass Beichtväter und Günstlingsminister nicht nur um das Vertrauen des Herrschers konkurrierten, sondern dass sie potentiell ideologische Gegner waren, wenn es um das Verständnis monarchischer Herrschaft ging. Letztlich ging es hier um die *raison d'être* der Günstlingsminister.

Auf den ersten Blick sollte man annehmen, dass Günstlingsminister und Beichtväter im selben Boot saßen. Die großen Minister kontrollierten die Entourage des Herrschers und selbstverständlich auch die Besetzung der sensiblen Position des königlichen Beichtvaters. Das galt für Richelieu und Mazarin, aber auch für Lerma und Olivares, allerdings mit unterschiedlichen Folgen. In Frankreich stürzte in der Regel der Günstlingsminister den Beichtvater, in Spanien verhielt es sich umgekehrt. Die Argumente, die in diesen Krisensituationen von den Beichtvätern vorgebracht wurden, sind jedoch auffällig ähnlich. Sie geben einen Blick auf das professionelle Selbstverständnis der Beichtväter und ihr politisches Programm.

---

77 Juan de Santa Maria, Republica y policia christiana. Para reyes y principes y para todos los que en el govierno tienen sus vezes, Barcelona: Geronymo Margarit 1617, 216f: „Reserven para si los Reyes los negocios de mayor importancia, que en esso tambien ha de aver orden, como la ay en los Reynos bien concertados, dexando a los consejos, y tribunales ordinarios, los ordinarios negocios, consultando con los Reyes los de mas importancia; y estos los Reyes por si mismos ... los han de dispachar, si por falta de salud no estuvieron impedidos, *y no se han de remitir a los privados, ni ellos han de tener en materia de justicia, aunque sea distributiva, ningun genero de poder* [Herv. N.R.]; porque con el oprimen los tribunales, y sus ministros, que como saben que dependen tanto del privado, si tiene mano en la justicia, y distribucion de oficios, estan oprimidos, y sin libertad, y mas si tienen alguna pretension de su interes, o acrecentamiento. ... De aqui se infieren dos cosas muy ciertas y verdaderas. La primera es que *los Reyes en conciencia tienen obligacion de atender por sus personas a los negocios graves, porque este es su principal oficio* [Herv. N.R.]... ".

Der Fall des oben erwähnten Père Caussin ist hier besonders aufschlussreich. Er beschreibt den Moment, der Richelieu zu seinem Sturz veranlasst
hatte, folgendermaßen:

„Nachdem ich dem König schon fast ein Jahr gedient hatte, sprach ich zu ihm auch
außerhalb der Beichte über alle Dinge, die sein Gewissen und seine Amtspflichten
betrafen. Mit Tränen in den Augen schilderte ich ihm das Leiden seiner Kirche, die
Notwendigkeit eines guten Friedens für die ganze Christenheit, das tiefe und er-
schreckende Elend seiner Untertanen, und seine Pflicht, *die Regierung seines Reiches
selbst in die Hand zu nehmen* [Herv. N.R.], und schließlich [sprach ich] über die Einigung seines Hauses und den heiligen Namen einer verbannten Mutter, für die die
Gesetzestafeln bis hinauf zu Gottes Thron Fürbitte leisteten. Ich sagte all dies mit
der Milde und Kraft, derer ich fähig war. Und es rührte den König ans Herz, und er
war entschlossen, die Dinge in Ordnung zu bringen, worin ich ihn bestärkte und
ihm sogar anbot, mit dem Kardinal [Richelieu] in seiner Gegenwart zu sprechen."[78]

Dieser Appell an das Pflichtgefühl Ludwigs XIII. als Herrscher, Sohn und
Katholik war im Jahr 1638 ein ausgesprochen politisches Statement. Die
Königinmutter lebte auf Grund politischer Zerwürfnisse mit Richelieu um
die Außenpolitik im Exil. Zugleich war Frankreich auf Richelieus Betreiben
seit 1635 offen auf Seiten der protestantischen Mächte in den 30-jährigen
Krieg eingetreten und hatte so die Hoffnung auf eine Einigung der katholischen Mächte oder einen schnellen Frieden zunichte gemacht. Der Kardi-
nalminister fackelte nicht lang. Unter Berufung auf die jesuitische Instruktion für Beichtväter wurde Caussin entlassen, in Rouen unter Hausarrest gestellt und von seinem Orden für den Rest seiner Tage zum Schweigen verurteilt.[79] In seinem Exil verfasste Caussin die zitierte Apologie, einen Traktat
zur guten „Polizei" und ein vernichtendes Portrait Richelieus. Der entlasse-
ne Beichtvater forderte einen Zusammenschluss der katholischen Mächte
und eine Senkung der Steuern (da der Krieg nicht gerechtfertigt sei). In
einem Abschnitt über die gute Regierung befürwortete er eine Berücksichtigung kollektiver Beratungsorgane. Der allein regierende König solle auf
seine guten Berater hören, anstatt auf einen von Ehrgeiz besessenen Günstling, der dem Gemeinwohl schade.[80] Seine Forderung der Selbstregierung ist
daher nicht als „pro-absolutistisch" mißzuverstehen, sondern als Forderung

---

[78]   *Archives Françaises de la Compagnie de Jésus [AFCJ]*, Dossier Caussin I, 309. Es handelt sich
       um eine Kopie des in Louvier eingelagerten Originals. Vgl. Camille de Rochemonteix,
       Nicolas Caussin, confesseur de Louis XIII et le cardinal de Richelieu. Documents in-
       édits, Paris 1911.

[79]   Zu den weiteren Verwicklungen, die hier nicht referiert werden können, vgl. Robert
       Bireley S.J., The Jesuits and the Thirty Years War. Kings, Court and Confessors, Cam-
       bridge 2003, 183-197.

[80]   *AFCJ*, Dossier Caussin I, f. 350 : De la Forme de Gouvernement, f. 360: Du choix des
       ministres et officiers, f. 365: Des Tributs, f. 371: De la Paix et de la Guerre.

nach einem „*roi en conseil*". Caussins Programm drang nicht über die Mauern seines Exils hinaus. Richelieu legte hingegen noch in aller Öffentlichkeit nach. Als Herr der sykophantischen *Gazette de France* publizierte er die Nachricht, wonach der Jesuit entlassen worden war, weil sein Verhalten das Staatsinteresse untergrub.[81] Der zum Schweigen verurteilte Caussin ging dennoch posthum durch seinen Sturz in die Ruhmeshalle der Beichtväter-Propheten ein.

Nur weniger Jahre später trug sich in Spanien ein entgegengesetzter Fall zu. Im Januar 1643 wies Philip IV. seinen langgedienten Minister Olivares an, den Hof zu verlassen. Dies war nur der Anfang eines Dramas, das mit der Entfernung der Anhängerschaft des Ministers enden sollte und das Sinnbild und Ergebnis der schweren Krise war, die das spanische Reich in Form der portugiesischen und katalanischen Aufstände erfasst hatte. In diesem Kontext waren Forderungen nach der Entlassung Olivares' lauter geworden, der für die Kriegspolitik stand. Selbsternannte *profetas* (!) im ganzen Land meldeten sich zu Wort und verlangten, vom König gehört zu werden, um ihm ihre Visionen und Gottes Auftrag, Olivares zu entlassen, mitzuteilen.[82] Während der betagte Beichtvater Sotomayor (1548-1648, Beichtvater 1623-1643), ein alter Vertrauter des Günstlings, sich aus Altersgründen zurückzog, wählte Philip IV. einen Nachfolger, der sich als Gegner des *valimiento* einen Namen gemacht hatte: Fray Juan de Santo Tomás, dessen Positionen wir oben schon untersucht haben. Die Gegner Olivares' stellten sich hinter den neuen Beichtvater und sein Programm. Die Krise des königlichen Gewissens erfasste die gesamte politische Sphäre und führte letztlich zum Ende des *valimiento* in seiner hergebrachten Form. Eine *Junta de Conciencia* wurde einberufen, um über die zukünftige Politik zu beraten. Die Abschaffung des *valido* war ein Hauptthema. Die Zeit der allmächtigen Günstlingsminister war in Spanien abgelaufen.[83]

Eine letzte interessante Frage ist hier zu stellen: was geschah, wenn ein Beichtvater selbst zum *power broker* wurde? Auch hier bietet Spanien wieder einen vielsagenden Fall, in dem sich ein Beichtvater gegen seinen alten Patron, den Günstlingsminister, wandte. Luis de Aliaga, Kreatur des Favoriten Lerma, wurde 1608 Beichtvater Philips III. Schon 1610 begann Aliaga mit großer Energie gegen Lerma zu arbeiten und dessen Position zu untergraben. Der Zeitpunkt war keineswegs ein Zufall: er fällt mit der Entscheidung

---

[81]   Vgl. Bireley S.J., The Jesuits and the Thirty Years War, 193.

[82]   Vgl. Ronald Cueto, Quimeras y sueños. Los profetas y la Monarquía Católica de Felipe IV, Valladolid 1994; Filippini, La coscienza del re, 141-168; Angriffe auf Olivares kamen auch von den Hofpredigern, die größtenteils von Olivares ernannt worden waren (!), vgl. Francisco Negredo del Cerro, La Capilla Real, 323-344.

[83]   Vgl. Stradling, Philip IV, 248, 261.

Philips III. zusammen, Lerma für sich zeichnen zu lassen. Es war der entscheidende Moment, in dem der Herrscher öffentlich einen Teil seiner Autorität an den Günstling abtrat. Ein langer Machtkampf setzte nun ein, in dem Lermas Macht langsam zerbröselte.[84] Beichtvater und Günstling fochten mit harten Bandagen und subtilen psychischen Druckmitteln um die Gunst des Königs.[85] Aliaga machte den entscheidenden Schachzug und verbündete sich mit dem Duque de Uceda, Lermas Sohn, Rivale und Feind (!). Gemeinsam führten sie 1618 Lermas Sturz herbei und setzten sich schließlich an dessen Stelle. Das Team Aliaga-Uceda zog bis zum Tod Philips III. alle Fäden am Hof.[86] Doch nun nahm die Geschichte eine neue Wendung: ab 1618 legte Philip III. seine Beichte nicht mehr bei Aliaga ab, obwohl dieser offiziell weiter königlicher Beichtvater blieb. Aliaga kumulierte inzwischen zahlreiche einflussreiche Ämter: er war Großinquisitor, Erster Hofkaplan, Kommissar der *Cruzada* und Staatsrat. Daneben teilte er die informelle Macht mit Uceda. Doch Philip III. vertraute ihm nicht mehr sein Gewissen an, sondern zog Mitglieder der Hofkapelle vor. Wahrscheinlich zählte auch Fray Juan de Santa Maria, der Autor des scharfen Traktates gegen den *valido,* zu diesen inoffiziellen Beichtvätern.[87] Dieses Werk bereitete Philip III. noch auf dem Totenbett Gewissensqualen und überzeugte ihn davon, dass sein Seelenheil wegen der Vernachlässigung seiner königlichen Pflichten verloren war. Aliaga, dem er die Schuld hierfür gab, wurde daher weder mit seinen Sterbesakramenten noch mit seiner letzten Beichte betraut. Der Beichtvater verteidigte sich und behauptete, „immer die Wahrheit gesagt zu haben", doch Philip III. entgegnete, dass dies nur in den ersten Jahren der Fall gewesen sei.[88] Nach dem Tod des Königs wurde unter Fray Juan de Santa Marias Ägide eine *Junta de Reformación* einberufen. Sie klagte Uceda der Korruption, des Machtmissbrauchs und der Schädigung des Gemeinwohls an. Aliaga wurde vom Hof vertrieben und verstarb, bevor ihm wegen Hexerei der Prozess gemacht werden konnte.[89] Die Personalunion von Beichtvater und Favorit gelang nicht. Alle Ansätze in dieser Richtung schlugen fehl, entweder weil der Beichtvater damit den Zugang zum Gewis-

---

[84] Vgl. Patrick Williams, The great favourite. The Duke of Lerma and the court and government of Philip III of Spain, 1598-1621, Manchester 2006, 152-169.

[85] Vgl. Williams, The great favourite, 176.

[86] Vgl. Francesco Benigno, La sombra del rey. Validos y lucha política en la España del siglo XVII, Madrid 1994, 94-108.

[87] Vgl. Martínez Peñas, El confesor en el antiguo régimen, 406-434, 1009, 1020.

[88] Zit. nach Williams, The great favourite, 246.

[89] Vgl. Benigno, La sombra del rey, 109-139.

sen des Herrschers verlor oder aber weil sich Widerstand am Hof regte, wie dies ein halbes Jahrhundert später im Fall des Jesuiten Nidhard geschah.[90]

Zusammenfassend ist festzustellen, dass Beichtväter in der Regel die Position vertraten, dass die Delegation politischer Macht eine schwere Sünde darstelle, die weitere Sünden generiere. Sie mache die Günstlingsminister zu „surrogate sovereigns"[91], was sich nicht mit ihrer Vorstellung der Verpflichtung des Herrschers gegen Gott vereinbaren ließ. Sie verlangten persönlich verantwortliche Herrschaft unter Heranziehung der „guten Ratgeber". Dies war kein absolutistisches Programm, sondern mahnte das Ideal des *Princeps Christiano* an. Der Beichtvater konnte dieses Programm, das seine *raison d'être* war, nur dann glaubhaft vertreten und seine Rolle als Arzt, Richter und Prophet nur dann glaubwürdig ausfüllen, wenn er nicht selbst zum *power broker* wurde.

4. Ausblick: Die Privatisierung des Gewissens

Spätestens in der Mitte des 17. Jahrhunderts waren sowohl Günstlingsminister als auch die Beichtväter politisch gescheitert. Die Gründe für den Niedergang des Günstlingsministers können wir an dieser Stelle nicht weiterverfolgen, allerdings scheint die von Beichtvätern vertretene und verkörperte theologische Kritik hier eine nicht unerhebliche Rolle gespielt zu haben.[92] Doch auch die Beichtväter der alten Bellarminischen *façon* überlebten nicht. Sie wurden vielmehr im 18. Jahrhundert in Frankreich zu rein persönlichen Beichtvätern ohne kirchenpolitische Kompetenz oder aber in Spanien zu regelrechten Kirchenministern ohne prophetisches Programm.[93] Welche Gründe jenseits dialektischer Prinzipien lassen sich hier anführen?

---

[90] Vgl. Isabel Mendoza García, El padre Juan Everardo Nithard: Valido e inquisidor general, in: Jaime Contreras Contreras (Hg.), Nuevas aproximaciones. Inquisición Española, Madrid 1987, 77-98, und Julián Lozano Navarro, Los inicios de la regencia de Mariana de Austria y el ascenso del Padre Nithard al poder desde el punto de vista de la Compañía de Jesús, in: Annie Molinié / Alexandra Merle / Araceli Guillaume-Alonso (Hg.), Les Jésuites en Espagne et en Amérique. Jeux et enjeux du pouvoir (XVIe-XVIIIe siècles), Paris 2007, 63-82.

[91] Siehe Laurence W. B. Brockliss, Concluding Remarks: The Anatomy of the Minister-Favourite, in: Brockliss / Elliott (Hg.), The World of the Favourite, 279-309, hier 283.

[92] Brockliss, Concluding Remarks, 292; Jean Bérenger, The Twilight of the Minister-Favourite, or a Political Model at Dusk: the Austrian Case, in: The World of the Favourite, 256-268, hier 265.

[93] Vgl. Béatrice Fonck, Les confesseurs jésuites des Bourbons d'Espagne au XVIIIe siècle: approches et perspectives, in: Les Jésuites en Espagne et en Amérique, 83-108; José F. Alcaraz Gómez, Jesuitas y reformismo: el padre Francisco de Rávago (1745-1755), Valencia 1995.

Ich möchte hier nur einige mir vielversprechend erscheinende Hypothesen anführen.

Neben der äußeren Delegitimation, die der Kampf um das königliche Gewissen mit sich brachte und die sich im Kontext des 30-jährigen Krieges verschärfte,[94] deutet sich auch eine zunehmende innere Verunsicherung hinsichtlich der moraltheologischen Grundlagen an, was das Vertrauen der Beichtväter in die eigenen Fähigkeiten betraf, moderne politische Probleme wirklich angehen und lösen zu können. Der Probabilismus war ein Teil dieser Krise, doch die methodische Verunsicherung erfasste auch die Inhalte.

Einen Einblick in dieses erschütterte Vertrauen bezüglich der Kompetenzen in steuer- und finanzpolitischer Hinsicht gibt Juan de Lugos *De Iustitia et Iure* (1642).[95] In der Disputatio XXXVI untersucht er die gerechte Verteilung und Erhebung von Steuern – ein Klassiker der Moraltheologie. Er fragt hier unter anderem auch, was zu tun sei, wenn der Fürst aus eigenem Verschulden in Finanznöte geraten war. Lugo betont, dass dies natürlich nicht eintreten sollte, wofür sich Beichtväter und „*thesaurarios*" einsetzen sollten. *Beide* sollten den Herrscher ermahnen, dass Steuererhöhungen für Luxusbedürfnisse eine Todsünde mit verheerenden Folgen für das Gemeinwesen darstellten.[96] Damit teilte der Beichtvater seine Kompetenz zumindest schon mit einem Finanzexperten. Doch Lugo geht noch weiter. Konnten sich Untertanen weigern, diese offensichtlich ungerechtfertigten Steuern zu zahlen? Hier tritt das Ausmaß der Verunsicherung voll zutage. Auf welcher Grundlage konnten Theologen beurteilen, ob Steuern gerechtfertigt waren? Konnten sie etwa einen Staatshaushalt aufstellen und analysieren? Lugo verneinte dies, Theologen waren hier seines Erachtens nicht kompetent und konnten daher nicht als Berater oder Autoritäten herangezogen werden.[97] Dies ist sicherlich nur ein kleines Indiz, doch es betrifft ein Kernthema der Moraltheologie, das unter frühneuzeitlichen Scholastikern eigentlich unumstritten war: ungerechte Steuern waren eine königliche Todsünde. Lugo bestreitet dies zwar nicht, doch er zieht die Fähigkeit der Theologen, das Problem zu identifizieren, in Zweifel. Die Staatsangelegenheiten waren so komplex und unübersichtlich geworden, dass sie mit den gängigen theologischen Werkzeugen nicht mehr kompetent analysiert und beurteilt

---

[94] Ausführlich hierzu Bireley, The Jesuits and the Thirty Years War, Kapitel 3 und 4.

[95] Ich zitiere die Ausgabe von 1652: Juan de Lugo S.J., Disputationum De Iustitia et Iure, vol II, Lyon: Philippi Borde / Laurentii Arnaud / Claudii Rigaud 1652.

[96] Ibid., 502.

[97] Ibid, 504 : „An vero vires Regij arearij, vel Regni tales sint, *Theologi scire non possunt, sed Rex eiusque ministri & decuriones ipsi, qui Rempublicam administrant, eiusque statum, ac publicas necessitates melius sciunt, quam Theologi, qui rebus his non se immiscent* [Herv. N.R.]."

werden konnten. Das konnten weltliche Berater unter Umständen besser. Theologen konnten lediglich probabilistische Wege zur Bildung einer moralisch sicheren Meinung aufzeigen, die das Seelenheil des Individuums garantierten. Die Wahl der sicheren Meinung war eine individuelle Gewissensfrage, für das Staatswohl waren Beichtväter nicht mehr zuständig.

Daneben war auch eine Individualisierung des königlichen *foro interiore* auf dem Vormarsch. Der Jansenist Abbé Duguet ist hier ein gutes Beispiel. Er war zu Lebzeiten keineswegs ein Meinungsführer, doch sein Traktat über die Pflichten und Tugenden des Souveräns (!) wurde im 18. Jahrhundert von europäischen Monarchen breit rezipiert. Drei lange Kapitel befassen sich mit dem königlichen Beichtvater. Ich denke, dass sie als Gegenstück zu Bellarmin zu lesen sind. Duguet gibt die *personae* Bellarmins (Arzt, Richter, Anti-Höfling/Prophet) nicht auf, doch die Ausrichtung seines Traktats ist eine grundsätzlich andere.[98] Duguet spricht nicht mehr vom *Princeps Christiano*, sondern vom *Souverän*, das heißt einem Fürsten, der weder direkt noch indirekt einer anderen Autorität unterstellt ist. Daher lehnt er auch Beichtväter ab, die einem Orden angehören, da diese fremden Ordensoberen unterstehen. Dies ist zwar ein klassisch jansenistisches Argument, doch hier von zentraler Bedeutung. Während Bellarmin überzeugt war, dass der gute Beichtvater in der Lage war, den guten – Gott, Kirche und Papst ergebenen – Fürsten zu formen, kehrt Duguet die Perspektive völlig um. Es ist der gute Fürst, der seinem inneren Licht folgend den guten Beichtvater ausfindig macht:

„... *das eigene Gewissen sei der erste Führer des Fürsten*; er soll diesem inneren Lehrer ergeben und mit Respekt folgen; er soll nicht willentlich die Klarheit seiner Entscheidungen verdunkeln; er suche nicht den Rat anderer, um sich seines eigenen Lichts zu versichern. [...] Daher sollte man sich nicht auf das verlassen, was einem Menschen zu sagen beliebt: *denn man kann selbst urteilen*, ob er aus sich selbst heraus spricht, ob er weiß, was die Heilige Schrift und die Tradition lehren, ob er lügt oder ob er ein Diener der Wahrheit ist."[99]

Solche Worte wären Bellarmin nie über die Lippen gekommen. Duguet geht dagegen davon aus, dass der gute (d.h. hier auch gut erzogene) Monarch kompetent genug ist, sich den entsprechenden Beichtvater auszusuchen, der ihm in der Staatslenkung beiseite steht. Dieser königliche Beichtvater *à la*

---

98 Abbé Duguet, Institution d'un Prince ou Traité des Qualitez des vertus et des devoirs d'un souverain, London 1743 (verfasst 1699, Erstausgabe 1713), Kapitel XIX (384-388), Kapitel XX (389-397), Kapitel XXI (397-401). Vgl. Mario Rosa, Il „cuore del re", in: ders., Settecento religioso. Politica della Ragione e religione del cuore, Venedig 1999, 99-109; Frédérick Vanhoorne, Du Jansénisme au mercantilisme: la politique de l'abbé Du Guet, in: Revue d'histoire ecclésiastique 61 (1/1996), 41-65.

99 Duguet, Institution d'un Prince, 396.

Duguet ist zudem auch ein Mann, der sich des „Herzens der Menschen" und ihrer *„passions"* annimmt, ein Problem, das so noch nicht im Blickfeld Bellarmins gewesen war. Leidenschaften und Eigeninteresse waren jedoch die wichtigsten Themen der französischen Moralphilosophie, die (wie auch der Jansenismus) stark im Augustinismus verwurzelt war.[100] Damit ging ein neuer Blick auf die menschliche Psyche und auf das Gewissen einher, der impulsgebend für die Philosophie der Aufklärung war. Diesem faszinierenden Kapitel der Individualisierung des Gewissens und der Psychologisierung des Menschen können wir hier nicht nachgehen. Festzustellen ist jedoch, dass die Säkularisierung des Politischen untrennbar mit der Individualisierung des Gewissens verbunden ist.[101] Dies galt für den *vulgus*, aber sicherlich ebenso für Fürsten. Die diesen Wandel befördernden Faktoren sind vielschichtig; sie können nicht auf extrinsische politische und politiktheoretische Entwicklungen reduziert werden. Einige Auslöser waren intrinsisch theologischer Natur, andere wiederum kristallisierten sich im Kampf um das königliche Gewissen heraus.

---

[100] Vgl. Christian Lazzeri, Les moralistes français du XVIIe siècle: la suprématie de l'amour-propre et de l'intérêt, in: Alain Caillé / Michel Senellart / Christian Lazzeri (Hg.), Histoire raisonnée de la philosophie morale et politique. Le bonheur et l'utile, vol. I, Paris 2007 (¹2001), 368-383.

[101] Auch daher halte ich Kittsteiners Versuch, die Entstehung des modernen Gewissens in Luther zu verankern, für verfehlt, vgl. Heinz D. Kittsteiner, Die Entstehung des modernen Gewissens, Frankfurt/M. 1995 (¹1991). Anregend hingegen noch immer Reinhart Koselleck, Kritik und Krise. Eine Studie zur Pathogenese der bürgerlichen Welt, Frankfurt/M. ²1976.

Billy Graham

Ein Prediger zwischen Antikommunismus, Nation und Zivilreligion

Uta Andrea Balbier

An einem kalten Nachmittag im Februar 1952 betrat Billy Graham die Stufen des amerikanischen Kapitols. Im Nieselregen predigte der junge Baptist aus North Carolina zu geschätzt 20.000 bis 40.000 Menschen. Senatoren, hochdekorierte Militärs und Kongressabgeordnete hörten dem Prediger zu, der heute längst als „the nation's pastor"[1] gilt. Grahams Erweckungsveranstaltung auf dem Washingtoner Kapitolshügel ist beispielhaft für sein religiöses Wirken. Seit Ende der 1940er Jahre führte Graham evangelikale Massenveranstaltungen durch, während derer er die amerikanische Nation zu spiritueller Umkehr, aber auch zu politischer Wachsamkeit und moralischem Konservatismus aufrief. In seinen Predigten warnte er nicht nur vor dem Antichristen, sondern auch vor dem Kommunismus, der Atombombe und wirtschaftlichem Verfall. Die Veranstaltungen verbanden somit den amerikanischen Evangelikalismus aufs Engste mit der amerikanischen Zivilreligion und dem politischen Diskurs.

Billy Grahams politisches Wirken ist bislang immer mit starkem Fokus auf seine engen Kontakte ins Weiße Haus hin untersucht worden, wo er mit Dwight Eisenhower, Richard Nixon und Bill Clinton betete. Diese Sichtweise basiert jedoch auf einem bipolaren Verständnis der Bereiche Religion und Politik. Billy Grahams religiöses Wirken, das in den 1950er Jahren eine Welle religiöser Erweckung in den USA erzeugte, den politischen Aufstieg der Neoevangelikalen vorbereitete und ihn selbst sukzessive zur nationalen religiösen Ikone werden ließ, lässt sich nur über ein Verständnis der Kultur des Politischen erklären, welches Religion und Politik als gleichwertige Facetten eines Diskurses begreift.[2] Das Politische und das Religiöse sind in den USA

---

[1] Mit diesem Begriff beginnt die jüngste Billy-Graham-Biographie: David Aikman, Billy Graham. His Life and Influence, Nashville 2007, 1.

[2] Frank Bösch / Norman Domeier, Cultural History of Politics: Concepts and Debates, in: European Review of History, Vol. 15, Nb. 6, December 2008, 577-586. Grundlegend zur Kulturgeschichte der Politik bzw. des Politischen immer noch: Thomas Mergel, Überlegungen zu einer Kulturgeschichte der Politik, in: Geschichte und Gesellschaft 28 (2002), 574-606; Achim Landwehr, Diskurs – Macht – Wissen. Perspektiven einer Kulturgeschichte des Politischen, in: Archiv für Kulturgeschichte 85 (2003), 71-117, sowie Barbara Stollberg-Rilinger (Hg.), Was heißt Kulturgeschichte des Politischen? Zeitschrift für Historische Forschung, Beiheft 35, Berlin 2005.

untrennbar in Vorstellungen von Nation und Staatsbürgerschaft verbunden und schlagen sich in zivilreligiösen Symbolen und Praktiken nieder. Meine Ausgangsüberlegung ist, dass Grahams politisches Potential nicht darin lag, Einfluss auf politische Entscheidungen zu nehmen – eine Strategie, die sich seit den 1970er Jahren die Religiöse Rechte in den USA auf ihre Fahnen schreibt –, sondern darin, den öffentlichen Diskurs zu beeinflussen und Definitionsmacht darüber zu erlangen, was amerikanische Werte, Vorstellungen und Identitäten sind. Billy Graham stellte nicht nur Orte religiöser Erweckung zur Verfügung, sondern Orte nationaler Selbstvergewisserung für eine im Nachgang des Zweiten Weltkrieges zutiefst verunsicherte amerikanische Gesellschaft. In einer Zeit gesellschaftlicher Verunsicherung, hervorgegangen aus der Bedrohung durch den Kommunismus, die Atombombe und die sozialen Erschütterungen in Folge der Teilnahme am Zweiten Weltkrieg, machte Billy Graham ein religiöses Angebot, das traditionelle, fundamentalistische Wertvorstellungen mit einer Rekonstruktion der amerikanischen Nation und Gesellschaft verband.

Billy Grahams antikommunistischer Rhetorik während und im Umfeld der Crusades kam dabei eine doppelte Funktion zu: Sie diente zum einen als zivilreligiöse Inklusionsrhetorik, in der die evangelikale Bewegung und die amerikanische Nation durch die geteilte Bedrohung des Kommunismus, als quasi-religiöses Gegenangebot, verschmolzen. Zum anderen diente das neue Feindbild des Kommunismus aber auch dazu, aus neoevangelikaler Sicht überholte Feindbilder – wie den Katholizismus, dem sich Billy Graham nun bewusst öffnete – zu ersetzen. Dadurch diente die Abgrenzung vom kommunistischen Feindbild eben auch dem Aufbrechen religiöser und ethnischer Milieus. Billy Graham trat somit gleichzeitig als Konflikttreiber auf, indem er den Antikommunismus schürte, zum anderen verhalf er dem protestantischen Fundamentalismus unter der Flagge des Neoevangelikalismus jedoch zu neuem Inklusionspotential und machte somit ein Friedensangebot an die nach Konformität strebende amerikanische Gesellschaft der 1950er Jahre. Ich werde im Folgenden zunächst in Billy Grahams religiösen Hintergrund einführen und dann in zwei folgenden Abschnitten zu Evangelikalismus und Anti-Kommunismus und zu Evangelikalismus und Nation zeigen, wie Grahams Inklusions- und Exklusionsrhetorik auf das Engste miteinander verflochten waren.

1. Genese: Billy Graham und der Neoevangelikalismus

Fragte man Billy Graham nach seinem religiösen Selbstverständnis, und das taten in den 1950er Jahren *Time Magazine*, *Newsweek* und *Life*, so antwortete der Southern Baptist stets, er sei Fundamentalist.[3] Er stellte sich damit in die Tradition einer religiösen Bewegung, die sich gegen Ende des 19. Jahrhunderts um theologische Lehrstühle wie Princeton Theological Seminary und Bibelschulen in Los Angeles und Chicago formierte. Der protestantische Fundamentalismus war primär eine theologische Bewegung gegen die historisch-kritische Methode der Bibelexegese. Erst in einem zweiten Schritt wurde er zur sozialen Gegenbewegung gegen die Moderne, die gegen aufbrechende Geschlechterverhältnisse, die Evolutionstheorie und den Alkohol ins Feld zog.[4]

Tatsächlich verblieb der protestantische Fundamentalismus jedoch auf einer Position des Beobachtenden. Protestantische Fundamentalisten waren mehrheitlich Prämillenaristen, die in einer überzeugten Endzeiterwartung verhaftet waren, die kein soziales Engagement mehr nötig machte. Auch ihr Verhältnis zur amerikanischen Nation war nicht spannungsfrei. Die frühen Fundamentalisten wie die Erweckungsprediger Dwight L. Moody oder Billy Sunday waren zwar Patrioten, doch sie sahen Amerika im Niedergang begriffen. Sie brachen mit der Rhetorik vom erwählten Volk und pflegten einen tiefen Anti-Etatismus, der einem politischen Engagement entgegenstand. Sozialpolitisches Engagement zeigten die frühen Fundamentalisten lediglich in ihren Kampagnen für die Prohibition und gegen die Evolutionstheorie. Der Kampf gegen die Lehre der Evolutionstheorie an öffentlichen Schulen führte im Jahr 1925 zum so genannten „Affenprozess". Im Zuge dessen gab sich die fundamentalistische Bewegung mit ihrem Beharren auf der alleinigen Gültigkeit der biblischen Schöpfungslehre öffentlich der Lächerlichkeit preis und verschwand danach zunächst aus dem Fokus des nationalen Interesses.[5] Die fundamentalistischen Institutionen wie das Moody Bible Institute bestanden jedoch weiter und warteten auf ein erneutes Awakening, das sich im Laufe der 1940er Jahre bereits ankündigte. Dieses – in der Literatur häufig übersehene – Awakening brachte als neue fundamentalistische Spielart den Neoevangelikalismus hervor, in dem sich evangelikale und fundamentalistische Traditionen verbanden.[6]

---

3   Zum religiösen Selbstverständnis Billy Grahams vgl.: William G. McLoughlin, Modern Revivalism. Charles Grandison Finney to Billy Graham, Eugene 2004 ([1]1959), 500f.

4   George M. Marsden, Fundamentalism and American Culture, Oxford [2]2006.

5   Zum „Affenprozess" vgl. Paul Conkin, When All the Gods Trembeled. Darwinism, Scopes, and American Intellectuals, Lanham 1998.

6   Zu dieser Glaubensrichtung, die sich im amerikanischen Protestantismus in den 1940er Jahren ausbildete, vgl. Joel A. Carpenter, Revive Us Again. The Reawakening of Ameri-

Es war der Zweite Weltkrieg, der mit seiner gesamtgesellschaftlichen Mobilisierung in das fundamentalistische Milieu eindrang und in fundamentalistischen Kreisen eine Diskussion um die Positionierung in der amerikanischen Gesellschaft auslöste. Die Partizipation am Krieg als Soldaten, Ärzte und Seelsorger ließ fundamentalistische Christen zu engagierten Staatsbürgern heranreifen und ebnete den Weg für die Gründung einer neuen religiösen Bewegung, in der fundamentalistisches Gedankengut und politisches Engagement einen neuartigen Schulterschluss eingingen.

Die Bewegung selbst gab sich den Namen „Neoevangelikalismus" und organisierte sich in der 1942 gegründeten National Association of Evangelicals. Prediger wie J. Elwin Wright, Harold Ockenga und Charles Fuller hauchten der neuen Bewegung geistiges Leben ein und nutzten das neugegründete Magazin „United Evangelical Action", um aktiv politisch Stellung zu beziehen und an dem zivilreligiösen Neuentwurf der amerikanischen Gesellschaft nach dem Zweiten Weltkrieg mit zu feilen. An die Stelle einer exklusiv fundamentalistischen Rhetorik traten nun Metaphern, die auf die Inklusion des Fundamentalismus in die amerikanische Gesellschaft abzielten, um dort sein gesamtes Gestaltungspotential freizusetzen.

Dies manifestierte sich in dem Gründungsaufruf der National Association of Evangelicals, der diese nicht nur als Koordinationsstelle für nationale evangelikale Programme und Kampagnen konzipierte. Die Vereinigung sollte vielmehr in Zukunft als vereinte Front gegenüber der Regierung auftreten, diese auf soziale Probleme hinweisen und Lösungsvorschläge unterbreiten. Der erste Präsident der NAE, Harold Ockenga, sprach auf der Gründungsversammlung noch einmal deutlich aus, dass die größte Gefahr für Amerika die Desintegration von Christenheit und Gesellschaft sei.[7]

Das Gesicht des politisch aufgeladenen Neoevangelikalismus wurde Billy Graham, dessen nationales religiöses Wirken zeitnah zur Gründung der National Association of Evangelicals begann. Auch wenn sich Graham mit seinem Beharren auf der wörtlichen Richtigkeit der Bibel, seinem prämillenaristischen Selbstverständnis – Graham erwartete die Rückkehr Christi auf die Erde noch zu seinen Lebzeiten – und seinem manichäischen Weltbild deutlich in die Tradition des protestantischen Fundamentalismus stellte, so

---

can Fundamentalism, Oxford 1997; zur Verortung der Neoevangelikalen in der amerikanischen Religionsgeschichte allgemein vgl. Michael Hochgeschwender, Amerikanische Religion. Evangelikalismus, Pfingstlertum und Fundamentalismus, Frankfurt a. Main / Leipzig 2007, und Robert Jewett / Ole Wangerin, Mission und Verführung. Amerikas religiöser Weg in vier Jahrhunderten, Göttingen 2008.

7 Joel A. Carpenter, Revive Us Again. The Reawakening of American Fundamentalism, Oxford 1997, 147.

zeugten seine Predigten doch von Beginn an von einem neuartigen Engagement im Hier und Jetzt.[8]

Insbesondere mit seinem scharfen Antikommunismus, der sich seit seinem ersten Auftreten wie ein roter Faden durch seine Predigttexte zog, erhielt Billy Grahams religiöses Wirken eine politische Dimension. Dies galt noch vielmehr, da sich mit seinem Kampf gegen den Kommunismus gleichzeitig der Kampf für eine nationale Neuordnung nach dem Zweiten Weltkrieg verband. Graham strebte in seiner Abgrenzung vom Kommunismus danach, das zivilreligiöse und nationale Selbstverständnis der USA neu zu justieren.

2. Exklusion: Religion und Antikommunismus

Dass Billy Graham sich der antikommunistischen Rhetorik der 1950er Jahre anschloss, war keine Konzession an den gesellschaftlichen Mainstream. Vielmehr hatte die fundamentalistische Bewegung in den USA bereits in den 1920er Jahren – der ersten Hochphase der amerikanischen Kommunistenjagd – antikommunistische Positionen bezogen. Obwohl die Bewegung zu dieser Zeit noch kaum am politischen Diskurs partizipierte, mehrten sich doch im Nachgang des Ersten Weltkrieges in den fundamentalistischen Zeitschriften wie *Moody Monthly* und *King's Business* Artikel, die sich mit der Bedrohung der USA durch den Bolschewismus auseinandersetzten.[9]

Im fundamentalistischen Diskurs der 1920er Jahre wurde Kommunismus mit Atheismus gleichgesetzt, und die Fundamentalisten fürchteten um eine Übernahme und Unterwanderung des christlichen Amerika durch den atheistischen Bolschewismus. Die kommunistische Bedrohung fügte sich zudem in das prämilleniaristische Weltbild des Fundamentalismus ein, war in der Bibel doch die Rede von dem Reich des Ostens, das sich erheben sollte. Aus der Perspektive einer Bewegung, die das Weltgeschehen als einen permanenten Kampf zwischen Gott und Satan begriff, war der Kommunismus nur eine weitere Waffe in der Hand des Antichristen.

In Billy Grahams Predigten der 1950er Jahre ist der Antikommunismus eine der klarsten politischen Aussagen, zu denen er sich hinreißen ließ. Der Kommunismus galt für Graham von Beginn an als eigene Religion. Dieser Religion ohne Gott, der Religion des Antichristen, konnte er sein eigenes religiöses Angebot entgegenstellen, dem dabei von Beginn an auch eine nationale zivilreligiöse Dimension innewohnte. Billy Grahams Blick auf den

---

[8] Dies gilt für die Biographie David Aikmans, aber auch für das Standardwerk zu Billy Graham: William Martin, A Prophet With Honor. The Billy Graham Story, New York 1991. Vgl. auch Marshall Frady, Billy Graham: A Parable of American Righteousness, Boston 1979.

[9] Vgl. Marsden, a.a.O (Anm. 4), 207-211, hier: 209.

Kommunismus erschließt sich aus dem folgenden Auszug einer Predigt, die er 1949 in Los Angeles hielt:

„Western culture and its fruits had its foundation in the Bible, the word of God, and in the revivals oft he Seventeenth and Eighteenth Centuries. Communism, on the other hand, has decided against God, against Christ, against the Bible, and against all religion. Communism is not only an economic interpretation of life – Communism is a religion that is inspired, directed, and motivated by the Devil himself who has declared war against Almighty God."[10]

Wie wichtig die Konstruktion des Kommunismus als religiöser Gegenentwurf für Graham war, zeigt sich auch daran, dass dieses Moment Eingang in seine Bekehrungsrhetorik fand. Der Höhepunkt von Billy Grahams Erweckungsveranstaltungen war die Aufforderung zur religiösen Umkehr. Aus der Menge der Zuschauer traten daraufhin diejenigen nach vorne, die bereit waren, ein neues christliches Leben zu beginnen. Während seiner New York Crusade im Jahr 1957 verglich Graham seinen Aufruf zur Umkehr mit der Versuchung durch den Kommunismus: „If you say that I'm going to ask you to do a hard thing – the appeal of Communism today is partially because it is a hard thing."[11] Die rhetorische Nähe des Aufrufs zur Umkehr und des Feindbilds des Kommunismus machte das Bekenntnismoment zu einem neuen religiösen Leben gleichzeitig zu einer Absage an die Religion des Kommunismus. Eingebettet in Grahams übrige nationale Bekenntnisrhetorik, wurde die religiöse Umkehr so zum Bekenntnis zur amerikanischen Nation und zur freien Welt. Die Verknüpfung des Politischen mit dem Religiösen veränderte somit auch die Dimension des Religiösen.

Mit solchen Handlungen goss der Prediger Öl in die beginnende Kommunismus-Hysterie und baute dadurch gleichzeitig seine eigene Popularität aus. Die Presse griff Grahams Warnungen vor dem Kommunismus dankbar auf, und William Randolph Hearst, der einflussreiche Pressemogul, begann auch deshalb damit, Graham in die Schlagzeilen zu bringen, da er dessen Antikommunismus teilte.[12] Daher erstaunt es auch wenig, dass Graham sich nicht dem christlichen Nächstenliebegebot folgend auf die Seite der vielen unschuldigen Opfer der McCarthy-Hysterie schlug, sondern vielmehr keinen Hehl aus seine Bewunderung für die Kommunistenjagd im Herzen der amerikanischen Gesellschaft machte. Im Jahr 1953 ließ Graham in einer Predigt in seinem Radioprogramm Hour of Decision verlauten: „While nobody likes

---

[10] Zitiert aus: Billy Graham, Revival in our time. The story of the Billy Graham evangelistic campaigns, including six of his sermons, Wheaton 1950, 124.

[11] Kurt Lang / Gladys Lang, Decisions for Christ: Billy Graham in New York, in: Maurice R. Stein / Arthur J. Vidich / David M. White (Hg.), Identity and Anxiety, Glencoe 1960, 415-427, hier: 423.

[12] Vgl. Martin, a.a.O. (Anm. 8), 118.

a watchdog, and for that reason many investigation committees are unpopular, I thank God for men who, in the face of public denouncement and ridicule, go loyally on in their work of exposing the pinks, the lavenders, and the reds who have sought refuge beneath the wings of the American eagle and from that vantage point try in every subtle undercover way to bring comfort, aid, and help to the greatest enemy we have ever known – communism."[13]

Diese Aufzählung zeigt, dass Grahams Kampf gegen den Kommunismus gleichzeitig die Projektionsfläche für den Kampf für ein konformes, moralisch konservatives Amerika war. In seiner Aufzählung attackiert er nicht nur die „Pinks" (die Sozialisten), sondern mit „Lavenders" auch explizit die Homosexuellen. Damit fügt sich Grahams politisches Wirken lückenlos in die Geschichte des amerikanischen Antikommunismus der 1950er Jahre ein. Dieser entsprang weniger der Angst vor einer realen bolschewistischen Bedrohung, als er als eine Projektionsfläche diente, vor der Geschlechterrollen, Rassenfragen und andere gesellschaftliche Ordnungsentwürfe verhandelt wurden.[14] Die Angst vor dem Kommunismus wurde zum nationalen Konstruktionsmechanismus einer im Nachgang des Zweiten Weltkrieges zutiefst verunsicherten amerikanischen Gesellschaft. Die Art und Weise, wie die amerikanische Nation ihre Abgrenzung vom Kommunismus inszenierte und zelebrierte, lässt sich daher auch als gesellschaftlicher Integrationsversuch lesen. Billy Graham gelang es, diesem Selbstvergewisserungsprozess der amerikanischen Nation im Schatten des Kalten Krieges ein Gesicht und eine Stimme zu verleihen. Dadurch gewann das religiöse Wirken des jungen Baptisten eine unbestrittene politische Dimension.

3. Inklusion: Religion und Nation

Im Schatten der Bedrohung durch den Kommunismus und die Atombombe erfand sich die amerikanische Gesellschaft als Wertegemeinschaft neu.[15] Unbestritten galt ein religiöses Bekenntnis als Basis dieses Wertekodex. Dass dabei jedoch nicht allein die christliche Religion gemeint war, lässt sich immer wieder mit dem viel zitierten Ausspruch Präsident Eisenhowers bele-

---

[13] Zitiert in: Martin, a.a.O. (Anm. 8), 166.

[14] Thomas Mergel, „The Enemy in Our Midst". Antikommunismus und Amerikanismus in der Ära McCarthy, in: Zeitschrift für Geschichtswissenschaft 51 (2003), 237-257; Ellen Schrecker, Many are the Crimes. McCarthyism in America, Princeton 1998. Zum Vergleich mit den amerikanischen Katholiken in der McCarthy-Ära vgl. Donald F. Crosny, God, Church, and Flag: Senator Joseph R. McCarthy and the Catholic Church, 1950-57, Chapel Hill 1978.

[15] Zum religiösen Klima der 1950er Jahre: Robert Wuthnow, Der Wandel der religiösen Landschaft in den USA seit dem Zweiten Weltkrieg, Würzburg 1996; sowie allgemeiner: Stephen J. Whitfield: The Culture of the Cold War, Baltimore 1991.

gen: „Our government makes no sense unless it is founded on deeply felt religious faith – and I don't care what it is."[16] Religiosität galt als Wert an sich.

Diese Grundüberzeugung ist eng verwoben mit dem Konzept der amerikanischen Zivilreligion. Zivilreligion beschreibt nach dem Soziologen Robert Bellah ein integratives Werte- und Symbolsystem, das weder unter genuin politischem noch denominational-religiösem Einfluss steht. Es umfasst religiös konnotierte nationale Grundüberzeugungen, wie den verbindenden Glauben ein von Gott auserwähltes Volk zu sein, auf die Politiker rhetorisch Bezug nehmen können, und alltägliche Symboliken wie den Satz „In God We Trust" auf der Dollarnote. Amerikanische Soziologen haben immer wieder darauf hingewiesen, dass das Konzept zwar der judäo-christlichen Traditionslinie der USA entspringe, tatsächlich aber die Basis für ein pluralistisch integratives Gesellschaftsmodell sei.[17]

In den 1950er Jahren manifestierte sich eine zunehmende Religiosität der Amerikaner und Amerikanerinnen in wachsenden Kirchenmitgliedszahlen.[18] Auch der tausendfache Zulauf zu Billy Grahams Erweckungsveranstaltungen scheint eine deutliche Sprache zu sprechen. Gleichzeitig erhielt der zivilreligiöse Selbstentwurf Auftrieb, als der Kongress im Jahr 1954 entschied, die Pledge of Allegiance um den Satz „One nation under God" zu ergänzen. Im Jahr darauf schrieb er fest, dass der Satz „In God We Trust" zukünftig nicht nur auf Münzen, sondern auch auf Papierscheinen verwendet werden sollte. Was zusammengenommen leicht als ein erneutes religiöses Awakening der christlichen Nation interpretiert werden könnte, war jedoch in weiten Teilen kaum mehr als nationale Selbstvergewisserung. Der amerikanische Historiker Stephen J. Whitfield bemerkte daher in seiner faszinierenden Studie über die Kultur der 1950er Jahre in den USA ebenso treffend wie zynisch: „The religion of the fifties was based far less on, say, Aquinas's proofs for the existence of God than on the conviction that religion was virtually synonymous with American nationalism."[19]

---

[16] Zitiert nach: Charles Lippy, Being Religious, American Style: A History of Popular Religiosity in the United States, Westport 1994, 196. Dazu auch: Gary Scott Smith, Faith and the Presidency. From George Washington to George W. Bush, Oxford 2006, 221-258.

[17] Zur Zivilreligion: Robert Bellah, Civil Religion in America, in: Daedalus 96/1, Winter, 1967, 1-21. Für die deutsche Debatte vgl. Rolf Schieder, USA, Säkularer Staat mit Zivilreligion, in: Christina von Braun / Wilhelm Gräb / Johannes Zachhuber (Hg.), Säkularisierung. Bilanz und Perspektiven einer umstrittenen These, Berlin 2007, 97-107.

[18] Dazu: C. Kirk Hadaway /Penny Long Marler, Growth and Decline in the Mainline, in: Charles Lippy, Faith in America. Changes, Challenges, New Directions, Westport / London 2006, 1-24.

[19] Stephen J. Whitfield, The Culture of the Cold War, Baltimore 1991, 87.

Billy Grahams Wirken entfaltete sich in den 1950er Jahren vor diesem mentalen Hintergrund und lag genau an der Schnittstelle von zivilreligiöser Rhetorik und evangelikaler Mission. Mit Sätzen wie „if you would be a true patriot, then become a Christian" oder „if you would be a loyal American, then become a loyal Christian" verband der Prediger nationales und religiöses Bekenntnis.[20] Auch in seiner Selbstinszenierung erhob der Prediger ein Deutungsmonopol, das weit über den religiösen Bereich hinausging. Dies wurde am offensichtlichsten während der Erweckungsveranstaltung, die Graham im Januar und Februar 1952 in Washington DC abhielt. Während der rund vierwöchigen Crusade betete Graham mit Kongressabgeordneten und predigte vor Tausenden im National Guard Armory. Zwei Ereignisse stechen jedoch aus der Inszenierung heraus: Am 12. Januar begleitete der *Washington Post* Reporter Kenneth Dole Graham auf einer Sightseeing-Tour über die Mall, den nationalen Erinnerungsort im Herzen der Stadt, und am 3. Februar predigte Graham auf den Stufen des Kapitols.

Die Sightseeing-Tour stand am Beginn Grahams Wirken in Washington DC. Graham besuchte dabei das Washington Monument, das Lincoln und das Jefferson Memorial. Eine Bilderstrecke in der *Washington Post* zeigte den Prediger am nächsten Morgen vor den drei Monumenten, die an die wohl wichtigsten amerikanischen Präsidenten erinnern. Graham kommentierte vor jedem Memorial die religiöse Größe des jeweiligen Präsidenten und die religiöse Dimension seines politischen Wirkens. Gleichzeitig sprach er während der Tour über sein eigenes religiöses Wirken. Dabei machte er klar, dass auch eine Lösung der aktuellen Probleme der USA – nämlich moralischer und spiritueller Verfall – nur mit der Rückbesinnung auf die religiösen Qualitäten ihrer ehemaligen politischen Führer möglich sei.[21]

Grahams Selbstinszenierung war zu keinem Zeitpunkt die eines neugierigen Touristen. Vielmehr erhob er während der dreistündigen Tour ein Deutungsmonopol über die von ihm besichtigten Erinnerungsorte und äußerte seine eigene Interpretation der amerikanischen Zivilreligion. Er erinnerte daran, wie George Washington in Valley Forge niedergekniet war und zu Gott gebetet hatte, und Lincolns Engagement für die Sklavenbefreiung nannte Graham „the greatest call to repentance of sin." Grahams Kommentare unterstrichen die religiöse Identität der politischen Führer und verschoben das nationale Gedächtnis stärker in eine genuin christliche Richtung. In der Tour spiegelte sich somit eine der wichtigsten Facetten Billy Grahams Wirkens in den 1950er Jahren: Er versuchte nicht nur anschlussfähig an die amerikanische Zivilreligion zu sein, sondern mehr noch, diese stärker mit genuin christlichen Mythen aufzuladen. Damit deklarierte er seine Deu-

---

[20] Zitiert nach Whitfield, a.a.O. (Anm. 19), 81.
[21] Washington Post, 13. Januar 1952, p. M11.

tungsmacht über eine der prägendsten Facetten der amerikanischen politischen Kultur.

Auch mit der Predigt auf den Stufen des Kapitols platzierte sich Graham im Herzen der amerikanischen politischen Kultur und der Nation. Graham predigte dort, wo sonst Präsidenten eingeschworen werden – eine Tatsache, die in der nationalen Berichterstattung immer wieder Erwähnung findet.[22] Er selbst hatte sich bereits in der Woche zuvor mit der Aussage positioniert: „If I would run for President of the United States today, on a platform of calling the people back to Christ, to God and to the Bible I believe I'd be elected."[23]

Auch Grahams Predigt selbst, die aus zwei unterschiedlichen Teilen bestand, hätte kaum politischer sein können. Im ersten Teil stellte er ein Fünf-Punkte-Programm zum Erhalt des Weltfriedens vor, im zweiten Teil sprach er zu der Frage: Wird Gott Amerika verschonen? Grahams Fünf-Punkte Plan zum Erhalt des Weltfriedens las sich im ersten Teil wie ein republikanisches Wahlkampfmanifest: Graham forderte den Erhalt der militärischen Stärke der USA um jeden Preis, rief zum Kampf gegen Korruption auf und unterstrich den hohen Wert ökonomischer Stabilität.[24] Im zweiten Teil seines Programms wandte Graham jedoch den Blick von außen auf die Konfliktsituation des Kalten Krieges innen: Er beschwor das Idealbild einer vereinten amerikanischen Nation, in der sich die Bürger und Bürgerinnen unabhängig von ethnischer, religiöser und rassischer Zugehörigkeit Vertrauen schenkten und gemeinsam in dem Glauben verbunden wären, dass Amerika die Nation sei, die jeden Mensch zum König machen könne.[25]

Entsprechend dem Konformitätsstreben der Zeit, das auch religiöse Grenzen aufzuweichen begann, bot Graham somit eine religiöse Botschaft an, die auf nationalen Zusammenhalt, auf ökumenische Inklusion statt auf fundamentalistische Exklusion zugeschnitten war. Darin spiegelt sich Grahams wichtigster Beitrag zur religiösen Neupositionierung des protestantischen Fundamentalismus: Dessen neoevangelikale Spielart war nicht wie ihr fundamentalistischer Vorgänger auf Segregation und Exklusion zugeschnitten, sondern lehnte sich viel stärker an das pluralistisch integrative Konzept der Zivilreligion an. Graham half dem Neoevangelikalismus, die antikatholischen und teils rassistischen Traditionslinien des protestantischen Funda-

---

22   Chicago Daily Tribune, 4. Februar 1952, p. 1; Los Angeles Times, 4. Februar 1952, p. 5; New York Times, 4. Februar 1952, p. 4; Christian Science Monitor, 4. Februar 1952, p. 3.

23   Washington Post, 4. Februar 1952, p. 5.

24   Ebd.

25   Chicago Daily Tribune, 4. Februar 1952, p. 1.

mentalismus hinter sich zu lassen, und öffnete den Neo-Evangelikalismus dadurch für breite Teile der amerikanischen Bevölkerung.[26]

Damit legte er den Grundstein für den hohen Zulauf, dessen sich die Bewegung bis heute erfreut. Wie stark Graham mit seinem religiösen Wirken dabei die Grenzen zwischen Evangelikalismus und Zivilreligion aufweichte, zeigt sich an den starken nationalen Semantiken, mit denen er seine Predigt spickte. So versprach er für den Fall, dass die Amerikaner und Amerikanerinnen seinem Fünf-Punkte-Programm zum Erhalt des Weltfriedens Folge leisten würden: „I believe the Stars and Stripes will wave for generations over the land of the free and the home of the brave".[27] Damit zitierte er nicht weniger als die Nationalhymne des Landes.

Der zweite Teil der Predigt unter dem Titel „Wird Gott Amerika verschonen?" bediente viel stärker traditionelle fundamentalistische Rhetorik. Graham prangerte den moralischen Verfall Amerikas an und warnte, dass Gottes Zorn auch nicht vor der selbsterklärten christlichen Nation Halt machen würde, es sei denn, diese würde seinem Ruf zur Umkehr Folge leisten. Mit der Warnung vor einem strafenden Gott und dem Jüngsten Gericht traf Graham ins Herz einer moralisch und spirituell verunsicherten Nation und unterstrich, dass er neben jeder zivilreligiösen Konsensrhetorik eben auch die traditionellen Grundüberzeugungen des protestantischen Fundamentalismus verbreitete. Das zeigt, dass sich Grahams Wirken nicht ausschließlich auf ein zivilreligiöses oder populärkulturelles Phänomen reduzieren lässt: Grahams Mission blieb im Kern auch immer genuin religiös.

Am Ende von Grahams Washington Crusade hielten seine Statistiken fest, dass er zu mehr als 300.000 Menschen insgesamt gepredigt hatte, und seine Mitarbeiter und Mitarbeiterinnen vermeldeten mehr als 5000 bekehrte Seelen. Als einziger Wehrmutstropfen verblieb, dass Präsident Truman trotz Einladung nicht an der Crusade vor dem Kapitol teilgenommen hatte.[28]

Erst mit der Präsidentschaft Dwight Eisenhowers sollte es Billy Graham gelingen, eine wirkliche Beziehung zum Weißen Haus aufzubauen. Den Grundstein dafür legten aber bereits seine Erweckungskampagnen der frühen 1950er Jahre, die ganz deutlich den politischen Anspruch seiner religiösen Mission offenbaren.

---

[26] Die gesellschaftliche Grundtendenz zu mehr religiösem Konformismus hatte im Jahr 1955 bereits der amerikanische Soziologe Will Herberg konstatiert. Vgl. Will Herberg, Protestant, Catholic, Jew: an Essay in American Religious Sociology, Garden City 1955.

[27] Washington Post, 4. Februar 1952, p. 5.

[28] Dazu und dem gestörten Verhältnis zwischen dem Prediger und dem einzigen Präsident, der den Kontakt zu ihm mied, vgl. Martin, a.a.O. (Anm. 8), 143-146.

4. Zusammenfassung

Die Erfolge Billy Grahams lassen sich damit erklären, dass er die Räume zur Verfügung stellte, in denen nach dem Zweiten Weltkrieg ein neues christliches Nationenverständnis verhandelt, inszeniert und eingeübt wurde. Amerikanische Religiosität reflektierte zu jedem Zeitpunkt ihrer Entwicklungsgeschichte auch immer Vorstellungen davon, was es bedeutet Staatsbürger und Amerikaner zu sein. Über diese Verbindung diffundierten evangelikale Vorstellungswelten in den politischen Raum und gingen eine zivilreligiöse Liaison ein, die Religion in den 1950er Jahren auf neuartige Art und Weise im öffentlichen Diskurs verankerte.

Graham passte sich zudem der Inklusions- und Konformitätsrhetorik der 1950er Jahre an und opferte dieser den scharfen Anti-Katholizismus der fundamentalistischen Bewegung. Das religiös begründete Feindbild des Katholizismus wurde nun durch das politisch begründete Feindbild des Kommunismus ersetzt, womit der Bewegung die Grundstruktur eines manichäischen Denkmusters erhalten blieb. Billy Graham erstritt sich zudem durch seinen extrovertierten Anti-Kommunismus ein Deutungsmonopol über den öffentlichen politischen Diskurs. Wie für viele andere fungierte der Antikommunismus bei ihm jedoch nur als Feindbild, dem er einen eigenen evangelikalen Gesellschaftsentwurf entgegensetzen konnte. So sehr sich Graham jedoch als Konflikttreiber in der innergesellschaftlichen Auseinandersetzung mit dem Kommunismus engagierte, so sehr war er doch sogleich Friedensstifter: Er erklärte den Amerikanern in den 1950er Jahren, was es bedeutete Christ und Amerikaner zu sein. Und damit gab er ihnen nationalen Halt in einer durch den Holocaust und den ersten Einsatz der Atombombe restlos entzauberten Welt.

Muslimische Kontroversen über die Rechtmäßigkeit von Gewalt im Medium des Genres der *fatwa*

Hans G. Kippenberg

Hannah Arendt hat sich in der Schrift *Macht und Gewalt* gegen die verbreitete Auffassung ausgesprochen, Macht sei eine Angelegenheit des Staates und beruhe auf der Androhung von Gewalt. Stattdessen hat sie vorgeschlagen, klar zwischen Macht und Gewalt zu unterscheiden. Staatliche Gewalt ist darauf angelegt, den Gehorsam zu erzwingen. Soweit folgt sie Max Weber; dann aber schränkt sie ein, dass es mit Macht anders stehe. „Über Macht verfügt niemals ein Einzelner". Macht „ist im Besitze einer Gruppe und bleibt es nur solange, als die Gruppe zusammenhält. Wenn wir von jemandem sagen, er ‚habe die Macht', heißt das in Wirklichkeit, dass er von einer bestimmten Anzahl von Menschen ermächtigt ist, in ihrem Namen zu handeln."[1] Hannah Arendt hat bei dieser Begriffspräzisierung die antike Polis vor Augen; jedoch ist diese Unterscheidung nicht nur für politische Verbände, sondern auch für religiöse Gemeinschaften nützlich.

1. Gemeindereligiosität

Nicht alle Religionen haben geschlossene Gemeinschaften hervorgebracht. Oft decken sich Religionen mit bestehenden sozialen Einheiten wie Hausgemeinschaft, Verwandtschaftsgruppe, Stamm, Nation oder Stadtgemeinschaft. Weiterhin haben oft andere als spezifisch religiöse Kriterien, z.B. Alter und Geschlecht, über die Zugehörigkeit zu einer Religionsgemeinschaft entschieden. Zudem kommt es vor, dass Gläubige der Zugehörigkeit zu einer religiösen Gemeinschaft wenig oder keine Relevanz hinsichtlich des Heilserwerbs zuschreiben. All dies ändert sich deutlich, wenn das Erlangen des Heils an eine bestimmte Lebensführung gebunden ist, wie das bei prophetischen Religionen der Fall ist, und wenn der Gesamtheit der Gläubigen das Heil verheißen ist. Dann wird die Gemeinschaft selbst Gegenstand des religiösen Glaubens. Dies ist bei den drei Religionen Judentum, Christentum und Islam der Fall, die sich alle als Träger der Abraham gegebenen Verheißung sehen, dass – wenn er aus Vaterland und Verwandtschaft in das Land zieht, das der Herr ihm zeigt – er zu einem großen und gesegneten Volk werde; der Herr werde segnen, wer ihn segnet, und verfluchen, wer ihn flucht (1. Moses 12,1-3). Aus dem Glauben an diese Verheißung erwuchs in

---

[1] Hannah Arendt, Macht und Gewalt (1970), München 2000, 45.

den drei abrahamitischen Religionen eine Gemeindereligiosität. Sie läßt sich
an der Existenz von vier Sachverhalten fest machen:

-   „Volk Gottes": Die religiöse Gemeinschaft ist Adressat einer Heilszusa-
    ge und so selbst Gegenstand des Glaubens der Mitglieder; damit ver-
    knüpft ist die Idee, dass die einzelnen lokalen Religionsgemeinden Teil
    einer transzendenten Gemeinschaft sind („Israel"; „Kirche", *umma*).
-   „Brüderlichkeitsethik": Die religiöse Gemeinschaft verlangt von ihren
    Angehörigen, dass sie den Glaubensgenossen in Not helfen und beiste-
    hen.
-   „Bereitschaft zum Kampf für die Gemeinschaft": Die Bereitschaft von
    Gläubigen, in Zeiten, in denen die Gemeinschaft in ihrer Existenz von
    außen oder innen bedroht ist, für den Glauben zu kämpfen, wird als et-
    was Vorbildliches gesehen.
-   „Legitimität": Die religiöse Gemeinschaft beansprucht Anerkennung
    von den nicht-religiösen sozialen Ordnungen und Mächten, in denen sie
    sich herausbildet.

Wo diese vier Sachverhalte zusammenkommen, geben sie ein verbindliches
Modell für die Bildung lokaler Gemeinden ab und produzieren im Sinne
von Arjun Appadurai Lokalität.[2] Nur wo dies geschieht, ist es überhaupt
möglich, dass die Loyalität der Gläubigen zu ihrer Glaubensgemeinschaft
und zu den sozialen Ordnungen und Mächten auseinandertreten. Eine solche Differenz zwischen religiöser Vergemeinschaftung und Vergesellschaf-
tung ist die Voraussetzung dafür, dass religiöse Gemeinschaftlichkeit sowohl
ein gesellschaftliches Band begründen, als auch gewaltsam zerstören kann.

2. Islamische Lebensführung

Mehrfach betonen die Suren des Propheten, dass die Gemeinschaftlichkeit
der Gläubigen darin besteht, sich gegenseitig zum Guten aufzurufen und
einander zu gebieten, was recht, und zu verbieten, was verwerflich ist (Sure
3:104; dazu 110 sowie 9:71).[3] Zwei Ausführungen präzisieren die Pflichten.

Sure 2:177: Frömmigkeit besteht nicht darin, dass ihr euer Gesicht nach Osten und
Westen wendet. Frömmigkeit besteht darin, dass man an Gott, den Jüngsten Tag,
das Buch und die Propheten glaubt, dass man, aus Liebe zu Ihm, den Verwandten,
den Waisen, den Bedürftigen, dem Reisenden und den Bettlern Geld zukommen
lässt, und (es) für den Loskauf der Sklaven und Gefangenen (ausgibt), und dass man
das Gebet verrichtet und die Almosensteuer entrichtet. (Fromm sind auch) die, die
ihre eingegangenen Pflichten erfüllen, und die, die in Not und Leid zur Zeit der

---

2   Zu der „Produktion" von Lokalität siehe Arjun Appadurai, Modernity at Large. Cultural
    Dimensions of Globalization, Minneapolis 1996 (Chapter 9 The Production of Locality).
3   Michael Cook, Forbidding Wrong in Islam. An Introduction, Cambridge 2003.

Gewalt geduldig sind. Sie sind es, die wahrhaftig sind, und sie sind die Gottesfürchtigen. Sure 9:60: Die Almosen sind bestimmt für die Armen, die Bedürftigen, … die Gefangenen, die Verschuldeten, für den Einsatz auf dem Wege Gottes [jihad HGK] und für den Reisenden.

Anders als im Christentum haben Arme, Bedürftige, die Verwalter der Almosensteuer, Sklaven, Verschuldete, Reisende, Konvertiten und Glaubenskämpfer ein verbrieftes Anrecht auf Unterstützung durch ihre Glaubensbrüder. Man spricht daher von „finanziellem Gottesdienst".[4] Muslime sind nach Vermögen und Fähigkeit verpflichtet, sich für Gerechtigkeit und das allgemeine Wohl (*maslaha*) des Gemeinwesens einzusetzen, die gesetzliche Almosensteuer (*zakat*) zu entrichten und Bedürftige mit freiwilligen Gaben (*zadaqa*) zu unterstützen.[5] Auch die Regierenden treten gegenüber den Bedürftigen als Wohltäter auf, Systeme staatlicher Wohlfahrt sind nur sehr beschränkt an ihre Stelle getreten.[6] Überwiegend blieb die Hilfe für Bedürftige eine Sache der Religionsgemeinschaft. Heutzutage schließt die islamische Mission (*da'wa*) nachdrücklich die Gründung sozialer Institutionen mit ein.[7] Neben den Mächtigen und Reichen sind es private islamische Vereinigungen, die Wohlfahrtsaufgaben übernehmen. Manche dieser Vereinigungen gehen demonstrativ dazu über, die Grenzen zwischen dem öffentlichen und dem privaten Bereich zu verschieben und in ihren religiösen Aktivitäten eine Wahrnehmung öffentlicher Aufgaben zu sehen, womit sie in Konkurrenz zum Staat zu treten.[8] Dies gilt besonders für den Jihad. Suren aus der Zeit von Medina schreiben den Gläubigen vor, das entstehende islamische Gemeinwesen auch mit kriegerischen Mitteln gegen seine Feinde zu verteidigen. Hadithe bekräftigen die Pflicht der Muslime, für ihr Gemeinwesen unter Einsatz des eigenen Lebens zu kämpfen; die Gemeinschaft wird ermahnt, mit ihren Zakat-Mitteln die Teilnehmer an einem *jihad* zu unterstützen (Sure 9:60). Wer sich selber nicht an den Kriegszügen beteiligt, soll die Kämpfer wenigstens materiell unterstützen.

---

4 Darstellung der gegenwärtigen Praxis des „Financial Worship" und der Hilfsempfänger islamischer NGOs von Jonathan Benthall / Jérôme Bellion-Jourdan, The Charitable Crescent. Politics of Aid in the Muslim World, London 2003, 7-28.

5 Jacqueline S. Ismael / Tareq Y. Ismael, Cultural Perspectives on Social Welfare in the Emergence of Modern Arab Social Thought, in: The Muslim Word 85 (1995), 82-106.

6 Michael Bonner / Mine Ener / Amy Singer (Hg.), Poverty and Charity in Middle Eastern Contexts, New York 2003, 165-220 (The State as Benefactor).

7 Dale F. Eickelman / James Piscator, Muslim Politics, Princeton 1996, 35f.

8 Diane Singerman, The Networked World of Islamist Social Movements, in: Quintan Wiktorowicz (Hg.), Islamic Activism. A Social Movement Theory Approach, Bloomington 2004, 143-163.

3. Die Institution der Ratgebung

Der Aufruf zum Guten und das Verbot des Verwerflichen ist grundsätzlich und oft auch in der Realität eine Aufgabe der Gläubigen untereinander. Jedoch wurde sie bald von Spezialisten übernommen. Vorbild hierbei war die Tätigkeit des Propheten, als dieser ihm gestellte Fragen zuweilen erst nach einer weiteren Offenbarung beantwortete. Es wurde schon bald nach seinem Tod die Praxis von Muslimen, sich im Falle von Unsicherheiten an qualifizierte Ratgeber mit der Bitte um Auskunft (*fatwa*) über die richtige Lebensführung zu wenden. Diese *mufti's* verrichteten ihre Dienste privat, bevor Rechtsschulen und Machthaber sie institutionalisierten, was jedoch nie vollständig gelang. Private Ratgeber existieren bis heute neben der institutionalisierten Ratgebung.[9] Übrigens weist die Institution von *iftah* einige auffallende Übereinstimmungen mit der Tätigkeit des römischen Rechtsberaters (*iurisconsultus*) auf, der ebenfalls auf ihm gestellte Fragen in einer schriftlichen Form, dem *responsum*, antwortete. Diese Gutachten römischer Rechtsberater waren eine eigenständige Rechtsquelle (Gaius, Inst. 1, 2-8). Wenn eine Anfrage vom Kronrat – dem Konsistorium – eines *responsums* in Form eines „Dekrets", „Ediktes" oder Briefes für würdig befunden wurde, fiel Juristen die Aufgabe zu, eine erste Version auszuformulieren. Danach wurde das schriftlich formulierte Responsum vom Konsistorium erörtert und verabschiedet.[10]

Auch die Antwort des Mufti wurde schriftlich erteilt und dem Anfrager in Kopie ausgehändigt. Die *fatwa*, das Rechtsgutachten, ist unabhängig von den Verfahren vor Scharia-Gerichten. Hierfür sind nicht Muftis, sondern die Qadis zuständig. Qadis müssen in Prozessen zwischen Bürgern den Sachverhalt klären, den islamrechtlichen Tatbestand der Entscheidung bestimmen, das Urteil fällen und für seine Umsetzung sorgen. Allerdings konnten und sollten sie Muftis konsultieren, wenn der Tatbestand islamrechtlich unklar war. Dann besaß das Gutachten auch Rechtsverbindlichkeit. Meis-

---

9   Hilmar Krüger, Fetwa und Siyar. Zur internationalrechtlichen Gutachtenpraxis der osmanischen Şeyh ül-Islâm vom 17. bis 19. Jahrhundert unter besonderer Berücksichtigung des ‚Behcet ül-Fetâvâ‘, Wiesbaden 1978; Harald Motzki, Religiöse Ratgebung im Islam: Entstehung, Bedeutung und Praxis des muftî und der fatwâ, in: Zeitschrift für Religionswissenschaft 2 (1994), 3-22; Birgit Krawietz, Die Ḥurma. Schariatrechtlicher Schutz vor Eingriffen in die körperliche Unversehrtheit nach arabischen Fatwas des 20. Jahrhunderts, Berlin 1991, 24-44; Muhammad Khalid Masud/ Brinkley Messick / David S. Powers, Muftis, Fatwas, and Islamic Legal Interpretation, in: dies. (Hg.), Islamic Legal Interpretation: Muftis and their Fatwas, Cambridge (Mass.) 1996, 3-32; komprimierte Darstellung von Matthias Rohe, Das Islamische Recht. Geschichte und Gegenwart, München ²2009, 74-76 (Urteile und Gutachten).

10   Mario Bretone, Geschichte des römischen Rechts. Von den Anfängen bis zu Justinian, München ²1998, 138-146 (Das Responsum).

tens gab ein Mufti einem Fragenden unabhängig von Prozessen eine Auskunft; sie musste sich auf die Scharia stützen und in Übereinstimmung mit der Rechtsschule, der der Mufti angehört, ergehen; sie war nicht bindend, der Fragesteller musste selber entscheiden, ob er der Handlungsempfehlung folgte oder nicht.

Lange fand diese Institution wenig wissenschaftliche Beachtung und bildete ein eher nebensächliches Unterkapitel islamischen Rechts.[11] Doch mit dem Ende islamischer Staatlichkeit und dem Niedergang des islamischen Rechtwesens begann eine neue Blüte dieser Institution. Sie wurde dadurch ermöglicht, dass die Ratgebung nie ganz und gar ihre Selbständigkeit gegenüber staatlichen Machthabern und Rechtsschulen verloren hatte. Hier war eine Institution, die sich den praktischen Fragen und Alternativen der Gläubigen stellte und die Zeitgemäßheit der islamischen Lebensführung gewährleisten konnte. Neu aufkommende Handlungsoptionen, wie Geburtenkontrolle, das Spenden von Blut, die Verabreichung alkoholhaltiger Medikamente, der Verzehr importierten Hühnerfleischs, das Tragen westlicher Kleidung, Arbeiten in einer westlichen Bank, die Behandlung von Frauen durch nicht-muslimische Gynäkologen, der Verzehr von europäischer Butter, Arbeit in nicht-islamischen Ländern und vieles andere mehr, waren einige der drängenden Probleme, auf die eine Antwort gefunden werden mußte. Der Mufti erteilte diesbezüglich Rat (*fatwa*) und sorgte damit für eine Aktualisierung der Deutungsmuster und Handlungsmodelle islamischer Lebensführung.

Im Zeitalter des Kolonialismus erstreckte sich die Ratgebung auch auf Verhalten in politischen Auseinandersetzungen. An dem Fall des Tabak-Protests in Iran 1890/91 wird einiges an dieser Verwendung der Institution anschaulicher; er zeigt zugleich ihre neue Relevanz im Zeitalter des Kolonialismus.[12] 1890 hatte der persische Schah im Geheimen das gesamte Monopol des Irans an Anbau, Kauf und Verkauf von Tabak gegen ein hohes Entgelt einem britischen Unternehmen übertragen. Als Ende 1890 eine Zeitung in Istanbul darüber berichtete, erhob sich im Iran ein wütender und blutiger Protest, getragen von Händlern, Geistlichen (*ulama*) und dem einflußreichen Sozialreformer Jamal ad-Din Afghani (1838/39-1897). In den großen Städten wurden anonym Plakate aufgehängt, die jedem mit dem Tod drohten, der mit den Briten kollaborierte. Höhepunkt war eine *fatwa,* die der höchste Geistliche der Schiiten, Muhammad Hasan al-Husayni Schirazi (1815-1895), im Dezember 1891 veröffentlichte.

---

[11]   Joseph Schacht behandelt die fatwa auf wenigen Seiten in seiner Studie: An Introduction to Islamic Law, Oxford 1964, 73f.

[12]   Nikki Keddie, Religion and Rebellion in Iran. The Tobacco Protest of 1891/92, London 1966.

Frage: „Was ist mit der Situation, die sich in den islamischen Ländern betreffs der Tabakaktion ergibt? Ist das Ziehen [keschidan] der Wasserpfeife gemäß der Schari'a oder gibt es in diesem Fall eine Pflicht der Muslime? Es ist erwünscht, dass Ihr die Pflicht der Muslime konkretisiert." Antwort: „Im Namen Gottes, des Gnädigen und Barmherzigen. Zurzeit ist die Benutzung des Wasserpfeifen- und Zigarettentabaks so, als ob er gemäß dem Kampfbefehl durch den Imam der Zeit [Mahdi], Gott möge sich beeilen, aufgeschoben ist."[13]

Wer raucht, widersetzt sich dem Befehl des verborgenen Imam Mahdi! Auf diese Fatwa hin erfolgte ein landesweiter Boykott von Tabak. Ein europäischer Beobachter berichtete voller Erstaunen: Tabakläden wurden geschlossen, Wasserpfeifen zur Seite gelegt; sogar die Frauen am Hof des Schah und die Bediensteten lehnten es ab, zu rauchen. Als die Gefahr eines *jihads* drohte und in Teheran Aufständische begannen, Waffen und Nahrungsmittel zu sammeln, widerrief der Schah die Konzession.

Wir erkennen, dass die Erteilung einer Fatwa sich in einem Feld widersprüchlicher Auffassungen bewegt, unklare Sachverhalte islamrechtlich klärt und damit Gläubigen eine Handlungsorientierung gibt. Eine fatwa kann das alles aber nur, wenn sie von Personen erteilt wird, die über ein hohes Ansehen verfügen, wobei dieses Ansehen keineswegs zwingend von theologischen Kriterien abhängt. Diese Autorität hatte in Iran der höchste Geistliche der Schia; in Ländern mit überwiegend sunnitischem Islam wurde ein oberster Mufti vom Herrscher ernannt. Da sich dieses Ansehen aber spontan und ohne formelle Ernennung bilden muss, wurden „die Regeln, wie man sich am besten als Ratgeber und Ratsuchender verhält" (adab al-mufti wal-mustafi) zum Gegenstand einer eigenen Literaturgattung.[14]

4. Eine *fatwa* zur persönlichen Pflicht aller Muslime, für die Befreiung besetzten islamischen Territoriums zu kämpfen

Als die Sowjetunion im Dezember 1979 Afghanistan besetzte, fragten sich Muslime, ob es eine Pflicht der Gemeinschaft als ganzer oder auch von jedem Einzelnen persönlich sei, sich an dem Kampf gegen die Rote Armee zu beteiligen. Ein dezidiertes Gutachten dazu kam von dem palästinensischen Islamgelehrten und Muslim-Bruder Abdallah Azzam (1941-1989).

Azzam hatte 1984 zusammen mit Usama bin Laden (1957-2011) in Peschawar, Pakistan, das „Büro für Mujahedin-Dienste" als eine Schulungs-

13 Übersetzung: Matthias Brückner, Das ‚Tabak-Fatwa' von Muhammad Hasan Schirazi. Unter http://www.cyberfatwa.de. Text bei Edward G. Browne, The Persian Revolution of 1905-1909, (1910) Neuauflage London 1966, 15 Fn. 3.
14 Muhammad Khalid Masud / Brinkley Messick / David S. Powers, Muftis, Fatwas, and Islamic Legal Interpretation, in: dies. (Hg.), Islamic Legal Interpretation. Muftis and their Fatwas, Cambridge (Mass.) 1996, 21-26.

stätte für Kämpfer eingerichtet.[15] Abdallah Azzam und Bin Laden kannten sich aus der Zeit, als Bin Laden an der Universität von Jidda Wirtschaftswissenschaften und Management studierte und der islamische Rechtsgelehrte Azzam dort islamische Theologie unterrichtete. Bin Ladens Interessen gingen weit über sein Fach hinaus; so hörte er Vorlesungen bei Azzam, aber auch bei Mohammed Qutb, dem Bruder von Sayyid Qutb, den die ägyptische Regierung 1967 wegen seiner staatsfeindlichen Schriften hingerichtet hatte.

Azzam veröffentlichte im selben Jahr 1984 seine Schrift *Die Verteidigung von muslimischen Ländern als höchste persönliche Pflicht*. In der Einleitung veröffentlicht er eine *fatwa*, die er mit einer Reihe weiterer Gelehrter abgestimmt habe:

Wenn ein Teil des islamischen Gebietes angegriffen wird, wird der Jihad für jeden Muslim und jede Muslima zu einer persönlichen Pflicht. Sohn oder Tochter dürfen dann ohne Erlaubnis der Eltern in den Kampf ziehen, die Gattin ohne Erlaubnis ihres Ehemannes.[16]

Diese Auffassung vom Jihad war revolutionär und brach radikal mit den kulturellen Selbstverständlichkeiten. Sie traf auf energischen Widerspruch. Angesehene Gelehrte wie der Großmufti Saudi-Arabiens waren der Ansicht, dass der Jihad zwar für die Muslime einer angegriffenen Region eine persönliche Pflicht sei, wenn aber diese für eine wirksame Verteidigung zu schwach seien, weite sich die Pflicht auf die islamische Gemeinschaft kollektiv aus, nicht aber auf jeden einzelnen Muslim, wo auch immer er lebt. Azzam aber hielt dies für eine Glaubenspflicht eines jeden Muslims weltweit und konzipierte den Umfang der Territorien, für die die Pflicht der Befreiung besteht, extensiv. Alle Gebiete, die einmal islamisch waren, später aber von Ungläubigen erobert worden waren, wie Palästina, Libanon, Andalusien und andere, müssten zurückerobert werden. Dabei dürfe und könne es keine Kompromisse geben:

---

15   Neue Quellen zur Frühgeschichte hat Peter L. Bergen, The Osama bin Laden I Know. An Oral History of al Qaeda's Leader, veröffentlicht (New York 2006, 74-107: The Birth of al Qaeda).

16   Zu Abdallah Azzam informativ Thomas Hegghammer, Abdullah Azzam, der Imam des Dschihads, in: Gilles Kepel / Jean-Pierre Milelli (Hg.), Al-Qaida. Texte des Terrors, München 2006, 145-173, mit anschließenden Auszügen aus Schriften von Azzam (174-267), Zitat 175. Die Internetseiten von Azzam http://www.Azzam.com wurden geschlossen, sind jedoch teilweise auf der Internet Archive Wayback Maschine http://web.archive.org/web/*/Azzam.com erhalten. Dazu Gary Bunt, Islam in the Digital Age. E-Jihad, Online Fatwas and Cyber Islamic Environment, London 2003, 18.

Jihad und das Gewehr, sonst nichts: keine Verhandlungen, keine Konferenzen und keine Dialoge.[17]

Weiter bestand er darauf, dass die Kämpfer genuine Gläubige sein müssten. In diesem Zusammenhang entwickelte er im April 1984 in einem Zeitschriftenartikel das Konzept der „Soliden Basis" (al-Qaʿida al-sulba) – so der Titel des Artikels.

Es wäre gefährlich, zu den Waffen zu greifen, bevor man sich der langen Unterweisung der Gruppe der Gläubigen (der Avantgarde HGK) unterzogen hat; bewaffnete Männer werden schnell zu Aufrührern, die die Sicherheit der Menschen gefährden und ihr Leben vergiften.[18]

Weil der islamische Glaube den Kampf gegen die ungläubigen Besatzungsmächte verlangt, bedürfen die Kämpfer der religiösen Unterweisung durch eine Avantgarde, anders droht interner Krieg. Es geht Azzam nicht allein um die Befreiung eines besetzten islamischen Landes; es geht auch um das richtige islamische Handeln. Wer den Brüdern in Not zu Hilfe eilt, erwirbt sich Ansehen – vor den Menschen und vor Gott. Wer sie im Stich lässt, verliert beides: Ansehen und Heil. Wer an diesem Kampf teilnimmt, braucht keine weitere Autoritäten um Zustimmung fragen, selbst nicht seine Frau oder Eltern. Die Pflicht zum Kampf wird gerade nicht mehr kollektiv bzw. staatlich verstanden, sondern wird zu einer individuellen Pflicht – allerdings beschränkt auf islamische Territorien.

Mit seiner Ansicht stand Abdullah Azzam nicht allein. Ayatollah Khomeini hatte im Iran-Irak-Krieg (1980-88) gleichfalls eine Zustimmung der Eltern zur Teilnahme ihrer Kinder an Märtyreroperationen für nicht notwendig erklärt; der führende Geistliche der libanesischen Schiiten, Sayyid Muhammad Husain Fadlallah, schloss sich dem an und erklärte in einem Interview, es sei Pflicht von Mädchen und Jungen, gegebenenfalls auch ohne die Zustimmung ihrer Eltern am bewaffneten Kampf teilzunehmen.[19] Ebenfalls wurde im libanesischen Krieg gegen die Besatzungsmacht Israel der Märtyrertod zu einer Entscheidung des Einzelnen – und auch nicht mehr ausschließlich von Männern, sondern auch von Frauen.[20] Ähnlich hatte der Ägypter Abd al-Salam Faraj 1981 in seiner Schrift *Die vergessene Pflicht* argumentiert. Ihr Autor – ein Sunnit – hielt eine Zustimmung der

---

[17] Peter L. Bergen, Heiliger Krieg Inc. Osama bin Ladens Terrornetz, Berlin 2003, 77.

[18] Hegghammer, Abdullah Azzam, der Imam des Dschihads, a.a.O. (Anm. 16), Auszüge aus „Die feste Basis", 259f mit anschließendem Kommentar.

[19] Stephan Rosiny, Islamismus bei den Schiiten im Libanon. Religion im Übergang von Tradition zur Moderne, Berlin 1996, 257.

[20] Shaul Mishal / Avraham Sela, The Palestinian Hamas. Vision, Violence, and Coexistence, New York 2000, 31f.

Eltern zum Akt des Martyriums nicht für nötig. Der Kampf sei individuelle Pflicht; Eltern und Familie müssen nicht um Zustimmung gefragt werden.[21] Damit wurde die Entscheidung zur Teilnahme an einem Jihad von der Zustimmung der Familie gelöst und von der Zustimmung der religiösen Gemeinschaft abhängig gemacht. Individualisierung und religiöse Gemeinschaftlichkeit können einander verstärken, ja geradezu bedingen, wie dieser Fall zeigt. Daher wurden die gefallenen Kämpfer von der Gemeinschaft als Märtyrer fast kultisch verehrt.

Nicht alle Gelehrten gaben der Vertreibung der Ungläubigen aus ehemals islamischen Territorien den islamrechtlichen Status, den dies für Azzam hatte. Ägyptische Islamisten, die auch wegen der Repression daheim den Weg nach Afghanistan gegangen waren, hielten den Kampf gegen die eigenen nur nominell islamischen Regierungen, gegen die ‚Heuchler‘, für dringlicher. Unter ihnen waren auch ehemalige Mitglieder der ägyptischen Jihad-Gruppe, die für das Attentat auf Sadat 1980 verantwortlich war. Ihren Emir (Befehlshaber), Aiman az-Zawahiri, hatte Usama bin Laden 1986 kennen gelernt.[22] Als Abdallah Azzam im November 1989 durch die Explosion einer Autobombe ums Leben kam, ging die Leitung seines Dienstleistungsbüros in Peschawar an ägyptische Jihadisten über. Ob sie an dieser Tat in irgendeiner Form beteiligt waren, wie manchmal vermutet wird, ist schwer zu sagen. Unbestritten ist nur, dass Azzam nicht ihre Auffassung teilte, man müsse die Waffen gegen die eigenen Regierungen richten, und es daher ablehnte, Finanzmittel für diesen Kampf zur Verfügung zu stellen.[23]

5. Kriegerischer Jihad als Maxime von Gesinnungsethik

Ägyptische Islamisten hoben die Beschränkung der Pflicht zum Jihad auf Territorien, die von ungläubigen fremden Truppen besetzt worden waren, auf. Zwischen ihnen und den arabischen Mujahedin (den „arabischen Afghanen“), die bin Laden die Treue schworen und sich am Kampf gegen die

---

21   Johannes J. G. Jansen, The Neglected Duty. The Creed of Sadat's Assassins and Islamic Resurgence in the Middle East, New York 1986, 200.

22   Rudolph Peters, Jihad in Classical and Modern Islam. A Reader, Princeton: Markus Wiener ²2005, 149-169, behandelt die verschiedenen Jihad-Gruppen in Ägypten zur Zeit von Sadat; zur Begegnung von Bin Laden und az-Zawahiri siehe Bergen, Heiliger Krieg Inc., a.a.O. (Anm. 17), 84.

23   Zur Differenz beider Gesichtpunkte und Gruppen siehe Guido Steinberg, Der nahe und der ferne Feind. Die Netzwerke des islamistischen Terrorismus, München 2005, 46f; Fawaz A. Gerges, The Far Enemy. Why Global Jihad went Global, Cambridge 2005.

Sowjetunion beteiligten, bestanden personelle Überschneidungen.[24] Der
Bruder des Sadat-Attentäters Khalid al-Islambouli gehörte zum innersten
Zirkel um Usama bin Laden. Die Schrift *Die Versäumte Pflicht*, die aus dem
ägyptischen Jihad stammte und lehrte, Jihad sei eine individuelle Glaubenspflicht gleich den übrigen „fünf Säulen" des Islams, wurde in Auszügen bei
der Ausbildung von islamischen Kämpfern in Afghanistan verwendet.[25]
Verfasst hatte sie Abd al-Salam Faraj, ein Elektroingenieur (1954-1982), der
zusammen mit den Attentätern hingerichtet worden war. Er setzte sich
Punkt für Punkt mit allen Einwänden und Zweifeln gegenüber dem absoluten Vorrang des kriegerischen Kampfes vor einer gewaltfreien Glaubens-
werbung auseinander.[26] An keiner anderen islamischen Schrift läßt sich so
deutlich in allen Einzelschritten nachvollziehen, wie systematisch aus dem
reichhaltigen Repertoire islamischer Traditionen, Konzeptionen und Praktiken eine kriegerische Gesinnungsethik gewonnen werden konnte und was
dabei alles umgewertet oder als angeblich unislamisch verworfen werden
musste.

Faraj deutete die Lage des Islams im gegenwärtigen Ägypten in Analogie
zur Mongolenherrschaft im 13. Jahrhundert. Der Mongolenherrscher Gha-
zan war zwar zum Islam übergetreten, hatte jedoch dem islamischen Recht
in seinem Reich keine uneingeschränkte Verbindlichkeit verschafft. Aus
diesem Grunde lehnte der mittelalterliche Gelehrte Ibn Taymiyya seine
Herrschaft als unislamisch ab und hielt Widerstand gegen ihn für geboten.[27]
Die Schrift von Faraj griff dieses mittelalterliche Deutungsmuster auf und
erklärte die gegenwärtigen Machthaber Ägyptens zu Apostaten, die mit den
Kreuzzüglern gemeinsame Sache machten und noch härter als die Ungläubigen bestraft werden müssten (§ 25-28).[28] Um in Ägypten einen islami-

---

[24]   Zahlen aus Steinberg, Der nahe und der ferne Feind, a.a.O. (Anm. 23), 36; zum Jihad in
       Afghanistan Gilles Kepel, Das Schwarzbuch des Dschihad. Aufstieg und Niedergang des
       Islamismus, München 2002, 172-187.

[25]   Roland Jacquard, In the Name of Osama Bin Laden. Global Terrorism and the Bin
       Laden Brotherhood (Französisches Original 2001), Durham 2002, 60, sowie Appendix
       Dokument 12, 200f.

[26]   Jansen, The Neglected Duty, a.a.O. (Anm. 21), 6f. Zur Abgrenzung der Position Farajs
       von rivalisierenden Gruppen und Auffassungen siehe Peters, Jihad in Classical and Mo-
       dern Islam, a.a.O. (Anm. 22), 149-169.

[27]   Ein solches Widerstandsrecht war unter Sunniten weder im Mittelalter noch in der
       Neuzeit allgemein anerkannt: Emmanuel Sivan, Radical Islam. Medieval Theology and
       Modern Politics. Enlarged Edition, New Haven 1985, 94-107. Jeder noch so schlechte
       Herrscher war einer Spaltung (fitna) der islamischen Gemeinschaft vorzuziehen (The
       Sunni Revolution, 83-139).

[28]   Die Zusammenhänge zwischen mittelalterlicher Theologie, darunter Ibn Taymiyya, und
       modernem politischem Islam sind Gegenstand der Studien von Emmanuel Sivan. Im
       Vorwort zu Radical Islam beschreibt er ein signifikantes Erlebnis. Nachdem er über den

schen Staat zu errichten, seien freiwillige wohltätige Vereinigungen der falsche Weg, da sie die Muslime vom Staat der Apostaten abhängig machten (§ 48); ebenso wenig könnten Wissen und Bildung (*ilm*) zu ihm führen. Allein der Jihad vermöge dies (§ 63f). Der Islam sei gewaltsam verbreitet worden (§ 71); die Gründung eines islamischen Staates könne auch heute nicht mit gewaltfreier Propaganda (*da'wa*), sondern nur durch Gewalt und gegen den Willen der Mehrheit und der Ungläubigen erfolgen (§ 54-59).

Eine paradigmatische Rolle in Farajs Definition der gegenwärtigen Situation des ägyptischen Islams spielt der Unterschied im Auftreten des Propheten erst in Mekka und dann in Medina. Das gegenwärtige Ägypten gleiche in keiner Weise der Situation Mekkas zur Zeit des Propheten, wo Gläubige und Ungläubige noch ohne Gewalt zusammenlebten (§ 83); es gleiche vielmehr der Lage in Medina, wo die islamische Ordnung in ihrer Existenz gefährdet war und daher mit militärischer Gewalt gegen äußere Feinde und Heuchler im Inneren verteidigt werden musste. Alle früheren koranischen Aussagen, die ein friedliches Zusammenleben zwischen Muslimen und Andersgläubigen kennen, seien durch den Schwertvers Sure 9:5 sowie das Gebot zu kämpfen (Sure 2:216) aufgehoben (§ 76-79). Erst wenn in Ägypten die islamische Ordnung wieder durchgesetzt worden sei, werde sie sich auch weltweit verbreiten (§ 68-70). Die Tradition, wonach der Prophet als Fortsetzung und Ersatz für den kriegerischen (kleinen) Jihad den spirituellen (großen) Jihad empfohlen habe, hält Faraj für eine Fälschung. Der Jihad gegen die eigene Seele, gegen Satan und gegen die Ungläubigen und Heuchler gehörten untrennbar zusammen (§ 88-90). Zitate aus der Traditionsliteratur sollen belegen, dass sogar Muslime, die im Kampf gefallen sind, dann keine Märtyrer waren, wenn ihre Intention nicht wirklich rein war, sondern ihr Handeln nur von der Erwartung einer reichen Beute oder dem Gewinn religiösen Prestiges getrieben war (§ 130f).

Die gewaltsame Errichtung eines islamischen Staates erfolgt in Ausführung eines göttlichen Gebotes; für die daraus resultierenden Folgen ist der Gläubige nicht verantwortlich (§ 91). Der Kampf kann nur unter Anleitung eines rechtschaffenen Führers, der seine Eignung durch seine Glaubenspraxis bewiesen hat, geführt werden. Diesem Führer darf auch in einer Zeit, in der es keinen Kalifen gibt, die Gefolgschaft bis zum Tode geschworen werden (§ 95-97). Der Krieg gegen die Ungläubigen kennt keine Einschränkungen. Täuschung und Lüge sind ihnen gegenüber erlaubt, vorausgesetzt, mit

---

Jihad im Mittelalter gearbeitet hatte, wollte er die Welt der angestaubten Folianten hinter sich lassen und sich der Gegenwart zuwenden. Als er in Kairo und Ost-Jerusalem an arabischen Buchläden vorbeikam, entdeckte er zu seinem Erstaunen, dass die alten Folianten neu veröffentlicht worden waren und von jungen Leuten in moderner Kleidung gekauft wurden (S. IX).

ihnen existiert kein Vertrag (§ 107-109). Selbst der heimliche Dienst in heidnischen Armeen ist gestattet (§ 118). Ein Angriff auf die Ungläubigen darf
zur Not auch ohne Vorwarnung erfolgen (§ 119). Eine Tötung von unschuldigen Zivilisten, Kindern und Frauen darf zwar nicht absichtlich geschehen, kann aber in Kauf genommen werden (§ 121f). Der Kämpfer soll
auf dem Schlachtfeld seinen Tod einer Kapitulation und Gefangennahme
vorziehen (§ 127-129). Am Ende der Schrift wird den Führern der islamistischen Organisationen (*jamaʿat al-Muslimin*) aufgetragen, diese Regeln jedem
Mitglied einzuschärfen (§ 142f).

Diese kriegerische Ethik steht im Dienste einer heilsgeschichtlichen
Deutung der Situation des Islams. Der Prophet habe nicht nur die Eroberung von Konstantinopel vorausgesagt, sondern auch von Rom, die noch
aussteht (§ 10-11), sowie ein Auftreten des Mahdi, der die Welt mit Gerechtigkeit füllt, wie sie heute mit Ungerechtigkeit gefüllt ist (§ 14). So verankert
die Schrift die kriegerische Gesinnungsethik in einem heilsgeschichtlichen
Szenario.[29] Dabei zählt allein die Gesinnung; Nebenabsichten, die der
Kämpfer mit dem Jihad verbindet, machen die erlösende Wirkung der
Handlung zunichte (§ 130-133). Diese rigorose kriegerische Gesinnungsethik koppelt sich von der Moral der bestehenden islamischen Gemeinschaft sowie von den Auffassungen der Rechtsgelehrten ab. Diese haben
sich ihrerseits auch öffentlich gegen die Schrift zur Wehr gesetzt und es
unternommen, die darin niedergelegten Auffassungen mit Argumenten zu
entkräften. Der ägyptische Mufti Scheich Jādd al-Haqq setzte sich in einer
Fatwa ausführlich mit den Argumenten der Schrift, die er im Anhang sogar
im Wortlaut veröffentlichte, auseinander.[30]

Untersuchungen zum Wandel des Jihad-Konzeptes sprechen in Anlehnung an § 68f der *Vergessenen Pflicht* von einer geänderten Priorität. Erst
müsse der nahe Feind besiegt werden, bevor der ferne Feind mit Aussicht
auf Erfolg in Palästina angegriffen werden könne.[31] Doch ist die Neudefini-
tion des Feindes wohl auch taktisch, lässt sich darauf aber nicht reduzieren.
Den grundlegenden Gedanken des kriegerischen Gesinnungsislams findet
man besonders klar bei Sayyid Qutb formuliert, dessen Schriften der Verfasser der *Versäumten Pflicht* kannte und zitierte (§ 135). Die Kultur der islami-

---

[29] Nach zwei Studien, in denen David Cook die Geschichte und Gegenwart apokalypti-
scher Literatur im Islam aufgearbeitet hat, zeigte er in einer weiteren Studie, dass die
Auffassungen vom Jihad teilweise in apokalyptischen Geschichtsszenarios wurzeln und
dass dies auch für die *Versäumte Pflicht* gilt: David Cook, Understanding Jihad, Berkeley
2005, 106-110.

[30] Jansen, The Neglected Duty, a.a.O. (Anm. 21), 35-62 (The Response from al-Azhar).

[31] Steinberg, Der nahe und der ferne Feind, a.a.O. (Anm. 23), 46f; Gerges, The Far Enemy,
a.a.O. (Anm. 23), 14.

schen Länder sei so umfassend vom Heidentum verdorben, dass nur noch das Herz und seine Intention als Wohnort und „Territorium" des Islams übrig geblieben sei. Doch war mit dieser düsteren Diagnose eine Hoffnung verbunden, die sich aus den Anfängen des Islams nährte. Bevor Mohammed den Koran als Rechtsordnung etablieren konnte, mußte er in den Herzen der Menschen verankert sein. Erst daraus konnte eine Autonomie der Gemeinschaft der Muslime gegenüber der Übermacht des Heidentums erwachsen. Auch heute müsse der islamische Glaube erst wieder in lebendigen Seelen und in einer vitalen Gemeinschaft Realität werden, ehe er zu einer politischen Bewegung werden könne, die mit der heidnischen Übermacht bricht.[32] Daher ist die exklusive Gemeinschaft der Vollkommenen und Reinen die alleinige Quelle von Islamizität und Jihad die erste Pflicht. Die traditionelle Balance zwischen dem Einzelnen und der sozialen Ordnung, die von vielen islamischen Denkern gefeiert wurde, ist zerstört.[33] Die Islamizität einer Handlung kann nur noch nach der Intention (*niyya*) des einzelnen Akteurs beurteilt werden.[34] Zu dieser Bedingung fügte Faraj noch die weitere hinzu, dass der Kampf aufgenommen werden könne, sobald ein rechtschaffener Führer, der seine Eignung durch seine Glaubenspraxis bewiesen hat, gefunden sei. Wenn die beiden Bedingungen erfüllt seien: das Auftreten von Muslimen reinster Gesinnung und ein rechtschaffener Führer, könne der Kampf beginnen.

6. Al-Qaʻida: Zentrale und weltweites Netzwerk von Jihadisten

Kurz vor Abzug der Sowjets legte bin Laden zusammen mit seinen Mitstreitern eine Datenbank von allen an, die in Afghanistan gegen die Sowjetunion gekämpft hatten. Die hier verzeichneten Freiwilligen sollten auch in Zukunft eine Reserve für den militanten Islam sein. Als nach dem Tod von Abdallah Azzam der ägyptische Jihad, angeführt von dem Arzt Aiman az-Zawahiri (geb. 1953), mit den Anhängern bin Ladens fusionierte und auch Mitglieder der ägyptischen Jamaʻa al-Islamiyya dazu stießen, begann aus bin

---

[32]   Sayyid Qutb, Milestones. Delhi: Aakif 1985, 30-39; Cook, Understanding Jihad, a.a.O. (Anm. 29), 103; Sabine Damir-Geilsdorf, Herrschaft und Gesellschaft. Der islamische Wegbereiter Sayyid Qutb und seine Rezeption, Würzburg 2003, 181-190 (Jihād-Konzept).

[33]   Treffende Bemerkungen auf Grund einer positiven Bewertung dieser ‚traditionellen' ‚Balance' von Seyyed Vali Reza Nasr, Mawdudi and the Making of Islamic Revivalism, Oxford 1996, 53-57.

[34]   In diesem Zusammenhang ist auch ein Handbuch islamischen Terrors zu nennen, das Raphael Israeli vorgestellt hat: A Manual of Islamic Fundamentalist Terrorism, in: Terrorism and Political Violence 14 (2002), 23-40. In Zusammenhang mit dem Selbstmordverbot heißt es: „What matters is not the act, but the intention (niyya) of the martyr" (35).

Ladens „Basis" eine neuartige eigene Gemeinschaft zu werden. Die arabische Bezeichnung *al-Qaʿida* („die Basis") aber blieb auch danach lange noch eher eine Funktionsbezeichnung als eine Gruppenbezeichnung.[35] Bin Laden verwendete sie nur dann, wenn andere sie ihm gegenüber gebrauchten, und auch dann nur zögernd. Er und seine Anhänger sprachen von sich als der „Islamischen Weltfront für den Jihad gegen Juden und Kreuzzügler".[36] Als wissenschaftliche Bezeichnungen sind „militante Islamisten mit Afghanistan-Bezug" bzw. „transnationaler militanter Islamismus" vorgeschlagen worden. Auch die Bezeichnung „Bin-Laden-Bruderschaft" wird verwendet.[37] Im Zentrum stehen Bin Laden und seine engsten Berater. Neben dem innersten Zirkel gab es die Gruppe derer, die Bin Laden als Emir den Treueid (*bayʿa*) geschworen haben. Das Protokoll einer der Gründungssitzungen von 1988 zitiert die entsprechende Eidesformel.[38] Diese verschworene Gemeinschaft war offen für neue Getreue aus aller Welt. Marc Sageman hat 172 Lebensläufe von al-Qaʿida-Mitgliedern daraufhin untersucht, wie sie Anschluss an die Gruppe gefunden haben. Seine Studie *Understanding Terror Networks* aus dem Jahre 2004 zeigt, dass die Initiative in vielen Fällen von lokalen Gruppen ausging, die über ehemalige Afghanistan-Kämpfer Kontakt mit bin Laden suchten.

Der Prozess, sich dem Jihad anzuschließen, ist mehr eine Aktivität von unten nach oben als von oben nach unten. Eine Menge junger Muslime möchte sich dem Jihad anschließen, aber weiß nicht, wie. … Ich habe keine aktiven Anstrengungen von oben, die Mitgliedschaft in al-Qaʿida zu vergrößern, entdeckt. Der Druck kam von unten. Zukünftige Mujahedin waren darauf erpicht, der Bewegung beizutreten.[39]

Begünstigt wurde der Erfolg einer solchen Suche von bereits bestehenden sozialen Beziehungen wie Freundschaft, Verwandtschaft, Lehrer-Schüler-Verhältnissen, Moscheezugehörigkeit und anderem mehr.[40] Ob es aber wirklich nur in pakistanischen Ausbildungsstätten der Tablighi und sonst nirgendwo regelrechte al-Qaʿida-Rekrutierer gegeben hat, wie Marc Sageman in diesem Zusammenhang schreibt, müßte noch anhand anders lautender Berichte geprüft werden. So hat R. Jacquard Nachrichten zusammengetragen,

---

[35]   Zur Geschichte der Bezeichnung, ihrer Semantik und ihrer sozialen Bezugsgröße J. Burke, Al-Qaeda. Casting a Shadow of Terror, London 2003, 7-12.

[36]   B. Lawrence (Hg.), Messages to the World. The Statements of Osama bin Laden, London / New York 2005, 108 und 115.

[37]   Burke, Al-Qaeda, a.a.O. (Anm. 35), 13-22.

[38]   Bergen, The Osama bin Laden I know, a.a.O. (Anm. 15), 74-107 (The Birth of al Qaeda), Eidesworte 81 und 86; weitere Fälle 102, 117, 138f. 263.

[39]   Marc Sageman, Understanding Terror Networks, Philadelphia 2004, Zitate 122 und 123 (Übers. HGK).

[40]   Sageman, Understanding Terror Networks, a.a.O. (Anm. 39), 107-120.

die doch auf eine gezielte Rekrutierung in Nordafrika und Europa durch engste Vertraute Usamas bin Laden hindeuten.[41] Einiges spricht für die komplexere These der Organisationssoziologin Renate Mayntz, dass al-Qaʿida auf einer Verbindung von hierarchischen Organisationsmerkmalen mit vertikalen Netzwerkstrukturen beruht. Aus dieser hybriden Form erklären sich einige Merkmale, die für al-Qaʿida typisch sind: dass die untersten Einheiten autonom sind und zugleich zentraler Steuerung unterliegen; dass ihre Mitglieder voneinander isoliert sind, sich bei ihren Aktivitäten aber von einer gemeinsamen Kernidee leiten lassen und in Austausch mit dem innersten Zirkel stehen.[42] Hier könnte sich eine Beobachtung von Soziologen bewahrheiten, dass es gerade die schwachen informellen Beziehungen sind, die besonders belastbare und dauerhafte Netzwerke bilden.[43] Weitgehend selbständig agierende Zellen, getragen von gemeinsamen Überzeugungen und Engagement, sind auch in anderen Zusammenhängen erfolgreicher als hierarchische Kommandostrukturen. Zusammengehalten wird die sozial heterogene Anhängerschaft von Bin Ladens religiöser Autorität, die sich in seiner *fatwa* äußerte.

Mit der „Basis" in Afghanistan verbündeten sich lokale Widerstandsgruppen, die ihre Wurzeln in inneren Konflikten anderer Länder hatten. Manchmal war die Zusammenarbeit nur punktuell und befristet, manchmal betraf sie auch nur Untergruppen. Jason Burke spricht von einem „losen Netzwerk von Netzwerken" und vergleicht es mit dem Netzwerk von Globalisierungsgegnern. Dadurch jedoch, dass Bin Laden über erhebliche Finanzmittel verfügt, ähnelte seine Organisation zuweilen auch einem international operierenden Unternehmen, das lokale „Gewaltunternehmer" finanziert und logistisch unterstützt. Die Gelder stammen überwiegend nicht aus dem Privatvermögen bin Ladens, das oft maßlos überschätzt wird, sondern aus Spenden von ca. 14 islamischen Organisationen.[44]

---

[41] Jacquard, In the Name of Osama Bin Laden, a.a.O. (Anm. 25), 55-72 (The Islamic Legion)

[42] Renate Mayntz, Hierarchie oder Netzwerk? Zu den Organisationsformen des Terrorismus, in: Berliner Journal für Soziologie 14 (2004), 251-262.

[43] Marc Granovetter, The Strength of Weak Ties, in: American Journal of Sociology 78 (1973), 1360-1380.

[44] The 9/11 Commission Report: Final Report of the National Commission on Terrorist Attacks upon the United States, New York 2004, 169-173, sowie die Abschnitte „Financial Network" bei Rohan Gunaratna, Inside al Qaeda. Global Network of Terror, New York 2002, 80-92, und bei Jacquard, In the Name of Osama Bin Laden, a.a.O. (Anm. 25), 126-134 (The Bin Laden's Network's Billions). Bei J. Millard Burr / Robert O. Collins, Alms for Jihad, Cambridge 2006, 37, findet sich eine Liste der mit al-Qaʿida verbundenen wohltätigen Stiftungen.

7. Bin Ladens *fatwa* von 1998

Nachdem 1989 die Rote Armee aus Afghanistan abgezogen war, zog sich Bin Laden mit seinen Anhängern, die damals kaum mehr als ein Dutzend Personen zählten, von Pakistan nach Saudi-Arabien zurück. Anschließend wurde der Sudan sein Aufenthaltsort, bevor er sich 1996 nach Afghanistan begab, wo die Taliban im selben Jahr an die Regierung gelangt waren. Dort verfasste er eine *fatwa* in Form eines Briefes an „die Brüder" weltweit und auf der arabischen Halbinsel im Besonderen und rief alle Muslime zum defensiven Jihad gegen die Amerikaner und Israelis auf.[45] Bin Laden klagte die USA der Aggression gegen das Land der beiden heiligen Stätten, Mekka und Medina, an. Muslime hätten in vielen Ländern Schreckliches erleiden müssen, ihr Blut sei das billigste auf der ganzen Welt. Doch in das Haus des Islams (*dar al-Islam*) einzudringen, sei der absolute Höhepunkt der Arroganz. Die beiden heiligen Stätten des Islams würden durch die Anwesenheit von Truppen der Kreuzzügler entwürdigt. Damit erklärte er die Einrichtung amerikanischer Stützpunkte in Saudi-Arabien während des ersten Golfkrieges 1990/91 zu einem Sakrileg, zu dessen Sühnung alle Muslime aufgerufen seien. Als den Ort, an dem er diese Erklärung abgab, nannte er Khorasan in Anspielung auf die frühislamischen Traditionen vom Mahdi, der von dort erwartet wurde.

Zwei Jahre später, 1998, folgte eine weitere *fatwa*, diesmal von der „Islamischen Weltfront für den Jihad gegen Juden und Kreuzzügler". Der Aufruf zum Jihad wurde außer von Usama bin Laden auch von Aiman az-Zawahiri als Emir des ägyptischen Jihads, von Rifa'i Ahmad Taha für die ägyptische Jama'a al-Islamiyya,[46] sowie von einem Pakistaner und einem Bangladescher für die jeweiligen Gruppierungen unterzeichnet.[47] Die Erklärung beginnt mit dem so genannten Schwertvers (Sure 9:5): „Wenn die heiligen Monate abgelaufen sind, dann tötet die Polytheisten, wo immer ihr sie findet, greift sie, belagert sie und lauert ihnen auf jedem Weg auf." Die arabische Halbinsel werde von Kreuzzüglern wie von Heuschrecken heimgesucht, die ihre Reichtümer auffressen – ein Vorgang von heilsgeschichtlicher Bedeutung.[48]

---

[45] Text in englischer Übersetzung bei Lawrence (Hg.), Messages to the World, a.a.O. (Anm. 36), 23-30 (Statement 3).

[46] Er musste wenig später seine Unterschrift zurückziehen, da die Gruppe ihre Haltung zur Gewalt revidierte. Siehe dazu Issam Fawzi/ Ivesa Lübben, Die ägyptische Jama'a al- islamiya und die Revision der Gewaltstrategie. DOI-Focus 15 Juli 2004.

[47] Text in englischer Übersetzung bei Lawrence (Hg.), Messages to the World, a.a.O. (Anm. 36), 58-62 (Statement 6).

[48] Cook, Understanding Jihad, a.a.O. (Anm. 29), 136-139 (The Conspiracy to Destroy Islam); ders., Contemporary Muslim Apocalyptic Literature, Syracus / New York 2005, 180-183 (The Final Battle).

Die Erklärung nennt drei Gründe, warum die USA sich einer Verschwörung gegen den Islam schuldig machen:
- die USA hätten die heiligsten islamischen Orte auf der arabischen Halbinsel besetzt, um die Bodenschätze zu stehlen, die Muslime zu demütigen und die muslimischen Völker militärisch zu unterdrücken;
- die USA hätten dem irakischen Volk schweren Schaden zugefügt und täten dies durch ihr Embargo auch weiterhin, obwohl ihm bereits eine Million Menschen zum Opfer gefallen sei;
- die USA würden den Irak zerstören und auch alle anderen Staaten der Region in wehrlose Kleinstaaten auflösen, um so Israels Überlegenheit über die arabischen Nachbarstaaten zu garantieren.

Die hier genannten politischen Vorgänge werden als eine Kriegserklärung an Gott gedeutet. Jetzt sei die Verteidigung des Islams die oberste Pflicht aller Gläubigen, wie die Erklärung formell in Form einer verbindlichen Rechtsbelehrung (*hukm*), verlangt:

Die Amerikaner und ihre Verbündeten zu töten, ob Zivilisten oder Soldaten, ist eine Pflicht für jeden Muslim, der es tun kann, in jedem Land, wo er sich befindet, bis die al-Aqsa-Moschee [in Jerusalem] und die große Moschee in Mekka von ihnen befreit sind, bis ihre Armeen alle muslimischen Gebiete verlassen, mit gelähmten Händen, gebrochenen Flügeln, unfähig, einen einzigen Muslim zu bedrohen.[49]

Die Erklärung schießt über die von Azzam formulierte Pflicht der Gläubigen, islamische Territorien zu befreien, weit hinaus. Jetzt wird die Tötung von Amerikanern und ihren Verbündeten, ob Soldaten oder Zivilisten, überall auf der Welt nicht etwa nur empfohlen, sondern sogar zur Glaubenspflicht erhoben. Damit ändert Bin Laden die Systematik der islamischen Ratgebung. In arabischer Literatur wird dieser Typus *fatwa* mit *usuliyya* (fundamentalistisch) umschrieben[50] und von der traditionalistischen unterschieden. Bin Laden anerkennt keine anderen offiziellen *fatwas,* lehnt die bestehende Gesellschaft und Herrschaft uneingeschränkt ab und beansprucht eine letzte Autorität, der zu folgen ist.[51] Es gibt Ähnlichkeiten mit der *fatwa* von Ayatollah Khomeini, mit der dieser 1989 zur Hinrichtung des Apostaten Salman Rushdie aufrief und damit eine spezifisch schiitische Praxis der verbindlichen Geltung von Fatwas des höchsten Geistlichen, des *marjaʿa al-taqlid,* an dem sich die Gläubigen zu orientieren hatten, verschärf-

---

[49] Omar Saghi, Osama bin Laden, in: Gilles Kepel / Jean-Pierre Milelli (Hg.), Al-Qaida. Texte des Terrors, München 2006, 25-141, Textübersetzung mit Kommentar 85-95.

[50] Usūl al-fiqh (Wurzeln, Fundamente des Rechts).

[51] Dyala Hamzah, Is there an Arab Public Sphere? The Palestinian Intifada, a Saudi Fatwa and the Egyptian Press, in: Armando Salvatore / Marl LeVine (Hg.), Religion, Social Practice, and Contested Hegemonies, New York / Houndmills 2005, 181-206, hier: 202 Anm.11.

te.[52] Auch Bin Ladens Rechtsbelehrung ermahnt die Muslime, angesichts der Unausweichlichkeit des Krieges nicht an ihrem Leben zu hängen. Wollen sie wirklich das Leben in dieser Welt dem in der zukünftigen Welt vorziehen? Nicht allein das Wohl der islamischen Gemeinschaft im Allgemeinen, sondern das Heil jedes Einzelnen stehe auf dem Spiel.

8. Ratgebung auf Webseiten

Marc Sageman hat seiner ersten Studie zu den Netzwerken von Jihadisten inzwischen eine weitere folgen lassen: *Leaderless Jihad. Terror Networks in the Twenty-First Century.* Wie schon in seiner ersten Studie analysiert er Fälle von Rekrutierung zu Jihad-Gruppen nicht auf der Mikro-Ebene von Biographie bzw. Lebenslauf und auch nicht auf der Makro-Ebene von ökonomischen oder sozialen Ursachen, sondern auf der Meso-Ebene der Vergemeinschaftung und Vernetzung. Er rekonstruiert an Hand von Lebensläufen einzelne Schritte hin zum Jihad: die Radikalisierung, die Mobilisierung, schließlich die Rekrutierung und dann die persönliche Motivation von Jihadisten. Lange spielten räumliche Orte wie Moscheen, Halal-Restaurants und Nachbarschaften eine große Rolle, ebenso wie Freundschaft und Verwandtschaft. „Social bonds came before any ideological commitment".[53] Inzwischen aber haben sich al-Qaʿida als Zentrale und al-Qaʿida als soziale Bewegung weitgehend voneinander gelöst – ein Vorgang, den technische Entwicklungen in der elektronischen Kommunikation beschleunigt haben.

Das Internet war seit längerem ein bevorzugter Ort der Veröffentlichung von Fatwa-Sammlungen geworden. Ende der neunziger Jahre bestand das World Wide Web aus statischen HTML-Seiten, die für längere Zeit ins Netz gestellt wurden und gepflegt werden mussten. Angesichts der Migration von Muslimen in nicht-muslimische Länder sowie der Zensur von schriftlichen Publikationen in den islamischen Ländernn bot diese Publikationsform die Chance, drängende Probleme und Herausforderungen, denen Muslime ausgesetzt waren, aus islamischer Perspektive zu bearbeiten. Gary Bunt hat gezeigt, wie dieser „Cyber-Islam" individuelle und gemeinschaftliche Zugehörigkeit zum Islam gestärkt hat.[54] Seine neueste Publikation stellt das Aus-

[52] Stephan Rosiny hat schiitische Webseiten unter dem Gesichtspunkt religiöser Autorität untersucht: The Twelver Shia Online: Challenges for its Religious Authorities, in: Alessandro Monsutti / Silvia Naef / Faraian Sabahai (Hg.), The Other Shiites. From the Mediterranean to Central Africa, Bern u.a. 2007, 245-262.

[53] Marc Sageman, Leaderless Jihad. Terror Networks in the Twentieth-First Century, Philadelphia 2008, 70.

[54] Gary Bunt, Virtually Islamic. Computer-mediated Communication and Cyber Environments, Cardiff 2000. Bunt hat auf seiner Webseite die Studie aktualisiert: http://www.virtuallyislamic.com (Zugriff 12.10.2009).

maß dieser elektronischen Vernetzung von Muslimen dar und gibt ihr den überaus passenden Titel: *iMuslims. Rewiring the House of Islam.*[55]

Das Aufkommen von Web 2.0 nach 2003 hat in die Kommunikation zwischen den Webseiten und den Benutzern eine einschneidende Handlungserweiterung gebracht. Jetzt konnten religiöse Autoritäten und Gläubige direkt miteinander kommunizieren; Ratschläge religiöser Autoritäten konnten außerdem von einer Vielzahl von Individuen, die sich mit Hilfe neuer Software untereinander vernetzen und in Chat-Rooms miteinander kommunizieren, über das Internet verbreitet werden. Selbst Rekrutierung wurde über Chat Rooms möglich. Über einen solchen Fall berichtet Gabriel Weimann, wobei die Terminologie jedoch leichten Zweifel an der Authentizität nährt.[56]

The SITE Institute, a Washington, D.C.-based terrorism research group that monitors al Qaeda's Internet communications, has provided chilling details of a hightech recruitment drive launched in 2003 to recruit fighters to travel to Iraq and attack U.S. and coalition forces there. … In one particularly graphic exchange in a secret al Qaeda chat room in early September 2003 an unknown Islamic fanatic, with the user name „Redemption Is Close", writes, „Brothers, how do I go to Iraq for Jihad? Are there any army camps and is there someone who commands there? " Four days later he gets a reply from „Merciless Terrorist". „Dear Brother, the road is wide open for you - there are many groups, go look for someone you trust, join him, he will be the protector of the Iraqi regions and with the help of Allah you will become one of the Mujahidin." „Redemption Is Close" then presses for more specific information on how he can wage jihad in Iraq. „Merciless Terrorist" sends him a propaganda video and instructs him to download software called Pal Talk, which enables users to speak to each other on the Internet without fear of being monitored".

Dieses neue Medium überschreitet herkömmliche Grenzen. In den arabischen Ländern war es der angesehene, aber auch umstrittene Gelehrte Scheich Yusuf al Qaradawi, der in Doha (Hauptstadt von Qatar) in den neunziger Jahren zuerst in einer religiösen Sendung beim Satelliten Fernsehsender al-Jazeera auftrat und seit 1997 eine eigene Website unterhält. 1999 ging das Portal IslamOnline ans Netz, unterhalten von einer Vereinigung, deren Vorsitzender ebenfalls Qaradawi ist. Das technische Hauptquartier befindet sich in Doha, die Inhalte werden in Büros in Kairo von angeblich 150 Mitarbeitern produziert. IslamOnline ist auf Arabisch und Englisch verfasst. So tritt die Unterscheidung zwischen islamischen Ländern und

---

55   Gary Bunt, Muslims. Rewiring the House of Islam, London 2009.
56   Gabriel Weimann, Terror on the Internet. The New Arena, the New Challenges, Washington D.C. 2006, 121. Verschiedene Internetquellen zu diesem Dokument. Siehe z.B. http://www.asiantribune.com/index.php? q=node/4627.

Diaspora zurück, auch die Sprachhürde wird niedriger. Durch die Bildung
einer „Internationalen Vereinigung Muslimischer Rechtsgelehrter", an der
Qaradawi maßgeblich beteiligt war, und der Anhänger verschiedener islamischer Glaubensrichtungen angehören, Sunniten, Schiiten, Sufis u.a., beginnt
sich so etwas wie eine „globale islamische Autorität" herauszubilden.[57]
Qaradawi war auch an der Gründung des „European Council for Fatwa and
Research" im Jahre 1997 beteiligt und wurde dessen Vorsitzender. Es ist in
Dublin, Irland, beheimatet und will islamische Gelehrte, die in Europa leben, zusammenbringen und gemeinsam *fatwas* herausbringen, die die Beziehungen der Muslime zu den Europäischen Staaten regeln. Rechtsstudien
sollen die Ziele der Scharia in Europa realisieren helfen, Muslime in Europa
durch islamische Konzepte und Fatwas angeleitet werden. Neben den persönlichen Ratschlägen einzelner Mitglieder kann das Council auch gemeinsam *fatwas* herausgeben.[58]

Mit den Themen, die diese Webseiten aufgreifen, und in der Art, wie sie
sie behandeln, bildet sich ein Islamismus heraus, der zwar keine Forderung
auf einen islamistischen Staat erhebt, wohl aber auf einen starken Islam in
der Öffentlichkeit. Vor allem das Konzept des öffentlichen Interesses,
maslaha, dessen wachsende Bedeutung Armando Salvatore und andere seit
längerem untersuchen, führt zu einer Neubestimmung von Islam. Islam
wird als Maßstab und Quelle gemeinwohlorientierten Handelns institutionalisiert.[59] Damit bilden sich aber auch neue islamische Beurteilungsmaßstäbe
heraus. Gary Bunts Untersuchung englischer Online-Dienste (Islam Q&A;
Fatwa-Online; Islam-Online), aber auch von kleineren Diensten, die eher
Minderheitsstandpunkte vertreten (Ask-Imam.com oder Trod.com), zeigen,
dass die Autorität der Muftis sich von dem Kriterium einer Übereinstimmung mit den Ansichten ihrer Rechtsschule lösen kann. In den neuen elektronischen Medien wird islamische Öffentlichkeit neu definiert.[60] In einer
neueren Studie hat Gary Bunt das ganze Ausmaß, in dem der Islam digitali-

---

[57] Armando Salvatore, Qaradāwī's Maslaha. From Ideologue of the Islamic Awakening to
Sponsor of Transnational Public Islam, in: Bettina Gräf / Jakob Skovgaard-Petersen
(Hg.), Global Mufti. The Phenomenon of Yūsuf al-Qaradāwī, London 2009, 239-250;
Bettina Gräf, Scheikh Yūsuf al-Qaradāwī in Cyberspace, in: Die Welt des Islams 47
(2007) 403-421; dies., Yusuf al-Qaradawi und die Bildung einer globalen islamischen
Autorität, in: Qantara.de – Dialog mit der islamischen Welt; http://de.qantara.de/
webcom/show_article.php/_c-468/_nr-323/i.html (Zugriff 12.10.2009).

[58] Gründungskurkunde: http://www.e-cfr.org//en/ECFR.pdf.

[59] Armando Salvatore / Dale F. Eickelman (Hg.), Public Islam and the Common Good,
Leiden 2004, sowie die Buchtitel unten in Anmerkung 60.

[60] Dale F. Eickelman / Jon W. Anderson (Hg.), New Media in the Muslim World. The
Emerging Public Sphere, Bloomington ²2003 , 1-18 (Redefining Muslim Publics).

siert wird, beschrieben.[61] Neben offiziellen Muftis treten private auf; neben traditionellen Ratgebern Charismatiker mit Neuerungen; neben traditionellen Begründungen werden wissenschaftliche verschiedenster Herkunft, darunter auch solche des internationalen Völkerrechts, übernommen.[62]

Die Gutachten der Muftis werden von dieser neuen medialen Öffentlichkeit ihrerseits geprägt. Auf welche Weise, das hat Dyala Hamzah anhand eines Zeitungsinterview des Groß-Muftis von Saudi-Arabien aufgezeigt. Dieser hatte erklärt, bei den Selbsttötungsoperationen von Muslimen in Palästina handle es sich nicht um Märtyreroperationen, sondern um verwerflichen Selbstmord. Diese Aussage wurde als *fatwa* verstanden und löst eine erregte öffentliche Diskussion aus. Dabei wurden neben islamrechtlichen Gesichtspunkten auch militärische, politische, philosophische und andere Argumente vertreten. Die Selbständigkeit von Muftis gegenüber staatlichen und klerikalen Institutionen erzeugt bestimmte Auffassungen von der richtigen islamischen Lebensführung. Das Genre der Fatwa konstituiert eine öffentliche Sphäre eigener Art, wie Dyala Hamzah mit einem Seitenhieb auf Habermas' Konzeption öffentlicher Diskurse, die Religion bekanntlich ja nicht in die Entstehungsgeschichte bürgerlicher Öffentlichkeit einbezieht, betont.[63]

Die Vermehrung von Texten dieses Genres war in den letzten Jahrzehnten rasant. Binnen weniger Jahre stieg die Zahl der Fatwas im Internet von 10.000 auf 27.000.[64] Auch die Erörterung der Berechtigung oder Verwerflichkeit von Gewalthandlungen hat hier ein Forum gefunden. Muslime ordnen mögliche Handlungen in eine Skala von pflichtgemäß – erwünscht – erlaubt – verwerflich bzw. verboten ein. Die Ausbreitung der Jihad-Bewegung ist von einer Renaissance rechtlicher Argumentationen begleitet. Dass der Ratschlag eines angesehenen Muftis aus einer verbotenen eine erlaubte

---

61 Gary R. Bunt, iMuslims. Rewiring the House of Islam, London 2009; zuvor schon ders., Islam in the Digital Age. E-Jihad, Online Fatwas and Cyber Islamic Environments, London 2003.

62 Jens Kutscher, The Politics of Virtual Fatwa Counseling in the 21st Century, in: Masaryk University Journal of Law and Technology 3 (2009), 33-50; Vit Sisler, European Court's Authority Contested? The Case of Marriage and Divorce Fatwas On-line, in: Masaryk University Journal of Law and Technology 3 (2009), 51-78.

63 Dyala Hamzah, Is there an Arab Public Sphere? The Palestinian Intifada, a Saudi Fatwa and the Egyptian Press, in: Armando Salvatore/ Mark LeVine (Hg.), Religion, Social Practice, and Contested Hegemonies. Reconstructing the Public Sphere in Muslim Majority Societies, New York 2005, 181-206. So schon Craig Calhouns Kritik an Habermas' Konstruktion der Entstehung von Öffentlichkeit in Europa: Habermas and the Public Sphere, Cambridge, MA / London 1992, 212-235.

64 Die Zahlen stammen von Matthias Brückner, Der Mufti im Netz. Dieser Artikel von 2001 findet sich aktualisiert unter http://www.cyberfatwa.de „Publikationen zum Fatwawesen"; vgl. auch Bunt, Islam in the Digital Age, a.a.O. (Anm. 16).

Handlung machen kann, wissen wir schon aus dem Libanon der achtziger Jahre.[65] Dies tun ebenfalls die Antworten auf Fragen zu Selbstmordanschlägen. So billigte der in Qatar lebende Scheich Yusuf al-Qaradawi, der regelmäßig über den Fernsehsender al-Jezira auf Fragen von Muslimen Fatwas erteilt, palästinensische Selbstmordattentate und befürwortete am 22. März 2004 auch die Entsendung von Frauen.[66] Auf IslamOnline.net finden sich weitere Fragen zum Jihad, die Muslime geklärt haben möchten. Durften tschetschenische Kämpfer in einem Theater in Moskau Zivilisten als Geiseln nehmen? Sie dürfen es, um ihnen zugefügtes Leid zu vergelten, antwortete Scheich Faysal Mawlawi, Mitglied des Europäischen Rates für fatwa und Forschung, auf IslamOnline.net am 29. Oktober 2002.[67] Dürfen Zivilisten bei Märtyreroperationen angegriffen werden?, wurde er gefragt. Nein, lautet seine Antwort am 26. Oktober 2003. Angegriffen werden dürften nur militärische Ziele und Israelis, die in den besetzten Gebieten leben. Gibt es Hadithe, die die Verdienste von Jihad benennen, wird ein Mufti am 22. März 2004 gefragt und erteilt eine umfangreiche Antwort, die vor allem Scheich Abdul-Aziz ibn Baz, den ehemaligen Mufti von Saudi-Arabien, zitiert. Ob es stimme, dass die Operationen von Palästinensern gegen Israel Selbstmorde und kein Jihad seien, wird erneut Scheich Fayzal Mawlani gefragt. Nein, gibt er am 26. Juli 2007 zur Antwort, es seien Widerstandsaktionen gegen einen Feind, der das Land von Palästinensern besetzt, ihre Häuser zerstört, ihre heiligen Stätten entweiht, vier Millionen Palästinenser aus ihren Häusern vertrieben hat und durch eine ebenso große Zahl jüdischer Siedlungen ersetzt hat. Da die Palästinenser keine anderen Waffen zu ihrer Verteidigung hätten, dürften sie zu Märtyreroperationen greifen – vorausgesetzt, ihre Intention dabei sei rein. Besonders heftig waren die innerislamischen Debatten über die Bombenanschläge in London vom 7. und 21. Juli 2005. Sie verdienen besondere Aufmerksamkeit, weil ihre Legitimierung auch unter Salafisten selber kontrovers war. Die einen Muftis sahen darin eine berechtigte Vergeltung für die Aggression Groß-Britanniens im Irak; Briten seien Feinde des Islam, weshalb es die Pflicht der Muslime sei, sie zu

---

[65] Hans G. Kippenberg, Gewalt als Gottesdienst. Religionskriege im Zeitalter der Globalisierung, München 2008, 94f.

[66] The Qaradawi Fatwas. In: Middle East Quarterly 2004. http://www.meforum.org/article/646. Die Behauptung des Herausgebers dieser Texte, daraufhin habe Hamas weibliche Attentäter ausgesandt, stimmt nicht mit Studien zur Geschichte von Hamas überein. Nach Zaki Chehab geschah dies bereits am 14. Januar 2004 (Inside Hamas. The Untold Story of Militants, Martyrs and Spies, London 2007, 87f.).

[67] http://www.islamonline.net/english/index.shtml.

terrorisieren. Andere lehnten den Angriff auf unschuldige britische Zivilisten ab; mit ihnen ständen Muslime in einem Vertragsverhältnis.[68]

Wie sehr sich diese muslimischen Debatten inzwischen ins Internet verlagert haben und wie sie geführt werden, zeigt die Studie von Shmuel Bar.[69] Wenn man die Entwicklungen unter Muslimen in der Folge der Erfahrung des Jihadismus untersuchen will, dann bieten sich hier reichhaltige, aber bisher unzureichend untersuchte Gegenstände an. Es kehren die gleichen Fragen wieder: Ob man im Haus des Islams, im Haus des Kriegs oder im Haus des Vertrages lebt, woran man dieses erkennt und was das jeweils für das Handeln heißt? Wann Jihad defensiv und wann offensiv ist; ob es eine Pflicht der islamischen Staaten oder jedes einzelnen Muslims ist, sich an ihm zu beteiligen; ob nur Männer oder auch Frauen daran teilnehmen müssen oder auch nur können; ob Frauen und Kinder ihre Ehemänner und Eltern um Zustimmung fragen müssen; was die Regeln der Kriegsführung im Blick auf Zivilisten und die Tötung von Feinden sind; ob es nicht-kriegerische Praktiken von Jihad gibt; ob ein vorbildlicher Anführer nötig ist oder nicht.

Die Antworten auf diese Fragen bestätigen, dass die Normativität islamischer Traditionen nicht unabhängig von den Situationen, in denen Muslime sich befinden, besteht. Die Fatwa ist das Instrument, das es möglich macht, die Besonderheit der Situationen der Fragesteller mit zu berücksichtigen. Indem das etablierte Genre der Fatwa sich in diesem Medium neu etabliert, verwandelt sich der Islam aus einer Religion, die auf die eigene Gemeinschaft und ihr Wohlergehen hin orientiert ist, in eine Religion der Lebensführung, die die Bedingungen eines Lebens in nicht-muslimischen Gesellschaften mit bedenken und mit Hilfe der Tradition begründen muss. Anders als Shmuel Bar in dem Titel seines Buches suggeriert, läuft dieser Prozess aber keineswegs zwangsläufig auf Terror hinaus. Insbesondere der Studie von John Kelsay verdanken wir einen Einblick in die Verschiedenheit der Argumente, aber auch ihrer Verschränkung mit sozialen und kulturellen Faktoren der säkularen Kultur.[70] Die sozialen und politischen Spannungen und Gewalttätigkeiten im Nahen Osten haben unter Muslimen der Frage nach religiöser Ratgebung größere Bedeutung zukommen lassen. Wie sind die neuen Erfahrungen und Sachverhalte zu deuten? In dieser Lage wurden *fatwas* die Matrix für die Idee einer islamischen *umma*, die nur sekundär noch an ein bestimmtes Territorium gebunden ist, primär aber an eine bestimmte Lebensführung.

---

68 Reuven Paz, Islamic Legitimacy for the London Bombings (Juli 2005). http://www.e-prism.org/images/PRISM_no_4_vol_3_-_Islamic_legitimacy.pdf.

69 Shmuel Bar, Warrant for Terror. Fatwas of Radical Islam and the Duty of Jihad, Lanham 2006.

70 John Kelsay, Arguing the Just War in Islam, Cambridge (Mass.) 2007.

Die *fatwa*, so möchte ich den Befund zusammenfassen, ist nach wie vor ein etabliertes Genre, das unter den Bedingungen von Migration, Normwandel, Wertepluralismus und Gewalterfahrungen an Bedeutung gewonnen hat. Die elektronischen Foren, in denen Muslime über ihre persönlichen Erfahrungen, Erlebnisse, Entscheidungen reflektieren, werden in Gestalt der Ratschläge zu einem Feld des Glaubens und zu Ausdrucksformen islamischer Identität. Sachverhalte, die in der Tradition nicht geregelt waren, werden so zu islamischen Tatbeständen. Allerdings werden auf Grund der Existenz institutionell ungebundener Autorität neben den offiziellen Muftis diese Tatbestände unterschiedlich bis gegensätzlich definiert. Und weil in diesem Feld auch Argumente anderen Ursprungs wie politische, wissenschaftliche, moralische anerkannt und islamisch „gerahmt" werden, stützt sich ihre Geltung – allem traditionalistischen Anschein zuwider – nicht auf einen ungebrochenen Glauben an die Autorität der Tradition, sondern auf öffentliche Diskurse.

Die Rolle jüdisch-orthodoxer Parteien in Israel

Angelika Timm

Im Februar 1999 gingen etwa 250.000 ultraorthodoxe Juden (Charedim) in Jerusalem auf die Straße, um gegen Entscheidungen des Obersten Gerichts zu protestieren und nachhaltig ihre Forderungen im Kampf um den künftigen Charakter des jüdischen Staates zu artikulieren. Nicht wenige israelische Tageszeitungen titelten damals, dass eine „Khomeinisierung" des Landes drohe; politisch moderate bzw. säkulare Kräfte organisierten eine Gegendemonstration zum „Schutz der Demokratie". Der Begriff „Kulturkampf", als Kennzeichnung des Ringens zwischen religiösen und säkularen Parteien bzw. Gruppierungen um politische Mitsprache und Deutungshoheit, wurde zu einer einprägsamen Vokabel. Zehn Jahre später spielen jüdisch-orthodoxe Parteien und Organisationen unvermindert eine wichtige Rolle in Politik und Gesellschaft. Ihr Bestreben, nicht nur im Rahmen der religiösen Gemeinschaft zu wirken, sondern den Staat als Ganzes zu verändern, wurde und wird von vielen säkularen Jüdinnen und Juden[1] als Gefährdung der israelischen Demokratie und des gültigen Gesellschaftsvertrages verstanden.

1. Zum Verhältnis von Staat und Religion in Israel

Der politische Zionismus entstand als säkulare Bewegung. Sein Ziel war es, eine jüdische nationale Heimstätte in Palästina zu errichten. Von einem Staat, in dem die religiösen Kräfte die Macht ausüben würden, war nicht die Rede. 1896 schrieb Theodor Herzl in seinem gerade veröffentlichten Buch

---

[1]   Laut Umfragen des Louis Guttman Israel Institute of Applied Social Research bezeichnen sich 16% der jüdischen Staatsbürger Israels als streng religiös; 20% halten die religiösen Vorschriften weitgehend ein, 43% fühlen sich dem religiösen Brauchtum verbunden und 21% legen keinerlei Wert auf religiöse Vorschriften. Shlomit Levy/Hanna Levinsohn/Elihu Katz, Jehudim Jisraelim: Djokan. Emunot, schmirat masoret we-arachim schel jehudim be-Jisrael 2000 (Israelische Juden: Ein Porträt. Glauben, Tradition und Werte der Juden in Israel 2000), Jerusalem 2002, 6.

„Der Judenstaat": „Werden wir also am Ende eine Theokratie haben? Nein! Der Glaube hält uns zusammen, die Wissenschaft macht uns frei. Wir werden daher theokratische Velleitäten unserer Geistlichen gar nicht aufkommen lassen. Wir werden sie in ihren Tempeln festzuhalten wissen, wie wir unser Berufsheer in den Kasernen festhalten werden. Heer und Klerus sollen so hoch geehrt werden, wie es ihre schönen Funktionen erfordern und verdienen. In den Staat, der sie auszeichnet, haben sie nichts dreinzureden, denn sie werden äußere und innere Schwierigkeiten heraufbeschwören."[2]

Die Mehrheit der „Zionisten der ersten Stunde" beabsichtigte, sich von dem Schtetl-Dasein in Osteuropa, d. h. auch von der Dominanz der Rabbiner, zu befreien. Es war (und ist) daher kein Wunder, dass die gesetzestreue jüdische Orthodoxie dem Zionismus ihre Unterstützung versagte, erwartete sie die Erlösung doch durch das Erscheinen des Messias und nicht durch ein weltliches Gesellschaftsexperiment. Die Benutzung des Hebräischen als profane Umgangssprache lehnte sie strikt ab. Dennoch entwickelten sich noch vor dem Ersten Weltkrieg Gruppierungen, die die Verbindung von Religion und Zionismus befürworteten und die Errichtung eines jüdischen Staates in Palästina als erste Stufe des göttlichen Erlösungswerkes betrachteten.

Andererseits maßen die zionistischen Gründerväter Israels dem nationalen Konsens große Bedeutung bei. Im Bemühen, möglichst alle Strömungen des Judentums in das „nationale Aufbauwerk" einzubeziehen, suchte die sozialdemokratische Partei Mapai (Mifleget Poale Erez Jisrael), seit 1930 stärkste politische Kraft im Jischuv[3], die Kluft zwischen religiösen und säkularen Juden zu minimieren. 1947 verständigte sich ihr Führer, David Ben Gurion, mit Vertretern religiöser Parteien und der Allgemeinen Zionisten über den Platz, den die jüdische Religion im öffentlichen Leben des künftigen Staatswesens einnehmen sollte. Er sicherte ihnen die Akzeptanz religiöser Vorschriften in wichtigen gesellschaftlichen Bereichen zu.

Die so genannte Status-quo-Vereinbarung von 1947 bildete den kleinsten gemeinsamen Nenner, auf den sich die nichtzionistische jüdische Orthodoxie mit den säkularen und religiösen Zionisten einigen konnte. Sie beruhte auf vier Säulen – der Regelung von Personenstandsfragen einzig nach religiöser Vorschrift (Halacha), der Festlegung des Schabat und der religiösen Feiertage als gesetzliche Ruhetage, der Einhaltung der Speisegesetze in öffentlichen Einrichtungen und nicht zuletzt der Autonomie ultraorthodoxer Bildungseinrichtungen. Nach der Staatsgründung verfügte Ben Gurion

---

[2]   Theodor Herzl, Der Judenstaat. Versuch einer modernen Lösung der Judenfrage, Zürich 1988, 102.

[3]   Jischuv: Bezeichnung sowohl für das jüdische Siedlungsgebiet als auch für die jüdische Bevölkerungsgruppe Palästinas vor der Staatsgründung Israels.

überdies die Freistellung der ultraorthodoxen Jeschiva-Schüler – damals etwa 400 – vom Wehrdienst.

Die Anerkennung des Status quo von Staat und Religion gilt seit 1955 als conditio sine qua non aller Koalitionsvereinbarungen. Die religiöse Säule wurde zum unabdingbaren Element der jüdisch-israelischen Gesellschaft. Auch den Angehörigen anderer Konfessionen sicherte der Staat Glaubensfreiheit und ein Leben entsprechend ihrer religiösen Vorschriften zu; er gewährt ihnen Autonomie in Personenstandsfragen.

Über Jahrzehnte erwies sich die Status-quo-Vereinbarung als tragfähige Basis für das Zusammenwirken religiöser und säkularer Kräfte. Ihre Schöpfer waren sich einig in dem Ziel, den „jüdischen Staat" zu errichten, so wie es in der Unabhängigkeitserklärung von 1948 formuliert worden war.[4] Sie verzichteten bewusst auf die konkrete Definition des „Jüdischen". Dadurch ermöglichten sie plurale Auslegungen – sei es bezogen auf die ethnische, die religiöse oder die kulturelle Ebene. Die historisch gewachsene Verknüpfung von Glaubensbekenntnis und Volkszugehörigkeit vor Augen, sahen die Gründerväter Israels in jüdisch-religiösen Traditionen ein wichtiges Ferment für die Herausbildung kollektiven Nationalbewusstseins. Die erzielte Einigung über den Stellenwert der Religion in Politik und Alltagsleben förderte – ebenso wie die Wahl der Menorah und des Davidsterns als Staatssymbole – die Ableitung der israelischen aus der jüdischen Identität. Die beachtliche arabische Minderheit unter den Staatsbürgern blieb außerhalb des kompromissorientierten „Gesellschaftsvertrages".

2. Religiöse Parteien in Israel

Das Bekenntnis zur Religion und das Leben nach religiösen Geboten bestimmen in Israel in nicht geringem Maße politisches Handeln. Seit Mitte der 1980er Jahre existieren drei religiös-politische Ausrichtungen, die sich in jeweils eigenen Parteien bzw. Knessetfraktionen manifestieren – der nationalreligiöse Flügel, das Wahlbündnis ultraorthodoxer, vorwiegend aschkenasischer[5] Charedim und die von ultraorthodoxen sephardischen[6] Rabbinern geleitete Schas-Bewegung.

---

[4]   In der Unabhängigkeitserklärung ist von der „Errichtung eines jüdischen Staates im Lande Israel" die Rede. Vgl. Wortlaut der Unabhängigkeitserklärung in Abba Eban, Dies ist mein Volk. Die Geschichte der Juden, München 1970, 365-368.

[5]   Aschkenasim: Von der in der rabbinischen Literatur des Mittelalters gebräuchlichen Bezeichnung Aschkenas für Mitteleuropa und insbesondere für Deutschland abgeleiteter Begriff für Juden aus Europa und Nordamerika.

[6]   Sephardim: Nachkommen der spanisch-portugiesischen Juden, die Ende des 15. Jahrhunderts von der Iberischen Halbinsel vertrieben wurden und ihren Wohnsitz vorwie-

Der religiöse Flügel innerhalb der zionistischen Bewegung bestand zunächst aus den 1902 bzw. 1922 in Osteuropa entstandenen Parteien Ha-Misrachi (Merkas Ruchani – „Geistiges Zentrum") und Ha-Poel ha-Misrachi (Misrachi-Arbeiter). Beide vereinigten sich 1956 in Israel zur *Nationalreligiösen Partei (Mafdal)*. Die Nationalreligiösen sehen Israel als den lang ersehnten „jüdischen Staat". Ihr politisches Wirken zielt darauf ab, den jüdischen Charakter des Landes zu bewahren bzw. zu stärken. Zu diesem Zweck fordern sie die Ausweitung der religiösen Gesetzgebung und die Schaffung eines entsprechend geprägten gesellschaftlichen Lebens. Als komplexe Symbolik gilt ihnen die Triade von Thora (Lehre, mosaisches Gesetz), Erez Jisrael (Land Israel) und Am Jisrael (Volk Israel). Zwischen 1948 und 1992 war Mafdal Bestandteil nahezu aller israelischen Koalitionsregierungen.[7] Ihre Abgeordneten standen für eine Vielzahl religionsrelevanter Gesetze. Sie lösten bei Dissonanzen mit den „säkularen" Parteien wiederholt Koalitionskrisen aus.

Nach 1967 gliederte sich Mafdal in das rechtsnationale Lager ein. Die Parteiführer lehnten die Rückgabe der im Sechstagekrieg eroberten palästinensischen Territorien grundsätzlich ab und unterstützten zunehmend die Siedlerbewegung. In den 1990er Jahren protestierte die Partei gegen die Anerkennung der PLO und gegen die durch das Oslo-Abkommen eingeleitete Friedenssuche. Die Rabin-Peres-Regierung wurde seitens der nationalreligiösen Fraktion aus der Opposition heraus attackiert. 1996 trat Mafdal in die Regierung Benjamin Netanjahu ein.

Bis 1977 hatte die Partei in den Parlamentswahlen jeweils zwischen zehn und zwölf Knessetmandate erzielt. 1996 erlangte sie neun und 1999 fünf Parlamentssitze. 1999 beteiligte sie sich zunächst am Kabinett Ehud Baraks, verließ die Regierung jedoch im Juli 2000 aus Protest gegen Friedensgespräche mit den Palästinensern bzw. gegen die „Kompromissbereitschaft" der sozialdemokratischen Arbeitspartei. In den 2001 und 2003 vom Likud geführten Regierungskoalitionen war Mafdal wiederum vertreten. 2005 schloss sich die Partei mit dem rechtsextremistischen Ichud Le'umi (Nationale Union) zusammen, trennte sich jedoch nach wenigen Jahren wieder von ihm. 2009 erneut mit einer eigenen Liste, Ha-Bajit Ha-Jehudi (Das jüdische Heim), zu den Knessetwahlen antretend, erreichten die Nationalreligiösen mit 2,9% der Stimmen lediglich drei Parlamentssitze.

---

gend in arabischen Ländern nahmen; häufig - parallel zu Misrachim - für Juden aus dem Orient benutzter Begriff.

7 Mafdal trat 1974 in die Regierung Jizchak Rabin ein, verließ diese jedoch 1976 aus Protest gegen die Entscheidung des Kabinetts, in den USA gekaufte Militärflugzeuge an einem Schabat in Israel eintreffen zu lassen.

Die zweite religiöse Fraktion im Parlament, das *Vereinigte Thora-Judentum (VTJ)*, steht in der Tradition der Agudat Jisrael. Diese entstand 1912 in Osteuropa als nicht- bzw. anti-zionistische Bewegung, die die Erlösung der Juden und ihre Rückführung ins „Gelobte Land" nur durch göttlichen Beschluss und nicht durch einen weltlichen Akt für möglich und erstrebenswert erachtete. De facto akzeptierten die in Palästina ansässigen Agudah-Führer nach 1945 jedoch die Gründung Israels. Dafür standen die Billigung des Status quo 1947 und die Mitunterzeichnung der Unabhängigkeitserklärung von 1948. Um nicht außerhalb des nationalen Konsens zu bleiben, signalisierte Agudat Jisrael prinzipielle Bereitschaft zu Kompromissen. Zu den ersten Knessetwahlen 1949 kandidierte sie auf einer gemeinsamen Liste mit anderen religiösen Kräften. Sie trat der Regierung Ben Gurion bei, befand sich 1952 bis 1977 – bei Parlamentswahlen wiederholt gemeinsam mit ihrem Arbeiterflügel Poale Agudat Jisrael auftretend – in der Opposition, wurde von Menachem Begin in dessen erstes Kabinett kooptiert und war – ohne Ministerposten – bis 2006 an allen Likud-Regierungen (1977-1992, 1996-1999, 2001-2006) beteiligt.

Agudat Jisrael repräsentierte lange die überwiegende Mehrheit der aschkenasischen wie sephardischen Ultraorthodoxen (Charedim). Sie spaltete sich, als Mitte der 1980er Jahre die auf ethnischer Grundlage organisierte orientalisch-jüdische Schas-Partei entstand bzw. sich 1988 die Fraktion der Litauer Jeschivot und Belzer Chassidim, Degel ha-Torah (Thora-Banner), von ihr trennte. Zu den Knessetwahlen 1992 bildeten Agudat Jisrael, Degel ha-Torah, Poalei Agudat Jisrael und Rabbiner Jizchak Perez das Wahlbündnis Vereinigtes Thora-Judentum (VTJ), das sich an allen folgenden Wahlen beteiligte. Trotz parteipolitischer Betätigung im Rahmen des Nationalstaats und dessen Regierungen erkennen die Charedim des VTJ Israel nicht als „jüdischen Staat" an, da als solcher nur ein auf der Halacha fußendes Gemeinwesen in Frage käme. Sie lehnen bis heute die israelische Nationalflagge und andere Staatssymbole ab, boykottieren die Feiern zum Unabhängigkeitstag und protestieren gegen alle Versuche, eine säkulare Verfassung zu verabschieden.

Einen beachtlichen Stellenwert im Rahmen des jüdisch-religiösen Lagers erlangte eine dritte religiöse Partei, die sephardische *Hitachdut Sfaradim Schomrei Torah*, kurz *Schas (Vereinigung der sephardischen Thora-Wächter)*. Sie zog 1984, nur wenige Monate nach ihrer Gründung, mit vier Mandaten erstmals in die Knesset ein und stellt seither einen wichtigen Faktor bei Regierungsbildungen dar. Mehrfach verließen ihre Vertreter vor Ende der jeweiligen Legislaturperiode das Kabinett und wirkten in der Opposition. So beteiligte sich die Partei 1999 beispielsweise an der Regierungskoalition unter Ehud Barak, sorgte jedoch infolge der Sonderwünsche ihres Klientels und ihrer

Führung für Regierungskrisen in Permanenz. Im Sommer 2000 verließ sie
die Koalition. Im ersten Kabinett Ariel Scharons 2001 erhielt sie fünf Minister- und drei stellvertretende Ministerposten. Infolge der Gegnerschaft zur
antiklerikalen Schinui-Partei verweigerte Schas 2003 den Eintritt in die von
Kadimah geführte Regierung. Ab Mai 2006 wieder im Kabinett präsent, trug
die Partei im Herbst 2008 maßgeblich dazu bei, alle Bemühungen der neuen
Kadimah-Vorsitzenden, Zipi Livni, scheitern zu lassen, nach Rücktritt von
Ministerpräsident Ehud Olmert eine neue Koalition zu bilden.

Ähnlich der Agudat Jisrael bzw. dem VTJ, an deren Spitze der „Rat der
Großen der Thora" steht, werden innerparteiliche und gesellschaftspolitische Entscheidungen der Schas durch ein berufenes – demokratisch nicht
legitimiertes – oberstes Rabbiner-Gremium, den „Rat der Thora-Weisen",
gefällt. Als spirituelles und faktisches Oberhaupt gilt Ovadia Josef, der von
1973 bis 1983 als sephardischer Oberrabbiner Israels wirkte.

Schas erfasst nicht nur die Elite der sephardischen Absolventen ultraorthodoxer Bildungseinrichtungen, sondern auch eine große Gruppe traditioneller orientalischer Juden, die in der Partei ihre Interessenvertretung sehen.
Hinsichtlich des Grades der Religiosität, aber auch konkreter Orientierungen in der Außen- und Sicherheitspolitik, existierten von Anfang an Differenzen zwischen Führung und Anhängerschaft. Nachdem Ovadia Josef
1990 eine Gesetzesauslegung veröffentlicht hatte, nach der die Aufgabe von
Teilen des biblischen Erez Jisrael erlaubt sei, wenn dadurch Blutvergießen
vermieden werden könne, galt die Schas-Führung zeitweilig als eine Kraft,
die sich dem Verhandlungskonzept der Arbeitspartei annähere. Nicht zuletzt unter dem Einfluss ihrer Wählerschaft entwickelte sich die Partei im
Verlauf der 1990er Jahre jedoch zu einer Plattform politischer „Falken".
Diese Tendenz verstärkte sich deutlich nach Ausbruch der zweiten Intifada,
d. h. ab Herbst 2000.

Religiöse Parteien in der Knesset (1992-2009)

Jahr	Religiöse Parteien	Stimmen	gültige Stimmen (%)	Knessetmandate
1992	Insgesamt	345.111	13,2	16
	Mafdal (Nationalreligiöse Partei)	129.663	5,0	6
	VTJ (Vereinigtes Thora-Judentum	86.138	3,3	4
	Schas (Sephardische Thora-Wächter)	129.310	4,9	6

1996	Insgesamt	598.686	19,6	23
	Mafdal	240.272	7,9	9
	VTJ	98.655	3,2	4
	Schas	259.759	8,5	10
1999	Insgesamt	696.721	21,0	27
	Mafdal	140.304	4,2	5
	VTJ	125.741	3,8	5
	Schas	430.676	13,0	17
2003	Insgesamt	526.336	16,7	22
	Mafdal	132.370	4,2	6
	VTJ	135.087	4,3	5
	Schas	258.879	8,2	11
2006	Insgesamt	670.228	21,3	27
	Ichud Le'umi/Mafdal	224.083	7,1	9
	VTJ	147.091	4,7	6
	Schas	299.054	9,5	12
2009	Insgesamt	643.589	19,1	23
	Ha-Bajit Ha-Jehudi (Das jüdische Heim)	96.765	2,9	3
	Ichud Le'umi (Nationale Union)	112.570	3,3	4
	VTJ	147.954	4,4	5
	Schas	286.300	8,5	11

Wie der Überblick über das religiöse Parteienspektrum ausweist, haben die betreffenden Fraktionen seit Beginn der 1990er Jahre an Einfluss gewonnen, konnten jedoch keinen kontinuierlichen Stimmenzuwachs erzielen. Die Gründe dafür mögen darin zu suchen sein, dass israelische Parlamentswahlen während der letzten zwei Jahrzehnte vorrangig durch die Sicherheitsproblematik bzw. damit in Zusammenhang stehende aktuelle Themen geprägt waren, d. h. Fragen, die nicht vordergründig die Agenda der religiösen Parteien bestimmen. Andererseits existierte stets eine große Anzahl von Wechselwählern, die mehrheitlich den Stellenwert der Religion zwar nicht anzweifeln, bei der Stimmenabgabe jedoch zwischen Likud und Kadimah auf der einen, Schas und Mafdal auf der anderen Seite schwankten. Einzig das Vereinigte Thora-Judentum verfügt über eine feste und disziplinierte Wählerschaft. Sein kontinuierlicher Stimmenzuwachs von 86.138 (1992) auf 147.954 (2009) basiert in erster Linie auf dem demographischen Wachstum der ultraorthodoxen Bevölkerung und hat in nur geringem Maße politische Hintergründe. In der Regel folgen die aschkenasischen Charedim strikt den Wahlempfehlungen ihrer Rabbiner.

3. Einfluss der religiösen Parteien auf die israelische Politik

Während der letzten zwei Jahrzehnte haben die religiösen Parteien ihren Einfluss auf die gesellschaftliche Entwicklung Israels verstärkt. Mit etwa einem Fünftel der Wähler und gegenwärtig 23 von 120 Parlamentsabgeordneten können sie zwar nicht die politischen Leitlinien und die legislative Entscheidungsfindung bestimmen. Als „Zünglein an der Waage" bei Koalitionsverhandlungen sind sie jedoch in der Lage, immer wieder ihre sozialpolitischen Forderungen durchzusetzen bzw. die Annahme gesellschaftlich relevanter Gesetze zu verhindern. Ihr Einfluss ist somit größer als ihre nominale Stärke es vermuten lässt.

Insbesondere die Nationalreligiöse Partei entwickelt sich, als Interessenvertreter der Siedler, zunehmend zu einer pressure group, die jeglichen Kompromiss mit den Palästinensern zu verhindern sucht. 2005 lehnte sie die durch Ariel Sharon verantwortete einseitige Räumung des Gaza-Streifens und die Auflösung der dort befindlichen jüdischen Siedlungen ab, konnte den israelischen Rückzug jedoch nicht verhindern. Der Misserfolg war letztlich ein Grund dafür, dass Mafdal vorübergehend ihre eigenständige Existenz als Partei aufgab und sich mit dem Ichud Le'umi zusammenschloss. Sowohl in der Knesset als auch in der Öffentlichkeit wirken ihre Repräsentanten im Sinne der extrem-nationalistischen auf Erez Jisrael fokussierten Ideologie. Mit der Anlage neuer Siedlungen suchen sie schwer rücknehmbare Fakten in der Westbank zu schaffen. Gleichzeitig weigern sie sich, auch nur einen Quadratzentimeter besetzten Territoriums an die palästinensischen Eigner zurückzugeben. Mit einem Potenzial von über 200.000 Wählern werden Ichud Le'umi und die Nachfolgepartei von Mafdal, Ha-Bajit Ha-Le'umi (Das jüdische Heim), auch weiterhin, unabhängig davon, ob sie in einer Rechtsregierung sitzen oder von der Oppositionsbank aus agieren, die israelische Haltung gegenüber den Palästinensern beeinflussen bzw. mitbestimmen. Ihr Verständnis von „Siedlungspolitik als Fortsetzung des zionistischen Aufbauwerkes", mehr jedoch noch wachsende Militanz und das enge Bündnis mit den im Kernland agierenden Rechtsfraktionen ließen die Nationalreligiösen somit zu einer akuten Gefahr für die israelische Demokratie und zu einer virulenten Quelle neuer Konflikte werden. Die Mehrzahl der moderaten Mitglieder hat die Partei inzwischen verlassen, sich anderen politischen Fraktionen angeschlossen oder ist auf nichtparlamentarischen Ebenen tätig.

Anders als bei Mafdal bzw. deren Nachfolgeparteien richten sich die Aktivitäten des ultraorthodoxen Vereinigten Thora-Judentums und der Schas primär auf die innenpolitische Verfasstheit Israels. Die sich verändernden Existenzbedingungen der ultraorthodoxen Gemeinschaften, hervorgerufen durch Umbrüche in der Gesellschaft wie auch im regionalen und globalen Umfeld, trugen maßgeblich zur Politisierung der jüdischen Ultraorthodoxie bei. Besonderes Gewicht kommt dabei sozio-ökonomischen Faktoren zu.[8] Die Zahl der Charedim vergrößert sich von Jahr zu Jahr; die Fertilitätsrate charedischer Frauen liegt weit über der säkularer Israelinnen.[9] Im Schatten des Wohlfahrtsstaates und durch diesen geschützt bzw. alimentiert entstand bereits in den ersten Jahrzehnten nach der Staatsgründung ein separates ultraorthodoxes Gemeinwesen mit eigenständigem sozialen Netz und einem Bildungswesen, das eine von Jahr zu Jahr zunehmende Zahl junger Menschen aufnimmt. 2008 kamen z.B. bereits 20,3 Prozent aller jüdischen Schülerinnen und Schüler Israels ihrer Schulpflicht in Einrichtungen nach, die unter dem Schirm der beiden ultraorthodoxen Parteien standen.[10]

Mit zunehmendem Anteil an der Bevölkerung und wachsender sozialer Aktivität wurden die ultraorthodoxen Gemeinden immer stärker von staatlichem Geldzufluss abhängig. Um jedoch finanzielle Zuwendungen zu erlangen, war und ist politisches Engagement erforderlich. Agudat Jisrael trat 1977 nicht zuletzt darum der Regierung Menachem Begins bei, um aktiv die materiellen Interessen ihres Klientels wahrzunehmen. Nicht nur das Verhältnis von Staat und Religion, sondern auch konkrete soziale Fragen, von existenzieller Bedeutung für die ultraorthodoxe Gemeinschaft, werden zunehmend thematisiert und in die Wahlkämpfe einbezogen.

Zu den äußeren Faktoren, die die Politisierung der Charedim stimulierten, gehörten während der 1990er Jahre gravierende demografische Umbrüche, Wandlungen im politischen System Israels und Veränderungen im israelisch-palästinensischen Verhältnis. Die Zuwanderung von ca. einer Million Menschen aus der Sowjetunion bzw. deren Nachfolgestaaten, in der

---

8   Menachem Friedman, The Ultra-Orthodox and Israeli Society, in: Keith Kyle/Joel Peters (Hg.), Whither Israel? The Domestic Challenges, London 1994, 185.

9   Während die natürlichen Zuwachsquoten in der gesamten jüdischen Bevölkerung Israels beispielsweise zwischen Anfang der achtziger und Mitte der neunziger Jahre von 2,8 auf 2,5 absanken, erhöhten sie sich bei den Charedim im selben Zeitraum von 6,5 auf 7,6.

10   61 Prozent der jüdischen Schülerinnen und Schüler besuchten säkular ausgerichtete staatliche Schulen; 18,6 Prozent lernten in staatlich-religiösen Bildungseinrichtungen, die durch die Nationalreligiöse Partei ins Leben gerufen wurden.

Mehrzahl nicht religiös und häufig sogar antireligiös eingestellt, blieb nicht ohne Folgen für das Selbstverständnis der Charedim, das Agieren der religiösen Parteien und das Verhältnis von Staat und Religion. Es stellte sich z. B. heraus, dass die Festlegungen der Status-quo-Vereinbarung von 1947 nicht mehr den gesellschaftlichen Realitäten entsprechen. So müssen für Staatsbürger, die aufgrund des Rückkehrgesetzes eingewandert sind, vom Rabbinat jedoch nicht als Juden entsprechend der Halacha anerkannt wurden (das betrifft 2008 etwa 300.000 Staatsbürger), neue Regelungen in Personenstandsfragen gefunden werden. Das sich während der 1990er Jahre herausbildende fragmentierte Parteiensystem bot ethnischen, religiösen oder säkularen Gruppeninteressen weitaus größere Möglichkeiten als in den Jahrzehnten der parteipolitischen Bipolarität von Arbeitspartei versus Likud. Die Aktivierung nationalreligiöser bzw. ultraorthodoxer Juden wurde nicht zuletzt durch die Verhandlungen mit den Palästinensern, verantwortet durch die als „säkular" empfundene Rabin-Peres-Regierung und fortgesetzt durch Ehud Barak, beschleunigt. Zu den Gegnern der Kompromissformeln und -abkommen von Oslo und Washington gehörten – und gehören bis heute – insbesondere Angehörige des benannten Gesellschaftssegments. Sie betrachten die Aufgabe der 1967 besetzten Teile Erez Jisraels als Sakrileg. Viele von ihnen nahmen ihren Wohnsitz im Westjordangebiet und stärkten damit das Siedlerpotenzial.

Eine spezifische Rolle in der Auseinandersetzung um den Staat spielt Schas. Die Mehrheit ihrer Anhänger und Wähler sind orthodox-religiöse Sephardim bzw. ihrer Tradition verpflichtete Misrachim aus Nordafrika, Westasien und anderen islamischen Regionen. Sie treten einerseits für einen dem jüdischen Gesetz verpflichteten Staat ein, suchen andererseits jedoch die aschkenasische Dominanz im Establishment zu brechen und den gesellschaftlichen Stellenwert der „Orientalen" zu erhöhen. Die „sephardische Revolution" vollzieht sich auf mehreren Ebenen. Zunächst sind die sephardischen Rabbiner bemüht, ihre Auslegung jüdischer Religiosität und Existenz als einzig richtig gegenüber den Auffassungen der aschkenasischen Thora-Gelehrten durchzusetzen und zu verbreiten. Zugleich wird die Rückkehr zu der „guten alten Zeit", in der sich das sephardische Judentum auf dem Höhepunkt seines Glanzes und Einflusses befand, beschworen. Die Forderung, „die alte Herrlichkeit wiederherzustellen", beinhaltet die Besinnung auf die eigenständige religiöse Tradition in der nah- und mittelöstlichen Region.[11] Die seit den 1990er Jahren auf vielen Schas-Wahlplakaten zu

---

[11] *Lehachsir atarah le-joschana* – „die Krone (der Thora) zurückbringen", wird von Neugart mit „Die alte Herrlichkeit wiederherstellen" übersetzt (Felix G. Neugart, Die alte Herrlichkeit wiederherstellen. Der Aufstieg der Schas-Partei in Israel, Schwalbach/Ts. 2000). Chetrit gibt den Satz wieder als „bringing back the crown (of the Thora) to the (good)

findende Formel kann auch als Absicht gedeutet werden, die sephardische Dominanz über religiöse jüdische Angelegenheiten zurückzuerobern.

Schas definierte sich von Anbeginn als politische und soziale Bewegung – möglichst aller – orientalischer Juden. Nicht zuletzt im Bildungssektor sucht sie die Abhängigkeit vom aschkenasischen Establishment zu durchbrechen. So forderte sie in ihrer Wahlplattform 2009 gleiche staatliche Zuwendungen an alle Bildungssektoren, die Verringerung der Klassenstärke in Grund- und Mittelschulen sowie höhere Ausgaben für Schulen in peripheren Regionen des Landes.[12] Anfang 2009 veröffentlichte die Partei auf ihrer Website eine Umfrage, wonach 99,2 Prozent der Befragten der Meinung waren, dass es dem Staat nicht gelinge, die sozialen Diskrepanzen in der Gesellschaft zu verringern. 70,9 Prozent der Misrachim gaben an, Aschkenasim würden bei der Vergabe von Arbeitsplätzen bevorzugt.[13] Wichtige Slogans im Wahlkampf 2009 waren somit „Ein hungriges Kind kann nicht gut lernen!" und „Die Familie ist alles!". Mit der postulierten Interessenvertretung armer bzw. gering verdienender Menschen sowie mit Forderungen nach Erhöhung staatlicher Zuwendungen für die unter Schas-Hoheit stehenden Schulen wird direkt und indirekt Druck auf das politische Establishment ausgeübt.

Von Bedeutung für die Politik sind nicht zuletzt „Falkenpositionen" unter der Wählerschaft und in der Führung der Schas-Partei. Nicht selten überlappen sich ethnische Herkunft, Positionen im „Kulturkampf" und Haltungen zum Friedensprozess. Während Juden europäisch-amerikanischer Herkunft – mit Ausnahme der militanten Siedlerbewegungen – mit leichter Mehrheit eine säkulare Gesellschaft befürworten und die Konsenssuche mit den Palästinensern befürworten, sind orientalische Juden stärker an Religion und Tradition gebunden und in geringerem Maße kompromissbereit in der Friedensfrage. Positive Resonanz fand die Schas-Führung bei ihren Wählern z. B., als sie in der Amtsperiode Ehud Olmerts (2006-2009) wiederholt mit Austritt aus der Regierungskoalition drohte, sollten die Gespräche mit den Palästinensern zur Räumung von Siedlungen in der Westbank führen. Die Partei wandte sich gleichfalls vehement gegen die Teilung Jerusalems – eine Haltung, der sowohl religiöse als auch politische Interessen, Erwägungen und Argumente zu Grunde liegen.

---

old days". Vgl. Sami Shalom Chetrit, Mizrahi Politics in Israel: Between Integration and Alternative, in: Journal of Palestine Studies, Vol. XXIX, No. 4 (Summer), 2000, 57.

12 Mismach ikronot tnuat Schas (Grundsatzdokument der Bewegung Schas), http://www.shasnet.org.il, 18. Februar 2009.

13 „Michkar: Be-Jisrael adajin kajemet aflaja al reka edati" (Studie: In Israel gibt es noch ethnische Diskriminierung), http://www.shasnet.org.il, 18. Februar 2009.

Als relativ neue Tendenz muss die sich verstärkende Symbiose von Nationalismus und ultraorthodoxem Glaubensbekenntnis – das Aufkommen der „Chardalim" (charedim le'umijim – nationale Ultraorthodoxe) – gewertet werden. Dieser Trend folgt einerseits der „Charedisierung" der Siedlerbewegung und andererseits der zunehmenden Verbreitung nationalistischer Auffassungen in ultraorthodoxen Bildungseinrichtungen – sowohl der Sephardim als auch der Aschkenasim. Junge Jeschiva-Schüler brechen immer häufiger aus der geistigen, von Rabbinern gelehrten Schtetl-Ideologie aus, beschäftigen sich verstärkt mit Fragen der Außen- und Sicherheitspolitik und sympathisieren mit dem Likud oder dem Ichud Le'umi. Politisch stehen sie nicht selten der Gusch Emunim-Bewegung nahe. Als Hochburgen der „Chardalim" gelten die Siedlungen Kiriat Mosche, Jishar, Har Bracha und Beit El.

4. Differenzierungsprozesse und Zukunftsoptionen

Das Verhältnis von Staat und Religion ist eng mit der Frage nach der weiteren Ausgestaltung der israelischen Demokratie verbunden. Die religiösen Parteien und Autoritäten sehen sich mit zivilen Kräften konfrontiert, die sich der verstärkten Einflussnahme der Religiösen auf die Politik widersetzen und in einem modernen säkularen Staat Israel leben wollen. Hinzu treten Modernisierungstrends in der Gesellschaft, im regionalen Umfeld und auf internationaler Ebene. Zusätzlich zu säkularen bzw. nichtklerikalen Parteien hat sich in Israel während der letzten zwei Jahrzehnte ein breites Netz zivilgesellschaftlicher Organisationen herausgebildet, von denen nicht wenige das Vordringen der Religiösen zu verhindern suchen.

Der Streit um das Prokrustesbett, in das die Status-quo-Vereinbarung von 1947 die israelische Gesellschaft gezwängt hat, weist auch innerreligiöse Komponenten auf. Die im Umfeld der Staatsgründung getroffene Festlegung sagt aus, dass alle religiösen und zivilrechtlichen Angelegenheiten jüdischer Israelis ausschließlich durch orthodoxe Rabbinatsgremien zu entscheiden seien. Diese einseitige Fixierung erweist sich in dem Maße, wie sich in Israel Gemeinden des konservativen und Reformjudentums herausbilden, als hemmendes Korsett. Obwohl bisher noch eindeutig in der Minderheit, gelingt es den nichtorthodoxen Gemeinschaften, öffentliche Aufmerksamkeit zu erlangen. Die Anhänger beider Richtungen, wesentlich mitgetragen durch angelsächsische Zuwanderer, treten für religiösen Pluralismus innerhalb des Judentums und damit auch Israels ein. Akzente setzten z. B. die Eröffnung von Bildungs- und Kultureinrichtungen des Reformjudentums – Hebrew Union College (1986) und Israel Religious Action Center in Jerusalem (1987), Beit Daniel (1991) in Tel Aviv und Mischkenot Ruth Daniel in Jafo (2007). Die konservative Gemeinde errichtete Mitte der 1980er Jahre in

Zusammenarbeit mit dem Jewish Theological Seminar in New York ein Beit Midrasch in Jerusalem, in dem nicht nur Männer, sondern auch Frauen in rabbinischen Studien unterwiesen werden. Sie verfügt darüber hinaus über einen eigenen Schulzweig (Tali).

Für die Orthodoxie bedeuten Reform- und konservatives Judentum nicht nur Abweichungen von der tradierten Lehre des Judentums; sie stellen auch die seit Staatsgründung existente Dominanz der Ultraorthodoxen in religiösen Angelegenheiten in Frage. Analog der Situation in den USA und im Rahmen eines pluralistischen Judentums fordern Reformrabbiner engagiert die gleichberechtigte Präsenz in religiösen Gremien, z. B. im Obersten Rabbinatsgericht, oder auch die Anerkennung des Übertritts zum Judentum nach Reform-Ritus. Ihre Bildungs- und Kultureinrichtungen erfreuen sich großen Zuspruchs, insbesondere bei Neueinwanderern, aber auch bei aschkenasischen Juden, denen das Jüdische als Teil der Identität wichtig ist, die religiösen Zwang jedoch ablehnen.

In den israelischen Medien fällt der Begriff „Kulturkampf" heute seltener als Mitte und Ende der 1990er Jahre; de facto werden die Auseinandersetzungen jedoch entlang der alten Konfrontationslinien fortgesetzt. An einem Tag, am 6. April 2008, fanden sich in der Tageszeitung Haaretz z. B. drei Artikel, deren Überschriften lauteten: „Schas protestiert gegen das Urteil des Jerusalemer Stadtgerichts, den Verkauf gesäuerten Brots zu Pessach zu erlauben", „Die Lebensmittelkette AM:PM sieht sich unter Druck religiöser Gruppen gezwungen, einige ihrer Geschäfte am Schabat zu schließen" und „Ultraorthodoxe Passagiere einer El-Al-Maschine verursachten Turbulenzen, als sie die Aufführung eines Videos an Bord zu verhindern suchten". Laut einer Umfrage des israelischen Demokratieinstituts in Jerusalem von 2008 sind 61% der israelischen Juden heute der Meinung, das Verhältnis zwischen Religiösen und Säkularen sei schlecht.[14]

Welche Zukunftsszenarien im Verhältnis von Staat und Religion sind erkennbar? Ungeachtet aller drängenden Erfordernisse der Tagespolitik und aller zeitweiligen Verschiebungen im politischen Kräftespiel werden die Auseinandersetzungen mittelfristig vor allem um zwei gegensätzliche Optionen geführt werden: Die „säkulare Orthodoxie" fordert die generelle Trennung von Staat und Religion, niedergeschrieben in einer angedachten, jedoch noch ausstehenden Verfassung. Ihr entgegen wirkt die „Ultraorthodoxie", die die Verwandlung Israels in einen theokratischen Halacha-Staat entsprechend dem traditionsverpflichteten Religions- und Gesellschaftsverständnis erstrebt. Keine der genannten Zielvorstellungen dürfte in „reiner Form" umsetzbar sein. Neben den relativ klar definierbaren und zahlenmä-

---

14 Asher Arian u.a., Auditing Israeli Democracy – 2008. Between the State and Civil Society, Jerusalem 2008, 58.

ßig überschaubaren Gruppen der säkularen wie der ultraorthodoxen Juden –
den beiden Polen im „Kulturkampf" – besteht die Mehrheit der jüdischen
Staatsbürger aus Menschen, für die weder die Trennung von Staat und Religion noch eine „Khomeinisierung" Israels akzeptabel wären. Der durch die
Holocaust-Erfahrung gestärkte zionistische Konsens steht, trotz mancher
Brüche und Infragestellungen, weiterhin für den Erhalt Israels als eines
„jüdischen demokratischen Staates". Daran binden sich Fragen nach der
jüdisch-israelischen Identität, nach dem Verhältnis zur wachsenden ara-
bisch-palästinensischen Minderheit (heute bereits 20,7% der israelischen
Staatsbürger) sowie nach dem Stellenwert der jüdischen Diaspora für Israel.
Nicht zuletzt dürften soziale und wirtschaftliche Erwägungen für das Verhältnis von Staat und Religion eine „Realpolitik" begünstigen, die in kleinen
Schritten notwendige Veränderungen des bisherigen Status quo durchsetzt,
ohne prinzipiell neue Weichen stellen zu müssen.

Rechtstrends in der israelischen Gesellschaft, wie sie sich in den
Knessetwahlen 2009 zeigten, haben nicht automatisch die Verstärkung des
religiösen Elements zur Folge. So gelten für die Regierungsbildung 2009
bzw. für den erforderlichen Koalitionsvertrag die religiösen Parteien – erstmals seit vielen Jahren – nicht mehr unbedingt als „Zünglein an der Waage".
Sie mussten diesen Rang an die rechtsnationalistische, von russischsprachi-
gen Neueinwanderern stark unterstützte Partei Jisrael Beitenu (Israel – Unser Heim) abtreten. Deren Führer, Avigdor Lieberman, steht innenpolitisch
für eine „zivile Agenda". Er befürwortet die Zivilehe und Erleichterungen
bei der Konversion zum Judentum. Übermäßigen Einfluss der Rabbiner auf
Politik und Alltagsleben sucht er zu beschneiden. Damit provozierte er wiederholt das spirituelle Oberhaupt der Schas-Partei, Ovadia Josef, zu verba-
len Ausbrüchen. Der Rabbiner warnte in der Wahlkampagne 2009 z. B. die
Wähler, dass jeder, der für Lieberman votiere, dem ‚Teufel' helfe. Eine
Koalition, in der Schas und Jisrael Beitenu vertreten seien, schloss er zunächst aus – eine Haltung, die politisch kaum Bestand haben dürfte. Lieberman ist zudem weit davon entfernt, einen konsequent säkularen Staat
Israel anzustreben. Laut Wahlplattform tritt seine Partei „vehement gegen
die Trennung von Staat und Religion" auf. Der rechtspopulistische Politiker
fordert allerdings, nicht den religiösen Autoritäten, sondern dem Staat alle
Entscheidungsgewalt über religiöse Belange zu übertragen.[15] Eine Regierungskoalition mit Jisrael Beitenu, jedoch ohne die ultraorthodoxen Parteien
wäre somit keinesfalls die Garantie für Fortschritte im Verhältnis von Staat
und Religion.

---

[15] Vgl. Anshel Pfeffer, „Religion according to Lieberman", Haaretz, 22 February 2009.

Die Frage, ob Israel zugleich ein jüdischer und demokratischer Staat sein könne, „ein Staat für alle seine Bürger", impliziert neben der religiösen Dimension auch das innerisraelische jüdisch-arabische Verhältnis und Entkrampfungen im Verhältnis zu den Palästinensern. Die Positionierung der politischen Parteien wie auch der Zivilgesellschaft zu den skizzierten Grundfragen bleibt unabdingbar auf der Tagesordnung. Avraham Burg, langjähriger Knessetsprecher und ehemaliger Vorsitzender der Zionistischen Weltorganisation, charakterisierte die israelische Realität folgendermaßen: „Unsere Vergangenheit ist nicht absolut demokratisch, zumal nicht, wenn wir uns mit Fragen von Religion und Staat beschäftigen. Das zentrale Thema im problematischen Verhältnis von Religion und Staat ist die Frage, aus welcher Quelle die Autorität im israelischen Staat ihre Berechtigung erhält. Soll Israel Theokratie oder Demokratie sein? Gilt die Macht des Einzelnen oder die Macht des Volkes, die Herrschaft der vom Volk entsandten Knessetabgeordneten oder die Herrschaft der Geistlichen und kraft des theokratischen und theologischen Rechts Amtierenden? Die Entscheidung über diese Frage steht in Israel bislang nicht nur aus, sondern nimmt an Brisanz kontinuierlich zu, lässt das Volk wie auf einer Kreuzung ausharren, wo die Gefahr, von der mit rasender Geschwindigkeit passierenden Fahrzeugen erfasst zu werden, ständig wächst."[16]

---

[16] Avraham Burg, Das Parlament in der israelischen Demokratie, in: Wolfgang Thierse / Avraham Burg, Das Parlament in der deutschen und in der israelischen Demokratie. Zwei Vorträge, Herzliya: Friedrich-Ebert-Stiftung 2000, 15.

Das postrevolutionäre Regime in Iran

Theokratie oder Republik?

Henner Fürtig

Das seit 1979 in Iran herrschende Revolutionsregime zeichnet drei elementare Besonderheiten aus. Zum ersten verkörpert es das gegenwärtig einzige Beispiel einer bereits drei Jahrzehnte andauernden kollektiven Herrschaft muslimischer Geistlicher. Zum zweiten stellt die ihrer Machtergreifung vorangegangene Umwälzung eine der wenigen Massenrevolutionen der Neuzeit dar: in Form und Wirkung nur vergleichbar mit der bürgerlichen Revolution in Frankreich und der kommunistischen in Russland. Zum dritten agierte an der Spitze der Revolution eine Führungspersönlichkeit, die in der Bandbreite ihrer Wirkungseigenschaften berühmten Vorgängern überlegen war.

Nur selten hat eine einzelne Person einen derart gravierenden Einfluss auf Inhalt, Tempo und Richtung einer Revolution genommen wie Ayatollah Ruhollah Khomeini. War sein Wirken zwischen dem Sturz des Schahregimes und der Festigung der geistlichen Herrschaft zwischen 1979 und 1981 noch mit dem Robespierres oder Lenins vergleichbar, so entwickelte er sich in der Dekade bis zu seinem Tod 1989 auch zum Staatsmann; er übernahm faktisch Rollenmuster wie etwa Napoleon in der französischen, oder Stalin in der russischen Revolution. Er legte mit dem Prinzip der Herrschaft des Rechtsgelehrten (Velayat-e Faqih) die grundlegende Machtstruktur der zu schaffenden Islamischen Republik fest und diktierte wesentliche Paragraphen der Verfassungen von 1979 und 1989, trug aber ebenso dafür Sorge, dass seine Überzeugungen, Standpunkte, Haltungen und Visionen auch in die Ausgestaltung und Richtungsgebung der einzelnen Machtorgane der Republik Einzug fanden. Die Identität der Islamischen Republik Iran (IRI) wurde auf diese Weise untrennbar mit dem Wirken und der geistigen Hinterlassenschaft Ayatollah Khomeinis verknüpft. Auch zwanzig Jahre nach dem Ableben des Revolutionsführers gilt die „Linie des Imam" weit über Deklarationen und Propaganda hinaus als geistige und politische Richtschnur der iranischen Staatsführung.

1. Der geistliche Revolutionär

Der Geburtstag Ayatollah Ruhollah Musavi Khomeinis ist umstritten. In der biographischen Literatur findet sich in der Spanne zwischen 1900 und 1904 nahezu jedes Jahr wieder. Am wahrscheinlichsten erscheint der 24. September 1902 als der Tag, an dem Ruhollah in dem kleinen Dorf Khomein, etwa 90 Kilometer südlich von Teheran zur Welt kam.[1] Sein Vater, Sayyid Mostafa, ein kleiner Pächter, wurde schon 1903 in einer Auseinandersetzung mit dem Landeigentümer getötet. Seine Mutter Haǧǧar, Tochter eines örtlichen Geistlichen, übernahm, zusammen mit Tanten und älteren Geschwistern die Erziehung des jungen Ruhollah. Religiöse Schwerpunkte rückten dabei nicht nur auf Grund der dörflichen Tradition in den Mittelpunkt, sondern auch wegen des nachhaltigen Einflusses seines älteren Bruders Morteza, des späteren Ayatollahs Pasandideh.[2]

Im Alter von siebzehn Jahren ging Khomeini in die nahegelegene Stadt Arak, um bei Ayatollah Abdolkarim Ha'eri Yazdi eine umfassende religiöse Ausbildung zu beginnen. 1920 folgte er seinem Lehrer nach Qom und schloss dort 1926 seine Studien ab. Ende der 1920er Jahre begann der junge Geistliche (Hoǧǧat-ol Eslam) auch selbst Vorlesungen zu halten. Sie beschäftigten sich hauptsächlich mit islamischer Mystik und Philosophie. Dazu erschienen auch erste Schriften. Seine geistlichen Kollegen in Qom achteten die Gelehrsamkeit Khomeinis, trotzdem unterschieden sich seine Publikationen nicht wesentlich von anderen in der Heiligen Stadt Irans veröffentlichten religiösen Abhandlungen jener Zeit. Erst in den 1940er Jahren sollte sich zeigen, dass die gravierenden gesellschaftlichen Veränderungen, die der 1925 inthronisierte erste Pahlavi-Schah, Reza, eingeleitet hatte, in Qom und insbesondere von Khomeini geistig verarbeitet worden waren. Rezas Versuche, Kemal Atatürk nachzueifern und Iran forciert an westliche Standards des 20. Jahrhunderts heranzuführen, stießen auf den entschiedenen Widerstand vieler Geistlicher. Schon in jungen Jahren entwickelte Ruhollah Khomeini die unverrückbare Gewissheit, dass der Islam zu allen Zeiten und allein in der Lage sei, jedes Problem der Menschheit zu lösen. Die Orientierung auf den Westen oder jedes andere nichtislamische System erschien ihm zunächst nur als unbegreiflicher Irrweg, später als offener Verrat an der Sache des Islam. Warum einer Schimäre nachjagen, wenn der Islam vollkommen ist und Antworten auf jede mögliche Frage bereithält?

Die unerschütterliche Überzeugung von der Richtigkeit seiner Ansichten ließ dem jungen Ruhollah Khomeini jedenfalls schon in den 1940er Jahren keine andere Wahl, als sich nunmehr verstärkt politischen Fragestellungen zuzuwenden. Das hieß für ihn vor allem, die Politik Reza Pahlavis in Frage zu stellen. Zwar hatten die Alliierten den Schah auf Grund seiner pro-

---

1   Vgl. Hamid Dabashi, Theology of Discontent: The Ideological Foundation of the Islamic Revolution in Iran, New York / London 1993, 409.

2   Für weitere biographische Studien empfehlen sich Ahmad Ruhani, Nehzat-e Imam Khomeini, 2 Bde., Teheran o.J., und Sherbaf Veydani (Hg.), Sargozashthaye Vizheh az Zendegiye Hazrat-e Imam Khomeini, Teheran 1987.

deutschen Außenpolitik schon am 16. September 1941 zur Abdankung gezwungen, aber seine säkularistischen Initiativen blieben davon unberührt.
Sein Sohn, Mohammad Reza folgte ihm auf dem Thron, er blieb aber bis
zum Ende des 2. Weltkrieges schwach und von den Alliierten abhängig. Das
gab Khomeini den Freiraum, 1944 sein Buch „Entdeckung der Geheimnis-
se" (Kashf-e Asrar) zu veröffentlichen. Er rechnete darin mit der aus seiner
Sicht antiislamischen Politik der Pahlavi-Schahs ab, wandte sich gegen die
Vielzahl säkularistischer Tendenzen in Iran, gegen die Despotie und die
zunehmende Orientierung auf den Westen. „Europa ist nichts als eine Gesamtheit von Diktaturen voller Unrecht ... Wenn der Islam den Westen
geleitet hätte, wäre man nicht gezwungen, Zeuge dieses wilden Treibens zu
sein...“[3] Allerdings findet sich in diesem Buch noch keine ausdrückliche
Ablehnung der Monarchie. Vielmehr spricht sich Khomeini für eine vollständige Geltendmachung der Verfassung von 1907 aus, die die Rechte und
Pflichten des Monarchen festschreibt und der Geistlichkeit wichtige Kontrollfunktionen zubilligt.[4]

Kashf-e Asrar stellt insofern eine wichtige Zäsur im Schaffen Khomeinis
dar, als dass es das erste politische Werk des Geistlichen ist und gleichzeitig
bereits ein Politikfeld einführte, das fortan zu den Konstanten seiner Schriften zählte: Kritik am Westen. Trotzdem trat in den politischen Aktivitäten
des unterdessen allseits als Ayatollah anerkannten Ruhollah Khomeini nach
der Veröffentlichung von *Kashf-e Asrar* eine Pause ein. Nach dem Tod von
Ayatollah Esfahani wurde Ayatollah Borugerdi 1946 dessen Nachfolger im
Amt des höchsten schiitischen Geistlichen (Marğa at-Taqlid). Borugerdi
beschränkte sich nahezu ausschließlich auf geistliche Fragen, seine apolitische Haltung wurde als stillschweigende Duldung der Legitimität der Pahla-
vi-Herrschaft interpretiert. Er wandte sich strikt gegen jede Einmischung
der Geistlichen in die Politik und hielt sowohl die Monarchie als auch den
Islam als lebensnotwendig für den Erhalt Irans.[5] Die 1950er Jahre galten in
Iran außerdem als Dekade bürgerlich-liberaler Opposition mit Mohammad
Mossadeq als Leitfigur. Khomeini zog sich wieder auf die Vermittlung religiöser Lehrstoffe in Qom zurück, schuf sich auf diesem Weg aber eine
Schar treuer Anhänger und Gefolgsleute.

An der Wende zu den 1960er Jahren wurde Iran von einer tiefgreifenden
gesellschaftlichen und politischen Krise erfasst. Auch Khomeini ließ sich
nun von der Woge der Massenpolitisierung mitreißen. In seinen Vorlesun-

---

3   Ruhollah Khomeini, Kasf-e Asrar, Teheran 1980, 38.
4   Vgl. Ruhollah K. Ramazani, Khumayni's Islam in Iran's Foreign Policy, in: Adel Dawi-
     sha (Hg.), Islam in Foreign Policy, Cambridge u.a. 1983, 16.
5   Vgl. David Menashri, Khomeini's Vision: Nationalism or World Order?, in: ders. (Hg.):
     The Iranian Revolution and the Muslim World, Boulder 1990, 43.

gen und Seminaren in Qom knüpfte er nicht nur an seine Kritik des Westens in *Kashf-e Asrar* an, sondern ging weit darüber hinaus, indem er nun die Monarchie, den Schah, als mindestens ebenso verhängnisvoll für die Lage Irans geißelte. Er zeigte sich in diesen Fragen wesentlich unversöhnlicher als die Parteigänger Mossadeqs in der illegalen Nationalen Front[6] und veranlasste so, dass sich das geistige und politische Zentrum oppositioneller Aktivitäten in Iran zu dieser Zeit von Teheran nach Qom verlagerte. Dieser Ortswechsel sollte bald erhebliche politische Folgen zeitigen.

Nach fortdauernden Studentenunruhen veranlasste Schah Mohammad Reza Pahlavi schließlich am 5. Juni 1963 die Verhaftung Khomeinis. Der sich daraufhin erhebende Aufstand konnte nur unter massivem Einsatz der Streitkräfte niedergerungen werden. Er gilt seitdem als Vorbote der Revolution von 1978/79. Der Monarch entließ Khomeini zwar am 2. Juli 1963 aus dem Gefängnis, stellte ihn aber unter Hausarrest. Spätestens seit diesen Ereignissen war der Ayatollah zur Galionsfigur der antimonarchistischen Bewegung in Iran geworden. Schon im Oktober 1964 kam es zur nächsten Kraftprobe, als der Schah allen in Iran tätigen Bürgern der USA diplomatische Immunität zusicherte. Am 27. Oktober attackierte Khomeini diese Maßnahme mit einem flammenden Appell: „Es ist Amerika, das uns unsere Abgeordneten direkt oder indirekt aufzwingt. Es ist Amerika, das den Islam und den Koran als für seine Interessen schädlich betrachtet und zu beseitigen versucht. Es ist Amerika, das die islamischen Gelehrten als Hindernis für die Verfolgung seiner kolonialistischen Ziele ansieht und sie mit Diskriminierungen, Verhaftungen und Folterungen aus dem Wege zu räumen sucht. Es ist Amerika, das unser Parlament unter Druck setzt, solche verwerflichen Gesetze zu verabschieden, durch die all unsere islamischen und nationalen Errungenschaften mit Füßen getreten werden. Es ist Amerika, das unser islamisches Volk wie Untermenschen und schlimmer behandelt."[7] Diese Äußerungen nahm der Schah zum Anlass, Khomeini am 4. 11. 1964 des Landes zu verweisen. Der Ayatollah wandte sich zunächst in die Türkei, ehe er ab Oktober 1965 für mehr als ein Dutzend Jahre im irakischen Naǧaf Zuflucht fand.

Dort legte er mit seinem 1970 erschienen Hauptwerk „Die Herrschaft des Rechtsgelehrten" (Velayat-e Faqih) den theoretischen Grundstein für die spätere islamische Revolution in seinem Heimatland und leitete gleichzeitig seine eigene Wende zum Politiker ein; denn seine zentrale These lautete, dass die Trennung der Religion von der Politik und ihre Beschreibung als

---

6   Vgl. Nikki R. Keddie, Iran and the Muslim World; Resistance and Revolution, London u.a. 1995, 169.

7   Khomeinis Aufruf gegen das Kapitulationsgesetz, 27.10.1964, in: Michael Opperskalski, Iran gestern und heute, Dortmund 1980, 98.

Regelwerk von Gebet und Ritual dem Geist und den Lehren des Islam fundamental widersprächen. Der Islam sei vor allem ein göttliches Gesetz, nicht dazu gegeben, um studiert und in religiösen Schulen gelehrt zu werden, sondern angewendet und in Form eines Staates institutionalisiert zu werden. Der Prophet habe eindeutig einen islamischen Staat vorgesehen.[8] Die Trennung sei daher künstlich und den Muslimen vom „imperialistischen Westen" aufgezwungen worden, um sie besser kontrollieren und ausplündern zu können. „Während der Besetzung Iraks fragte einmal so ein Kerl, ein englischer Militär, ob das, was der Gebetsrufer vom Minarett ausruft, der Politik Englands schadet. Die Antwort war: ‚Nein'. Dann sagte er: ‚Lasst ihn rufen!' Wenn ihr euch nicht gegen die Politik der Kolonialisten wendet, wenn ihr den Islam nur als Bündel Gesetze betrachtet, immer nur von ihnen redet und diese Sphäre nie verlasst, unternimmt niemand etwas gegen euch. Ihr könnt rituelle Gebete verrichten, soviel ihr wollt. Sie wollen euer Erdöl. Um eure rituellen Gebete kümmern sie sich nicht. Sie wollen unsere Bodenschätze. Sie wollen uns beherrschen."[9] Als Ayatollah Khomeini am 1. Februar 1979, von Abermillionen empfangen, wieder in Iran eintraf und das Schahregime am 11.2. endgültig kollabierte, erhielt er die Chance, seine Überlegungen in die Tat umzusetzen.

Dabei zeigten sich zunächst unerwartete Schwierigkeiten. Die tiefe Verwurzelung des Islam in der iranischen Bevölkerung bedeutete nicht automatisch, dass jedermann die Folgen der Errichtung eines islamischen Staates nach den Normen Khomeinis voraussah und guthieß. Viele hohe Geistliche standen der Idee der politischen Herrschaft durch einen der Ihren ebenfalls abwartend bis ablehnend gegenüber. Erschwerend kam hinzu, dass der eigentliche Sieg über die Staatsorgane des Schahs zwischen Dezember 1978 und Februar 1979 von Arbeitern, Angestellten, Studenten und Intellektuellen – insgesamt eher linken Kräften – erzielt worden war, die nicht ohne weiteres bereit waren, auf ihre Vorstellungen über ein nachrevolutionäres Staatswesen zu verzichten.

Neben einer Vielzahl praktischer Schritte setzte Khomeini daher zunehmend auf das Gewicht, auf das Charisma und die Ausstrahlungskraft seiner eigenen Person. Ungeachtet der bisweilen bedeutenden Rolle, die andere Kräfte und Personen in der Revolution gespielt hatten, stand doch nie außer Frage, dass er die unumstrittene Führungsperson, die Integrations- und Identifikationsfigur der Revolution war. Damit war klar, dass nur er die Rolle des *Faqih* bei der Errichtung des islamischen Staates übernehmen konnte. Obwohl er es nicht direkt forderte, leistete er doch Bestrebungen

---

[8]   Vgl. Sami Zubaida, Islam: The People & The State, London / New York 1993, 16.

[9]   Ajatollah Chomeini, Der islamische Staat. Übersetzt von Ilse Itscherenska und Hassan Nader, Berlin 1983, 30.

seiner engsten Anhänger und Sympathisanten Vorschub, ihn quasi in die Sphäre des Imam, des Erlösers, zu erheben und sein Urteil damit unanfechtbar zu machen. Er ermutigte Vergleiche zur Leidensgeschichte der Imame seit Karbala. Sein Vater war getötet worden, als er noch ein Kleinkind war. Damit bestand zeitweilig die Gefahr des Verlustes jeder Ernährungsgrundlage. 1964 wurde er in das Exil getrieben, ihm also seine rechtmäßige Position verweigert. 1977 verlor er seinen ältesten Sohn, angeblich durch die Hand des Geheimdienstes SAVAK. Leiden und Entzug (Verlust des Vaters, des Besitzes, der Position und von Kindern) stellen auch die zentralen Begriffe und Themen der Geschichte der Imame von Ali bis zum verschwundenen 12. Imam dar. Darüber hinaus kultivierte Khomeini asketische Lebensformen (zohd), nicht im Sinn eines Rückzugs aus der Welt, sondern als Weigerung, ihren materiellen Genüssen zu folgen.

Für seine Reden wählte er eine gleichmäßige, fast monotone Intonation, keinesfalls durch Anekdoten und Humor lebendiger gemacht, wie es andere bedeutende Geistliche bevorzugten. Andererseits legte er die Gelehrtensprache ab und äußerte sich in einfachen, populären und konfrontativen Begriffen – dazu angetan, den Politiker der Masse der Bevölkerung verständlich zu machen und ihn gleichzeitig durch die Erhebung in eine Imam-ähnliche Position unfehlbar erscheinen zu lassen.[10] Gegenüber den zwölf Imamen hatte er sogar noch den Vorteil, erfolgreich zu sein, d.h. am Ende der Leidensgeschichte zu triumphieren.[11] Bestand konnte der Erfolg aber nur haben, wenn ihn die Muslime Irans tragen würden, wenn sie den islamischen Staat errichteten.

2. Die Umsetzung der „Herrschaft des Rechtsgelehrten"

2.1. Innenpolitik

Trotz der integrierenden und alternativlosen Führungsrolle Khomeinis stand die Geistlichkeit zum Zeitpunkt des Schahsturzes nicht korporativ an der Spitze der Revolution.[12] Dieser – äußerst gewaltsam verlaufende – Pro-

---

[10] Vgl. auch Michael M.J. Fischer, Imam Khomeini, Four Levels of Understanding, in: John L. Esposito (Hg.), Voices of Resurgent Islam, New York / Oxford 1983, 160ff.

[11] Vgl. Keddie, Iran, a.a.O. (Anm. 6), 169.

[12] Hoǧǧat-ol Eslam Khamene'i analysierte diesen Prozess aus der Sicht des Regimes in einer Reihe längerer Interviews mit meinungsbildenden iranischen Gazetten, die 1987 – also in einer Art abschließender Rückschau – in zwei Bänden gesammelt aufgelegt wurden. (Mosahabaha: majmu'yi mosahabaha-ye Hoǧǧat-ol Eslam wa'l-muslimin Sayyed Ali Khamene'i, Teheran 1987) Darin äußert er sich z.B. explizit über die Aufgaben, Erfolge und Grenzen der Islamischen Republikanischen Partei – IRP (Bd. 1, 128-136) und der

zess wurde erst Ende 1981 vollendet. Die im Dezember 1979 verabschiedete Verfassung der Islamischen Republik Iran, die den Kernbestandteilen der
Velayat-e Faqih Gesetzeskraft verlieh, erwies sich dabei als zentrales Instrument. Faktisch sah sie die Errichtung einer Theokratie vor.

Das zeigte sich nicht zuletzt in der außerordentlich vagen Kompetenzzu-
teilung für die nicht-klerikalen staatlichen Institutionen und Ämter, insbesondere das des Präsidenten. Die Indifferenz in der Machtausstattung dieses
Amtes führte dazu, dass der Präsident in entscheidenden Fragen kaum Gelegenheit bekam, seine Auffassungen durchzusetzen. Die Verfassung von
1979 sah eine schwache und zersplitterte Exekutive vor, die dem Präsidenten kaum mehr als zeremonielle Pflichten zumaß. Im unentschiedenen
Machtkampf der Jahre 1979/80 galt es immerhin, einen Machtfokus außerhalb der klerikal kontrollierten Strukturen zu verhindern. Die Geistlichkeit
fühlte sich durch einen von der provisorischen Regierung Bazargan einge-
brachten Verfassungsentwurf aufgeschreckt, der eine Präsidialrepublik plan-
te, die der Geistlichkeit kaum mehr politischen Handlungsspielraum zugestanden hätte, als in der Verfassung von 1907 vorgesehen.

So setzten die Gründerväter der Islamischen Republik alle Hoffnungen
auf die Funktion des *Faqih*,[13] der über Exekutive, Legislative und Judikative
stehen sollte und mittels Direktiven auf sie Einfluss nahm. „Alle drei Funktionen müssen dem Faqih untergeordnet werden, und nur er sollte die Richtung des Landes bestimmen",[14] äußerte Ayatollah Musavi Ġaza'eri, einer der
Autoren der ersten Verfassung der IRI. Musavi Tabrizi, einer seiner Koau-
toren erklärte: „Ein starker Präsident könnte das Parlament auflösen, den
Ministerpräsidenten entlassen und sich selbst als Diktator Irans installie-
ren."[15] Er hätte in jedem Fall die Macht des Parlaments beschnitten, in dem
die Geistlichkeit – wie angeführt – eine bevorzugte Stätte ihres politischen
Wirkens sah.[16]

übrigen Macht- und Transmissionsorgane, z.B. die Komitees, die *Pasdaran*, die *Basiğ* u.a.
(Bd. 2, 24-28).

13   Eine ausführliche Erläuterung des Prinzips „Velayat-e Faqih" findet sich in: Mahmud M.
     Tahini, Ma'a'l-wasiya: dirasa fiqhiya istidlaliya li mas'ala al-iltizam bi'l-wasiya as-siyasiya
     li'l-Imam al-Humaini, Beirut 1990, 29-32. Der Autor billigt dem Prinzip eine Grund-
     funktion für jedes islamische Staatswesen zu und bezeichnet es als „Schlüssel zur *shari'a*"
     (miftah as- shari'a)", ebd., 43.

14   Surat-e Mashruh-e Mozakerat-e Maġles-e Barrasi-ye Neha-ye Qanun-e Asasi-ye Iran,
     Teheran 1986, Vol. 1, 80.

15   Ebd., 85f.

16   Khomeini sah im Parlament von Beginn an eine wichtige Balanceinstitution gegen das
     Herauskristallisieren neuer personaler Macht unterhalb der Ebene des *Faqih*. Vgl. die
     Grußadresse Khomeinis an die erste Sitzung des Parlamentes, in: Negareshi be awalin-e
     dawra-ye maġles-e shura-ye eslami, Teheran 1985, 15f.

Nach der Annahme der ersten Verfassung der IRI durfte der Präsident zwar den Ministerpräsidenten und eine Ministerliste vorschlagen, das Parlament behielt sich aber das letzte Entscheidungsrecht vor.[17] Nicht zuletzt an dieser Verfügung scheiterte Abolhassan Banisadr, der erste Präsident der Islamischen Republik Iran, der sich als gewählter Repräsentant des Volkes verstand (75% der Wählerstimmen) und gegen eine ausschließlich klerikale politische Führung des Landes eintrat. Nach dem kurzen Intermezzo des Präsidenten Raǧaʿi übernahm Hoǧǧat ol-Eslam Ali Khameneʿi im Oktober 1981 das verwaiste Amt.

Obwohl machtpolitisch eindeutig in Vorhand, trat die Geistlichkeit keinesfalls als homogener Block in Erscheinung. Immerhin wirkten jetzt auf der einen Seite „insider", d.h. Amtsträger der Islamischen Republik neben „outsidern", d.h. Klerikale, die sich im wesentlichen auf ihre geistlichen Funktionen beschränkten. Auch die traditionellen Differenzen zwischen den Zentren schiitischer Gelehrsamkeit in Qom und Mashad bestanden fort. Trotzdem fand die Geistlichkeit in der Folge immer dann zu einem Grundkonsens, wenn es darum ging, die errungenen Machtpositionen kollektiv zu verteidigen. Khomeini bewies als „herrschender Rechtsgelehrter" zudem herausragende Stärke bei der Ausbalancierung der verschiedenen klerikalen Strömungen und der Vermeidung einer Situation, die das von ihm kreierte Machtgefüge insgesamt gefährdete.

Obwohl es vielen Beobachtern als anarchisch und chaotisch erschien, kultivierte Khomeini seine Vielfalt bewusst. Keine Institution unter ihm sollte in der Lage sein, ein politisches, ideologisches oder wirtschaftliches Monopol zu erwerben. Vielmehr sorgte ein System sich überlappender Aufgabenstellungen und Verantwortlichkeiten für eine nahezu lückenlose gegenseitige Kontrolle. Das sich manche Entscheidungen so gegenseitig aufhoben oder zumindest stark behinderten, wurde billigend in Kauf genommen.

2.2. Wirtschaftspolitik

Khomeinis wirtschaftspolitische Vorstellungen waren vage und unbestimmt. Ihr lagen egalitaristische, bisweilen sogar utopisch anmutende Konzepte zugrunde. Die islamische Gesellschaft sollte grundsätzlich auf der Basis des Solidaritätsprinzips funktionieren; der Staat habe vor allem eine Koordinierungs- und Verteilfunktion. Der asketische Revolutionsführer machte nie einen Hehl daraus, dass ihm die wirtschaftlichen Aufgaben der Revolution im Vergleich mit den auf die Verstärkung der islamischen, „inneren" Werte

---

[17] Eine tabellarische Dokumentation sämtlicher Beschlüsse des 1. Parlamentes der IRI in: ebd., 46-82.

der Muslime gerichteten Bemühungen sekundär erschienen. Khomeinis Desinteresse, verbunden mit seinen Vorstellungen vom starken Staat, nutzte allerdings die Geistlichkeit als Ganzes zu einer Hyperkonzentration von Produktionsmitteln in ihren Händen. Das wurde vor allem durch die Gründung von zahlreichen Stiftungen (*Bonyadha*) erreicht, die 1979 in der Art von Holdings das gesamte konfiszierte Vermögen des Schahs und seiner Klientel übernahmen. Obwohl sie vordergründig karitative Aufgaben hervorhoben, bündelten sie doch gewaltige ökonomische und finanzielle Kapazitäten. Ihnen gehören gegenwärtig die größten Industriebetriebe, sie kontrollieren letztlich die Wirtschaft Irans. Ihre Stellung ist in der Verfassung nicht definiert. Dadurch genießen sie einen Handlungsspielraum, der sie der Kontrolle durch die Regierung faktisch entzieht und der damit ein wesentliches Merkmal theokratischer Herrschaft im ökonomischen Bereich manifestiert. Zu den wichtigsten Stiftungen gehören:

- *Bonyad-e Mostaz'afan va Ǧanbaran* (Stiftung der Unterdrückten und derjenigen, die ihr Leben einsetzen). Führer: Mohsen Rafiqdust, einst Chauffeur Khomeinis, 1982 bis 1988 Kommandeur der *Pasdaran* (Revolutionswächter), 1989 übernahm er die Führung der Stiftung. Ihr gehören etwa 300 Unternehmen mit insgesamt 2000 Betrieben. Das Budget der Stiftung erreicht allein etwa ein Zehntel des Staatshaushalts.
- *Bonyad-e Imam* (Imam-Stiftung). Führer: Habibollah Asgar Ovladi.
- *Bonyad-e Shahid* (Märtyrer-Stiftung). Führer: Mehdi Karrubi, bis 1992 Parlamentspräsident, 2005 Präsidentschaftskandidat.
- *Bonyad-e Ponzdahom-e Khordad* (Stiftung des 15. Khordad). Führer: Ayatollah Hossein San'ei. Die Stiftung wurde von Basarhändlern gegründet, die am Aufstand gegen den Schah vom 5. Juni 1963 (15. Khordad) beteiligt waren, in dessen Folge Ayatollah Khomeini am 4.11.1964 des Landes verwiesen wurde. Auch ihr gehört eine Vielzahl von Fabriken und anderen Wirtschaftsinstitutionen, sie gilt vielen als die reichste und mächtigste der Stiftungen. Bekannter wurde sie u.a. auch durch die Auslobung eines Kopfgeldes für den Tod Salman Rushdies und die Organisierung/Finanzierung des Anschlags auf das Lokal „Mykonos" in Berlin.[18]

Der Coup der Geistlichkeit blieb – geschützt durch Khomeinis Charisma – im ersten Jahr nach der Revolution wenn schon nicht unbemerkt, dann immerhin unbeanstandet. Als sich erste Anzeichen von Ernüchterung über das Ausbleiben einer merklichen Erhöhung des Lebensstandards andeuteten, konnte der Krieg mit Irak bis 1988 als stets probate Entschuldigung missbraucht werden.

---

[18]   Vgl. Echo of Iran, 41 (1993) 63, 20.

2.3. Außenpolitik

Außenpolitisch fallen die erwähnten Parallelen zu den „großen" Revolutionen besonders auf. Das beginnt schon mit der Eigenschaft, die Crane Brinton bereits 1953[19] allen derartigen Massenrevolutionen zugeschrieben hat: nämlich ein ausgeprägtes Sendungsbewusstsein zu entwickeln, das Bestreben, die gesamte Welt von der Wahrhaftigkeit der eigenen Visionen – seien sie bürgerlich, kommunistisch, oder islamistisch – zu überzeugen. Da der Islam für Revolutionsführer Khomeini ein vollständiges und vollkommenes System war, das für alle Aspekte des Lebens Normen setzte und Hinweise bereithielt, besaß es für ihn universelle Geltung. Demzufolge rief er die Muslime in aller Welt auf, sich gegen ihre mächtigen, aber „degenerierten" Herrscher zu erheben und einen islamischen Staat zu errichten.[20] Sein Ideal für das politische Wirken des Islam war die 'Umma zu Zeiten des Propheten und Imam Alis. Als deren Gegenstück in der Gegenwart betrachtete er die islamische Welt in ihrer Gesamtheit, d.h. alle Nationalstaaten, in denen die Muslime die Mehrheit der Bevölkerung stellen.

Khomeini sah die iranische Revolution so lediglich als Ausgangspunkt für eine weltweite Ausbreitung der islamischen Staatsidee an. Sie sollte Kern dieser Bewegung und gleichzeitig Beispiel sein. Nichts lag ihm ferner als die islamische Revolution auf Iran zu beschränken. „Die iranische Revolution gehört nicht allein Iran, denn der Islam gehört nicht einem bestimmten Volk. Der Islam ist der gesamten Menschheit offenbart worden, nicht nur Iran … Eine islamische Bewegung kann sich daher nicht nur auf ein bestimmtes Land beschränken, nicht einmal nur auf islamische Länder, denn die ist die Fortsetzung der Revolution des Propheten."[21] Damit hatte er eine wesentliche Aufgabe der Außenpolitik des iranischen islamischen Staates umrissen, nämlich die Revolution zu „exportieren." Revolutionsexport (Sudur-e Enqelab) wurde zum bestimmenden Credo der frühen, von Khomeini direkt bestimmten iranischen Außenpolitik. „Wir werden unsere Revolution in alle Welt exportieren, weil sie eine islamische ist. Der Kampf wird solange fortgesetzt, bis überall der Ruf zu hören ist: ‚Es gibt keinen Gott außer Gott und Muhammad ist sein Prophet'. Solange Menschen auf dieser Erde unterdrückt werden, wird unser Kampf fortgesetzt."[22]

In der Praxis umfasste der Revolutionsexport ein vielfältiges Instrumentarium: Waffen, finanzielle Unterstützung, und Ausbildung für muslimische Oppositionsbewegungen in anderen Ländern, die Ausrichtung internationa-

---

[19] Vgl. Crane Brinton, The Anatomy of Revolution, New York 1953, 196.

[20] Vgl. Mohammad Husain, Global Islamic Politics, New York 1995, 234.

[21] Ettelaʻat, Teheran, 3.11.1979.

[22] Imam Rahnemudha-ye, Teheran 1979, 28.

ler islamischer Kongresse, die Nutzung von elektronischen und Printmedien für eine umfangreiche Propaganda und vieles mehr. Auch wenn Khomeini immer wieder versicherte, dass er unter Revolutionsexport keinesfalls die Durchsetzung der islamischen Revolutionsideale mit militärischer Gewalt verstehe,[23] ließ er doch nie Zweifel daran aufkommen, dass er damit lediglich eine militärische Intervention Irans zu diesem Zweck ausschloss. Die Idee der Auflehnung sollte hingegen sehr wohl exportiert werden. „Wir unterstützen alle Völker unter Fremdherrschaft, die kämpfen, um Unabhängigkeit und Freiheit zu erreichen. Wir sagen ihnen aber auch sehr direkt, dass ein ‚Recht' etwas ist, das erkämpft werden will. Sie sollten aufstehen und der Herrschaft der Supermächte in der Welt ein Ende machen."[24]

3. Der geistliche Staatsmann

Obwohl unzählige Aussagen und Schriften belegen, dass die iranische Revolution Muslime in der aller Welt mit Stolz erfüllte und sie ermutigte, blieb dem direkten Revolutionsexport doch – nach bescheidenen Ansätzen in Libanon, Bahrain, Saudi-Arabien, Irak und Afghanistan – der Erfolg versagt. Das schiitische Wesen der iranischen Revolution ließ sich ebenso wenig leugnen, wie das eingeschränkte materielle Potential Irans. Der achtjährige Krieg gegen Irak, der alle Kräfte des Landes forderte, begrub Hoffnungen auf einen raschen Export der Revolution endgültig.

Nachdem die hochfliegenden Pläne der unmittelbaren Ausweitung der Revolution in der islamischen Welt und darüber hinaus genauso rasch scheiterten wie etwa das Herbeisehnen der proletarischen Weltrevolution durch Lenin und Trotzki nach 1917, stand die iranische Revolutionsführung de facto nur noch vor der Wahl, ein gesellschaftliches Modell für *Iran* zu ersinnen („Sozialismus in einem Land" – Stalin). Aus der islamischen Geschichte, einschließlich der vormodernen Zeit, ließen sich im Grunde genommen nur zwei Möglichkeiten ableiten: ein einheitlicher Staat unter politischer und geistlicher Führung durch eine integrierende, charismatische Persönlichkeit oder ein Staat, der in Wort und Tat zwischen staatlichen und religiösen Institutionen, Personen und Aufgaben unterschied, obgleich dem religiösen Faktor dabei Kontrollfunktionen zugestanden wurden.

Khomeini hatte über eine längere Zeitspanne hinweg gehofft, mit dem von ihm entworfenen Prinzip der „Herrschaft des Rechtsgelehrten" hinreichende Voraussetzungen für die erstgenannte Variante geschaffen zu haben. Auch er musste gegen Ende seines Lebens die Unerfüllbarkeit dieser Vision

---

[23] Vgl. Mahmoud Dashti, The Selected Messages of Imam Khomeini Concerning Iraq and the War Iraq imposed on Iran, Tehran 1981, 32.

[24] Imam Bayanat-e Khomeini be munasabat yekom salgerd-e Enqelab, Teheran 1982, 5.

einsehen. Selbst das innovativste Experiment islamischer Staatsgestaltung war objektiven Zwängen unterworfen, sobald es im vorgefundenen nationalstaatlichen Rahmen ablief. In Iran stellte sich dieser Aspekt als besonders prägend dar. Anders als andere Dritt-Welt-Staaten kann das Land auf eine Jahrtausende alte Geschichte als Großmacht zurückblicken, die ein identitäts- und mentalitätsbestimmendes Erbe hinterließ. Khomeini wurde deshalb in seinen letzten Lebensjahren zunehmend zum Oberhaupt eines Nationalstaates, zum Staatsmann. Er verwendete Begriffe wie „Volk" und „Nation" neben „Muslime", und „Republik" (*Ğomhori-ye*) häufiger als „islamische (Welt)gemeinde" (*'Umma*).

Im April 1989 wies Khomeini schließlich eine Verfassungsänderung an, die seinen neuen Erkenntnissen Rechnung tragen sollte. Eine der wesentlichsten Veränderungen betraf die Aufwertung des Präsidentenamtes, das jetzt mit realen exekutiven Vollmachten ausgestattet werden sollte. Khomeini war dabei sehr wohl bewusst, dass eine Stärkung des Präsidenten zwangsläufig zu einer *gewissen* Einschränkung der Omnipotenz des *Faqih* führen musste. Trotzdem ließ er die entsprechenden Artikel in der neuen Verfassung passieren, weil er für einen starken Nationalstaat Iran einen starken Präsidenten benötigte. Auch in einer anderen Hinsicht bewies er große strategische Weitsicht. Die Verfassung von 1979 hatte für den *Faqih* Eigenschaften vorgeschrieben, die nur durch einen *Marğa at-Taqlid* zu erfüllen waren. Im Grunde genommen erwiesen sich alle diesbezüglichen Bestimmungen auf seine Person zugeschnitten. Es war also dringend notwendig, das Amt des *Faqih* zu modifizieren. Nur scheinbar konträr zu seinen bisherigen Auffassungen billigte Khomeini deshalb die neue Bestimmung, wonach der *Faqih* nicht länger auch *Marğa at-Taqlid* sein müsse. Er fürchtete die Führung der Islamischen Republik durch „unpolitische" Geistliche wie etwa die Großayatollahs Golpayegani oder Mar'ashi-Nağafi.

Gleichzeitig nutzte er auch die Gelegenheit, die Rechtsstellung des *Faqih*, eindeutiger als in der Verfassung von 1979 geschehen, herauszuarbeiten. Bislang blieb weitgehend unklar, ob der *Faqih* über der Verfassung stehe, sie quasi erst durch seine Unterschrift legitimiere, oder ob er an sie gebunden sei. Zu Lebzeiten Khomeinis wagte niemand, auf diesen Widerspruch hinzuweisen. Einem Nachfolger hätte die Unklarheit aber wahrscheinlich zu schaffen gemacht. Folglich hob die Verfassung von 1989 die Macht des *Faqih* zwar eindeutig als „absolut" hervor, stellte ihm aber einen sog. Schlichtungsrat zur Seite: formal als Beratungsgremium, aber auch mit der Vollmacht versehen, ihn für amtsunfähig zu erklären. Auch das Verhältnis zum Präsidentenamt erhielt klarere Konturen. Paragraph 113 ordnet den Präsidenten protokollarisch unter dem *Faqih* ein und Paragraph 122 erklärt den Präsidenten dem *Faqih* verantwortlich. Der *Faqih* verfügt weiterhin über den Oberbefehl über alle Streitkräfte des Landes. Damit scheint Iran weltweit der einzige Staat zu sein, in dem die Exekutive nicht über die nationale Streitmacht gebietet. Außerdem bleibt es einzigartig, dass ein gewählter Präsident von einem nichtgewählten *Faqih* bestätigt werden muss bzw. entlassen werden kann.[25] Das Amt des *Faqih* selbst wurde hingegen allein durch die Tatsache „politischer", als dass der Inhaber nicht länger zwingend die höchste theologische Instanz der Republik darstellen muss. Es gilt als sicher, dass Khomeini schon im April 1989 an den damaligen Präsidenten Ali Khamene'i dachte, als er den Modifizierungen des *Faqih*-Amtes zustimmte.[26] Die Präzisierung, weniger Neubestimmung, der Funktion des *Faqih* durch Khomeini stellt sich deshalb per Saldo als meisterhafter Schachzug heraus, weil dadurch rationale, berechenbare und pragmatische Politikelemente im Revolutionsregime gestärkt wurden.

Unter dem Eindruck der sozialen und ökonomischen Probleme nach dem achtjährigen ersten Golfkrieg und seiner schwindenden Gesundheit unternahm Khomeini aber noch weitere Schritte, um den islamischen Staat in Iran zu retten. Um dabei möglichst wenig Raum für Missverständnisse zu lassen, legte er seine Auffassungen in Form eines Testaments für die Nachwelt fest. Dieses Dokument wurde nicht nur in Iran, sondern auch in der übrigen islamischen Welt in breitem Umfang diskutiert und kommentiert, da man sich weiterführende Impulse für die Ausgestaltung des „islamischen Staates" versprach. Die Mehrheit der Analytiker kam jedoch zu dem Ergebnis, dass das Testament im wesentlichen auf eine unmittelbare Handlungsanweisung zu reduzieren ist, die der Machtübernahme durch Pragmatiker den Weg ebnete.[27] Die Essenz des Vermächtnisses mag daher manchen seiner Anhänger enttäuscht haben. Nicht seinen bis dahin bevorzugten Schülern und „Jüngern", den Eiferern, bedingungslosen Visionären, den Revolutionsexporteuren und Egalitaristen, also der in den 1980er Jahren dominierenden politischen Richtung, galt die finale Unterstützung des Revolutionsführers, sondern rationalen Politikern. Die Fortexistenz der Islamischen Republik Iran stand auf dem Spiel, jetzt waren Vernunft, Augenmaß und Machtgespür gefragt und nicht Vision und idealistische Verve. Khomeinis eindeutige Präferenz stärkte die Pragmatiker dergestalt, dass sie nach seinem Tod relativ problemlos die Macht übernehmen konnten. Ihr gehörten zunächst sowohl der neue herrschende *Faqih*, der per Akklamation

---

[25] Vgl. auch Mohammad M. Milani, The Evolution of the Iranian Presidency: From Bani Sadr to Rafsanjani, in: British Journal of Middle Eastern Studies, Exeter, 18 (1991) 2, 95.

[26] Vgl. Sabine Tellenbach, Zur Änderung der Verfassung der Islamischen Republik Iran vom 28. Juli 1989, in: Orient, Hamburg, 31 (1990) 1, 49.

[27] Vgl. z.B. Ma'a'l Tahini, a.a.O. (Anm. 13), 11-25; Wortlaut des Testaments Khomeini's u.a. in: The Iranian Journal of International Affairs, Teheran, 1 (1998) 3/4, 309-362.

zum Ayatollah ernannte Ali Khamene'i, als auch der zum Präsidenten gewählte ehemalige Parlamentssprecher Rafsanğani und Außenminister Velayati an. Wenn auch in unterschiedlichem Maße, rückten sie iranische Interessen in den Mittelpunkt der Politik und tolerierten, dass das religiöse Sendungsbewusstsein demgegenüber temporär in den Hintergrund trat.[28]

Der britische Publizist und Diplomat Desmond Harney fand für Khomeinis systemsichernde Volte treffende Worte: „One thing is certain: the paramountcy of Khomeini cannot be passed on. Not his force of personality, his aura of sanctity, his terribleness – to coin a word – nor his authority. No one could succeed de Gaulle, and no one did; but his Fifth Republic did and has."[29]

4. „Islam" oder „Republik"

Massenrevolutionen verheißen zwar durchweg eine „Heilslehre" für die gesamte Menschheit, können aber – nicht zuletzt auf Grund ihrer jeweiligen Einzigartigkeit – auf keine funktionierenden Beispiele für ihre Visionen verweisen, um die Adressaten zu überzeugen. Trotzdem erwies sich der reale Rahmen, quasi der „Alltag" der Revolutionen häufig als schwieriges, meist kaum zu überwindendes Terrain für die Durchsetzung der missionarischen Vorhaben. So klagte der ehemalige Oberste Richter der IRI, Ayatollah Yazdi, während einer in Rundfunk und Fernsehen übertragenen Freitagspredigt einmal, dass der Islam zwar über eine 1.400 Jahre alte Tradition der Gelehrsamkeit verfüge, aber keinerlei Fingerzeige oder gar „Handlungsanweisungen" für die Errichtung einer islamischen Republik in der Gegenwart bereithalte.[30] Dieser „Stoßseufzer" illustrierte nur – wenn auch anschaulich – die extrem uneinheitliche Meinung innerhalb der iranischen Revolutionäre, was den islamischen Staat eigentlich in der Gegenwart ausmache. Die Islamische Republik war nun einmal in den Grenzen entstanden, die das westlich inspirierte Nationalstaatssystem einem Land zugestand. Diese Staatskonstruktion besaß aber nicht nur keine Wurzeln in der islamischen Geschichte, sondern sie lief der islamischen Vision der 'Umma, der Gemeinschaft der Gläubigen, zuwider. Auf der anderen Seite konnte die iranische

---

[28] Vgl. Sepehr Shojai, Iran in Global Perspective, in: Hamid Zanganeh (Hg.), Islam, Iran & World Stability, New York 1994, 142.

[29] Desmond Harney, The Iranian Revolution ten years on, in: Asian Affairs, London, June 1989, 162.

[30] Vgl. British Broadcasting Corporation – Summary of World Broadcasts (BBC-SWB), Reading, ME/1318A/15, 2.3.1992.

Führung nicht ignorieren, dass sich Staatsgründungen in der islamischen Welt bis dato am Nationalstaatsmodell orientiert hatten.[31]

Wenn unter muslimischen Gelehrten unterdessen auch andere Souveränitätsmodelle diskutiert wurden, so ergab sich das Dilemma für die iranischen Staatslenker aus folgender Einschätzung:

„Ein moderner ... Staat muss drei Kennzeichen aufweisen: er muss volle Souveränität besitzen, er muss ein Nationalstaat sein, und er muss genau definierte Territorien umschließen. Wenn diese drei Bedingungen erfüllt sind, kann ein Staat legitimerweise von sich sagen, er sei souverän. Ein islamischer Staat jedoch, der von diesem Standpunkt aus betrachtet zwar souverän ist, besitzt tatsächlich aber keine volle Souveränität, weil gemäß dem islamischen Glauben die letzte Souveränität allein bei Gott liegt. Genau genommen handelt es sich nicht um einen nationalen Staat, weil die moslemische Gemeinschaft auch eine Gemeinschaft des Glaubens ist, der Menschen unterschiedlicher Abstammung, Rassen oder Nationalitäten angehören können, die verschiedene Sprachen sprechen oder verschiedener Hautfarbe sind, aber in einer allen gemeinsamen spirituellen Welt leben, die im islamischen Glauben verankert ist. Demzufolge ist ein islamischer Staat ein multinationaler Staat. Ein islamischer Staat ist kein Territorialstaat im strengen Sinne des Wortes, weil er danach strebt, ein universaler Staat zu werden. Trotzdem ist er kein utopischer oder imaginärer Staat. Er muss anfangs als territorialer Staat gegründet werden, obgleich man von ihm erwartet, dass seine Grenzen ausgedehnt werden."[32]

Die dieser Lesart innewohnende Problematik einer ausschließlich bei Gott liegenden Souveränität in einem islamischen Staat, hatte Staatsgründer Khomeini versucht, durch sein System der *Velayat-e Faqih* operabel zu gestalten. Den darüber hinausgehenden Widerspruch vermochte er jedoch nicht zu lösen und musste ihn seinen Erben überlassen. Letztlich manifestiert sich der Widerspruch sogar im offiziellen Staatsnamen. Das Fundament des Staates ruht auf seiner „islamischen" Seite, von Khomeini mit dem politischen und wirtschaftlichen Primat der Geistlichkeit (Theokratie) abgesichert. Er funktioniert jedoch nicht ohne seine „republikanische" Seite, ebenfalls durch Khomeini gestärkt. Unmittelbar nach seinem Tod gab sie sogar Tempo und Richtung der weiteren Entwicklung der IRI vor.

So verblieben zwar die politischen Positionen im ersten „Nach-Khomeini-Kabinett", etwa die Ressorts für Inneres, Justiz, Information (Islamic Guidance) etc. noch in den Händen von Geistlichen, die Fachministerien wurden aber fast durchweg von Technokraten übernommen. Die

---

31   Vgl. Richard M. Eaton, Islamic History as Global History, in: Michael Adas (Hg.), Islamic & European Expansion; The Forging of Global Order, Philadelphia 1993, 34.

32   Martin E. Marty / Appleby Scott, Herausforderung Fundamentalismus: Radikale Christen, Moslems und Juden im Kampf gegen die Moderne, Frankfurt / New York 1996, 152.

meinungsbildenden Medien Irans begleiteten den Vormarsch der „Pragmatiker" mit einer umfangreichen Berichterstattung. „Ettela'at" veröffentlichte
eine Artikelserie des namhaften Ayatollahs Kermani, der die Revolution in
ein „neues Zeitalter" getreten sah, ein Zeitalter der Konsolidierung, in dem
„Unrast und Wut" durch „Weisheit und Vernunft" abgelöst würden.[33] Es
waren aber nicht zuletzt auch ökonomische Notwendigkeiten, die
Khomeinis Billigung der Machtübernahme durch pragmatische Kräfte be-
fördert hatten. Deren nüchterner, auf rasche Ergebnisse zielender Ansatz
erschien nach den verheerenden materiellen Verlusten durch Revolution
und Golfkrieg als einzig möglicher, um die Revolution zu retten. Präsident
Rafsanganis Programm des schnellen Wachstums und der raschen Hebung
des Lebensstandards sollte einer Bevölkerung entgegenkommen, die zunehmend ungeduldiger auf die Einlösung der materiellen Versprechungen
der Revolution wartete.

Der neue Präsident sprach sich u.a. für einen vermehrten Kapitalzufluss
aus dem Ausland und für eine verminderte staatliche Kontrolle über die
Privatwirtschaft aus. Noch zu Lebzeiten Khomeinis nahm Iran wieder größere Kredite auf den internationalen Finanzmärkten auf. Rafsangani erklärte
selbstbewusst, die Prioritäten der islamischen Revolution hätten sich geän-
dert, jetzt gelte es vor allem, ein günstigeres Klima für die Wirtschaftsvorha-
ben herzustellen. „Wiederaufbau ist die Losung der Nation,"[34] bestätigte ihn
der neue *Faqih*, Ayatollah Khamene'i, im Sinne einer Vorrangbestimmung.
Sie bebilderte die Erkenntnis der „Neuen" an der Spitze der IRI, dass mit
dem Prosperieren der Wirtschaft auch die Revolution stand und fiel. Die
islamische Republik als politische, wirtschaftliche und kulturelle „Erfolgssto-
ry" würde sich zudem in der islamischen Welt quasi im Selbstlauf durchset-
zen.[35] Entsprechend ihren Bestrebungen sollte in Iran eine „Modellgesellschaft" (*Madine-ye Nemuneh*)" entstehen. Damit müsste die Revolution nicht
exportiert werden wie eine Ware, sondern sie böte sich als nacheifernswerte
Alternative für die Muslime an.[36] Im Sinn einer Besiegelung des neuen
Selbstverständnisses erklärte *Faqih* Khamene'i anlässlich des Neujahrsfestes
1372 (21.3.1993): „Zugleich mit ihrem Stattfinden ist die islamische Revolu-

---

[33] Vgl. Ettela'at, Teheran, 12.9.1989.

[34] Zitiert in: Menashri, Khomeini's Vision, a.a.O. (Anm. 5), 52.

[35] Vgl. Ahmed Hashim, The Crisis of the Iranian State, London 1995, 30.

[36] Vgl. Farhang Rajaee, Iranian Ideology and Worldview: The Cultural Export of Revolution, in: John L. Esposito (Hg.), The Iranian Revolution; Its Global Impact, Miami 1990,
67.

tion Irans in die Welt exportiert worden. Die Revolution ist einmal exportiert worden und damit hat die Sache ein Ende."[37]

5. Das Dilemma des neuen *Faqih*

Mit derartigen „Sprüchen" allein, konnte Ayatollah Khamene'i aber das von seinem Vorgänger übernommene Problem des Lavierens zwischen „Islam" und „Republik" nicht lösen. Selbst Khomeini hatte bekanntlich anerkennen müssen, dass eine Bewegung von Muslimen, die einen islamischen Staat zu errichten beabsichtigt, weniger „zeitlosen" islamischen Prinzipien folgt, als den konkreten Erfordernissen und Problemen, denen sie in der Gegenwart ausgesetzt ist. Selbst wenn aus Gründen der Legitimität an universalen Zielstellungen festgehalten wird, haben sich diese Ziele in der Praxis auf islamische Solidarität innerhalb einer auf viele Nationalstaaten verteilten 'Umma reduziert; islamische Prinzipien wurden dagegen vor allem bei der Wahrung territorialstaatlicher Eigeninteressen angewandt. Aber schon unmittelbar nach dem Ableben des sakrosankten Revolutionsführers Khomeini erhoben sich bohrende Fragen, was die Außenpolitik eines Staates eigentlich als islamisch qualifiziert, wenn dessen Anstrengungen vor allem auf sein eigenes Territorium gerichtet sind? Bestand nicht die Gefahr, dass sich nationalstaatliche Interessenwahrnehmung in den Vordergrund schob und islamische Werte, Prinzipien und Parameter sukzessive auf das Niveau von bloßen Symbolen herabsanken? Konnte allein aus dem Vorhandensein einer geistlichen Führung und tiefreligiöser Minister gefolgert werden, dass deren Politik automatisch islamisch sei?

Die Fragen entfalteten, ob ihres grundlegenden Charakters, eine außerordentlich hohe Erosionswirkung auf das Einvernehmen der von Khomeini bestallten Führung. Er hatte das Duo Rafsanğani/Khamene'i ja an die Spitze des Staates gestellt, um dem bisherigen Richtungskampf ein „neutrales" Zentrum zu geben und so den staatlichen Fortbestand zu sichern. Vereinfacht gesagt, übten jetzt mehrheitlich mit staatlichen Aufgaben befasste Personen und Institutionen Druck auf den Präsidenten aus, in den Mittelpunkt seiner Politik weiterhin vor allem die Nation, den Staat zu stellen, während die geistlichen Organisationen und ihr gesellschaftlicher „Unterbau" insbesondere danach trachteten, Ayatollah Khamene'i zum Wächter islamischer Tugenden und Interessen in Innen- und Außenpolitik zu bestellen. Sie beschworen den geistlichen Führer anzuerkennen, dass Souveränität

---

[37] Hava'i Kayhan, Teheran, 7.4.1993; zit. in: Johannes Reissner, Zwischen Persischem Golf und Zentralasien: Neuorientierung der regionalen Außenpolitik Irans, in: Andreas Zunker (Hg.), Weltordnung oder Chaos? Beiträge zur internationalen Politik, Baden Baden 1993, 361.

letztlich immer bei Gott liege, dass der ständige Kampf zwischen „Gut" und „Böse" kaum Raum für Kompromisse lasse.[38] Gottes Willen durchzusetzen sei jedenfalls ungleich wichtiger als die Einhaltung von Völkerrechtsnormen, die durch westliche Vorstellungen diktiert seien.[39] Das Aufgeben des Revolutionsexports galt ihnen als unannehmbar, als eklatanter Verrat an der „Linie des Imam". Sie wurden nicht müde, die iranische Unterstützung für islamische Kräfte in aller Welt anzumahnen, die sie für „natürlicher" erklärten als etwa die Rolle der außerregionalen Macht USA im Nahen und Mittleren Osten.

Khamene'i, ohnehin in den (zu) großen Schuhen seines Amtsvorgängers unterwegs und nicht im Besitz der Privilegien eines *Marǧa at-Taqlid*, erkannte schnell, dass seine Macht (Velaya) erheblich an Legitimität einbüßen würde, wenn die Islamische Republik Iran nur als Staat und nicht mehr auch als Revolution verstanden wird. Andernfalls würden nur die „Republikaner" und Präsident Rafsanǧani gewinnen. Während Letzterer (republikanische Seite) also den wirtschaftorientierten Kurs nüchterner Balancepolitik fortsetzte, trat Revolutionsführer Khamene'i (islamische Seite) die Flucht nach vorn an. Ausbleibende Erfolge bei der Errichtung der „Modellgesellschaft" versuchte er durch eine Neuinterpretation des islamischen Sendungsbewusstseins zu kompensieren. Der Zusammenbruch des Ostblocks verschaffte ihm die erhoffte Mission. Er apostrophierte bewusst und mit Bedacht eine neue Bipolarität in der Weltpolitik, auf deren einem Pol er die IRI als Kern eines revitalisierten und politisierten Islam ausmachte, während der andere Pol dem Westen und insbesondere seiner amerikanischen Führungsmacht zugeschrieben wurde. Khamene'i behauptete: „In der Vergangenheit hat der Westen der Sowjetunion und dem Marxismus Priorität eingeräumt, aber jetzt ist seine Aufmerksamkeit auf unsere Region konzentriert, die allein deshalb zur wichtigsten Region wurde, weil hier die islamische Revolution ihren Platz in der Welt einnahm."[40] Die Herausforderung sah er als gewaltig an, denn „wir müssen beweisen, dass westliche Werte und Lebensweise nicht universell gültig sind, sondern durch bewusstes Befolgen islamischer Normen ersetzt werden können. Die Augen anderer Länder sind auf uns gerichtet, Erfolg und Misserfolg werden genau abgewogen. An uns liegt es, den Islam als mögliche Alternative attraktiv zu machen."[41]

---

38 Vgl. Ronald M. Savory, Religious Dogma and the Economic and Political Imperatives of Iranian Foreign Policy, in: Mezun Rezun (Hg.), Iran at the Crossroads; Global Relations in a Turbulent Decade, Boulder 1990, 56.

39 Vgl. auch Jonathan D. Green, Ideology and Pragmatism in Iranian Foreign Policy, in: Journal of South Asian and Middle Eastern Studies, Villanova 16 (1993) 1, 64ff.

40 BBC-SWB, Reading, ME/1284A/1, 22.1.1992.

41 Ettela'at, Teheran, 3.6.1990.

Der nun entbrennende Richtungskampf innerhalb der iranischen Führung verlief ungleich. Das Prinzip der *Velayat-e Faqih* bedingte letztlich das
absolute Primat des Revolutionsführers und der ihm nachgeordneten geistlichen Institutionen in der politischen Entscheidungsfindung. Dadurch wurden Standpunkte, Maßnahmen und Initiativen staatlicher Organe in hohem
Maße relativiert. Im Ergebnis paralysierten sich beide Seiten gegenseitig. Es
konnte weder die außenpolitische Isolation wirksam durchbrochen werden,
noch kam die avisierte islamische Weltrevolution entscheidend voran. Vor
diesem Hintergrund reiften die Voraussetzungen für den erdrutschartigen
Sieg von Ayatollah Mohammad Khatami bei den Präsidentschaftswahlen im
Mai 1997.

6. Khatami: die personifizierte Versöhnung?

Khatami verfügte über kein anderes/besseres Wirtschaftskonzept als sein
Vorgänger; seine Versprechungen einer Öffnung des politischen Systems
verhießen allerdings Entlastung für das erheblich unter Druck geratene Regime. Im Grunde genommen gemahnte die Situation an 1989, das Todesjahr
Khomeinis. Erneut galt es, das Ruder der Politik herumzureißen, um das
Regime, das System der islamischen Republik zu retten. Mohammad
Khatami gebührt das Verdienst, diesen Handlungsbedarf – vor anderen im
Establishment – als besonders dringlich erkannt zu haben und Lösungen zu
versprechen. Erste außenpolitische Stellungnahmen des neuen Präsidenten
schienen die Erwartungen zu bestätigen. Den ersten eindrucksvollsten Beweis legte Khatami während der Tagung der „Organisation der Islamischen
Konferenz" (OIC) in Teheran im Dezember 1997 vor, als er die Normali-
sierung der Beziehungen zu den USA möglich nannte, ohne im gleichen
Atemzug Vorbedingungen zu nennen. Gleichzeitig sprach er sich für eine
Anerkennung der positiven wissenschaftlichen, technologischen und sozialen Errungenschaften der westlichen Zivilisation aus,[42] mit der neue Beziehungen zu suchen seien (Dialog der Zivilisationen). In der Innenpolitik
begann er eine Kampagne für ein höheres Maß an Partizipation, die sich
namentlich auch an Frauen und Jugendliche richtete.
     Iranische Intellektuelle, aber auch viele Angehörige der politischen Klas-
se, die den Freiraum zunächst enthusiastisch nutzten, beschäftigten sich
aber zunehmend mit der Frage, inwieweit die einzigartige Staatskonstruktion
der Islamischen Republik Iran wirklich reformierbar ist, ohne ihren Charakter irreversibel zu verändern? Könnte Khatami Erfolg haben, wo selbst
Khomeini scheiterte, nämlich die beiden Antipoden „Islam" und „Republik" zu versöhnen? Obwohl Umstände und Schauplätze von Geschichte

---

[42] Vgl. Time, Washington D.C., 22.12.1997, 19.

nicht austauschbar sind, wurde jetzt immer nachdrücklicher das Menetekel des letzten Führers der Sowjetunion, Michail Gorbatschow, zitiert. Weltweit als Initiator des Zusammenbruchs des totalitären Realsozialismus gefeiert, ist er doch in seinem eigentlichen Anliegen, der Reform und Erhaltung des Sozialismus vollständig gescheitert. Damit wurde das von seinen Anhängern zunächst als Auszeichnung gedachte Prädikat, „Irans Gorbatschow" zu sein, für Khatami zur politischen Gefahr. Der Diskurs- und Dialog-orientierte Intellektuelle Khatami könnte Revolutionsführer Khamene'i und den geistlichen Hardlinern als zu „weich" und zu kompromissbereit erscheinen. Selbst die zunächst begrüßte Ventilfunktion seiner Agenda könnte sich dann in ihr Gegenteil verkehren, wenn die gesamte Revolution zur Disposition stünde.

Die Studentenunruhen von Teheran im Sommer 1999 gerieten für Khatami zum Lackmustest. Als die Studenten während ihrer Demonstrationen erstmals mit der Forderung nach Abschaffung der *Velayat-e Faqih* an die Öffentlichkeit gingen, brachen sie ein Tabu. In der Folgezeit schlossen sich namhafte Dissidenten wie der einst designierte Nachfolger Khomeinis, Ayatollah Montazeri und der ehemalige Innenminister Abdollah Nuri der Forderung an. In dieser Situation plädierte Khatami unzweideutig für die Beibehaltung der *Velayat-e Faqih*. Er manifestierte damit, eben nicht in erster Linie „Freigeist", sondern islamischer Rechtsgelehrter in einer der höchsten Positionen der Islamischen Republik zu sein, der lediglich versuchte, neue Freiräume zu erschließen und durch kluge und flexible Politik Unzufriedenheit und Frustrationen in der iranischen Bevölkerung abzubauen. Es wurde unmissverständlich klar, dass er keine „Revolutionierung der Revolution", d.h. eine gänzlich andere Republik wollte. „Reform" hieß sein Motto, mit dem einzigen Ziel, die islamische Republik zu erhalten; nicht „Revolution", um eine neue politische und soziale Ordnung zu errichten. Folgerichtig stellte sich Khatami gegen die Studenten und ließ der Staatsmacht freien Lauf, sie gewaltsam zu unterdrücken. Damit hatte er sein politisches Kapital verspielt. Mohammad Khatami verkörperte quasi die Grenzen der Reformierbarkeit des politischen Systems der IRI. Trotz aller – über seine unmittelbaren Anhänger weit hinausgehenden – persönlichen Wertschätzung in Iran und im Ausland hatte damit sein Niedergang begonnen. Kaum jemand war überrascht, als er sich bei erneuten Studentenunruhen 2003 ähnlich verhielt wie 1999.

Seiner größten Stärke beraubt, musste Khatami nun ähnliche Erfahrungen machen wie sein Amtsvorgänger Rafsanǧani: Reformvorhaben verliefen mühsam, jede einzelne Maßnahme musste gegen den Widerstand der geistlichen Führung durchgesetzt werden, Rückschläge waren an der Tagesordnung. Am Ende seiner zweiten Amtszeit war Khatami auch politisch am Ende: Zeit für einen neuen Versuch.

7. Mahmud Ahmadineğad: ein neuer Faktor

Es bedeutete mehr als Symbolik, als Khatamis Amtsnachfolger, Mahmud Ahmadineğad, unmittelbar nach seiner Wahl zum Präsidenten das Grabmal Khomeinis aufsuchte und danach verkündete: „Der Weg des Imams ist der absolute Weg der Islamischen Republik ... Er war nicht nur der Führer der Revolution, er bleibt ihre Richtschnur."[43] Der neue Präsident erweckte damit den Anschein, als sei die iranische Revolution – quasi nach einer Spiralbewegung – auf etwas höherer Ebene wieder an ihren Ausgangspunkt zurückgekehrt. Vorbei der Pragmatismus der beiden Amtszeiten Präsident Rafsanğanis, vergessen die Öffnung und der relative Pluralismus unter dem „Schöngeist" Khatami, jetzt herrschen wieder, wie in den frühen 1980er Jahren, egalitärer Populismus im Inneren und missionarisches Sendungsbewusstsein in den Außenbeziehungen. Ahmadineğad geriert sich als „Held der *Mostaz'afin*", Khomeinis Zielgruppe der Unterdrückten und Armen, kurz „ihrer Rechte Beraubter", er vermeidet Pomp, führt ein einfaches Privatleben, mischt sich gern ohne Leibwächter unter die „einfachen Leute" und verspricht, ihren Tisch mittels der sprudelnden Erdöleinnahmen reichlich zu decken. In den Beziehungen zum Ausland gebraucht zwar niemand aus Ahmadineğads Führungsriege Khomeinis Lieblingsbegriff des „Exports der Revolution", trotzdem verhält sie sich insgesamt so, als sei er ausgemachte Sache. Der Präsident beschrieb die Islamische Republik Iran als mächtige Hüterin des Islams, der Gerechtigkeit und der Unterdrückten. „Wir werden immer gegen Tyrannei und Aggression sein und uns den aggressiven Mächten in den Weg stellen."[44] Selbst seine zunächst an US-Präsident Bush[45] und später auch an andere westliche Staatsoberhäupter bzw. Regierungschefs verschickten Briefe stehen in dieser Hinsicht in einer „revolutionären Tradition". Sie sollen nicht zufällig an den Brief erinnern, den Ayatollah Khomeini im Januar 1989 an Michail Gorbatschow gerichtet hatte. Darin hatte er ihm den baldigen Zusammenbruch der Sowjetunion vorausgesagt und die Prognose mit dem Hinweis versehen, die einzige Rettung liege in einer umgehenden Hinwendung zum Islam. Im Westen eher belächelt, sollte der Brief bei den Muslimen, zusammen mit der Fatwa gegen Salman Rushdie, eher die unverminderte Wortführerschaft des iranischen Revolutionsführers angesichts der faktischen Niederlage im ersten Golfkrieg unterstreichen.

Irans Nuklearstrategie kann in diesem Zusammenhang als weitere Komponente des Planes angesehen werden, die Führungsposition in der islamischen Welt einzunehmen. Dabei stellt die Kritik an den „Doppelstandards"

---

[43] International Herald Tribune, Paris, 21.12.2005.

[44] Tehran Times, Teheran, 13.7.2006.

[45] Vgl. http://www.spiegel.de/politik/ausland/0,1518,415362,00.html.

des Westens im Allgemeinen und der USA im Besonderen, Iran ein friedliches Nuklearprogramm zu verweigern, während der faktische Atomwaffenbesitz Israels stillschweigend geduldet wird, die unterste Stufe der Nutzung dar. Ahmadineǧad und Iran streben vielmehr an, die durch den Sturz Saddam Husseins und den Krieg in Irak vakant gewordene Position des nahöstlichen Widerstandszentrums gegen „amerikanische und zionistische Willkür" einzunehmen. In diesem Sinn dementiert die iranische Führung nicht einmal besonders überzeugend den immer wieder vorgebrachten Vorwurf, es gehe ihr nicht eigentlich um die friedliche Nutzung der Kernenergie, sondern um den Besitz von Atomwaffen. Was vordergründig wie die Einladung zu einem israelischen Präventivschlag aussieht, wird somit Teil der Imagekampagne, als einzige den Zionisten die Stirn zu bieten.

Ahmadineǧad ist damit der erste Präsident, der sich nicht in den Verhaltenskodex fügt, den das Korsett „islamisch(e)" – „Republik" scheinbar vorgibt. Seine Führungsriege und er gerieren sich faktisch „islamischer" als der Revolutionsführer selbst. Eine Erklärung dafür ergibt sich sowohl aus der Biographie Ahmadineǧads, als auch aus der Analyse seiner politischen Basis. Beide weisen ihn als Vertreter einer „Zwischengeneration" islamischer Revolutionäre aus. Sie gehören nicht zu den Vätern und Wegbereitern der Revolution, sondern sammelten ihre entscheidenden Lebenserfahrungen nach dem Sturz des Schahs. Sie wurden aber nicht danach geboren, wie unterdessen die Mehrheit der iranischen Bevölkerung. Von der ersten Generation der IRI-Lenker unterscheidet sie zudem, dass sie in der Regel nicht dem Klerus angehören. Aus der Sicht dieser Nachrückenden sind viele Angehörige der Gründergeneration, insbesondere Geistliche, entweder verschlissen oder saturiert, frische Kräfte müssten deshalb den Staffelstab übernehmen. Ahmadineǧad und seine engsten Mitstreiter dienten mehrheitlich in exponierten Funktionen bei den Revolutionsgardisten (Pasdaran), oder Freiwilligenverbänden (Basiǧ). Sie vertreten die tiefe Überzeugung, dass Entbehrungen und permanente Lebensgefahr während des achtjährigen Krieges gegen Irak nicht umsonst gewesen sein dürfen. Der gewinnorientierte Pragmatiker Rafsanǧani und der Intellektuelle Khatami erweckten bei ihnen jedenfalls nicht den Eindruck, als würden sie den Einsatz der „Frontkämpfer" besonders würdigen oder vergelten.

So nährte die Verteidigung des Vaterlandes zwar neuen Nationalismus und die Gewissheit, dass die Ziele der islamischen Revolution jede Anstrengung wert waren, gleichzeitig aber auch den Wunsch auf Belohnung. Ahmadineǧad hievte demzufolge als Präsident viele Golfkriegsveteranen in mächtige und einträgliche Positionen von Staat und Wirtschaft. Ungeachtet der Frage, ob ihm dieser Klientelismus bei der eigenen Wiederwahl hilft, verweist die enorme politische und wirtschaftliche Machtzunahme von Seines-

gleichen auf ein anderes Phänomen: zeichnet sich vielleicht eine „Wachablö-
sung" innerhalb der iranischen Führung von der weitgehend diskreditierten
Geistlichkeit zu nicht minder, sondern eher stärker revolutionär motivierten
Laien ab? Mit Mohammad Baqr Qalibaf, dem Oberbürgermeister Teherans,
Ali Ǧa'fari, dem aktuellen Kommandeur der *Pasdaran*, den ehemaligen
Kommandeuren und (Multi)funktionären Mohsen Reza'i und Ali Lariǧani
stehen – um nur einige zu nennen – gewichtige Kandidaten gleicher Couleur
zur Verfügung, wenn Ahmadineǧad stolpern sollte. Besteht also Gefahr für
die geistliche Führung?

Dafür spricht u.a., Khamene'is ostentative Ausweitung der Befugnisse
des Feststellungsrates unter Führung von Ahmadineǧads stärkstem Rivalen
bei den Wahlen von 2005, Ali Akbar Hashemi Rafsanǧani. Rafsanǧani,
Geistlicher wie der *Faqih* selbst, steht jetzt einer Körperschaft vor, die nicht
länger nur zwischen Parlament und Wächterrat vermitteln, sondern Parlament, Judikative und Exekutive beaufsichtigen soll.[46] Dagegen sprechen
sowohl Ahmadineǧads Image als unnachsichtiger Verfechter der „Linie des
Imam" und deren Herzstück der „Herrschaft des Rechtsgelehrten", als auch
der persönliche Treueid der Revolutionsgardisten auf den *Faqih*. Die aufge-
zeigte „Wachablösung" scheint vorerst bestenfalls als Möglichkeit zu existieren. 2005 bewog Khamene'i jedenfalls reines Kalkül, die Kandidatur
Ahmadineǧads nachhaltig zu unterstützen. Während nämlich Mohammad
Khatami seine beiden Wahlsiege – mit abnehmender Zustimmung – noch
mit Versprechen nach politischen Reformen, größeren persönlichen Freihei-
ten und Systemöffnung gesichert hatte, waren die verheerenden Niederlagen
seiner Anhänger gegen Ende seiner Amtszeit untrügliches Anzeichen dafür,
dass den Versprechungen erstens nicht länger geglaubt wurde, und zweitens
andere Anliegen dringender geworden waren. Ahmadineǧad hatte diesen
Wandel vor anderen erkannt und am konsequentesten bedient. Den von
hoher Arbeitslosigkeit und Inflation gezeichneten Wählern versprach er, der
einflussreichen „Mafia" die Kontrolle über die Ölreserven Irans zu entrei-
ßen. „Die Leute müssen ihren Anteil an den Öleinnahmen im Alltagsleben
spüren ... das wahre Problem dieses Landes sind Arbeit und Wohnungen
..."[47] Der größte Vorteil Ahmadineǧads, das Merkmal, das ihn über alle Mit-
bewerber hinaushob, war die Tatsache, als Bürgermeister (Vorgänger
Qalibafs) einem millionenfachen hauptstädtischen Publikum bewiesen zu
haben, nicht Wasser zu predigen und Wein zu trinken, sondern glaubhaft als
„einer von uns" wahrgenommen zu werden. Allein dieser Umstand machte
ihn für Ayatollah Khamene'i und die geistliche Führungsriege so wertvoll.

---

[46] Vgl. Ed Blanche, Tempering tantrums in Tehran, in: The Middle East, London, (2005)
12, 7f.

[47] Der Standard, Wien, 26.6.2005.

Die Popularität bei den *Mostaz'afin* ist Ahmadineğad erhalten geblieben, sein Dilettantismus in der Wirtschaftspolitik beförderte dagegen Spekulationen, die „Herrschenden Rechtsgelehrten" könnten 2009 einen Konkurrenten um das Präsidentenamt unterstützen. Doch obwohl seine Wiederwahl hoch umstritten und von schweren Protesten begleitet war, erkannte der Wächterrat das Ergebnis als korrekt an.

8. Fazit

Das Grunddilemma der iranischen Revolutionäre besteht weiterhin darin, die Macht nur in einem bereits vorher definierten Staat übernommen zu haben. Damit mussten nun die Interessen jenes Staates mit der islamischen Doktrin in Übereinstimmung gebracht werden. Dieser kategorische Imperativ stellt de facto die langfristige Dimension der Wesensbestimmung der Islamischen Republik dar.

Auf jeden Fall durchlief die iranische Außenpolitik seit Khomeinis Tod einen erheblichen Entwicklungsprozess. Wenn der Führer der iranischen Revolution schon gleich nach 1979 von der Vision der sofortigen Herbeiführung der islamischen Einheit Abschied nehmen musste, so sollte zumindest die IRI zum wichtigsten Vehikel für die Realisierung dieses Zieles in überschaubarer Zukunft werden; immerhin wurden die Ziele Verfassungsvorgaben. Im Verlauf der Verfolgung dieser Politik kam die Führung aber – durch neue Erfahrungen motiviert – zu dem Schluss, ein höchstmögliches Maß an Flexibilität an den Tag zu legen und die vielfältigen Reaktionen auf diese Politik besser zu beachten. Zumindest für die mittelfristige Perspektive haben die Führer der Islamischen Republik die Utopie einer islamischen Welt ohne Grenzen zugunsten einer lebendigen Solidarität zwischen Muslimen in unterschiedlichen Staaten in den Hintergrund treten lassen.

In der Innenpolitik besteht der im Staatsnamen manifestierte Widerspruch zwischen „islamisch" und „Republik" unvermindert fort. Seit 1979 mäandert die iranische Politik zwischen diesen beiden Polen, allerdings bei grundsätzlichem Primat des „Islamischen". Die Wahl Mahmud Ahmadineğads zum Präsidenten hat 2005 aber erstmals fraglich werden lassen, ob das Primat des Islam auch automatisch (kollektive) Theokratie bedeutet? Beibehaltung der *Velayat-e Faqih* muss sich nicht zwangsläufig in der Omnipräsenz von Geistlichen in allen wichtigen Staatsämtern ausdrücken. Auf den „Herrschenden Rechtsgelehrten" eingeschworene Laien könnten das System vielleicht sogar dauerhafter stabilisieren als die unterdessen stark diskreditierte Geistlichkeit. Für den Westen verheißt das aber nicht unbedingt etwas Gutes: Revolutionäre vom Schlage Ahmadineğads handeln nicht selten „islamischer" als weltoffene Geistliche wie Ali Akbar Hashemi Rafsanğani oder Mohammad Khatami.

Bibliographie

Michael Adas (Hg.), Islamic & European Expansion: The Forging of Global Order. Philadelphia: Temple University Press 1993.

Imam Bayanat-e Chomeini be munasabat yekom salgerd-e Enqelab, Teheran: Vezarat-e Ettela'at 1982.

Crane Brinton, The Anatomy of Revolution, New York: Vintage Books 1953.

Mahmoud Dashti, The Selected Messages of Imam Khomeini Concerning Iraq and the War Iraq imposed on Iran, Tehran: Ministry of Islamic Guidance 1981.

John L. Esposito (Hg.), The Iranian Revolution: Its Global Impact, Miami: University of Florida Press 1990.

Ahmed Hashim, The Crisis of the Iranian State, London: RIIS 1995.

Mohammad Husain, Global Islamic Politics, New York: I.B. Tauris 1995.

Mehran Kamrava, The United States and Iran: a dangerous but contained rivalry, Washington D.C.: Middle East Institute 2008.

Martin E. Marty / Scott Appleby, Herausforderung Fundamentalismus: Radikale Christen, Moslems und Juden im Kampf gegen die Moderne, Frankfurt, New York: Campus 1996.

David Menashri (Hg.), The Iranian Revolution and the Muslim World, Boulder: Westview 1990.

Imam Rahnemudha-ye, Teheran: Vezarat-e Ettela'at 1979.

Selected messages and speeches of Imam Khomeini, Teheran: Ministry of Islamic Guidance 1981.

Amir Taheri, Chomeini und die islamische Revolution, Reinbek: Rowohlt 1985.

Sepehr Tahir-Kheli/Samir Ayubi (Hg.), The Iraq-Iran War; New Weapons, Old Conflicts, New York: I.B. Tauris 1983.

Alex Vatanka, Ali Khamene'i: Iran's most powerful man, Washington D.C.: Middle East Institute 2008.

Zur Theologie des Drahtseilakts

Kirchen- und Volksführer im libanesischen Maronitentum

Thomas Scheffler

1. Transzendenz und Hierarchie

Ähnlich wie bei anderen Religionen der „Achsenzeit" speist sich die Entwicklungsdynamik des Christentums aus einer kritischen Spannung zwischen Transzendenz und Immanenz. Die Konfrontation der irdischen Wirklichkeit mit dem Ideal einer höheren und vollkommenen Ordnung, die über und jenseits der Welt steht und doch zu ihr gehört, einer Ordnung, die die Welt letztlich begründen soll und sie doch immer wieder in Frage stellt, ist ein polarisierendes Konstrukt mit eminenten Folgen für die soziopolitische Hierarchiebildung im Diesseits.

Im Christentum gilt dies insbesondere für die Spannung zwischen denjenigen Strukturen der Gemeinschaftlichkeit, die auf die Transzendenz bzw. das jenseitige Leben ausgerichteten sind („Kirche") und denen, die dem Überleben ihres menschlichen Substrats im Diesseits dienen sollen („Staat")[1]. Zur Lösung der daraus resultierenden Autoritätskonflikte sind theoretisch vier grundsätzliche Alternativen denkbar: (1) Der Staat kontrolliert die Kirche; (2) die Kirche kontrolliert den Staat; (3) Staat und Kirche koexistieren systematisch getrennt; (4) beide werden durch direktes göttliches Einwirken zu einer charismatisch inspirierten Einheit verschmolzen.

Innerhalb dieses idealtypischen Vierecks sind empirisch mannigfaltige Schattierungen direkter oder indirekter, kurz- oder langfristiger, offener oder versteckter, individueller oder kollektiver Machtteilungen zwischen Kirche und Staat denkbar. Die vierte der oben genannten Möglichkeiten – der Einbruch neuer, noch unbeglaubigter Propheten und Messiasse in die Welt des religiösen Establishments – ist zwar von den großen kirchlichen Hierarchien des Christentums meist erfolgreich eingedämmt und in die Grenzwelt kleiner Sekten abgedrängt worden. Anders verhält es sich aber mit der direkten oder indirekten Teilhabe kirchlicher Würdenträger an der weltlichen Macht. Die politische Geschichte Europas kennt prominente Geistliche unter anderem in der Rolle von Monarchen, Ministern, einflussreichen Beichtvätern, Inquisitoren, Zensoren, Volkstribunen, Parteiführern und Parlamentsabgeordneten. Möglichkeiten und Grenzen der Machtausübung von religiösen Führern in solchen Rollen hingen dabei sowohl von der konkreten Konfigu-

---

[1]   Das Wort „Staat" steht hier als Kürzel für alle Arten politischer Gemeinwesen, ungeachtet ihrer jeweiligen Organisations- bzw. Regierungsform.

ration der vor Ort jeweils gegebenen Kräfteverhältnisse ab, als auch von der wechselseitig kritischen Spannung zwischen den beiden Machtquellen, die sich in diesen Rollen mischten, nämlich zwischen spiritueller Autorität und politischer Gewalt.

Die folgenden Ausführungen sollen diese Problematik an einem außereuropäischen Beispiel untersuchen: der politischen Rolle des Patriarchats im libanesischen Maronitentum. Der maronitische „Patriarch von Antiochien und des ganzen Orients" ist das Oberhaupt einer Kirche, die stolz darauf ist, aus einer spirituellen Eremitenbewegung im Syrien des 5.-7. Jahrhunderts hervorgegangen zu sein, die im Libanon ihre historische Zufluchtsstätte und den Ort ihrer zivilisatorischen Berufung fand.[2] Im Libanon nimmt die Kirche aber keineswegs nur spirituelle Aufgaben wahr. Vielmehr ist sie auch einer der mächtigsten zivilgesellschaftlichen Akteure des Landes und beteiligt sich vor wie hinter den Kulissen rege an dessen politischen Auseinandersetzungen.

Die gleichzeitige Wahrnehmung spiritueller, zivilgesellschaftlicher und politischer Aufgaben ist in den Augen der Kirche kein grundsätzlicher Interessenkonflikt, sondern Ausdruck einer organischen theologischen Einheit, die sich aus dem Vermächtnis ihrer Mission im Libanon ergibt. Die maronitische Patriarchalsynode von 2003-2006 widmet das abschließende Kapitel ihrer Positionspapiere bezeichnenderweise dem Verhältnis von Kirche und „Land" (ard).[3] Gestützt auf die im biblischen Buch Genesis entwickelte Verbindung von göttlichem Gebot und Land, geht die Kirche davon aus, dass die Maroniten *ihr* Land, den Libanon, geheiligt hätten und von ihm geheiligt worden seien. Der Libanon stellt sich aus dieser Sicht weniger als „Besitz" dar, denn als „Heimat" und „Mission". Aus dieser Terrritorialtheologie leitet die Kirche eine besondere Verantwortung für das politische Schicksal des Libanon ab.

In der libanesischen Tagespolitik lösen politische Stellungnahmen maronitischer Kirchenführer jedoch immer wieder gemischte Reaktionen aus – in den letzten Jahrzehnten interessanterweise weit weniger von muslimischer Seite als von maronitischer.

---

[2] Zur Geschichte der maronitischen Kirche vgl. die Überblicke bei Jérôme Labourt, art. Maronites, in: The Catholic Encyclopedia, Bd. 9, New York 1910, 683-688; Pierre Dib, Histoire des Maronites [1930-1962], 3 Bde., Beirut 2001; Joseph Mahfouz OLM, Précis d'histoire de l'Église maronite, Kaslik 1985; Michel Georges Breidy, art. Maroniten, in: Theologische Realenzyklopädie, Bd. 22, Berlin 1992, 169-174; Martiniano Pellegrino Roncaglia / Samira Bassil-Roncaglia, Les Maronites: communauté, peuple, nation, Zouk Mosbeh 1999; Paul Naaman, Les Maronites et le Liban: Étapes historiques. Des plaines de l'Apamène au Mont-Liban, Kaslik 2005.

[3] Maronite Patriarchal Synod 2003-2006: Texts and Recommendations, Bkerke 2008, Text 23: „The Maronite Church and the Land", 851-876.

Dass Religion und Politik sich nicht voneinander trennen lassen, ist für die meisten muslimischen Geistlichen und Politiker des Libanon selbstverständlich. In der für ihre innere Zerstrittenheit berüchtigten Welt maronitischer Clans und Parteien hingegen stellen politische Stellungnahmen ihres Kirchenoberhaupts häufig ein Problem dar, weil der Patriarch *ex officio* die Einheit und moralische Reputation der Kirche in ihrer Gesamtheit repräsentiert, die politischen Interessen im Kirchenvolk aber häufig so weit auseinander gehen, dass der Patriarch es kaum jemals allen gleichzeitig recht machen kann. Von der verbitterten Feststellung eines maronitischen Politikers, dass die Stellungnahmen des Patriarchen nicht mit den Interessen der eigenen Partei konvergieren, ist es oft nur ein kleiner Schritt zur säkularistischen Parole, Geistliche sollten sich grundsätzlich aus der Politik heraushalten.

Politisches Engagement im Rahmen der kirchlichen Institutionen vollzieht sich im libanesischen Maronitentum daher als komplexer Drahtseilakt, bei dem verschiedenste Interessen gegeneinander abgewogen werden müssen. Im Folgenden sollen die wichtigsten Parameter dieser komplizierten Entscheidungssituation sowie ihre unterschiedliche Gewichtung im Laufe der Zeit dargestellt werden.

2. Staat und Kirche: die maronitische Kirche im Vergleich

Historische Entwicklung und gegenwärtige Lage der maronitischen Kirche unterscheiden sich in mehreren Aspekten von denen der westeuropäischen Kirchen:

(1) Während sich die politische und kirchliche Entwicklung der mittelalterlichen Christenheit Westeuropas im Rahmen eines dualistischen, aber innerchristlichen Primatsstreits zwischen Kaiser und Papst, Staat und Kirche, vollzog, musste sich die maronitische Kirche über weite Strecken ihrer Geschichte mit zwei verschiedenen Kategorien von weltlichen Instanzen auseinandersetzen, nämlich einerseits den muslimischen Oberherren des Landes, andererseits den weltlichen Führern im eigenen Kirchenvolk. Keine dieser beiden weltlichen Instanzen war ,monokephal': Selbst in den Zeiten der osmanischen Oberhoheit konkurrierten z.B. auf muslimischer Seite die Gouverneure mehrerer umliegender osmanischer Provinzen sowie eine Vielzahl lokaler muslimischer Adelsfamilien um die Macht im Libanon; und die maronitischen Notabeln des Landes zeichneten sich nicht nur durch ihre inneren Rivalitäten aus, sondern auch durch ihre Bereitschaft, maronitische Rivalen notfalls auch mithilfe muslimischer oder anderer nicht-maronitischer Verbündeter zu beseitigen.

(2) Als Oberhaupt der ältesten der mit Rom unierten orientalischen Kirchen steht das Patriarchat auch innerkirchlich zwischen zwei Polen, nämlich

dem Papst als übergeordneter externer Instanz einerseits und den ‚basisnä-heren' Untergliederungen der lokalen Kirchenorganisation. Beide Pole sind für die Kirche überlebenswichtig, aber die strategischen Prioritäten des Vatikans und die des libanesischen Kirchenvolks müssen nicht immer harmonieren.

(3) Das Selbstverständnis der maronitischen Kirche geht weit über ihre spirituelle Mission im engeren Sinne hinaus; sie schließt sakralisierte nationale und territoriale Bezüge ein, die die Grenzen zwischen *ekklesia* und *ethnos*, Patriarch und Ethnarch, transzendieren. Das Patriarchat ist Führungsinstanz einer Konfessionsnation – einer ‚Nation' allerdings, die sich kaum mit den Kategorien des modernen Nationalstaats verstehen lässt.

(4) Im Gegensatz zu den meisten westeuropäischen Kirchen sind der maronitischen Kirche im Libanon in den letzten Jahrhunderten staatliche „Säkularisationen" ihres Kircheneigentums weitgehend erspart geblieben. In Westeuropa wurde der Aufstieg starker Territorial- und Nationalstaaten nicht zuletzt über großangelegte Enteignungen kirchlichen Eigentums durch protestantische, anglikanische und katholische Territorialherren finanziert. Zu ähnlichen Kraftakten war der Staat im Libanon nie in der Lage: Militärisch und finanziell schwach, durch keinen nationalen Befreiungskrieg legitimiert und von seiner ganzen Anlage her mehr Pfründenweide gesellschaftlicher Patronageklientelen denn nationale Führungsinstanz, war der libanesische Staat bisher weder willens noch fähig, seinen Handlungsspielraum auf Kosten der christlichen und muslimischen Geistlichkeit des Landes auszubauen. Die maronitische Kirche im Libanon verfügt daher auch heute noch über ein großes, in Jahrhunderten aufgebautes wirtschaftliches Machtpotential, das ihr eine gewisse Unabhängigkeit gegenüber den weltlichen Machthabern im Lande gestattet.

(5) Die maronitische Kirche lebt und wirkt in einer Region, in der – anders als in Westeuropa – Religion und Politik überwiegend als Einheit gesehen werden. Die dominierende Religion des Nahen Ostens, der Islam, akzeptiert keine definitive Trennung von Staat und Religion: Die Gemeinschaft der Gläubigen (*umma*) wird als orthopraktische Rechtsgemeinschaft verstanden, die den göttlichen Auftrag hat, das Rechte zu gebieten und das Verwerfliche zu verbieten.[4] Dass religiöse Würdenträger sich öffentlich zu politischen Fragen äußern, wird im Libanon daher als etwas Selbstverständliches wahrgenommen.

Dies gilt auch für den maronitischen Patriarchen. Er empfängt regelmäßig Abgeordnete, Minister und ausländische Botschafter. Seine Stellungnahmen werden im politischen Teil der Tagespresse und der Nachrichtensendungen im Fernsehen protokolliert. Ebenso auffällig sind allerdings die

---

4   Koran 3:104, 110, 114; 9:71; 22:41, 31:17.

kritischen Reaktionen, die seine Stellungnahmen oft gerade unter Maroniten auslösen.

Auch muslimische Geistliche greifen im Libanon gern öffentlich in politische Debatten ein. Der Unterschied zum Patriarchen besteht allerdings darin, dass sie sich dabei in der Regel bemühen, nicht in Widerspruch zu den weltlichen Führern ihrer eigenen Gemeinschaften[5] zu geraten. Wer es trotzdem tut, läuft Gefahr, relativ schnell abgesetzt, beseitigt oder marginalisiert zu werden. In denjenigen muslimischen Gemeinschaften, in denen sich relativ eindeutige, zentralisierte *weltliche* Führungsstrukturen durchgesetzt haben, sind die geistlichen Würdenträger, zumindest in der Öffentlichkeit, kaum mehr als Sprachrohre der jeweiligen weltlichen Führung. Politische Faktionen, die vom jeweiligen ‚mainstream' ihrer Gemeinschaft abweichen, haben in der Regel auch ihre eigenen Geistlichen. Politische Differenzen im weltlichen Bereich sind deshalb oft auch von Differenzen zwischen verschiedenen Scheichs oder Imamen begleitet, die mit den jeweiligen Gruppen sympathisieren und ihnen die ideologischen Stichworte liefern. Dank des relativ schwachen Institutionalisierungsgrads religiöser Hierarchien im Islam[6] kristallisieren sich solche politischen Differenzen allerdings nur selten zu dauerhaften theologischen Schismen aus.

Es entbehrt nicht der Ironie, dass ausgerechnet die libanesischen Maroniten, die seit Jahrhunderten für ihre internen politischen Zwistigkeiten bekannt waren, auf *kirchlicher* Ebene eine relativ einheitliche Führung hervorgebracht haben, der es immer wieder gelang, sich über die Parteiungen in ihrem Kirchenvolk zu erheben und über ihre spirituelle Rolle hinaus wegweisende politische Stellungnahmen abzugeben.

Das bedeutet nicht, dass die Kirche immun gegen politische Faktionskämpfe innerhalb ihres Kirchenvolks wäre. Im Gegenteil, der maronitische Klerus ist ein Kind der libanesischen Gesellschaft und, wie diese, stets für interne Eifersüchteleien und Rivalitäten aller Art anfällig. Aber es ist ihm gelungen, in den letzten Jahrhunderten organisatorische und wirtschaftliche Ressourcen zu mobilisieren, die es ihm ermöglichen, mit zentrifugalen Tendenzen in den eigenen Rängen besser fertig zu werden als viele andere Religionsgemeinschaften des Landes. Hierzu gehören vor allem (a) der externe Rückhalt der Kirche im Vatikan; (b) die Herausbildung einer relativ straffen und zentralistischen Kirchenorganisation; (c) die weitgehende wirtschaftliche Unabhängigkeit der Kirche von weltlichen Sponsoren; sowie (d) ihr

---

5   Die wichtigsten islamischen Religionsgemeinschaften im heutigen Libanon sind die der Schiiten, Sunniten und Drusen.

6   Vgl. Ignaz Goldziher, Katholische Tendenz und Partikularismus im Islam [1913], in: ders., Gesammelte Schriften, Bd. 5, Hildesheim 1970, 285-312; Georges Corm, La question religieuse au XXIe siècle, Paris 2006, 145-151.

hochentwickeltes Bildungs- und Erziehungswesen, das ihr faktisch ein Monopol bei der kulturellen und intellektuellen Produktion maronitischer Identität sichert. Unter diesen Bedingungen wird sogar die notorische Zerstrittenheit des weltlichen Maronitentums letztlich zu einem Element der Kirchenstärkung, denn sie erlaubt es dem Patriarchen – als einzigem verbleibenden Symbol maronitischer Einheit – die Rolle eines ‚ideellen Gesamtmaroniten' zu übernehmen.

3. Volkskirche und Adelsherrschaft

Der Weg zu dieser einzigartigen Position war allerdings mühselig, lang und umstritten. Politisch stand der maronitische Klerus lange im Schatten weltlicher maronitischer Notabelnfamilien, die als Vasallen diverser muslimischer Oberherren die Aufgaben lokaler Verwaltungvorsteher (*muqaddam*) und Steuereintreiber wahrnahmen.[7] Die herausgehobene Rolle dieser Familien in einem muslimisch dominierten Herrschaftsmilieu erklärt sich aus den geopolitischen Besonderheiten des Libanon, dessen Bergwelt zu unwegsam und arm war, um in seine dauerhafte Eroberung zu investieren, wegen seiner küstennahen strategischen Lage aber auch niemand anderem überlassen werden durfte. Die umliegenden muslimischen Mächte griffen im Libanon daher meist nur dann direkt ein, wenn sie ihre geostrategischen Verbindungslinien in Gefahr sahen. In der Regel zogen sie es vor, das Land mit Methoden indirekter Herrschaft zu kontrollieren und zu diesem Zwecke in der einheimischen christlichen Bevölkerung diverse, nach Möglichkeit miteinander konkurrierende, Vasallen zu privilegieren.

Während die maronitischen Adelsfamilien in ihrer Doppelrolle als Repräsentanten der lokalen Gesellschaft und als Agenten muslimischer Oberherrscher das säkulare Relais konstituierten, das die maronitischen Gebirgsbauern mit ihrer muslimischen Umwelt *verband*, repräsentierte die *Kirche* das, was die Maroniten von eben dieser Umwelt kulturell *trennte*: die religiöse Ritual- und Heiratsgemeinschaft, wie sie sich in der Durchführung von Heiligen Messen, Taufen, Heiraten, letzten Ölungen, Begräbnissen, Kollektivgebeten, Prozessionen und Ähnlichem materialisierte. Ein vom einfachen Volk abgesonderter Klerus konnte sich unter den wirtschaftsgeographischen und politischen Bedingungen des Libanon nur begrenzt herausbilden:[8] Die karge Gebirgslandschaft des Nordlibanon warf nur geringe Erträge ab, und

---

7   Vgl. Kamal S. Salibi, The Maronites of Lebanon under Frankish and Mamluk Rule (1099-1516), in: Arabica 4, 1957, 288-303 (hier: 301f); ders., The Muqaddams of Bšarrī: Maronite Chieftains of the Northern Lebanon 1382-1621, in: Arabica 15, 1971, 63-86.

8   Vgl. Toufic Touma, Paysans et institutions féodales chez les Druses et les Maronites du Liban du XVIIe siècle à 1914, Bd. 2, Beirut 1972, 521-528.

die Priester blieben in der Regel ebenso arm wie die Bauern der Dörfer, in denen sie lebten.

Wirtschaftlich blieb der Klerus lange von Spenden und Gebühren für liturgische Handlungen abhängig sowie von den Zuwendungen einflussreicher Adelsfamilien, die bisweilen massiven Einfluss auf die Besetzung kirchlicher Positionen nahmen.[9] Laien nahmen bisweilen an der Wahl von Kirchenführern teil. Erst die Reformsynode von Louaizé (1736) legte prinzipiell fest, dass die Wahl des maronitischen Patriarchen ausschließlich den Bischöfen der Kirche vorbehalten sein solle.[10] In den Jahren zuvor hatten Querelen zwischen verschiedenen Adelsfaktionen die Integrität des Patriarchats erheblich in Mitleidenschaft gezogen. 1710 war der Patriarch Yaacoub Awwad (1705-1733) in einer politisch motivierten Intrige des inzestuösen Geschlechtsverkehrs mit seiner Schwester und einer Nichte, der Sodomie und des Mordes beschuldigt, im Handstreich seines Amtes enthoben und unter Arrest gestellt worden.[11] Eine päpstliche Untersuchungskommission erwies zwar 1713 die Unhaltbarkeit der Vorwürfe. Aber als der Patriarch 1714 auf Anordnung des Vatikan mit Unterstützung des französischen Konsuls und der Jesuiten wieder in sein Amt eingesetzt werden sollte, wandten sich seine wichtigsten Gegner, die Scheichs der maronitischen Adelsfamilie der Khazen, an den (sunnitischen) Gouverneur von Tripoli, klagten über die Einmischung ausländischer Mächte in die inneren Angelegenheiten des osmanischen Reichs und veranlassten den Gouverneur, kurdische Hilfstruppen zum damaligen Amtssitz des Patriarchen, dem Marienkloster von Qannoubin, zu schicken und Awwad verhaften zu lassen. Das Vorhaben schlug jedoch fehl, weil Awwad bei dem, im Nordlibanon damals sehr einflussreichen, schiitischen Clan der Hamada Zuflucht gefunden hatte.

Dass ein maronitischer Patriarch von schiitischen Scheichs vor den Machenschaften mächtiger Maroniten beschützt werden musste, die sich ihrerseits der Hilfe der sunnitischen Provinzregierung bedienten, zeigt, wie prekär die Stellung der Patriarchen im multipolaren Kräftefeld des Libanon war und wie sehr sie darauf angewiesen waren, es sich auf lange Sicht mit keiner Seite zu verderben.

Der „Herrschaftsstab" des Patriarchats war lange Zeit denkbar einfach und funktional wenig ausdifferenziert.[12] Ab 1440 residierten die Patriarchen

---

9   Iliya F. Harik, Politics and Change in a Traditional Society: Lebanon 1711-1845, Princeton, NJ, 1968, 79-85; Dominique Chevallier, La société du Mont Liban à l'époque de la révolution industrielle en Europe [1971], Paris 1982, 249-252.

10   Vgl. Dib, Histoire, a.a.O. (Anm. 2), Bd. 1, 274.

11   Vgl. Stefan Winter, „Un lys dans des épines": Maronites et Chiites au Mont Liban, 1698-1763, in: Arabica, 11:4, 2004, S.478-492 (hier: 491-492); sowie die geglättete Darstellung bei Dib, Histoire, a.a.O. (Anm. 2), Bd. 1, 164-175.

12   Harik, Politics and Change, a.a.O. (Anm. 9), 76-78.

lange Zeit überwiegend im Marienkloster von Qannoubin im Qadisha-Tal des Nordlibanon. Solange die meisten Maroniten von dort aus erreicht werden konnte, erübrigte sich eine territoriale und bürokratische Ausdifferenzierung der Kirchenhierarchie. Die Bischöfe standen keinen territorialen Diözesen vor, sondern waren Sonderbeauftragte bzw. Sendboten des Patriarchen.

4. Bildung, Wirtschaft, Unabhängigkeit: Der Aufstieg des maronitischen Patriarchats seit dem 16. Jahrhundert

Das änderte sich, nachdem die Kirche im 16. und 17. Jahrhundert begann, vom wachsenden Engagement zweier externer Mächte in der Levante zu profitieren, nämlich dem Vatikan und der französischen Krone.

Die Kontakte der Kirche zum Vatikan waren über viele Jahrhunderte bestenfalls sporadisch gewesen. Erst seit dem 16. Jahrhundert nahmen sie systematischere Gestalt an. Hintergrund war von Seiten des Vatikan die Gegenreformation, mit der die Kirche auf zwei historische Herausforderungen in Europa reagierte, nämlich zum einen die protestantische Reformation, die das Problem der Bildung des Klerus und der Kirchenorganisation in den Mittelpunkt der Aufmerksamkeit gerückt hatte; zum anderen der Aufstieg des säkularen Territorialstaats, der auf verschiedensten Ebenen die Kirche seiner Kontrolle zu unterwerfen und damit ihren universalen Charakter zu untergraben drohte.

Getragen vom Reformgeist des Tridentinischen Konzils (1545-1563) antworte der Vatikan auf diese Herausforderungen unter anderem mit einer strafferen Führung der Kirchenhierarchie durch den Papst, einer verbesserten Ausbildung des Klerus, einer Ausweitung erzieherischer Aktivitäten im Laientum, einer intensiven Mobilisierung reformorientierter religiöser Orden sowie verstärkter missionarische Arbeit außerhalb Europas.

Diese Reformanstrengungen kamen auch den Interessen des maronitischen Patriarchats entgegen: Zum einen waren die Patriarchen an einer besseren Organisation der Kirchenhierarchie interessiert, da die zunehmende Abwanderung von Maroniten aus dem kargen Nordlibanon in den Süden des Landes die innerkirchlichen Kommunikationswege verlängerte und langfristig den Zusammenhalt der Kirche gefährdete. Zum anderen begünstigte der Seesieg der christlichen Mittelmeermächte bei Lepanto (1571) in der gesamten Region die Erwartung eines stärkeren europäischen Engagements im Nahen Osten. Selbst lokale muslimische Machthaber sahen in besseren Kontakten zu christlichen Mächten ein nützliches Gegengewicht gegen den Einfluss der Osmanen, die Syrien, den Libanon und Ägypten 1516 erobert hatten, aber große Schwierigkeiten hatten, ihre Macht in allen Landesteilen gleichmäßig zu konsolidieren.

1584 wurde in Rom das Maronitische Kolleg gegründet, dessen Absolventen in den nächsten Jahrzehnten und Jahrhunderten zum Kern einer neuen maronitischen Bildungsschicht wurden, die den engen Rahmen der libanesischen Dorfgesellschaft durchbrach. Aus den Reihen seiner Studenten gingen zahlreiche spätere Gelehrte, Patriarchen und Äbte hervor.[13] 1606 wurde der gregorianische Kalender eingeführt.[14] 1610 importierte das maronitische Antonius-Kloster von Qozhaya die erste Druckerpresse in der arabischen Welt. 1624 wurde unter Patriarch Youhanna Makhlouf (1608-1633) bei Haouqa in der Nähe von Qozayha das erste reguläre Priesterseminar eröffnet.[15] Unter Patriarch Istifan al-Douaihi (1670-1704) entstanden zwischen 1695 und 1700 schließlich die drei wichtigsten maronitischen Mönchsorden, die das Klosterwesen, die Wirtschaft und die politische Kultur im Libanon – trotz aller internen Streitigkeiten – nachhaltig dynamisieren sollten: der Libanesische Maronitische Orden, der Maronitische Orden der Heiligen Jungfrau Maria und der Antoninen-Orden.[16]

Mit den Beschlüssen der Synode von Louaizé (30. September - 2. Oktober 1736) fand diese Reformbewegung ihren systematischen äußeren Ausdruck. Die Reformen konzentrierten sich auf die Vereinheitlichung der Liturgie, eine bessere Ausbildung der Priester, die territoriale und arbeitsteilige Ausdifferenzierung der Kirchenhierarchie sowie die Entwicklung eines pastoral, erzieherisch, wirtschaftlich und karitativ dynamisch in die Gesellschaft hineinwirkenden Mönchswesens.

Im Gegensatz zu dem im Libanon bereits lange verbreiteten Eremitenwesen widmeten sich die neuen maronitischen Mönchsorden neben der volksnahen Predigt und karitativen Dienstleistungen vor allem der gemeinsamen landwirtschaftlichen Erschließung des Landes sowie der religiösen Volkserziehung.[17] Für den arbeitsaufwendigen Terrassenfeldbau, der für weite Teile der libanesischen Gebirgswirtschaft typisch war, waren die neuen Klöster gut geeignet. Die billige und organisierte Arbeitskraft der Mönche machte es möglich, auch marginale Böden profitabel zu bestellen. Im Gegensatz zur privaten Landwirtschaft konnte das Kollektiveigentum der Or-

---

13   Labourt, Maronites, a.a.O. (Anm. 2), 687; Harik, Politics and Change, a.a.O. (Anm. 9), 103f; Touma, Paysans, a.a.O. (Anm. 8), Bd. 2, 528.

14   Dib, Histoire, a.a.O. (Anm. 2), Bd. 1, 142.

15   Touma, Paysans, a.a.O. (Anm. 8), Bd. 2, 527; Mahfouz, Précis, a.a.O. (Anm. 2), 54.

16   Georges-Joseph Mahfoud, L'Organisation monastique dans l'Église maronite: Étude historique [1967], Kaslik 2005, 131-157.

17   Vgl. Touma, Paysans, a.a.O. (Anm. 8), Bd. 2, 528-543; Chevallier, La société du Mont Liban, a.a.O. (Anm. 9), 247-256; Richard van Leeuwen, Monastic Estates and Agricultural Transformation in Mount Lebanon in the 18th Century, in: International Journal of Middle East Studies, 23:4, 1991, 601-617; ders., Notables and Clergy in Mount Lebanon: The Khazin Sheikhs and the Maronite Church (1736-1840), Leiden 1994.

den darüber hinaus auch die unwirtschaftliche Parzellierung von Ackerland durch private Erbteilung verhindern.

Die Entwicklung der Klöster zu einem der wichtigsten Wirtschafts- und Bildungsfaktoren im Libanon hatte für die soziale und politische Stellung der maronitischen Kirche erhebliche Auswirkungen. Sie ermöglichte es der Kirche, zusätzliche Mittel für die Aufstockung und bessere Ausbildung ihres Personals sowie für die Ausdehnung ihrer sozialen Aktivitäten zu erwirtschaften. Durch ihre Bildungsaktivitäten erschloss sich die Kirche darüber hinaus ein breiteres Reservoir von Nachwuchskräften aus mittleren und unteren Volksschichten, die in der expandierenden Kirchenhierarchie Karriere machen konnten. Dies wirkte sich langfristig auch auf die soziale Zusammensetzung der Kirchenführung aus: Im 18. Jahrhundert stammten noch sechs von acht Patriarchen sowie fünfzehn von zwanzig Bischöfen aus Adelsfamilien; im 19. Jahrhundert hingegen waren es nur noch zwei von sechs Patriarchen und sieben von siebzehn Bischöfen.[18] Mit dem Wachstum ihrer eigenen Wirtschaftsbasis wurde die Kirche auch zunehmend unabhängiger von den Spenden weltlicher maronitischer Notabeln. Die Gastfreundschaft und Sozialfürsorge der Klöster, Priester, Bischöfe und Patriarchen festigte ihre Popularität in der einfachen Bevölkerung.[19]

Dass die maronitische Kirche in der ersten Hälfte des 19. Jahrhunderts aus dem politischen Schatten der maronitischen Notabeln hervortreten und sich zunehmend als eigenständiger politischer Akteur etablieren konnte, war also zum einen das Resultat eines langen inneren Reformprozesses, der bereits im späten 16. Jahrhundert eingesetzt hatte. Begünstigt wurde er allerdings auch durch eine Reihe äußerer Rahmenbedingungen, für die die Kirche nicht verantwortlich war, von denen sie aber profitierte.

Historisch an erster Stelle zu nennen ist hier der Aufstieg eines libanesischen Drusenemirats im frühen 17. Jahrhundert. Der legendäre Drusenfürst Fakhr el-Din II Maan (1572-1635), der seine Macht in ständigen Konflikten mit der Pforte und ihren lokalen Gouverneuren ausbaute, war außenpolitisch an guten Beziehungen zu den christlichen Mittelmeermächten interessiert und verbrachte sogar 1613-1618 mehrere Jahre in Italien im Exil.[20] Innenpolitisch ermutigte er die Maroniten zur Einwanderung in seinen Herrschaftsbereich im zentralen und südlichen Libanon, zum einen, um sie dort als politisch ungefährliche Arbeitskräfte zum Aufbau der Seidenindustrie einzusetzen, zum anderen, um ein Gegengewicht gegen die in seinem Herrschaftsbereich siedelnden schiitischen Clans zu schaffen, die unter den drusischen Emiren der Familie Maan und ihren Nachfolgern, den (ur-

---

18   Harik, Politics and Change, a.a.O. (Anm. 9), 122.
19   Touma, Paysans, a.a.O. (Anm. 8), Bd. 2, 545-546.
20   Michel Chebli, Fakhreddine II Maan, Prince du Liban (1572-1635), Beirut 1984.

sprünglich sunnitischen) Chéhab, allmählich aus ihren Wohngebieten im zentralen Libanon verdrängt wurden. Unter den Maan und Chéhab hatten gebildete Maroniten darüber hinaus wichtige Positionen in der Verwaltung des Emirats inne[21] und waren ab 1745 maßgeblich am allmählichen, zunächst geheimgehaltenen, Übertritt der (ursprünglich sunnitischen) Chéhab-Emire zum maronitischen Christentum beteiligt.[22]

Ein weiterer externer Faktor, der den Aufstieg der maronitischen Kirche erleichterte, war das steigende politische und wirtschaftliche Engagement Frankreichs in der Levante. Noch unter der Regentschaft Kardinal Mazarins (1602-1661) hatte Ludwig XIV die maronitische Kirche in einem Schutzbrief vom 28. April 1649 seines besonderen Schutzes versichert.[23] In Abweichung von sonstigen diplomatischen Gepflogenheiten ernannte die französische Krone seit 1656 gut hundert Jahre lang auch maronitische Notabeln der Familie al-Khazen zu französischen Konsuln und Vizekonsuln in Beirut.[24] Die Khazens wiederum suchten ihre weltliche Stellung durch Besetzung führender Positionen im maronitischen Klerus zu sichern und nutzten dazu ihre guten Beziehungen zur französischen Krone.[25]

Die Macht der Khazens und anderer maronitischer Adelsfamilien wiederum wurde im 19. Jahrhundert durch eine Verknüpfung wirtschaftlicher, regionalpolitischer und internationaler Prozesse untergraben, die in ihrer Gesamtheit zum Niedergang des Feudalsystems im Libanon führten und den Aufstieg alternativer Führungseliten begünstigten. Die Details dieses komplexen Transformationsprozesses können hier nicht im Einzelnen diskutiert werden. Tatsache ist, dass maronitische Priester und Bischöfe 1821, 1840 und 1858-1859 mit wechselnder Intensität rebellierende maronitische Bauern unterstützten, die gegen den Abgabendruck ihrer eigenen maronitischen Adelsfamilien aufbegehrten.[26] Als diese Unruhen dann auch auf die südlicheren Landesteile überzuspringen drohten, wo maronitische Bauern drusischen Feudalherren gegenüberstanden, wuchs die Kirche zunehmend in die Rolle eines „nationalen" Verteidigers maronitischer Interessen hinein.

---

[21]   Harik, Politics and Change, a.a.O. (Anm. 9), 170-199.
[22]   Vgl. Touma, Paysans, a.a.O. (Anm. 8), Bd. 2, 445-448.
[23]   Text in Nasri Salhab, La France et les Maronites, Beirut 1997, 219-220.
[24]   Dib, Histoire, a.a.O. (Anm. 2), Bd. 1, 156-157; Bd. 3, 94-99; Salhab, La France, a.a.O. (Anm. 24), 53; Joseph Mouawad, The Image of France in Maronite Tradition, in: The Beirut Review, Nr. 4, 1992, 85-95.
[25]   Touma, Paysans, a.a.O. (Anm. 8), Bd. 2, 527-528, 543-544; Chevallier, La société du Mont Liban, a.a.O. (Anm. 9), 251-252.
[26]   Axel Havemann, Rurale Bewegungen im Libanongebirge des 19. Jahrhunderts: ein Beitrag zur Problematik sozialer Veränderungen, Berlin 1983, 113-116, 166-168, 210, 224-225, 232-243; Harik, Politics and Change, a.a.O. (Anm. 9), 208-214; Joseph Khoury, Le désordre libanais, Paris 1998, 103-111.

Angetrieben durch ehrgeizige und willensstarke Patriarchen wie Youssef Hobeiche (1823-1845) und Boulos Massaad (1854-1890) übernahm die Kirche im 19. Jahrhundert zunehmend politische und militärische Aufgaben, die zuvor Sache weltlicher Notabeln gewesen waren: Klöster wurden zu Waffenlagern, Priester und Bischöfe koordinierten teilweise den Widerstand, und die 1840 ausgegebene Parole des Patriarchen Hobeiche, der Libanon müsse ein christliches Fürstentum werden, bestimmte auf Jahrzehnte die politische Agenda des libanesischen Maronitentums.[27]

Macht und politischer Wille der Patriarchen reichten freilich nie aus, um ihr Kirchenvolk zu einer schlagkräftigen militärischen Einheit zu formen, die sich auf dem Schlachtfeld hätte behaupten können. Zeitgenössische Beobachter, die Mitte des 19. Jahrhunderts die militärischen Niederlagen der Maroniten in ihren Konflikten mit den Drusen kommentierten, machten dafür vor allem den notorischen Disziplinmangel und mannigfaltige innere Rivalitäten bei den Maroniten verantwortlich.[28] Hinzu kamen freilich auch das Misstrauen der damaligen Patriarchen gegenüber der sozialen und politischen Radikalisierung bewaffneter maronitischer Bauernbanden[29] sowie ihre Rücksichten auf die französische Diplomatie, die nach dem Ende des Krimkriegs (1853-1856) weder die Pforte, noch Großbritannien, noch Russland durch Aufrüstung maronitischer, vermeintlich pro-französischer, Streitkräfte im Libanon provozieren wollte. Anstatt das Kirchenvolk in letzter Konsequenz auf die Option Krieg umzustellen (so wie es im späten 20. Jahrhundert die Theologen der Hizballah mit den libanesischen Schiiten taten), verließ sich die maronitische Kirchenführung des 19. Jahrhunderts in erster Linie auf die geborgte Macht Frankreichs – einer Schutzmacht, die in den blutigen Wirren von 1860 erst dann militärisch intervenierte, als bereits tausende von Christen abgeschlachtet worden waren.[30]

Dennoch, nachdem im Gefolge der französischen Militärintervention von 1861 der Libanon in eine international garantierte, autonome Provinz verwandelt wurde, deren Bevölkerung zu fast 80 Prozent aus Christen und zu fast 60 Prozent aus Maroniten bestand[31] und in der die politischen und juristischen Vorrechte der Feudalfamilien, einschließlich der christlichen, endgültig abgeschafft wurden, wurde die maronitische Kirche zum wichtigs-

---

27 Harik, Politics and Change, a.a.O. (Anm. 9), 254-256, 290-293.
28 Charles H. Churchill, The Druzes and the Maronites under the Turkish Rule from 1840 to 1860 [1862], New York 1973, 142-143; Harik, Politics and Change, a.a.O. (Anm. 9), 262-266.
29 Khoury, Le désordre libanais, a.a.O. (Anm. 26), 109-111.
30 Ebd., 113, 121-124.
31 1911 waren insgesamt 79,5% der Bevölkerung der autonomen Provinz des Libanongebirges Christen (Maroniten 58,4%, Griechisch-Orthodoxe 12,6%, Melkiten 7,7%). Vgl. Meir Zamir, The Formation of Modern Lebanon, Ithaca and London 1985, 98.

ten innenpolitischen Machtfaktor des Landes, den kein Gouverneur mehr übergehen konnte.

Nach außen hin erreichte die politische Macht des Patriarchats ihren Höhepunkt nach dem Ende der osmanischen Herrschaft, als Patriarch Elias al-Howayek (1899-1931) eine Delegation des Libanon bei der Pariser Friedenskonferenz (1919-1920) anführte und dort erfolgreich für die Bildung eines unabhängigen und territorial erweiterten großlibanesischen Staates unter französischer Schutzherrschaft warb.[32]

5. Abstieg vom Zenith: Die Kirche und das französische Mandat

Mit dem Anschluss großer, mehrheitlich muslimisch besiedelter,[33] Gebiete an das Territorium des Vorkriegslibanon sowie der Ausrufung des *État du Grand Liban* durch die französische Mandatsmacht am 1. September 1920 schienen Kirche und Patriarchat äußerlich auf dem Höhepunkt ihrer Macht angelangt zu sein. Es gehört zu den Ironien der Geschichte, dass die von Howayek und anderen betriebene Errichtung eines territorial erweiterten Großen Libanon letztlich dazu beitragen sollte, die weltliche Macht des Patriarchats nachhaltig zu mindern.

Erstens veränderte die territoriale Erweiterung zum *État du Grand Liban* 1920 die demographischen Kräfteverhältnisse im Libanon: Im kleinen Vorkriegslibanon hatten die Maroniten 1911 noch 58,4% der Bevölkerung gestellt.[34] Im Großen Libanon der Nachkriegszeit betrug ihr Anteil an der Gesamtbevölkerung schon 1922 nur noch 32,7%. Beim letzten offiziellen Zensus (1932) war er auf 28,7% gesunken; 2005 lag er nur noch bei 19,9%.[35] Der Bevölkerungsanteil der muslimischen Religionsgemeinschaften (Sunniten, Schiiten, Drusen) stieg durch die Gebietserweiterung hingegen von 20,5% (1911) auf 49,3% (1932) und lag 2005 bei 66%.[36]

Zweitens verwandelte die Transformation des Großen Libanon in eine demokratisch-parlamentarische Proporzrepublik die neuen demographischen Kräfteverhältnisse in direkte Ressourcen legitimer politischer Macht. Maronitische Politiker, die in konfessionell gemischten Wahlbezirken ge-

---

[32] Von den drei nach Paris entsandten libanesischen Delegationen leitete Howayek die zweite (1919), sein Stellvertreter, Bischof Abdallah Khoury, die dritte (1920). Vgl. Sami Salameh (Hg.), The Muzakkira of Bishop Abdallah Khoury: His diary during the negotiations fort the Greater Lebanon, Paris 1920, Zouk Mosbeh 2001.

[33] In den 1920 neu angeschlossenen Gebieten waren 1921 nur 35% der Bevölkerung Christen. Vgl. Zamir, Formation, a.a.O. (Anm. 31), 99.

[34] Vgl. Zamir, Formation, a.a.O. (Anm. 31), 98.

[35] Youssef Courbage / Rafik Boustani, L'évolution démographique communautaire au Liban et ses conséquences, in: Travaux et Jours, n° 81, 2008/2009, 129-148 (hier: 136).

[36] Zamir, Formation, a.a.O. (Anm. 31), 98; Courbage/Boustani, Évolution, a.a.O. (Anm. 35), 136.

wählt werden wollten, benötigten häufig Stimmen aus anderen Religionsgemeinschaften. Um in einem Parlament, in dem alle christlichen Gemeinschaften zusammengenommen nur noch eine knappe Mehrheit besaßen[37],
in hohe Regierungsämter gewählt zu werden, benötigte man in der Regel
auch muslimische Bündnispartner. Angesichts der höheren Geburtenraten
bei Sunniten und Schiiten waren darüber hinaus auch immer neue Konflikte
um die Adjustierung des Ämterproporzes zwischen den Konfessionsge-
meinschaften auf Jahrzehnte vorprogrammiert.

Drittens verschoben sich unter der französische Mandatsherrschaft die
sozialen Kräfteverhältnisse im Maronitentum selbst: Beirut, das nicht zum
Vorkriegslibanon gehört hatte, wurde nun Hauptstadt und dynamisches
Wirtschaftszentrum des Landes. Im Maße wie sich die Schaltstellen der
libanesischen Politik vom Land in die Stadt, von den Klöstern des Gebirges
in die Büros und Cafés Beiruts verlagerten, wuchsen dort neue soziale Eliten
jenseits des Klerus heran: Bankiers, Geschäftsleute, Rechtsanwälte, Bürokra-
ten, Universitätsprofessoren, Journalisten und Parteipolitiker, die immer
weniger von der Geistlichkeit abhängig waren.

Viertens entstanden mit der neuen Republik auch neue politische Instanzen und Bühnen jenseits des Klerus und der traditionellen Clans: das Parlament, die Regierung, die Massenmedien und die neuen politischen Parteien.
Die Tatsache, dass die meisten politischen Parteien, die im Libanon *vor* dem
Bürgerkrieg von 1975-1990 entstanden, von Christen gegründet wurden, ist
oft als Beweis für den damals (im Vergleich zu den Muslimen) höheren
Modernisierungsgrad der Christen im allgemeinen und der Maroniten im besonderen angeführt worden. Es zeigte aber auch, dass die politischen
Machtkämpfe innerhalb des libanesischen Maronitentums im Zuge der Mo-
dernisierung ihres Landes immer intensiver und komplexer wurden.

Zwar blieben die maronitischen Patriarchen weiterhin zentrale Figuren
der maronitischen und libanesischen Politik, doch mussten sie nun in einem
politisch erwachenden maronitischen Laientum zwischen mehreren neuen
Bruchlinien lavieren. Zunehmend zeichnete sich nämlich ab, dass die neue
demographische Zusammensetzung des Libanon nicht nur neue Konflikte
zwischen *Christen und Muslimen* schaffen, sondern auch *innerhalb* der Maroniten selbst taktische und strategische Zerreißproben heraufbeschwören würde: Zum einen gab es nun zunehmend maronitische Politiker, die für ihre
Karriere auf muslimische Stimmen angewiesen waren, und andere, deren
Macht fast ausschließlich auf der Mobilisierung christlicher Mehrheiten in
den christlichen Kerngebieten beruhte. Zum anderen mussten diese Politi-

---

[37]   Zur Entwicklung der Christenquoten im libanesischen Parlament vgl. Thomas Scheffler,
Religious Communalism and Democratization: The Development of Electoral Law in
Lebanon, in: Orient 44:1, 2003, 15-37 (hier: 28).

ker Antworten auf eine fundamentale strategische Frage finden, die sich aus der Vergrößerung des Staatsterritoriums von 1920 ergab: Wie sollte die Selbstbestimmung der Maroniten in einem Land gewährleistet werden, in dem die Entstehung einer muslimischen Bevölkerungs*mehrheit* nur noch eine Frage der Zeit war?

Die einfachste Antwort auf diese Frage hätte wohl darin bestanden, die Territorialerweiterung von 1920 teilweise rückgängig zu machen und auf die Gründung eines separaten christlichen Kleinstaats bzw. eines autonomen christlichen bzw. maronitischen Kantons hinzuarbeiten. Diese Lösung wurde zur Zeit des französischen Mandats freilich nur von einer kleinen Minderheit ins Auge gefasst.[38] Bei Beibehaltung der Grenzen von 1920 hingegen blieben im Wesentlichen nur zwei strategische Optionen übrig. Die eine bestand darin, die Vormachtstellung der zukünftigen christlichen Minderheit notfalls gewaltsam, gestützt auf ihre privilegierten Beziehungen zu Frankreich als externe Schutzmacht, zu erhalten. Die andere lief darauf hinaus, einen tragfähigen, beiderseits akzeptablen *modus vivendi* zwischen Christen und Muslimen zu entwickeln. Die erste Option war langfristig nur auf Kosten der Demokratie und der politischen Unabhängigkeit des Libanon zu realisieren, die zweite Option nur auf Kosten der Einheit der Maroniten und ihrer guten Beziehungen zu Frankreich, denn es war abzusehen, dass eine christlich-muslimische Entente nur dann zu erreichen war, wenn auch christliche Politiker für die Unabhängigkeit des Libanon von Frankreich eintreten würden.

Schon in der Mandatszeit kristallisierten sich diese Optionen in zwei miteinander verfeindeten maronitischen Politikern, Bishara al-Khoury (1890-1964) und Émile Eddé (1886-1949).[39] Eddé trat für die Anlehnung an Frankreich ein und arbeitete eng mit der französischen Mandatsverwaltung zusammen. Khourys Hausmacht in den maronitischen Kerngebieten war kleiner als die Eddés; er hatte aber einflussreiche Freunde im maronitischen Klerus[40] sowie in vielen anderen Religionsgemeinschaften, was ihn dafür prädestinierte, in Krisenzeiten als Sprecher einer „libanesischen", multikommunitären Nation aufzutreten und später einer der Väter des sogenannten „Nationalpakts" von 1943 (*al-mithaq al-watani*) zu werden, der die Bedin-

---

38 Zamir, Formation, a.a.O. (Anm. 31), 117-120, 196-197, 222-223.
39 Kamal S. Salibi, The Modern History of Lebanon [1965], Delmar, NY, 1993, 171-174; Zamir, Formation, a.a.O. (Anm. 31), 125 ff.; Eyal Zisser, Lebanon: The Challenge of Independence, London & New York 2000, 17-21.
40 Zu nennen ist hier vor allem Patriarchalvikar Bischof Abdallah Khoury (1872-1949), ein Verwandter Bishara Khourys, der lange als Wunschkandidat des Vatikans für die Nachfolge Howayeks galt. Vgl. Meir Zamir, Lebanon's Quest: The Road to Statehood 1926-1939, London & New York 1997, 34, 42-43, 120-122, 135, 139-40, 146, 161, 171-173; Zisser, Lebanon, a.a.O. (Anm. 39), 144.

gungen der Koexistenz von Christen und Muslimen im unabhängigen Libanon festlegte.

6. Anfänge einer Territorialtheologie? Das Patriarchat als Anwalt christlich-muslimischer Koexistenz im Libanon

Die maronitischen Patriarchen nahmen in diesem Konflikt gegensätzlicher
Optionen eine vermittelnde Position ein, arbeiteten aber, je mehr sich der
Konflikt zuspitzte, zunehmend auf die Erhaltung eines großen christlich-
muslimischen Libanon hin, zum Teil unter massiven Konflikten mit dem
eigenen Kirchenvolk. Heute erklärt die maronitische Kirche, es sei ihr nie
darum gegangen, den Libanon für die Maroniten zu monopolisieren. Vielmehr habe sie ihn stets als Land des multireligiösen Zusammenlebens, der
Koexistenz von Christen und Muslimen erhalten und entwickeln wollen.[41]
Ihre Forderung, den Libanon nach dem Ersten Weltkrieg territorial zu er-
weitern, sei ihrem „Patriotismus" geschuldet und nicht einem sektiereri-
schen Eigeninteresse, was schon daraus ersichtlich sei, dass die Einwohner
der 1920 hinzugekommenen Gebiete großenteils Muslime gewesen seien.[42]
Patriarch Howayek, der bei der Schaffung des modernen Libanon eine Pio-
nierrolle gespielt habe, habe nie gewollt, dass der Libanon ein „christliches
Land" werde. Vielmehr habe er den Libanon als ein Land verstanden, in
dem Christen und Muslime auf der Basis gleicher Rechte und gegenseitigen
Respekts zusammenleben sollten.[43]

Dies ist teilweise eine nachträgliche Konstruktion. Denn das Memorandum, das Patriarch Howayek am 25. Oktober 1919 der Pariser Friedenskonferenz vorgelegt hatte, ging mit keinem Wort auf die religionsdemographi-
schen Mehrheitsverhältnisse in den neuen Gebieten ein. Es sprach auch
nicht von der Absicht, den Libanon zu einem Modell christlich-
muslimischer Koexistenz zu machen. Der Patriarch forderte schlicht die
„Wiederherstellung des Libanon in seinen historischen und natürlichen
Grenzen, durch Rückkehr der Gebiete, die ihm von der Türkei entrissen
worden" seien.[44] Das Memorandum behauptete fälschlich, die überwälti-
gende Mehrheit der Bevölkerung in den neuen Gebieten verlange ohne

---

[41] Maronite Patriarchal Synod 2003-2006, a.a.O. (Anm. 3), Text 19: „The Maronite Church
and Politics", 717-750 (hier: § 3, 718; vgl. auch ebd., § 57, 745); Text 23: „The Maronite
Church and the Land", a.a.O. (Anm. 3), § 11, 856.

[42] Ebd., Text 19, § 13, 723.

[43] Ebd., Text 2: „Identity, Vocation, and Mission of the Maronite Church", 37-71 (hier: §
38, 59).

[44] Les revendications du Liban – Mémoire de la délégation libanaise à la conférence de la
paix, Paris, le 25 Octobre 1919, in: Antoine Hokayem / Marie Claude Bittar (Hg.),
L'Empire Ottoman, les Arabes et les grandes puissances 1914-1920, Beirut 1981, 197-
207 (hier: 197).

Unterschied von Ritus und Konfession den Anschluss an den Libanon und sei im Übrigen ethnisch nahezu vollständig „libanesischen Ursprungs".[45] Die „Libanesen" aber, so der Patriarch, seien weder Araber, noch Syrer, sondern „immer" eine „distinkte nationale Einheit" gewesen.[46] Die empirisch vorhandenen religiös-kulturellen Gegensätze in der Region wurden, mit anderen Worten, im Diskurs des Patriarchen durch das ideelle Konstrukt einer „libanesischen Nation" überlagert – und darüber hinaus mit geostrategischen Lebensraum-Argumenten flankiert: der libanesische Nationalstaat benötige die anzuschließenden Gebiete teils als Getreidelieferanten (Akkar, Bekaa), teils als Seehäfen (Beirut, Sidon, Tyrus, Tripoli) und sei ohne sie nicht lebensfähig.[47]

Die Realisierung dieser territorialen Forderungen war ohne französische Hilfe nicht zu erreichen. Aber die Kirche war nicht bereit, um jeden Preis Frankreichs Verbündeter zu bleiben. Schon in den 1920er Jahren kühlten sich die Beziehungen ab, nachdem die damalige französische Linksregierung im November 1924 mit General Maurice Sarrail (1856-1929) einen bekennenden Atheisten und Freimaurer mit sozialistischen Sympathien zum Hochkommissar für Syrien und Libanon ernannt hatte.[48]

In den 1930er Jahren wuchs die Kirche dann immer mehr in die Rolle eines öffentlichen Kritikers der Politik diverser französischer Hochkommissare hinein.[49] Symbolisch bedeutsam wurde vor allem der offene Widerstand von Howayeks Nachfolger, Patriarch Antonios Arida (1932-1955), gegen die Tabakpolitik des französischen Hochkomissars Damien de Martel (1933-1939). Die Tabakkampagne (1935-1936), bei der sich wirtschaftspolitische und verfassungspolitische Fragen mischten, war eines der ersten Beispiele einer „nationalen" Zusammenarbeit von Christen und Muslimen gegen die französische Mandatsmacht.[50] Während Arida von etlichen Bischöfen seiner Kirche dabei vorgeworfen wurde, durch seine Politik die besonderen Beziehungen der Kirche zu Frankreich zu gefährden,[51] wurde er von sunnitischen Politikern aus durchsichtigen Gründen als „Patriarch der Araber" gepriesen.[52]

Wichtiger noch war der Konflikt, der in den 1950er Jahren zwischen dem damaligen Präsidenten, Camille Chamoun, und Aridas Nachfolger, Patriarch Boulos Meouchi, entbrannte. Chamoun (1900-1987), ein charisma-

---

[45] Ebd., 203, 197.
[46] Ebd., 198.
[47] Ebd. 202-203.
[48] Zamir, Formation, a.a.O. (Anm. 31), 154-168.
[49] Zamir, Lebanon's Quest, a.a.O. (Anm. 40), 136-140, 160-171.
[50] Ebd., 160-171.
[51] Ebd., 171-173.
[52] Ebd., 167.

tischer Politiker ohne größere religiöse Neigungen,[53] war für viele libanesische Christen das, was sein Zeitgenosse und internationaler Gegenspieler
Gamal Abdel Nasser (1918-1970) für sunnitische Muslime darstellte: eine
charismatische Rettergestalt, der ersehnte „starke Mann", der seiner Nation
den Weg in die Moderne weisen sollte. Chamoun verfolgte einen autoritären
Modernisierungskurs, der mit vielen Traditionen brach[54] und sich außenpolitisch stark an den Westen sowie an prowestliche arabische Regierungen
anlehnte, insbesondere an das haschemitische Herrscherhaus im Irak und in
Jordanien. Den Aufstieg des nasseristischen Panarabismus, insbesondere die
Verschmelzung Ägyptens und Syriens zur Vereinigten Arabischen Republik
(1958) verfolgte Chamoun mit großer Sorge; und als die Haschemiten im
Irak unter dem Beifall Nassers 1958 gestürzt wurden, bewegte Chamoun die
USA zu einer Militärintervention im Libanon – eine Maßnahme, die seine
innenpolitischen Gegner als Versuch auslegten, mit westlicher Hilfe seine
Amtszeit zu verlängern.

Patriarch Meouchi (1955-1975) war ein Verwandter des 1952 von Chamoun entmachteten Präsidenten Bishara al-Khoury[55] und, anders als sein
Amtsvorgänger Arida, direkt vom Vatikan eingesetzt worden. Im Gegensatz
zu Chamoun betonte Meouchi in den 1950er Jahren vorrangig die Notwendigkeit, sich mit den arabischen Muslimen der Region zu verständigen. Am
14. Februar 1958 erklärte er in einer vielzitierten Ansprache vor einer Delegation von Chamoun-Gegnern, die Maroniten seien schon vor dem Islam
Araber gewesen und würden dem arabischen Nationalismus treu bleiben.
Meouchi fügte hinzu: „Wir, die Maroniten, leben wie ein Tropfen im Meer
der Muslime. Entweder wir leben mit ihnen in Liebe und Frieden zusammen oder wir müssen auswandern oder zugrunde gehen".[56] Das war damals
eine unter Maroniten, selbst in den unteren und mittleren Rängen des Klerus, höchst unpopuläre, defätistische Position, die dem Patriarchen alsbald
den Schimpfnamen „Muhammad al-Meouchi" einbrachte.[57]

---

53 Michael Kuderna, Christliche Gruppen im Libanon: Kampf um Ideologie und Herr-
    schaft in einer unfertigen Nation, Wiesbaden 1983, 144.
54 Unter anderem wurde in Chamouns Amtszeit (1952-1958) stufenweise das Frauenwahl-
    recht eingeführt. Eine Bilanz seiner Regierungszeit bei Joseph G. Chami, Le mandat
    Camille Chamoun 1952-1958, Beirut 2002, 340-343.
55 Claude Boueiz Kanaan, Lebanon 1860-1960: A Century of Myth and Politics, London
    2005, 264.
56 Chami, Le mandat Camille Chamoun, a.a.O. (Anm. 54), 288-289; vgl. auch Boueiz Ka-
    naan, Lebanon 1860-1960, a.a.O. (Anm. 55), 175-176, 254.
57 Boueiz Kanaan, Lebanon 1860-1960, a.a.O. (Anm. 55), 265.

7. Das Patriarchat im Bürgerkrieg: 1975-1990

Als der streitbare und eigenwillige Patriarch am 11. Januar 1975 starb, glaubten die maronitischen Bischöfe gut beraten zu sein, mit Antonios Khoreiche (1907-1994) einen Nachfolger zu wählen, der sich seiner persönlichen Neigung nach mehr auf die Rolle eines spirituellen Kirchenführers konzentrieren und die Politik den Politikern überlassen würde.[58]

Wie der Ausbruch des Bürgerkriegs am 13. April 1975 zeigte, erwies sich gerade dieser Schritt als Fehlkalkulation, denn die Eskalation der Feindseligkeiten zog auch den Klerus in die Politik hinein: Der maronitische Mönchsorden der Baladiten als ‚basisnahester' Teil der Kirche engagierte sich auf Seiten der militanten christlichen Parteien und ihrer Milizen. Der Generalsuperior des Ordens, Abt Charbel Qassis (Generalsuperior 1974-1980), nahm offiziell Sitz in der „Libanesischen Front", der 1975 gegründeten Dachorganisation christlicher politischer Parteien und Notabeln.[59] Sein Nachfolger, Abt Boulos Naaman (Generalsuperior 1980-1986), war Berater Bashir Gemayels (1947-1982), des Chefs der wichtigsten christlichen Miliz, der *Forces Libanaises*.[60]

Dem militanten Flügel standen im Klerus aber auch Kräfte gegenüber, die eine christlich-muslimische Polarisierung nach Möglichkeit vermeiden oder doch dämpfen wollten, schon im Interesse eines späteren Zusammenlebens beider Religionsfamilien in einem befriedeten Libanon. Unterstützt wurden sie vom Vatikan, der mit Rücksicht auf die prekäre Lage der Christen in vielen anderen Ländern der islamischen Welt für eine gemäßigte, dialogorientierte Orientierung der maronitischen Kirche eintrat.

Dazwischen stand Patriarch Khoreiche, der sich den politischen Spannungen im Klerus und im Lande durch Konzentration auf die spirituellen und sozialen Aufgaben zu entziehen schien und zum Unwillen der Milizen von politischen Stellungnahmen selbst dann absah, wenn er darum gebeten wurde.[61] Hatte man seinem Vorgänger verübelt, sich zu sehr in die weltliche Politik einzumischen, so warf man Khoreiche vor, sich aus der Politik herauszuhalten und auf die Rolle eines bloßen Kirchenführers zurückzuziehen.

Aus Sicht der *Forces Libanaises* war Khoreiche ein politischer Schwächling, und als er vom Vatikan am 3. April 1986 schließlich zum Rücktritt bewegt wurde, wurde im militanten Lager der Ruf nach einem libanesischen

---

[58] Antoine Saad, The Seventy-Sixth: His Beatitude Mar Nasrallah Boutros Cardinal Sfeir, Maronite Patriarch of Antioch and the Entire East, Bd. 1 (1986-1992), Jounieh 2005, 74-77, vgl. auch ebd. 20, 25.

[59] Kuderna, Christliche Gruppen, a.a.O. (Anm. 53), 96-97, 149-150.

[60] Ebd., 97; vgl. auch Saad, The Seventy-Sixth, a.a.O. (Anm. 58), Bd. 1, 20, 32.

[61] Kuderna, Christliche Gruppen, a.a.O. (Anm. 53), 160-163; Saad, The Seventy-Sixth, a.a.O. (Anm. 59), Bd. 1, 20, 25, 32, 76.

„*Makarios*" laut,[62] einem kämpferischen Patriarchen, der den Milizen die geistlichen Stichworte liefern sollte. Nachdem bei den folgenden Patriarchenwahlen aber weder der Kandidat des militanten Lagers noch der Kandidat des Vatikan die erforderliche Mehrheit erhielten, wurde am 19. April 1986 schließlich der langjährige Patriarchalvikar Nasrallah Sfeir (geb. 1920), gewählt, dem Vernehmen nach nicht zuletzt, um zu verhindern, dass der Vatikan von seinem Recht Gebrauch mache, selbst einen Nachfolger auszuwählen, wenn die einheimischen Kirchenführer sich nicht auf einen eigenen Kandidaten einigen könnten.[63]

Sfeir vertrat einen theologischen und politischen Mittelweg. Er trat nicht für einen maronitischen Separatismus ein, sondern für eine starke Rolle der Maroniten *im* Libanon. Die Aufgabe der maronitischen Kirche sah er darin, den Libanon als Ort der Begegnung von Christen und Muslimen zu erhalten und in diesem Sinne an der Vertiefung der Einheit des Landes zu arbeiten. Dass der Patriarch im Herbst 1989 das Friedensabkommen von Taef, das den fünfzehnjährigen Bürgerkrieg beenden sollte, unterstützte, war konsequenter Ausdruck seiner theologischen Grundüberzeugungen.

Dieser Mittelweg war angesichts der Polarisierung, die das Maronitentum inzwischen erfasst hatte, allerdings nur schwer durchzuhalten. Am schärfsten wurde er von General Michel Aoun (*1935) bekämpft, dem Chef eines 1988 vom scheidenden Staatspräsidenten eingesetzten Notkabinetts, der das Taef-Abkommen als Ausverkauf der libanesischen Souveränität an Syrien brandmarkte. Da der Patriarch, im Interesse der Befriedung des Libanon das Abkommen unterstütze, hatte er in den Augen des Generals seine Legitimität verloren.

In der Nacht des 5. November 1989 stürmten hunderte Anhänger Aouns den Amtssitz des Patriarchen in Bkerke. Sie verwüsteten die Räume und rissen Patriarchen- und Heiligenbilder von den Wänden, um sie durch Bilder ihres eigenen Idols, des (ebenfalls maronitischen) Generals Michel Aoun zu ersetzen. Symbolträchtig wurde auf den berühmten Amtssessel des Patriarchen ein großes Plakat des Generals geklebt. Der Patriarch selbst, der mit einigen Geistlichen den Demonstranten entgegengetreten war, wurde in die johlende Menge eingekeilt, hochgehoben, hilflos herumgeschwenkt und gezwungen ein Bild Aouns zu küssen.[64] Am nächsten Tag veröffentlichte

---

[62] Saad, The Seventy-Sixth, a.a.O. (Anm. 58), Bd. 1, 33. – Makarios III (1913-1977), seit 1950 griechisch-orthodoxer Erzbischof von Zypern, 1959-1977 Staatspräsident seines Landes, galt als Inbegriff eines geistlichen *homo politicus*.

[63] Saad, The Seventy-Sixth, a.a.O. (Anm. 58), Bd. 1, 35.

[64] Darstellungen der damaligen Vorgänge bei Saad, The Seventy-Sixth, a.a.O. (Anm. 58), Bd. 1, 421-442; Najib Alamuddin, Turmoil: The Druzes, Lebanon and the Arab-Israeli Conflict, London 1993, 245-246. Ein achtminütiger Videomitschnitt online bei Youtube:

der General ein Kommuniqué, in dem es hieß, der Patriarch hätte besser nicht in Widerspruch mit den Traditionen seines Amts geraten sollen: Ein Patriarch müsse sein Volk führen, aber wenn seine Überzeugungen in Gegensatz zu denen des Volkes gerieten, habe er zu gehen.[65] Der Triumph des Militärs über den Patriarchen war freilich nur von kurzer Dauer. Am 13. Oktober 1990 floh Aoun vor den heranrückenden syrischen Truppen in die französische Botschaft Beirut und entkam von dort zehn Monate später nach Frankreich. In den folgenden fünfzehn Jahren war nicht er es, der die Geschicke des libanesischen Maronitentums bestimmen sollte, sondern Patriarch Sfeir.

8. Der Patriarch als ideeller Gesamtmaronit: Die Kirche unter dem syrischen Protektorat (1990-2005)

Als der Bürgerkrieg 1990 beendet wurde, besaß die maronitische Gemeinschaft formal nach wie vor wichtige Machtpositionen im Staat. Der im Taef-Abkommen bekräftigte Nationalpakt von 1943, das ungeschriebene Supplement zur libanesischen Verfassung von 1926, sichert den Maroniten traditionsgemäß mehrere Schlüsselpositionen im Staatsapparat zu: vor allem die des Staatspräsidenten, des Oberkommandierenden der Streitkräfte und des Gouverneurs der Zentralbank. Im Vergleich zur unmittelbaren Vorkriegsperiode (1960-1972) war der Prozentsatz maronitischer Abgeordneter im Parlament ab 1992 zwar leicht gesunken: von 30,3% auf 26,6 Prozent. Aber mit 34 von 128 Abgeordneten (Vorkriegsperiode: 30 von 99) hatten sie weiterhin mehr Stimmen im Parlament als Sunniten und Schiiten, die jeweils über 27 Sitze verfügten.[66]

Diesem formalen Machterhalt stand nach 1990 jedoch eine grundlegende Schwächung der *weltlichen* politischen Kräfte im Maronitentum entgegen: Die blutigen innermaronitischen Machtkämpfe im Bürgerkrieg[67] hatten das Prestige der alten christlichen Parteien in der Bevölkerung tief erschüttert. Die überlebenden Führer der maronitischen Vorkriegs- bzw. Kriegsparteien befanden sich teils im Exil, teils im Gefängnis. Eine Reihe pro-syrischer Wahlmanipulationen machte es den Christen zwischen 1992 und 2000 in vielen Landesteilen darüber hinaus unmöglich, diejenigen politischen Repräsentanten ins Parlament zu wählen, die sie selber wollten.[68] Viele der neuen

---

„Aoun followers attacking Patriarch Sfeir", http://www.youtube.com/watch?v =Gg_6VuS9XGY (Zugriff: 11.04.2009).

[65] La déclaration de Aoun, in: L'Orient-Le Jour, Beirut [im folgenden: OJ], 7.11.1989.

[66] Vgl. Scheffler, Religious Communalism, a.a.O. (Anm.37), 30.

[67] Vgl. Régina Sneïfer-Perri, Guerres Maronites (1975-1990), Paris 1995.

[68] Farid al-Khazen, Intikhabat Lubnan ma ba'da al-harb 1992, 1996, 2000: Dimuqratiyya bi-la khiyar, Beirut 2000.

christlichen Abgeordneten galten nicht als wirkliche Repräsentanten der christlichen Bevölkerung, sondern als Marionetten der syrischen „Schutzmacht" und ihrer muslimischen Vasallen. Langfristig noch besorgniserregender war die Tatsache, dass viele Christen frustriert den Libanon verließen und dass diejenigen, die im Lande blieben, politisch immer passiver wurden. Anders als in der Vorkriegszeit war die Wahlbeteiligung von Christen nun wesentlich geringer als die von Muslimen.

In dieser Lage einer nachhaltigen Schwächung der weltlichen politischen Kräfte im Maronitentum übernahm das Patriarchat unter Kardinal Sfeir erneut Aufgaben, die weit über die geistlichen Belange der Gemeinschaft hinausgingen. Hierzu gehörte insbesondere die Aufgabe, die Anhänger der untereinander blutig zerstrittenen maronitischen Parteien miteinander auszusöhnen, die Christen des Landes vom Auswandern abzuhalten und ihnen Möglichkeiten des produktiven Zusammenlebens mit Muslimen zu zeigen.

Diese Orientierung wurde vom Vatikan mit starken symbolischen Gesten unterstützt. Hierzu gehörten vor allem die, auch von vielen muslimischen Würdenträgern besuchte, Libanon-Synode des Vatikan (26. November–14. Dezember 1995) sowie die Libanon-Reise Papst Johannes-Pauls II vom 10. bis 11. Mai 1997 mit der Veröffentlichung der post-synodalen päpstlichen Exhortation „Une espérance nouvelle pour le Liban",[69] die zu einem wichtigen Grundlagentext der christlichen Neupositionierung im Nachkriegslibanon wurde.

Wichtige Zeichen waren auch in der Zunahme der vatikanischen Selig- und Heiligsprechungen von Maroniten zu erkennen. Schon während der Amtszeit Patriarch Khoreiches war am 9. Oktober 1977 der Eremit Charbel Makhlouf (1828-1898) heiliggesprochen worden. Unter dem Patriarchat Kardinal Sfeirs folgten die Heiligsprechung der Nonne Rafqa (Rebecca) ar-Rayes (1832-1914) am 10. Juni 2001, des Mönchs Nimattullah Kassab al-Hardini (1808-1858) am 16. Mai 2004 sowie die Seligsprechung des franziskanischen Kapuzinermönchs Yacoub Haddad (1875-1954) am 22. Juni 2008. Abgesehen vom spirituellen Wert dieser symbolischen Gesten stecken in ihnen auch wichtige soziale und politische Botschaften: Sie ehren nämlich vor allem die spirituellen, monastisch-asketischen und karitativen Dimensionen des Maronitentums und nicht seine militanten Seiten. Indem sie darüber hinaus die Geburtsorte und Wirkungsstätten der Heiligen im Libanon

---

[69] Exhortation Apostolique post-synodale UNE ESPÉRANCE NOUVELLE POUR LE LIBAN de sa Sainteté Jean-Paul II aux patriarches, aux évêques, au clergé, aux religieux, aux religieuses et à tous les fidèles du Liban, Rom 1997, online unter: http://www. vatican.va/holy_father/john_paul_ii/apost_exhortations/documents/hf_jp-ii_exh_199 70510_lebanon_fr.html (Zugriff 15.05.2009).

aufwerten, sind sie geeignet, die Heimatbindung der Maroniten zu stärken und sie vom Auswandern abzuhalten.

Auf politischer Ebene testete Patriarch Sfeir immer wieder die engen Spielräume, die die syrische Oberherrschaft im Libanon ihm ließ, mit kalkulierten symbolischen Gesten. So unterstützte die Kirche z.B. den Wahlboykott der Parlamentswahlen von 1992. Und als im Jahr 2000 der syrische Staatschef Hafez al-Asad verstarb, die israelische Armee den Südlibanon räumte, und unter Asads Sohn Bashar in Syrien eine Politik vorsichtiger Reformen möglich zu werden schien, begann das Patriarchat, seinen politischen Spielraum vorsichtig auszuweiten und die Kirche wieder als Vorreiter der libanesischen Unabhängigkeit zu profilieren:

Am 19. September 2000 verabschiedete der Rat der maronitischen Bischöfe in Bkerke eine Erklärung, die Syrien zu einer Umgruppierung seiner Streitkräfte im Libanon als Vorstufe zum, im Taef-Abkommen 1989 vereinbarten, Abzug der syrischen Truppen aufrief. Am 30. April 2001 konstituierte sich mit dem offensichtlichen Segen der Kirche ein runder Tisch christlicher Oppositionspolitiker und Parteien. Bekannt wurde diese lockere Vorform einer vom Patriarchen protegierten politischen Blockbildung unter dem Namen „*Kornet Chehwan*", dem Dorf, in dem das konstituierende Treffen der Gruppe stattfand. De facto hielt die Gruppe jedoch viele ihrer Sitzungen in Bkerke, dem Sitz des Patriarchen, ab; und auf den Gruppenphotos, die zum Abschluss vieler dieser Treffen gemacht wurden, war zumeist auch ein höherer Prälat zu sehen. Offiziell war das Patriarchat nicht in die Aktivitäten der Gruppe involviert, aber der symbolische Kontext machte öffentlich deutlich, dass die Kirche das Vorhaben wohlwollend betrachtete.

Als Papst Johannes-Paul II vom 5.-8. Mai 2001 Syrien besuchte, fuhr Sfeir, anders als viele andere orientalische Kirchenführer, nicht ins nahe gelegene Damaskus, um den Papst zu begrüßen – eine Geste, die von vielen Beobachtern so ausgelegt wurde, dass der Patriarch in diesem Fall politische innerlibanesische Gründe höher bewertet habe als seine kirchlichen Bindungen zum Heiligen Vater.[70]

Am 8. August 2001 stattete der Patriarch den drusisch-maronitischen Siedlungsgebieten im Schuf demonstrativ einen Besuch ab und wurde dort betont freundlich von Drusenführer Walid Jumblatt empfangen – eine gemeinsame symbolische Geste, die aufzuzeigen schien, dass Drusen und Maroniten, die beiden historischen Gründergemeinschaften des alten, von Syrien unabhängigen, Libanon, trotz allen Bluts, das zwischen ihnen geflossen war, sich wieder aussöhnen und gemeinsam auf eine neue Unabhängigkeit des Libanon hinarbeiten könnten.

---

[70] Annie Laurent, Le pèlerinage de Jean-Paul II en Syrie, in: Travaux et Jours, Nr. 68, 5-27 (hier: 26f).

9. Die weltlichen Führer kehren zurück (2005-2011)

Mit der Ermordung des ehemaligen sunnitischen Ministerpräsidenten Rafiq al-Hariri am 14. Februar 2005 und dem kurz darauf erzwungenen Rückzug der syrischen Truppen aus dem Libanon begann die politische Konstellation zu zerbröckeln, die es dem maronitischen Patriarchat zwischen 1990 und 2005 ermöglicht hatte, die Rolle des politischen Repräsentanten der Maroniten zu übernehmen. Binnen kurzer Zeit kehrten die wichtigsten weltlichen maronitischen Führer der Vorkriegszeit aus dem Exil bzw. dem Gefängnis wieder auf die politische Bühne zurück, um sich an den Wahlen vom Sommer 2005 zu beteiligen und, wie sich herausstellte, ihre alten Rivalitäten in neuem Gewande fortzusetzen.

Die wichtigsten maronitischen Kontrahenten der späten Bürgerkriegszeit – Samir Geagea und Michel Aoun – standen sich bald wieder gegenüber, diesmal als Juniorpartner zweier verfeindeter Lager, die beide von großen muslimischen Parteien dominiert wurden: Aoun als Mitglied der von der schiitischen Hizballah und Syrien kontrollierten Allianz des „8. März"; Geagea im Lager des „14. März", einer Koalition prowestlicher Parteien und Notabeln, die von der sunnitischen „Zukunfts"-Bewegung der Familie Hariri dominiert wurde.[71]

Die klassische Rolle des Patriarchen, zwischen verschiedenen Gruppen seiner Gemeinschaft zu vermitteln, wurde durch die neue bipolare Konstellation erheblich erschwert. Denn die beiden Blöcke waren nicht einfach beliebige tagespolitische Interessenkoalitionen, sondern repräsentierten diametral entgegengesetzte strategische Visionen vom Charakter des Libanon, seiner Außenpolitik und seiner Zukunft. Der vom „14. März" vertretenen Vision vom Libanon als friedlicher, bürgerlich-kapitalistischer Händlerrepublik stand die von der Hizballah verkörperte Vision vom Libanon als hierarchisch gestaffelter Kriegergesellschaft gegenüber. Beide Visionen appellierten an unterschiedliche gesellschaftliche Bedürfnisse, betonten unterschiedliche Werte, waren mit unterschiedlichen Nachteilen und Vorteilen für bestimmte gesellschaftliche Gruppen verknüpft, implizierten eine unterschiedliche Art, Außenpolitik zu treiben, maßen der Wirtschaft einen unterschiedlichen Stellenwert zu, beinhalteten gegensätzliche Visionen von Staatlichkeit und Souveränität, und hatten ein unterschiedliches Verständnis von sozialer Kontrolle und Freiheit.[72]

---

[71] Die Kürzel „8. März" und „14. März" erinnern an die Tage der großen Massendemonstrationen, mit denen die beiden Blöcke im Frühjahr 2005, nach der Ermordung Hariris und vor dem Abzug der syrischen Truppen, ihre Legitimität öffentlich beweisen wollten.
[72] Thomas Scheffler, Die Verfassungskrise im Libanon 2004-2008, in: DAVO-Nachrichten, Nr. 28, 2008, 13.

Die Politik der beiden Lager wurde auch durch die ungleichen Ressourcen geprägt, die ihnen zur Verfügung standen. Der „14. März" hatte in den Parlamentswahlen vom Sommer 2005 zwar die parlamentarische Mehrheit errungen, musste aber mit einem Staatsapparat leben, der mit Gewährsleuten des Ancien Régime durchsetzt war. Der „8. März" hingegen repräsentierte zahlenmäßig zwar nur eine Minderheit, konnte aber auf die von Syrien und Iran jahrzehntelang hochgerüsteten Privatstreitkräfte der Hizballah zählen sowie auf die Loyalität pro-syrischer und pro-iranischer Netzwerke im Staatsapparat und in der libanesischen Gesellschaft.

Folge dieses ungleichen Kampfs zwischen parlamentarischer Mehrheit und militärischer Privatmacht war eine jahrelange Erosion der staatlichen Institutionen. Hierzu gehörten u.a.: die zahlreichen unaufgeklärten politischen Morde an Mitgliedern des „14. März" (2005-2008); der von der Hizballah eigenmächtig ausgelöste Krieg mit Israel im Sommer 2006; die Paralysierung des Parlaments (Dezember 2006 bis Mai 2008); die Vakanz der Staatspräsidentschaft (November 2007 bis Mai 2008); die Eroberung Westbeiruts durch Milizen des „8. März" im Mai 2008 mit anschließender Etablierung einer „Regierung der nationalen Einheit"; sowie schließlich die Revision des Wahlsiegs des „14. März" vom Sommer 2009 durch die forcierte Machtübernahme einer *de facto* von der Hizballah gelenkten Regierung (2011).

Die maronitische Kirche, die sich in ihrer politischen Theologie als Mutter des modernen Libanon verstand, nahm diese Entwicklung unter Patriarch Sfeir nicht schweigend hin. Die Lahmlegung und Diskreditierung aller staatlichen Institutionen und die schleichende Machtübernahme der Hizballah gefährdeten aus Sicht der Kirchenführung die Erhaltung eines unabhängigen und freien Libanon als Modell multireligiöser Koexistenz, ein Ideal, zu dem sich die Kirche auf ihrer Patriarchatssynode (2003-2006) noch ausdrücklich bekannt hatte.

Die Tatsache, dass die Politik der Hizballah ausgerechnet von einem der prominentesten Maroniten, General Michel Aoun, mitgetragen wurde, brachte das Patriarchat in eine schwierige Lage. Angesichts der Popularität, die Aoun sich durch seine lange Opposition gegen die Machtübernahme Syriens im Libanon erworben hatte, bemühte sich das Patriarchat lange Zeit diplomatisch, Aouns Schwenk ins Lager des „8 März" nur indirekt in Frage zu stellen, ihn selbst und seinen Block aber nicht namentlich anzugreifen.

Aoun, als Militär nur schwer an Widerspruch zu gewöhnen, reagierte auf diese Politik der leisen Kritik zwar nicht, wie 1989, mit der Erstürmung des Patriarchats, bestritt aber, ebenso wie damals, die politische Legitimität des Patriarchen. Die politischen Entscheidungen der libanesischen Christen, ließ er im November 2007 verlauten, fielen nicht in Bkerké (dem Amtssitz des

Patriarchen), sondern in Rabieh (dem Wohnsitz Aouns).[73] Im Gegensatz zu
ihm, Aoun, sei der Patriarch nicht vom Volke gewählt.[74] Lauter ging im
Januar 2008 Suleiman Franjieh Jr., Aouns wichtigster maronitischer Verbündeter, zu Werk: Sfeir sei ein Agent der amerikanischen und französischen Botschaft, aber zu senil, um noch ernstgenommen zu werden.[75]

Nach dem Ende des kleinen Bürgerkriegs vom Mai 2008 eskalierten die
Auseinandersetzungen zwischen Aoun und dem Patriarchen weiter. Als
Sfeir am 8. Februar 2009 in einem Interview mit dem Magazin der Forces
Libanaises, *al-Massira*, verlauten ließ, ein Sieg der Hizballah bei den kom-
menden Parlamentswahlen wäre eine Gefahr für den Libanon,[76] nahm die
Debatte schließlich so gehässige Töne an, dass sich der Bischof von Byblos
und spätere Patriarch, Bishara al-Rahi, am 25. Februar auf einer Pressekon-
ferenz schließlich zu der Drohung hinreißen ließ, man könne Angriffe auf
die Kirche auch mit der *Exkommunikation* ahnden.[77]

Kühlere Anhänger des Patriarchen plädierten demgegenüber für eine
grundsätzliche Klärung der Spielräume des politischen Engagements des
Kirchenoberhaupts:[78] Der Patriarch halte sich zwar grundsätzlich aus der
„politique politicienne", dem tagespolitischen Gerangel um Posten und Ämter,
heraus; er müsse aber schon deshalb zu Grundsatzfragen der nationalen
Politik Stellung nehmen, weil die Kirche von ihrer Geschichte und spirituellen Mission her ein besonderes Verhältnis zum Libanon habe, als einem
Land, das die Berufung habe, ein Modell für das Zusammenleben der Religionen zu sein, und dazu frei und unabhängig sein müsse. Eine Machtübernahme der Hizballah stelle diese „Konstanten" der nationalen Politik unter
anderem deswegen in Frage, weil die Hizballah sich ausdrücklich zum *wilayat
al-faqih* bekenne, der Richtlinienkompetenz des ranghöchsten schiitischen
Geistlichen im Iran; weil sie den Libanon weniger als Heimat denn als Arena
des Kampfs gegen Israel betrachte; weil sie das Gewaltmonopol des Staates

[73] Aoun: Christians' Political Authority is Rabiyeh, not Bkirki, in : Naharnet, 26.11.2007; Geagea: Aoun est un „évêque", pas un „patriarche", in : OJ, 27.11.2007.
[74] Aoun dénonce „l'ambivalence" dans le rôle du patriarcat maronite, in: OJ, 1.1.2008.
[75] Franjieh paints Sfeir as Foreign Stooge, in: Daily Star (Beirut), 16.1.2008; Sleimane Fran-gieh porte atteinte, une fois de plus, à la dignité du patriarche maronite, in: OJ, 16.1.2008.
[76] Naguib Aoun, Par saint Maron, in: OJ, 09.02.2009.
[77] Maronite Bishop warns against Attacking Church, Patriarch, in: Al-Manar, 25.02.2009, URL: http://www.almanar.com.lb/NewsSite/NewsDetails.aspx?id=75408&language= en; Scarlett Haddad, La nonciature multiplie les appels à l'apaisement dans la plus grande discrétion, in: OJ, 28.02.2009; Fady Noun, Le sacré et le profane, in: OJ, 03.03.2009.
[78] Michel Touma, Les constantes du patriarche, in: OJ, 11.02. 2009; Émile Khoury, L'histoire, meilleure réplique aux contempteurs de Bkerké, in: OJ, 12.02.2009; Fady Noun, Le mandate de la conscience, in: OJ, 12.02.2009.

nicht respektiere und weil sie langfristig die Errichtung einer islamischen Republik nach iranischem Vorbild anstrebe.

Zur Entspannung der innermaronitischen Fronten trugen derlei Festlegungen allerdings nicht bei, denn Aoun, unterstützt von der syrischen Regierung, begann nunmehr, die Autorität des Patriarchats auch auf dessen ureigenstem Gebiet anzugreifen, nämlich dem der Territorialtheologie. Die Sechzehnhundertjahrfeier des Namensvaters der maronitische Kirche, des Hl. Maron (gest. 410) am 9. Februar 2010, beging Aoun, gemeinsam mit anderen prosyrischen libanesischen Politikern, nicht im Libanon, sondern am Grab des Heiligen in Brad bei Aleppo. Ein Jahr später, am 9. Februar 2011, legte Aoun vor tausenden seiner mit Bussen aus dem Libanon angereisten Anhänger in Brad den Grundstein für eine Kirche des Hl. Maron auf einem 25.000 m² großen Grundstück, das die syrische Regierung dafür gespendet hatte. Der damit verbundene Wink, die historischen und spirituellen Wurzeln des Maronitentums lägen in Syrien, richtete sich, kaum verhehlt, gegen den Führungsanspruch des libanesischen Patriarchats und wurde von Aouns Gegnern als möglicher Auftakt zu einer politisch motivierten Kirchenspaltung begriffen.

Als Patriarch Sfeir am 26. Februar 2011 mit fast 91 Jahren zurücktrat und im März durch einen seiner engsten Mitarbeiter, Bischof Bishara Rahi (geb. 1940), abgelöst wurde, hofften viele Kommentatoren, der neue Patriarch werde die gefährlichen innermaronitischen Brüche überwinden helfen und sich als „Patriarche rassembleur" erweisen. Es ist allerdings bezeichnend, dass der unter Rahi eingeleitete Kurswechsel nicht etwa darin bestand, das Patriarchat nunmehr aus der Politik herauszuhalten, sondern, eher umgekehrt, sich durch subtile politische Signale dem „8. März" soweit anzunähern, dass die Hizballah-nahe Tageszeitung *al-Akhbār* Rahi am 20. Juli 2011 in einem zweiseitigen Aufmacher wohlwollend als neuen Führer (*zaʿīm*) der Maroniten lobte. Wie immer man diese Signale und ihre Erfolgschancen beurteilen mag, sie zeigen, dass ein Rückzug aus der Politik in apolitische Spiritualität derzeit keine realistische Option für das Patriarchat darstellt. Weitere Konflikte zwischen Kirchenführung und weltlichen maronitischen Politikern sind daher auch in Zukunft nicht ausgeschlossen.

10. Die Macht der Kirche und ihre Grenzen

Eine nachhaltige Beruhigung an der ‚Front' zwischen Patriarchat und weltlichen maronitischen Parteien wäre vermutlich erst dann zu erwarten, wenn die Machtverhältnisse eindeutig zugunsten einer der beiden Seiten geklärt wären. Eine Klärung *zu Lasten der Kirche* würde wohl erst dann in greifbare Nähe rücken, wenn (1) die weltlichen politischen Führungsstrukturen im libanesischen Maronitentum fest in einer Hand zentralisiert wären; wenn (2)

die wirtschaftliche Unabhängigkeit der Kirche entscheidend geschwächt
wäre und wenn (3) ein starker laizistischer Sozialstaat im Libanon die Wohl-
fahrtsaktivitäten der Kirche übernehmen oder überflüssig machen würde.
Mit nichts davon ist in absehbarer Zeit zu rechnen:

Einer Zentralisierung der *weltlichen* politischen Führungsstrukturen steht
bei den Maroniten nicht nur der zutiefst agonale Charakter der libanesischen
Kultur entgegen; sondern auch der ausgeprägte Mittelklassen-Charakter der
maronitischen Gesellschaft. Beide Faktoren bieten wenig Ansatzpunkte für
eine nachhaltige Verfestigung eindeutig *asymmetrischer* Machtverhältnisse im
Kirchenvolk. Noch wichtiger ist der gemeinschaftsspaltende Einfluss der
regionalen Konflikte, die die libanesische Politik polarisieren: Der Palästina-
konflikt, die Großmachtambitionen Irans, die notorischen Rivalitäten der
arabischen Staaten, die geostrategischen Interessen der Großmächte, die
leichte Verfügbarkeit von Petrodollars und Waffen – sie alle ermöglichen es
nahezu jedem ehrgeizigen Akteur im Libanon, externe Bündnispartner und
Ressourcen gegen innerlibanesische Konkurrenten zu finden.

Auch eine nachhaltige *wirtschaftliche Schwächung* der Kirche ist derzeit
schwer vorstellbar. Die Kirche gilt als einer der größten Grundbesitzer des
Libanon.[79] Obwohl keine verlässlichen Statistiken zu ihrer wirtschaftlichen
Lage vorliegen, dürfte der seit den 1990er Jahren anhaltende Investment-
boom im Immobilienbereich die Vermögenswerte der Kirche vervielfacht
haben. An eine Verstaatlichung ('Säkularisation') des Kircheneigentums wie
im neuzeitlichen Europa ist im Libanon schon deswegen kaum zu denken,
weil sie hier als Eingriff in die prekäre Machtbalance zwischen christlichen
und muslimischen Religionsgemeinschaften des Landes angesehen und
letztlich auch die Stellung der geistlichen Hierarchien in allen anderen Religionsgemeinschaften gefährden würde. Erst die gleichzeitige und definitive
Durchsetzung säkularistischer Parteien in *allen* Religionsgemeinschaften des
Landes könnte diesen Zustand ändern. Die starken islamististischen Strömungen im schiitischen und sunnitischen Islam der Region machen eine
solche Entwicklung aber derzeit wenig wahrscheinlich.

Auch die Errichtung eines *starken laizistischen Sozialstaats* würde im Libanon auf viele Hürden stoßen. Der Libanon ist ein Land, in dem die *Gesellschaft* den Staat prägt und beherrscht, nicht umgekehrt. Angesichts der Korruption, Vetternwirtschaft und Ineffizienz in vielen Staatsorganen ist gerade
der Staat zur wirksamen Wahrnehmung sozialer Schutzfunktionen weit
weniger geeignet als private Träger. Der Vergleich staatlicher und privater
Krankenhäuser, staatlicher und privater Universitäten spricht Bände.

---

[79] Roncaglia / Bassil-Roncaglia, Les Maronites, a.a.O. (Anm. 3), 339, nahmen Ende der
      1990er Jahre an, dass die maronitische Kirche in der einen oder anderen Form etwa
      fünfzehn Prozent des nationalen Territoriums kontrolliere.

Aus ähnlichen Gründen sollte auch der Behauptung, der Patriarch sei nicht vom Volke gewählt, keine übertriebene Bedeutung beigemessen werden. In einem Land, in dem Stimmenkauf und opportunistische Frontwechsel bei Parlamentswahlen tägliches Medienthema sind, ist die Tatsache, vom Volke „gewählt" worden zu sein, noch kein Beweis für besondere moralische oder politische Glaubwürdigkeit. Der Patriarch wird immerhin von einem Kollegium erfahrener Kirchenführer auf Lebenszeit gewählt. Er muss nicht beständig auf Wählerstimmen schielen und kann sich daher in politischen, sozialen und moralischen Fragen weit größere Geradlinigkeit und Konsistenz leisten als gewählte Parlamentspolitiker. Aus der Perspektive der tagespolitischen „politique politicienne" macht ihn dies bisweilen unangenehm unabhängig, bisweilen aber auch attraktiv, nämlich dann, wenn die von ihm vertretenen Ansichten mit denen einer weltlichen Partei konvergieren.

Solange es im Libanon darüber hinaus politisch von Belang ist, einer bestimmten Religionsgemeinschaft anzugehören, ist es auch politisch von Belang, wer diese Religionsgemeinschaft *in ihrer Gesamtheit repräsentiert*. Hier besitzt die maronitische Kirche einen kaum einholbaren Vorsprung, da sie – im Gegensatz zu den meisten maronitischen Parteien – traditionell in allen Landesteilen präsent ist, auch in denen mit starker muslimischer Bevölkerungsmehrheit, und darüber hinaus von Amts wegen den Kontakt zu den Millionen von Auslandsmaroniten wahrt, die mit ihren Geldüberweisungen in die Heimat, ihren Vermögenswerten und ihrem Einfluss in den Gastländern eine wertvolle Ressource der libanesischen Wirtschaft und Politik darstellen.

Auch die Macht der Kirche hat allerdings ihre Grenzen. Ebenso wenig wie es laizistischen Politikern auf absehbare Zeit gelingen wird, den politischen Machtanspruch der Kirche zu eliminieren, wird es der Kirche gelingen, als einziger politischer Akteur für alle Maroniten zu sprechen. Es ist kaum vorstellbar, dass die maronitische Kirche die politische, militärische und spirituelle Macht in ihrer Gemeinschaft im gleichen Maße auf sich vereinen kann, wie es z.B. der Hizballah seit ihrem Aufstieg in den 1980er Jahren bei den Schiiten gelungen ist. Die maronitische Kirche hat eine solche Konzentration direkter und ‚harter' Macht auf sich selbst auch nicht angestrebt, sondern es vorgezogen, vor allem im Bereich der Erziehung, der Wirtschaft, der sozialen Sicherheit und der Gesundheitsversorgung wichtige gesellschaftliche und kulturelle Machtstellungen aufzubauen und auf dieser Grundlage indirekten Einfluss auf einheimische und ausländische Mächte zu nehmen. Militärisch gesehen, kann dies vielleicht als Schwäche ausgelegt werden. Auf lange Sicht dürften die Distanz zur vordersten politischen Bühne sowie die Konzentration auf indirekte und ‚sanfte' Macht freilich ein

Vorteil bleiben: Sie schützen die Kirche erstens vor allzu rascher politischer
und moralischer Diskreditierung und erleichtern ihr zweitens den Dialog mit
anderen religiösen Gemeinschaften – Eigenschaften, die in den rasch wechselnden Machtkonfigurationen des Nahen Ostens immer wieder benötigt
werden.

11. Zusammenfassung und Ausblick

Was immer maronitische Geistliche für sich *persönlich* in der politischen Arena ihres Landes anstreben mögen, ihre Handlungsmöglichkeiten werden
durch mehrere strukturelle Beschränkungen kanalisiert: (1) Innerkirchlich
wird der Spielraum politisch ambitionierter Kirchenführer durch die vorhandenen ideologischen und organisatorischen Strukturen der Kirche und
deren Machtressourcen begrenzt. (2) Innerhalb der maronitischen Gemeinschaft als ganzer müssen sie die schwer aufhebbare Koexistenz von weltlichen und geistlichen Führern akzeptieren. (3) Im nationalen Rahmen des
Libanon werden ihre Handlungsmöglichkeiten darüber hinaus durch das
engräumige Zusammenleben mit vielen anderen Religionsgemeinschaften
eingeschränkt. Und im regionalen Kontext des Nahen Ostens müssen sie
schließlich (4) das tendenzielle Übergewicht des Islams sowie eine ebenso
unübersichtliche wie dynamische Überlagerung zwischenstaatlicher, transnationaler und ideologischer Konflikte in Rechnung stellen, die sich bestenfalls
auf den einen gemeinsamen Nenner bringen lässt, dass kein Akteur im Nahen Osten Herr seines eigenen Schicksals ist und dass die Grenzen zwischen
„Freund" und „Feind" sich oft über Nacht dramatisch verschieben können.

Ideell speist sich die Daseinsberechtigung christlicher Kirchen zunächst
aus ihrer privilegierten Beziehung zur Transzendenz bzw. zum göttlichen, in
die diesseitige Welt hineinwirkenden *Logos*. Die Kirche legitimiert sich aus
einem Diskurs, in dem die irdische Welt durch die Annahme einer mächti-
geren, göttlichen und vollkommenen Welt zugleich abgewertet, geheiligt und
verständlich gemacht wird. Die Kirche ist, als mystischer Leib Christi, in
beiden Welten zu Hause.

Um im Diesseits als öffentliche Körperschaft überleben zu können, benötigt und besitzt der irdische Leib Christi freilich auch irdische Machtressourcen. Die Aura des Sakralen allein reicht, aller Erfahrung nach, nicht aus,
um ihn dauerhaft vor äußerem Druck oder innerer Zersetzung zu schützen.
Dies gilt erst recht in einem multireligiösen Umfeld wie dem Nahen Osten,
in dem die Heils- und Superioritätsansprüche der eigenen Kirche beständig
durch die Heils- und Superioritätsansprüche anderer, machtpolitisch zum
Teil überlegener Religionsgemeinschaften relativiert werden – und daher
öffentlich nur mit großer Vorsicht artikuliert werden können.

In einem solchen Milieu kann eine allzu öffentliche und offensive Propagierung des eigenen Heilsversprechens unter Umständen kontraproduktiv sein. Wichtiger ist die zähe und flexible Konservierung und Ausdehnung der eigenen Macht durch ideologisch weniger explizite Mittel, z.B. durch den Einsatz komplexer Rituale, ein- und ausgrenzender Gemeinschaftssymbole sowie durch die schweigende Akkumulation profaner irdischer Machtressourcen.

Diesseitige Macht lässt sich aus der Akteursperspektive typologisch in zwei Kategorien scheiden: *„eigene"* und *„geborgte"* Macht. Der erste Begriff bezieht sich auf Machtressourcen, über die ein Akteur direkt, d.h. unabhängig von anderen Akteuren, verfügen kann; der zweite auf Machtressourcen, deren Mobilisierung er nur indirekt, mit Hilfe anderer Akteure, zu beeinflussen vermag. Die politische Macht eines Akteurs ist umso größer, je höher in seinem Machtportfolio der Anteil „eigener" Macht ist.

Quer zur Unterscheidung zwischen „eigener" und „geborgter" Macht kann man darüber hinaus, bezogen auf die mobilisierbaren Machtressourcen selbst, zwischen „harter" und „sanfter" Macht unterscheiden. „Harte" Macht beeinflusst menschliches Verhalten durch Androhung oder Anwendung physischer Zwangsgewalt. „Sanfte" Macht wirkt durch soziale, wirtschaftliche, kulturelle oder psychologische Beeinflussung.

Gegenläufig zur langfristigen Säkularisierungstendenz im neuzeitlichen Europa, hat die maronitische Kirche im Libanon in den letzten drei Jahrhunderten erhebliche wirtschaftliche, kulturelle und soziale Machtpositionen akkumuliert und sich dadurch ein hohes Maß an „eigener", vorwiegend „sanfter", Macht sichern können. Entscheidend dafür war vor allem die Sicherung der organisatorischen und wirtschaftlichen Unabhängigkeit der Kirche gegenüber weltlichen Machthabern. Zwei Faktoren spielten hierbei eine herausragende Rolle: der externe Rückhalt der maronitischen Kirche im post-tridentinischen Vatikan sowie die wirtschaftliche und erzieherische Tätigkeit der maronitischen Mönchsorden im Libanon.

Der großen gesellschaftlichen Machtakkumulation der Kirche steht allerdings keine vergleichbare militärische Macht gegenüber. Diese eigentümliche Situation – große gesellschaftliche Macht zu besitzen, ohne sie aus eigener Kraft militärisch schützen zu können – beeinflusst sowohl den Politikstil als auch die Politikziele maronitischer Kirchenführer:

Ohne eigene militärische Macht in einer konfliktreichen Region mit rasch wechselnden politischen Großwetterlagen ist die Kirche in hohem Maß auf einen moderaten, ausgleichsbetonten und diplomatischen *Politikstil* angewiesen, der darauf angelegt ist, Konflikte, die militärisch eskalieren (und damit der Kontrolle der Kirche entgleiten) könnten, möglichst zu vermeiden. Charakteristische Merkmale dieses Politikstils sind ein weitgehender Verzicht

auf die Besetzung staatspolitische Ämter durch Geistliche, ein hohes Maß
von informeller Netzwerkarbeit hinter den Kulissen, die Bevorzugung sym-
bolischer Gesten im öffentlichen Bereich und eine vorsichtige Sprache, die
darauf bedacht ist, öffentliche Freund-Feind Bestimmungen nur im äußers-
ten Notfall vorzunehmen und in den Gegnern von heute die potentiellen
Bündnispartner von morgen zu respektieren.

Ähnliches gilt auch für die Bandbreite möglicher *Politikziele* geistlicher
Führer. Institutionsökonomische Ansätze schreiben religiösen Führern ge-
wöhnlich mehrere Standardziele zu, etwa, die Zahl ihrer Anhänger zu ver-
mehren; die letzteren dauerhaft an ihre religiöse Gemeinschaft zu binden;
den Einfluss konkurrierender Gemeinschaften zu vermindern sowie den
eigenen Einfluss auf das gesellschaftliche und politische Umfeld auszudeh-
nen.[80] Einem der klassischen Ziele christlicher Kirchen, nämlich der Mit-
gliederwerbung durch *Mission* (Mt 28:19), stehen im Libanon allerdings
gleich zwei Hindernisse entgegen: die starke Missionsaversivität der muslimischen Gemeinschaften und das kommunalistische Proporzregime des
Landes. Versuche, anderen Religionsgemeinschaften offen Mitglieder abzu-
werben, würden im Libanon entweder als politische Aggression gesehen
werden oder als Versuch, die Verfassungsstruktur des Landes zu untergraben. Die Vermehrung der eigenen Anhänger muss daher primär auf anderen, weniger explizit ideologischen Wegen angestrebt werden: etwa durch
hohe Geburtenraten der Gläubigen, Pflege intakter, kinderreicher Familien,
Rückkehr von christlichen Auswanderern, Verringerung der maronitischen
Emigration, Verhinderung des Übertritts von Maroniten zu anderen Religionsgemeinschaften usw. Entsprechend hoch ist das öffentliche Engagement
der Kirche in moralischen, sexuellen und Erziehungsfragen sowie ihr Interesse an der Kultivierung einer besonderen maronitischen Identität und an
der Festigung der territorialen Heimatbindungen der Maroniten.

Der Versuchung, den libanesischen Staat kirchlicher Kontrolle unterwerfen zu können, stehen nicht nur die religionspluralistischen Kräfteverhältnisse im Libanon entgegen, sondern auch die libanesische Verfassung, die
allen anerkannten Religionsgemeinschaften des Landes weitgehende Freihei-
ten und erziehungspolitische Kompetenzen sowie das Recht auf politische
Repräsentation einräumt – Rechte, von denen christliche Kirchen in anderen Ländern des Nahen Ostens nur träumen können.

Naheliegenderweise besteht das wichtigste politische Ziel der maronitischen Kirchenführung daher darin, diese einzigartigen Freiräume zu erhalten. *Innenpolitisch* bedeutet dies, die gesellschaftliche, kulturelle und sozialpo-

---

[80]   Vgl. Anthony Gill / Arang Keshvarzian, State Building and Religious Resources: An
       Institutional Theory of Church-State Relations in Iran and Mexico, in: Politics and Socie-
       ty 27:3, 1999, 431-465 (hier: 437-441).

litische Unabhängigkeit der Kirche vom Staat zu verteidigen. *Außenpolitisch* bedeutet es, für die staatliche Unabhängigkeit, Souveränität und territoriale Integrität des Libanon einzutreten.

Gerade dieses Politikziel hat die Kirchenführung in den letzten Jahrzehnten, trotz aller diplomatischen Zurückhaltung, immer wieder in Konflikte mit diversen transnationalen Akteuren im Libanon geführt, die den Libanon weniger als territoriales Endziel betrachteten, sondern als Arena und Sprungbrett für die „panarabische", „großsyrische", „palästinensische", „antiimperialistische" oder „islamische" Revolutionierung des gesamten Nahen Ostens. Hinzu kommt allerdings, dass auch die maronitische Kirche von einer transnationalen Instanz, dem Vatikan, abhängt, die ihre Libanonpolitik nicht ausschließlich mit Blick auf den Libanon gestaltet, sondern auch übergeordnete Gesichtspunkte berücksichtigt, nicht zuletzt die Lage der Christen in den anderen Ländern des Nahen und Mittleren Ostens. Eine Flucht aus der Transnationalität ist der maronitischen Kirche daher ebenso wenig möglich wie eine Flucht aus der Politik. Eine prinzipielle Antwort auf diese multipolare Konstellation war die Entwicklung einer Territorialtheologie, die im Libanon ein besonderes Land mit der Berufung sieht, ein Laboratorium für die Koexistenz von Christentum und Islam zu sein. Der Versuch, diese Formel in den zentrifugalen Kräftefeldern des Nahen Ostens als Kompass politischer Kirchenpraxis festzuhalten, gleicht allerdings nach wie vor einem Drahtseilakt.

TEIL 4

Reverend Ian Paisley in Nordirland

Vom Konflikttreiber zum Friedensermöglicher

Corinna Hauswedell

> Catholicism is more than a religion.
> It is a political power.
> Therefore I'm led to believe
> there will be no peace in Ireland
> until the Catholic Church is crushed.
>
> *Oliver Cromwell, um 1642*

Die Renaissance der Forschung über den Zusammenhang von Religion und Politik und im Besonderen über die Rolle geistlich-religiöser Strömungen und Führungspersonen in gewaltförmigen politischen Konfliktkonstellationen lädt auch ein zu einem zweiten Blick auf Akteure im Kontext des Nordirland-Konfliktes, der euphemistisch als „Troubles" bezeichneten Phase politischer Gewalteskalation zwischen 1969 und 1998, die nun, ein gutes Jahrzehnt nach dem Belfaster Friedensabkommen, allmählich zu einem Abschluss zu kommen scheint.

Dies sei vorangestellt, weil die vorwiegend sozialwissenschaftlich bzw. konflikttheoretisch geprägte Forschung zu Nordirland bekanntlich mehrheitlich nicht die These stützt, dass es sich hier um einen religiös determinierten Konflikt handelt, sondern eher die ethno-nationalen bzw. politischen Dimensionen des Konfliktes betont werden. Eine der Ausnahmen war und ist der britische Religionssoziologe Steve Bruce, der 2007 ein auf früheren Studien basierendes Buch *Paisley. Religion and Politics in Northern Ireland* vorgelegt hat, auf das sich im Folgenden unter anderem auch zu beziehen sein wird.

Ian Richard Kyle Paisley verkörpert in einer zumindest für die europäische Zeitgeschichte ziemlich einzigartigen Verbindung religiöse und politische Führerschaft in einer Person. Sein Weg vom eifernden Reverend einer evangelikalen, frei-presbyterianischen Sekte und Führer einer kleinen radikal-loyalistischen bzw. unionistischen Partei ins Zentrum der politischen Macht, vom notorischen Nein-Sager zum (Mit-)Gestalter des politischen Prozesses, vom Symbolpolitiker zum Realpolitiker ist bemerkenswert und widersprüchlich. Der Amtsantritt Paisleys als Premier Nordirlands im Mai 2007, als Tandem-Partner im *Power Sharing* mit dem vormals ärgsten Feind, dem Sinn-Fein-Politiker und ehemaligen IRA-Commander Martin McGuinness, ließ auch ein Jahr danach die meisten Belfasterinnen und Belfaster sich immer noch erstaunt die Augen reiben.[1]

Für eine umfassendere Bilanz von Ian Paisleys Wirken und Wandlungen erscheint es noch etwas früh.[2] Auch zwingt der Rahmen dieses Aufsatzes zur Bescheidenheit und Fokussierung auf ausgewählte Fragestellungen. In einem ersten Schritt wird anhand einer knappen Systematisierung von Daten und Fakten (vgl. auch die Chronologie im Anhang) in die historischen Zusammenhänge eingeführt. Daraufhin werde ich zunächst einige für das religiöse und politische Auftreten Paisleys typische Muster, ideologische und agitatorische Topoi und sodann das soziale und politische Rekrutierungs- und Wirkungsfeld des Paisleyismus vorstellen. Schließlich soll der Frage Raum gegeben werden, welche Ursachen und Anstöße für die bemerkenswerten Wandlungen im Führungsverhalten Paisleys ausschlaggebend gewesen sein mögen. Meine Beobachtungen legen die Vermutung nahe, dass aus einer Vielzahl von Faktoren maßgeblich der Aspekt der politischen Anerkennung herausragt, die Paisley schließlich nach Jahrzehnten einer im Wesentlichen selbstgesteuerten Marginalisierung sowohl innenpolitisch als auch auf der internationalen Bühne zuteil wurde und ihn aus den Gräben eines nordirischen Fundamentalismus in die demokratische Mitte holte: Der Zugewinn an Legitimation durch erhebliche Stimmenzuwächse, welche die Democratic Unionist Party (DUP) 2003 zur stärksten nordirischen Partei machten, zum einen sowie eine Einladung ins Weiße Haus auf einen Platz

---

[1] Die Autorin hatte Gelegenheit, am 8. Mai 2007 als Zaungast der Amtseinführung der neuen Regierung in Stormont/Belfast beizuwohnen und hatte gehofft, für den vorliegenden Beitrag ein Interview mit Ian Paisley machen zu können, was leider nicht möglich war, da die Queen, die seinerzeit ebenfalls in Belfast weilte, selbstverständlich Präferenz genoss.

[2] Ed Moloney hat 2008 mit der Veröffentlichung des 560 Seiten starken Bandes „Paisley. From Demagogue to Democrat", einer Neubearbeitung seiner 1986 mit Andy Pollak herausgegebenen Biografie Paisleys, eine bemerkenswerte Vorlage geliefert, die im Schlussteil natürlich auch versucht die Faktoren zu benennen, welche den immensen Wandel der Person Paisley erklären können.

neben dem US-Präsidenten zum anderen wirkten de facto und über den Weg der Symbolpolitik mäßigend auf einen der Hauptvertreter des nordirischen *Sectarianism*.[3]

1. Etappen auf dem Weg des Predigers und Politikers

„Ian Paisley is unique. No other person in Europe has founded a church and political party ... That there is no model for Paisley's twin career shows us how unusual for modern democracies is the interaction of religion and politics we find in Northern Ireland." (Bruce, 2007, 1). Der in der Tat recht einzigartige Werdegang des evangelikalen Reverend Ian Paisley lässt sich grob in folgenden Etappen skizzieren:

1.1. „Wiedergeburt": Marginal und radikal (1952-67)

Berücksichtigt man Paisleys Herkunft als Sohn eines Baptistenpastors in Armagh, so stellte seine Gründung der *Free Presbyterian Church of Ulster* (FPCU) 1951 in Ravenhill/Belfast im Sinne des evangelikalen Postulats der „Wiedergeburt" zunächst keine Besonderheit dar. Dass die Gründungsratio der kleinen Sekte allerdings im Wesentlichen auf dem Vorwurf der „apostasy" (Abtrünnigkeit) gegenüber der größeren, respektablen *Irish Presbyterian Church* beruhte, ließ bereits früh ein strategisches Markenzeichen des Paisleyismus erkennen: die Identifizierung des Gegners im *Mainstream* und die Formulierung einer radikalen Alternative. Die mit der Marginalisierung verbundenen Rekrutierungsprobleme versuchte Paisley in den ersten zehn Jahren der Existenz seiner Kirchengemeinde durch forciertes Predigertum (und entsprechende Ausbildung von Nachwuchs) sowie Kundgebungen und Protestaktionen gegen den Reformkurs des nordirischen Premiers Terence O'Neill zu kompensieren. Die FPCU wurde so bald zum öffentlichen Faktor; Paisley beteiligte sich an der Gründung des *Ulster Constitution Defence Committees* (UCDC) und der *Ulster Protestant Volunteers* (UPV), zwei Organisationen mit auch paramilitärischem Profil (Taylor, 1999, 35-39). Paisley, der seinen Bekanntheitsgrad schnell durch mehrfache Verhaftungen wegen Gefährdung der öffentlichen Ordnung erhöhen konnte, begann sich zu einem Zeitpunkt politisch zu platzieren, als der unionistische *Mainstream* in Gestalt der *Ulster Unionist Party* (UUP) Mitte der 1960er Jahre bemüht war, vom

---

3   Für unseren Kontext relevant ist die Erklärung des Systems des *Sectarianism* als der für Nordirland typischen, konfessionell begründeten gesellschaftlichen Spaltung einschließlich der damit verbundenen feindseligen politischen Haltung zwischen den ethnischen Gruppen, vgl. Joseph Liechty / Cecilia Clegg (Hg.), Moving Beyond Sectarianism, Religion, Conflict and Reconciliation in Northern Ireland, Dublin 2001.

Gründungscredo des „Protestant State for Protestant People" (Sir James Craig, erster Premier Nordirlands 1921) vorsichtig Abstand zu nehmen.

1.2. Aug' um Aug': Die neue Konfliktdynamik (1967-72)

Mit dem Aufkommen der Bürgerrechtsbewegung, in der sich seit den späten 1960er Jahren zahlreiche Katholiken, aber zunächst auch liberale Protestanten für soziale und politische Gleichberechtigung der katholischen Minderheit (v.a. in Wohnungs-, Bildungs-, Arbeitsplatz- und Wahlrechtsfragen) organisierten, sortierten sich die Fronten der nordirischen Gesellschaft neu. Für Paisley und seine Anhänger gerieten die eigentlichen Gegner seines religiösen und zunehmend auch politischen Programms ins Visier: Es kam zu blutigen Zusammenstößen zwischen protestantischen Loyalisten der verschiedenen Couleurs, katholischen Republikanern und der nordirischen Polizei Royal Ulster Constabulary (RUC), welche, damals zu über 90% aus dem protestantischen Milieu rekrutiert, von Beginn der sich nun entfaltenden *Troubles* eher als Partei denn als Ordnungsfaktor auftrat (Moloney, 2008, 125ff). Im Zuge der Gewalteskalation setzte die britische Regierung erstmals massiv Militär ein, am „Bloody Sunday" im Januar 1972 in Londonderry wurden vierzehn Demonstranten erschossen. Der nordirische Premier Terence O'Neill sah sich angesichts dessen zum Rücktritt gezwungen und musste den Weg für *Direct Rule* aus London frei machen. Die damals eher marginale Irisch-Republikanische Armee spaltete sich in die sozialistisch orientierte Official IRA und die gewaltbereite Provisional IRA, welche zu einem der Hauptakteure der *Troubles* werden sollte. Paisley, der seine politische Karriere zunächst mit einem Parlamentssitz für die UUP im Wahlkreis North Antrim Bannside begonnen hatte, schürte und nutzte die Polarisierung und setzte sich bald, zunächst gegen manche skeptische Anhänger, von der Mutterpartei ab, der er politische Schwäche und Verrat an der Union vorwarf: Im Oktober 1971 gründete er seine eigene Ulster Democratic Unionist Party (DUP), die stark von der Struktur und Mitgliedschaft der paramilitärsichen Freiwilligenorganisation UPV mitgeprägt wurde (Bruce, 2007, 101f; Moloney, 2008, 238ff).

1.3. Jenseits des Gewaltmonopols: Politische Macht im Visier (1972-80)

Während der Reverend einerseits weiterhin jeden Sonntag von der Kanzel seiner Kirche in Ravenhill im Donnerton die Heilige Schrift verkündete, waren die 1970er Jahre andererseits durch Paisleys Streben nach zählbarem politischem Machtgewinn gekennzeichnet. Die DUP unter Paisleys Führung suchte dies zu erreichen als Strippenzieherin hinter der bürgerkriegsähnlichen Gewaltspirale sowie durch Profilierung als vorgeblich konsequentere Vertreterin der unionistischen Anliegen gegenüber der größeren, bürgerlich-traditionellen UUP. Ein Höhepunkt dieser Phase war die unrühmliche Verhinderung des ersten *Power Sharing* Modells zwischen katholischen Nationalisten und protestantischen Unionisten („Sunningdale Agreement") im Jahre 1974, das wesentlich durch einen Generalstreik des loyalistisch dominierten Ulster Workers Council (UWC) und unter maßgeblicher agitatorischer Mitwirkung Paisleys zu Fall gebracht wurde (Taylor, 1999, 128ff). Hier wird erstmalig der wachsende Einfluss des Paisleyismus in der traditionellen protestantischen Industriearbeiterschaft manifest. 1974/75 erzielten die sog. „tit for tat"-Vergeltungsaktionen zwischen republikanischen und loyalistischen Paramilitärs in den Arbeiterwohngebieten Belfasts und Derrys einen traurigen Rekord mit über 500 Todesfällen; das bereits unterminierte staatliche Gewaltmonopol mit einer wenig handlungsfähigen Polizei forderte seine traurigen Tribute. 1979 zog Paisley mit der höchsten Stimmenzahl (29,8%) als nordirischer Abgeordneter ins Europaparlament ein; die DUP hatte mit ihrem Organisator Peter Robinson an der Spitze beträchtlich an Professionalität und Einfluss auch in neuen, jüngeren Wählerschichten gewonnen.

1.4. „Ulster says No": Etablierung von Kirche und Partei gegen den Friedensprozess (1980-1997)

Der internationales Aufsehen erregende Hungerstreik von 1980/81, bei dem zehn republikanische Gefangene ihr Leben verloren, markierte einen Wendepunkt im Nordirlandkonflikt: In der Strategie der IRA/Sinn Fein begann der Stimmzettel, d.h. der Kampf um Wählerstimmen, neben den bewaffneten Aktionen einen wachsenden Raum einzunehmen („bullet and ballot") und ermöglichte u.a. die für den späteren Friedensprozess wichtigen Gespräche zwischen dem Führer der gemäßigten nationalistischen Social Democratic Labour Party (SDLP), John Hume, und der republikanischen Sinn Fein unter Gerry Adams (Hume-Adams-Talks). Zwar fand 1985 das *Anglo-Irish-Agreement* zwischen Irland und Großbritannien noch keine Unterstützung bei den nordirischen Parteien, für Paisley ebnete es jedoch unter der Losung „For God and Ulster" (Moloney, 2008, 225-295) den Weg für einen offenen Kampf mit dem langjährigen Parteichef der UUP James Molyneaux um den unionistischen Führungsanspruch.

Als der britische Nordirlandminister Peter Brooke 1990 die historische Erklärung abgab, Großbritannien habe „kein strategisches bzw. ökonomisches Eigeninteresse" an Nordirland, öffnete dies neue Dialogkanäle zwischen London und Dublin und zwischen der IRA und der britischen Regierung (Powell, 2008). In Paisleys Augen bedeutete dies den Ausverkauf der Union: Die für den Beginn der Friedensverhandlungen maßgebliche *Downing*

Street Declaration (1993) ließ er über seine DUP-Pressearbeit als „rotten sinking vessel" bezeichnen (Bruce, 2007, 113f). Während 1994 die ersten Waffenstillstände zunächst der IRA, dann der loyalistischen paramilitärischen Organisationen Ulster Defense Association (UDA) und Ulster Volunteer Force (UVF) erklärt wurden, heizte der protestantische Orange Order unter tätiger Mithilfe Paisleys bei den jährlichen Märschen in Drumcree, wo der Sieg Wilhelms von Oranien über die Katholiken im Jahre 1691 gefeiert wird, die Gewaltspirale erneut an (Kaufmann, 2007, 161ff).[4] Die Testwahlen vor dem Friedensabkommen (Nordirland-Forum 1996) brachten erstmals deutliche Stimmengewinne für die radikalen Parteien beider Lager, DUP (19%) und Sinn Fein (15%), gegenüber den gemäßigten Parteien UUP (24%) und SDLP (21%). Im April 1998 wurde das *Good Friday Agreement* (GFA) von allen Parteien mit Ausnahme der DUP unterzeichnet. Paisley schrieb in seiner Zeitschrift „The Revivalist": „This year will be a crisis year for our Province. The British Government, in cahoots with Dublin, Washington, the Vatican and the IRA, are intent to destroy the Province. The so-called talks is but a front. Behind the scene is set and the programme in position to demolish the Province as the last bastion of Protestantism in Europe" (zitiert nach Moloney, 2008, 492).

1.5. List der Demokratie? Machtgewinn bringt Mäßigung (2000-2008)

1999 kam es unter David Trimble (UUP) und Seamus Mallon (SDLP) zur ersten nordirischen Regierungsbildung nach dem Modell einer Konkordanzdemokratie (*consociational power-sharing*); diese wurde allerdings binnen kurzem wegen des unlösbar erscheinenden Streites um das *Decommissioning*, die Abrüstung der paramilitärischen Waffen, wieder suspendiert (Hauswedell, 2009) und mangels Vertrauen zwischen den Konfliktparteien bis 2007 ausgesetzt. Mit der Polizeireform, einem Kernstück des GFA, begann sich in vorsichtigen Schritten ein neues *cross-community*-Sicherheitsverständnis zu etablieren: Für den künftigen Police Service for Northern Ireland (PSNI) wurden beginnend 2001 zu gleichen Teilen Katholiken und Protestanten rekrutiert und strenge Kontrollorgane eingeführt. Paisleys DUP blieb jedoch beim „Nein" und artikulierte Stimmungen v.a. in der protestantischen Arbeiterschaft, die sich als Verlierer des Friedensprozesses sah. Ein DUP-Manifesto forderte Neuverhandlungen; einige UUP-Abgeordnete liefen zur

---

[4] Die Geschichte des Orange Order (vgl. Kaufmann, 2007) bietet auch jenseits der Figur Ian Paisleys interessante Einsichten hinsichtlich des Zusammenspiels religiöser und politischer Eliten in Nordirland und darüber hinaus. Paisleys Rolle außerhalb und innerhalb des Orange Order hat Steve Bruce ein eigenes Unterkapitel gewidmet (Bruce, 2007, 193-201), in dem u.a. auf Paisleys Rolle im Rahmen der kleineren Abspaltung Independent Orange Order verwiesen wird.

DUP über und bei den zweiten Wahlen zum Regionalparlament 2003 überrundeten die radikalen Parteien (DUP und Sinn Fein) beider inzwischen fast gleich starken Lager die gemäßigten Schwesterparteien; der DUP gelingt bei den Wahlen für Westminster 2005 sogar ein nochmaliger Stimmenzuwachs auf 33% (Bruce, 2007, 279f).

Im Juli 2005 erklärte die IRA das Ende des Krieges gegen Großbritannien und ließ die vollständige Abrüstung ihrer Waffenarsenale von der *Independent International Commission on Decommissioning* (IICD) sowie von einem katholischen und einem protestantischen Geistlichen verifizieren. Die UDA und UVF sollten noch bis Mitte 2009 mit entsprechenden Maßnahmen des *Decommissioning* zögern. Die Nachverhandlungen mit der britischen und irischen Regierung, die schließlich im Oktober 2006 zum Abschluss des *St. Andrews' Agreement*[5] führen, ermöglichten es der DUP unter Führung von Paisley, ohne Gesichtsverlust auf dem Boden des GFA zu landen.

Am 8. Mai 2007 wird Paisley zum Regierungschef (First Minister) von Nordirland gewählt, sein Stellvertreter wird Martin McGuinness (Sinn Fein). Paisley schreibt in der größten nordirischen Tageszeitung: „I sometimes laugh when I come into this room (First Minister's office at Stormont) ... here I am sitting in peace ... Well, one never knows what happens in one's life. I never thought I would sit here. I never thought I would be in a place where I could really influence governments the way I wanted to influence them" (Belfast Telegraph, 11. Juni 2007). Anfang 2008 erklärt Paisley unter dem Druck vieler Kirchenmitglieder den Rückzug aus seinem geistlichen Amt bei der FPCU und kündigt auch den Rücktritt als Premier und Parteichef an. Sein Nachfolger als Erster Minister wird Peter Robinson; in der DUP brechen alte und neue Grabenkämpfe auf.

2. Religiöse und ideologische Topoi des Paisleyismus

Ein Rückblick auf mehr als fünfzig Jahre des Wirkens von Ian Paisley im Kontext des Nordirlandkonfliktes legt den Schluss nahe, dass die religiösen bzw. theologischen Topoi des Paisleyismus zwar immer aus sich heraus begründet waren, aber seit den frühen 1970er Jahren zunehmend als integrativer Bestandteil seiner politisch-ideologischen Agitation zum Tragen kamen. Denkfiguren und -muster eines vom Calvinismus geprägten, durch den schottischen Presbyterianismus gelebten (und nach Irland importierten) religiösen Fundamentalismus – selbstgerechter Missionsauftrag, Kompromisslosigkeit, Symbolverliebtheit – ließen sich nahezu umstandslos in einen poli-

---

5   Der Zustimmungsprozess Ian Paisleys, der schließlich das Abkommen von St. Andrews und die Übertragung der Macht an die nordirische Regierung brachte, ist mit viel Hintergrundkenntnis nachgezeichnet bei Moloney, 2008, 443-483.

tischen Konflikt transportieren, der seinerseits durch vielfältig historisch gewachsene, ethno-politische Identitäten der Abgrenzung und des *Sectarianism* konstituiert war. Insofern ist die Entwicklung der Rolle Paisleys, die über die Jahrzehnte der *Troubles* m.E. eher als eine Politisierung religiöser Führerschaft denn als religiöse Aufheizung politischer Führungstätigkeit zu beschreiben ist, auch nicht ganz überraschend.

Drei Kernelemente der Ideologie Paisleys lassen sich destillieren:

Erstens der selbstgerechte Bezug auf die Geschichte des presbyterianischen Protestantismus in Irland ("God save Ulster"): Der "Orange State" mit seinem Gründungsmythos der *Battle of the Boyne* (1691), in der Wilhelm von Oranien die Katholiken vernichtend schlug, sowie die biblischen Postulate von "new birth" (Wiedergeburt) bzw. Konversion (Bruce, 2007, 12-21) werden ins eins gedacht und rechtfertigen das missionarische Eiferertum der Paisleyiten. Die zahlreichen Schriften und Pamphlete Paisleys[6] finden ihre Bezüge in der für das evangelikale Selbstverständnis typischen Exegese der Heiligen Schrift: Der rächende Gott des Alten Testaments als Vorbild, aber auch die Berufung auf den sog. Anglo-Israelismus, der die Angelsachsen in einer direkten Abstammungslinie von dem verlorenen israelischen Volk der Skythen sieht.[7] Von den Identifikationsfiguren des Neuen Testaments sieht sich Paisley am liebsten als moderner Paulus; dies gilt insbesondere für die Zeit seiner Gefängnisaufenthalte, die ihm sowohl einen Märtyrerstatus sichern helfen sollten als auch zur Legitimation seiner göttlichen Mission im Sinne des Apostels dienten.

Zweitens leitet sich daraus ein religiös begründeter, moralischer Überlegenheitsanspruch gegenüber dem Katholizismus ab ("Vatican as source of all evil"), der sich mit politischer Feindseligkeit, Pharisäertum und Kompromisslosigkeit verbindet und z.B. auch im Hass auf die in den 1960er Jahre aufkommende ökumenische Bewegung in Nordirland zum Ausdruck kommt, in der sich im Gegensatz zu Paisleys FPCU eine Reihe anderer evangelikaler Organisationen, wie z.B. die Evangelical Contribution on Northern Ireland (ECONI) engagieren (Ganiel, 2008, 120ff; Mitchell, 2006, 128f). Die Denunzierungskampagnen Paisleys gegen den Papst, ein allgegenwärtiger Anti-Katholizismus verbunden mit der Agitation, sich von allen falschen Bekenntnissen und denen, die sich nicht davon distanzieren, entschieden fern zu halten, haben Paisleys Auftritte auch jenseits der Grenzen

---

6   Der kircheneigene Verlag Martyr's Memorial Productions publiziert alle Schriften Paisleys seit den frühen 1970er Jahren, programmatisch u.a.: Ian R.K. Paisley, The Man and His Message, 1976. Seit 1955 erscheint das hauseigene Magazin „The Revivalist", zwischen 1966 und 1982 die Zeitung „The Protestant Telegraph".

7   Zu den jüngsten politischen Aktivitäten Paisleys nach seinem Abtritt in Belfast zählt z.B. die Gründung der „Northern Ireland Friends of Israel" im März 2009.

Nordirlands berüchtigt gemacht. Nachgerade nüchtern und auch erhellend für unseren Kontext des Zusammenhanges religiöser und politischer Führerschaft nimmt sich demgegenüber ein Ausspruch Paisleys zum Umgang mit dem in Nordirland sehr bedeutsamen Symbol der Flagge aus den frühen 1960er Jahren aus: „If the Roman Catholic Church flew the Union Jack at their chapel I would have no objection, and when they wished to pull it down was their business and their property, but the City Hall was our property" (zitiert nach Bruce, 2007, 78). Zu den evidenten inneren Widersprüchen der anti-katholischen Rhetorik gehört zweifelsfrei der Tatbestand, dass der puritanisch-konservative Wertekanon von Paisleys Kirche (Verteufelung von Frauenerwerbstätigkeit, Homosexualität, Schwangerschaftsabbruch etc.) an manchen Stellen verblüffende Ähnlichkeiten mit dem verhassten katholischen Gegenbild aufwies. In diesem z.T. lagerübergreifenden nordirischen Konservatismus liegt u.U. ein weiterer Schlüssel für die relativ hohe Wirkungsmacht des Paisleyismus.

Das dritte Element des religiösen und politischen Paisleyismus ergibt sich, gewissermaßen in einer Summe der beiden erstgenannten, als permanente Kritik und Provokation der als schwach gesehenen politischen Führung der liberalen Mainstream-Unionisten der UUP, denen weder zugetraut noch im Laufe der Auseinandersetzungen länger zugestanden wird, protestantisches Bekenntnis und unionistischen Machterhalt adäquat zu repräsentieren. Der glücklose Premier Terence O'Neill verwehrte sich 1966 mit harschen Worten gegen die Angriffe des Rivalen Paisley, dem er in einer Rede vor dem House of Commons faschistische Praktiken der Volksverhetzung vorwarf: „a fascist organisation masquerading under the cloak of religion ... deluding a lot of sincere people ... hell-bent on provoking religious strife in Northern Ireland" (zitiert nach Bruce, 2007, 95). Die Rhetorik Paisleys hinsichtlich seiner politischen Führungsansprüche pflegte zwischen Anmaßung, z.B. der Berufung auf den legendären unionistischen Führer Sir Edward Carson, und einem eher antielitären Nimbus hin und her zu schwanken.

„Religiöses Abweichlertum" (apostasy) und „politischer Verrat" (treachery) können als die beiden zentralen, vielfach variierten rhetorischen Topoi Paisleys gelten. Sie ziehen sich sowohl durch seine religiöse wie durch seine politische Programmatik und Agitation und erscheinen eher als zwei parallele semantische Figuren denn im Sinne einer Instrumentalisierung des religiösen Topos zur Legitimation politischer Handlungen. Über weite Phasen seines Wirkens nimmt die Kritik und Abrechnung mit den „falschen Hirten" (Protestanten anderer Denominationen) bzw. den „Verrätern" (Unionisten der UUP) einen zentraleren Platz ein als der Kampf gegen den eigentlich erklärten Feind in Gestalt des katholisch-irischen Republikanismus.

Im europäischen Vergleich gilt Nordirland bis heute als weniger nachhaltig säkularisiert und modernisiert. Eine höchst interessante empirische Studie hat jüngst Claire Mitchell vorgelegt, in der sie zeigt, warum Religion für große Teile der nordirischen Gesellschaft mehr ist als ein ethnischer Marker und immer noch politisch-kulturelle Identitäten, Zugehörigkeit und ein abgrenzendes Konfliktpotential definiert (Mitchell, 2008, 133ff). Mitchell verweist auch auf Unterschiede: Für die Katholiken konstituiere Religion eher ein sozial-institutionelles Gefüge und scheine insgesamt weniger gewichtig zu sein, für viele Protestanten dagegen liege die insgesamt größere Bedeutung der Religion eher in ihren theologisch-moralischen Dimensionen.

Ein Blick auf politische Führungspersönlichkeiten beider Lager zeigt übrigens bei den Protestanten einen relativ hohen Anteil an Geistlichen; der Reverend Paisley stellt hier keine Ausnahme dar. Auf katholischer Seite dominieren dagegen Angehörige aus Lehr- und Bildungsberufen. Ähnliche Tendenzen zeigen sich übrigens, wo ehemalige politische Gefangene der beiden paramilitärischen Lager neue professionelle Karrieren einschlagen.

3. Das soziale und politische Rekrutierungs- und Wirkungsfeld Paisleys

Das Hinterland für Paisleys Kirchenagitation ebenso wie für die parteipolitische Rekrutierung der DUP sind vorwiegend die aus kleinbürgerlichen bzw. aus depravierten Verhältnissen stammenden Protestanten der unteren Mittelschicht: Während dies in den 1950er und 1960er Jahren zunächst vor allem die ländliche Bevölkerung der nordirischen Provinz betraf, werden ab den 1970er Jahren zunehmend auch Angehörige des städtischen Proletariats und kleine Selbstständige durch Paisleys Propaganda erreicht.[8] Im Rahmen seiner zuweilen gezielt anti-elitären Rhetorik tritt Paisley allerdings kaum je mit dem expliziten sozialpolitischen Anspruch eines „Anwalts der kleinen Leute" auf. Trotzdem funktioniert der politische Aufstieg der DUP in erklärter Opposition zur schleichenden Modernisierung der *mainstream*-unionistischen UUP – und signifikant ab den 1980er Jahren – als Identifikationsangebot an die vermeintlichen und realen Verlierer der protestantischen Bevölkerungsteile im gesellschaftlichen Transformationsprozess.[9]

---

[8]   Einen vertieften soziographischen und mentalgeschichtlichen Einblick in die Veränderungen im protestantischen Gefüge Nordirlands liefert Susan McKay, Northern Protestants. An Unsettled People, New update edition, Blackstaff, Belfast 2007; vgl. auch Mitchell in: Edwards/Bloomer, 2008, 148-162.

[9]   Eine gute Einführung in die tiefen Brüche protestantischer, unionistischer bzw. loyalistischer Identitäten, die auch empfänglich machten für die Angebote des Paisleyismus, bieten Peter Shirlow / Mark McGovern (Hg.), Who are ‚The People'? Unionism, Protestantism and Loyalism in Northern Ireland, London 1997.

Dissidenz als Gründungsratio wird in der DUP (wie zuvor bei der Gründung der FPCU) umgedeutet in den Topos der reinen Lehre der Unionisten: Ulster ist und bleibt britisch. Gleichzeitig werden die Paisleyiten mit dem wachsenden Desinteresse Englands an der modernisierungsresistenten und gewaltgeneigten nordirischen Provinz konfrontiert. So rutscht Westminster unversehens und ironischerweise ebenfalls auf die Hass-Liste des eifernden Reverend, was folgerichtig weitere Widersprüche innerhalb seiner Identifikationsangebote produziert: Seit den 1990er Jahren besteht Paisley zunehmend auf einer eigenen „race apart"-Zugehörigkeit der Nordiren, „Ulstermen are not Englishmen living in Northern Ireland" (zitiert nach Shirlow / McGovern, 1997, 26f).

Die Beziehungen zwischen dem Evangelikalismus Paisleys und den loyalistisch-unionistischen Strömungen in der nordirischen Arbeiterklasse bleiben allerdings von (gegenseitiger) Anziehung, Abstoßung und Ambivalenz gekennzeichnet. Auf Seiten Paisleys gehen populistische sowie ernstgemeinte Werbungsversuche immer wieder Hand in Hand mit sozialem Dünkel und Verachtung gegenüber den unteren Schichten. Klassenbewusstere Loyalisten hingegen, z.B. der aus einem sozialistischen Milieu stammende David Ervine, Führer der kleinen im Rahmen des Friedensprozesses entstandenen Progressive Unionist Party (PUP), die immerhin die von Paisley oft umworbene UVF repräsentiert, übten häufig eine strikte Abstinenz gegenüber den Paisleyiten (Sinnerton, 2003), die auf einem tief empfundenem Antiklerikalismus und einer Ablehnung der chauvinistisch-rassistischen Demagogie Paisleys beruhte.

4. Kirche – Partei – Einflusssphären

Ein Blick auf die mitglieder- und kadermäßigen Verbindungen zwischen Paisleys Kirche FPCU und seiner Partei DUP weisen zwar einen hohen Anteil von Freien Presbyterianern unter den Parteimitgliedern aus. Aber die Prozentanteile schwanken regional stark und nehmen insgesamt mit dem Erstarken der Partei in den 1990er und 2000er Jahren deutlich ab (Bruce, 2007, 281ff). Besonders eklatant ist der Rückgang in Belfast als größter städtischer Rekrutierungsbasis: Während 1978 noch 71% der Stadtratskandidaten der DUP zugleich FPCU-Mitglieder waren, waren es 2005 nur noch 35%, was nur z.T. auf die Überläufer aus den Reihen der UUP, die keine Verbindungen zur FPCU haben, zurückzuführen ist. Ein allgemeinerer Grund dürfte in der auch in Nordirland schwindenden Bindekraft kirchlich-religiösen Lebens liegen. Die zunächst sehr enge Kohärenz zwischen Kirche und Partei scheint mit wachsender Professionalisierung und Politisierung abzunehmen; die Kirche behält ihre eigene Funktion als Heilsangebot, da eine „Rettung" im religiösen Verständnis der Evangelikalen von der Partei nicht zu erwarten ist. Anderseits scheint das Wachstum der Partei dem Fundamentalismus der Kirche einen gewissen Raum der Normalität, möglicherweise sogar der Mäßigung zu gewähren: Die Feierlichkeiten zum 50-jährigen Bestehen der FPCU 2001 in Belfast verlaufen mit immerhin ca. 10.000 Teilnehmenden erstaunlich unspektakulär und unprovokant.

Der politische Machtgewinn Paisleys ist ohne die Reichweite seines Auftretens jenseits der eigenen Partei schwerlich zu erklären. Der Orange Order als traditionsreichster Verbund protestantisch begründeter politischer Aktion und mehr noch die Abspaltung des Independent Orange Order waren ein anderer relevanter, wenn auch ebenfalls widerspruchsreicher Kontext für Paisleys Wirken (Kaufmann, 2008, 308f). Allerdings fungierte der Reverend hier eher als Sprachrohr bzw. Artikulator gemeinsamer Anliegen, z.B. bei den Märschen gegen die Katholiken, denn als Organisator institutioneller Verbindungen.

Etwas anders liegt der Fall der Verbindungen Paisleys mit dem militanten Paramilitarismus, v.a. den loyalistischen Organisationen UDA und UVF. Sowohl Moloney als auch Bruce betonen, dass man Paisley eine aktive Beteiligung an terroristischen Aktionen der illegalen UVF nicht wirklich habe nachweisen können, dass aber seine zahlreichen Verbindungen ins loyalistische Milieu ihn als Inspirator von Intrigen und Gewalt bis hin zum Mord ausweisen können (Moloney, 2008, 183). Angesichts der zahlreichen bekannten Fakten z.B. hinsichtlich Paisleys Kontakten zur legalen UDA – nicht nur als Redner auf Beerdigungen von UDA- und UVF-Kämpfern – und angesichts der Tatsache, dass Paisley mit der UPV von Anfang an über eine eigene paramilitärische Formation verfügte, erscheint die Analyse bei Bruce zuweilen als beschönigend und in sich widersprüchlich (Bruce, 2007, 209-240). Unter den diesbezüglichen eigenen Äußerungen Paisleys findet sich eine große Bandbreite: verbale Ablehnung und Verurteilung jeder konkreten Form politischer Gewaltakte, wann immer dies opportun ist, aber auch die Legitimierung von Selbstverteidigung von Haus und Hof und der Hass gegenüber den Ungläubigen und Feinden, insbesondere wenn eine legale Strafinstanz nicht greifbar erscheint. Weit häufiger jedoch benutzt Paisley militante Rhetorik unter Berufung auf die Bibel und die heldenhafte Geschichte der 1912 gegründeten und von Edward Carson gegen die „Home Rule"-Gesetzgebung ins Feld geführte UVF, in der bereits Paisleys Vater gekämpft hatte (Bruce, 2007, 230); insofern leiht die mit historischen Bezügen angereicherte religiöse Militanz Paisleys den Loyalisten immer wieder ein legitimatorisch-moralisches Rüstzeug.

5. Gewalt als Katalysator

Es ist dieses taktisch-instrumentelle bzw. „scheinheilige" Verhältnis zur Gewaltfrage, das es Paisley je nach Lage der Dinge im Zuge der Eskalation in Nordirland ermöglicht hat, einmal im Gewand des Moralapostels, häufiger jedoch als Racheengel in Erscheinung zu treten und Anhänger wie Gegner zur Gewalt zu provozieren. Insgesamt scheint es allerdings, als habe die Dynamik der *Troubles* eher die politischen als die religiösen Dimensionen der Gegensätze an die Oberfläche gebracht. Der Bürgerkrieg trat als Beschleuniger der Geschichte auf und betrieb – paradoxer Weise und teilweise hinter dem Rücken der Akteure – auch die Säkularisierung in Nordirland. Am Ende der *Troubles* und während des zähen Friedensprozesses begannen aus den ethno-politischen und religiösen Gräben immer deutlicher die sozialen und klassenmäßigen Dimensionen, die den Konflikt eben auch immer schon konstituiert haben, aufzuscheinen.

Die Abwesenheit eines funktionierenden staatlichen Gewaltmonopols in Nordirland und allgemeiner das Fehlen einer neutralen, überparteilichen Instanz staatlicher *Governance,* die ja nicht den Ausschluss religiöser Äußerungen aus der politischen Öffentlichkeit bedeuten muss, wie Habermas zu Recht sagt, sorgten dafür, dass die in der irischen Geschichte gewachsenen Traditionen politischer „Gewaltkulturen" erneut ihre Rechtfertigung im Paramilitarismus beider Konfliktparteien finden konnten.[10] Auf Seiten der Loyalisten wurde dies durch Führer wie Paisley religiös unterbaut, bei den Republikanern waren religiöse Legitimationsmuster mit Ausnahme des Märtyrer-Mythos kaum oder gar nicht zu finden. Paisley spielte in diesem Teil des Machtkampfes für das loyalistische Milieu – unabhängig davon, ob man ihn schätzte oder gar wählte – die Rolle einer religiös-moralischen Agitations- und Kommunikationsinstanz. Die geistlichen Führungspersonen auf republikanischer Seite, wie z.B. der katholische Pater *Alec Reid,* übernahmen demgegenüber eher die Rolle von Vermittlern und Mediatoren im nordirischen Friedensprozess.

6. Vom „Nein" zum Ja

„Paisley's final triumph was largely a secular victory" (Bruce, 2007, 266). Dieser Einschätzung ist zuzustimmen, auch wenn Steve Bruce sie mit der

---

[10] Zum historischen Hintergrund des Paramilitarismus in Irland vgl. Corinna Hauswedell, Geheimgesellschaften gegen law and order – Radikalisierung und Militarisierung nationaler, sozialer und konfessioneller Gegensätze in Irland im 19. Jahrhundert, in: Christian Jansen (Hg.), Der Bürger als Soldat. Die Militarisierung europäischer Gesellschaften im langen 19. Jahrhundert. Ein internationaler Vergleich, Essen 2004, 214-229.

Einschränkung versieht, man solle dabei nicht vergessen, dass der evangelikale Protestantismus eben auch das Herz der DUP und ihres Erfolges ausmachte. Interessant ist ja gerade, dass die Mitglieder der FPCU, die soviel
für das Wachsen der DUP getan haben, es ihrem Oberhirten eben nicht
ganz verziehen haben, dass er letztlich den Weg der Politik – und das bedeutete auch den Weg des politischen Kompromisses – an die erste Stelle
seiner Agenda gestellt hat. Die Kirche Paisleys begann zu schrumpfen, als
sein politischer Triumph greifbar wurde (Moloney, 2008, 489ff).

Die jüngere Forschung über den Evangelikalismus in Nordirland legt
Wert darauf festzustellen, dass die zahlreichen anderen Strömungen und
Organisationen, die neben Paisleys Kirche existierten und sich, z.B. im
Rahmen der ökumenischen Bewegung, engagierten, eher eine konstruktive
Rolle während der *Troubles* und im Friedensprozess spielten. Gladys Ganiel
etwa kann überzeugend darlegen, dass der Abschied von der „priesterlichen
Rolle" des Evangelikalismus (Ganiel, 2008, 48ff), als welchen sie den Pro-
zess beschreibt, eben Teil jener verspäteten Säkularisierung Nordirlands ist,
die schließlich auch den Paisleyismus einschloss.

Steven Bruce überbewertet jedoch m.E. die positiven Bezugspunkte libe-
raler Demokratievorstellungen und der Ablehnung politischer Gewalt im
Rahmen des fundamentalistischen Protestantismus, wenn er in seinen
Schlussfolgerungen die Wandlungen Paisleys in Gegensatz setzt etwa zu
Vertretern des heutigen Islamismus, die weder Interesse an parlamentarischer Vertretung artikulierten noch bereit seien, Ungläubige bzw. Angehörige der falschen Religion als gleichberechtigte politische Player zu akzeptieren (Bruce, 2008, 243ff). Ich halte dies für eine wohlmeinende Idealisierung,
welche die auch im nordirischen Konflikt gepflegten politischen Doppelstandards ausblendet. Solange es dem Machterhalt der Protestanten nutzte,
wurde demokratisches Recht in eklatanter Weise gebeugt, so z.B. durch die
Praxis des *Gerrymandering,* der willkürlichen Verschiebung von Wahlkreis-
grenzen, bis weit in die 1960er Jahre. Jahrzehntelang wurde eine gleichberechtigte parlamentarische Beteiligung der Katholiken, wie sie frühere Modelle des *Power Sharing* vorsahen (Sunnningdale 1973, Anglo-Irish-Agreement 1985), auch via Mobilisierung der Straße verhindert.

Ich neige dagegen zu einer pragmatischeren Beurteilung: Der Machtzu-
wachs und die damit verbundene politische Anerkennung, die durch die
enormen Stimmengewinne der DUP in den Jahren von 2001 bis 2007 erreicht werden konnten und ihren Ausdruck fanden, bildeten schließlich das
realpolitische Gegengewicht für die schwindende theologisch-ideologische
Bindekraft der Symbolpolitik der *Troubles,* auf die der evangelikale Fundamentalismus Paisleys so lange gesetzt hatte. Für die andere Seite des Konfliktes, das radikale republikanische Lager in Gestalt der IRA und Sinn Fein,

gilt übrigens grundsätzlich das gleiche. Paradigmatisch sichtbar wurde dies anhand der für den verzögerten Friedensprozess zentralen Frage des *Decommissioning*, der Abrüstung der paramilitärischen Waffen, die für Paisleys DUP wie für die *Mainstream* Unionisten David Trimbles jahrelang das Hauptargument gegen eine Regierungsbeteiligung der Republikaner darstellte (Hauswedell, 2009, 228ff). Die IRA sah sich erst in der Lage, die Waffen des Konfliktes außer Dienst zu stellen („put beyond use"), als eine ausreichend hohe demokratische Legitimation und Einfluss durch die Wahlergebnisse für Sinn Fein gesichert war. Dieser Faktor der politischen Anerkennung, der ja auch auf Dialogkonzepten und -erfahrungen beruhte, brachte die ehemaligen Rivalen, die bereits in ihrem Sektierertum einiges miteinander verbunden hatte, nahe genug aneinander, dass man sich nun zutraut, gemeinsam zu regieren und zuweilen sogar zusammen zu lachen.

Das im Belfaster Abkommen vorgesehene, durch das *St. Andrews' Agreement* bestätigte und seit 2007 in Kraft befindliche Modell des *Power Sharing* kann zwar aus demokratie-theoretischer Perspektive in mancher Hinsicht als ambivalent gelten: Zum einen ist es den Belfaster Konfliktparteien durch die Vermittlungsleistung der britischen und irischen Regierung zu einem gewissen Grad von außen oktroyiert worden, zum anderen wird von Kritikern zu Recht das innere strukturelle Manko eines *Consociationalism* beklagt, der zum Konsens der Extreme zwinge, ohne Opposition oder politische Mitte zu ermöglichen, und deshalb die gesellschaftliche Spaltung und den *Sectarianism* in Nordirland eher zementiere als auflöse.[11] Auf dem Haben-Konto des Modells steht dagegen fraglos die Integrationsleistung gegenüber den fundamentalistischen und radikalen Teilen des Konfliktspektrums. Letzteres vor allem macht das nordirische Modell in aller Widersprüchlichkeit auch für andere vergleichbare Post-Konfliktkonstellationen attraktiv, beantwortet es doch die relevante Frage, ob sich religiös-politischer Fundamentalismus prinzipiell gegen gesellschaftliche Integration sperre (Oberdorfer / Waldmann, 2008), in eindeutiger Weise. Ambivalenzen in der Ausübung der Demokratie können unter bestimmten Umständen eine adäquate Antwort sein auch auf die Ambivalenz des Religiösen.

Ed Moloney hat auf Grund seiner empirischen Nachforschungen unter Anhängern und Gegnern Paisleys auf die Frage nach dem „Warum" seiner Abkehr vom „Nein" ein breites Spektrum an spekulativen sowie wohlbegründeten Antworten erhalten: Eine Rolle mögen sicher persönlich motivierte Faktoren gespielt haben wie beginnende Altersmilde und eine schwere

---

[11] Rupert Taylor (2009) hat mit seiner jüngsten Veröffentlichung ein bemerkenswertes Kompendium der Kontroversen über den Nutzen und die Schwächen der Konkordanzdemokratie am Beispiel Nordirlands herausgegeben, vgl. v.a. McGarry / O'Leary, Power shared after the death of thousands, in: Taylor, 2009, 15-84.

Krankheit, die den Wunsch, einen positiven Platz in der Geschichte zu besetzen, beflügelt haben könnten; auch der große Einfluss von Paisleys Ehe-
frau Eileen, die in diese Richtung verstärkend gewirkt haben mag, sei nicht
zu unterschätzen. Für unwahrscheinlich wird der Faktor der Reue Paisleys
angesichts politischer Fehler oder Irrtümer gehalten. Moloney selbst vertritt
eine These, die in eine ähnliche Richtung deutet wie diejenige der politischen Anerkennung: Paisley habe die Chance der Macht ergriffen, als sie
sich ihm bot und ihm quasi von seinem politischen Hauptgegner offeriert
wurde. Schließlich habe Paisley vom Beginn der *Troubles* an ganz wesentlich
zum Erstarken der IRA beigetragen und insofern sei die schließliche Macht-
teilung mit Sinn Fein „one of the greatest self-fulfilling prophecies in modern politics" (Moloney, 2008, 514).

Dass der sich selbst erfüllende Prophet in diesem Fall ein religiöser Fundamentalist war, der zum Regierungschef mutierte, ist ein ironischer Zufall
der Geschichte. Die am nordirischen Beispiel zu studierenden Konflikt- und
Post-Konfliktdynamiken allerdings sind von allgemeinerer Aussagekraft. Ob
der Konflikt den gleichen Verlauf genommen hätte, wenn nicht der eifernde
Reverend an entscheidenden Punkten die Polarisierung immer wieder vo-
rangetrieben hätte, das wäre eine andere Geschichte.

Chronologie

1926	Geburt von Ian Richard Kyle Paisley (P.) als Sohn des örtlichen Bap-tistenpastors in Armagh.
1951	Gründung der *Free Presbyterian Church of Ulster* (FPCU) in Belfast (South East/Ravenhill) in Konkurrenz und Abgrenzung zur „apostasy" der *Irish Presbyterian Church* (IPC).
1952	Beginn eines Training College für Prediger (Eröffnung Cabra Church).
1950-60er	P.s Weg vom freiberuflichen Prediger zum Pfarrer einer kleinen Ge-meinde. Mehrfache Ordnungsstrafen wegen öffentlicher Unruhestiftung.
1966	Erste Protestdemonstrationen gegen Terence O'Neills (Nordirland-premier, Ulster Protestant Party, UUP) Reformkurs und Störung der 1916-Osteraufstand-Feiern der katholischen Nationalisten/Republi-kaner; P. und seine Kirche werden öffentlicher Faktor. Gründung des *Ulster Constitution Defence Committees* (UCDC) und der *Ulster Protestant Volunteers* (UPV); P. mehrfach verhaftet; Gefängnis-strafen.
1968	Blutige Zusammenstöße während des Bürgerrechtsmarsches von Belfast nach Londonderry zwischen protestantischen Loyalisten, ka-tholischen Republikanern und der nordirischen Polizei (RUC).
1969	Bombenanschläge der UPV gegen Stromverteilerstationen (zunächst IRA verdächtigt).

	P. gewinnt seinen ersten Parlamentssitz (UUP) in North Antrim Bannside, Beginn der politischen Karriere.

P. gewinnt seinen ersten Parlamentssitz (UUP) in North Antrim Bannside, Beginn der politischen Karriere.

Eskalation der *„Troubles"*/Straßenschlachten; Rücktritt O'Neills; erster Einsatz britischer Soldaten; Spaltung der IRA in *Official IRA* und *Provisional IRA*.

1970   Gründung der gemäßigten, katholisch-nationalistischen *Social Democratic Labour Party* (SDLP).

1971   P. gründet die *Democratic Unionist Party* (DUP) gegen die UUP.
        Beginn der Internierungspraxis ohne Gerichtsverfahren.

1972   „Bloody Sunday" in Londonderry: Die britische Armee erschießt 14 Demonstranten.
        Aufhebung der nordirischen Eigenstaatlichkeit zugunsten britischer Direktherrschaft.

1973   „Sunningdale": Versuch, durch ein *Power-sharing* Modell zwischen Protestanten und Katholiken die nordirische Selbstverwaltung wiederherzustellen; scheitert am politischen Widerstand von DUP und UUP und wird 1974 durch Generalstreik des *Ulster Workers Council* (UWC) zu Fall gebracht.

1974/75   Über 500 Tote bei den bürgerkriegsähnlichen Unruhen.

1979   P. wird mit der höchsten Stimmzahl (29,8%) Abgeordneter für Nordirland im Europaparlament.
        DUP hat Legitimität und Struktur (Organisator Peter Robinson) gewonnen.

1981   Hungerstreik republikanischer Gefangener wegen ihres Status als politischer Gefangener, zehn sterben.
        Wendepunkt der republikanischen Strategie („bullet and ballot"); Sinn Fein (SF) erhält 1983 13,4%.

1985   *Anglo-Irish-Agreement* zwischen Irland und Großbritannien; findet keine Unterstützung bei nordirischen Parteien; ebnet den Weg für einen offenen Kampf zwischen P. und James Molyneaux (UUP, nordirischer Premier) um den unionistischen Führungsanspruch.

1990   Nordirland-Minister Peter Brookes Erklärung, GB habe „kein strategisches bzw. ökonomisches Eigeninteresse an Nordirland", öffnet neue Dialogkanäle zwischen London und Dublin, zwischen John Hume (SDLP) und Gerry Adams (SF), zwischen IRA und britischer Regierung.
        P. warnt vor politischem Verrat und Ausverkauf der Union.

1993   *Downing Street Declaration* zwischen Dublin und London eröffnet Hoffnung auf Friedensgespräche einschließlich IRA, kommentiert von der DUP als „rotten sinking vessel".
        Streit über *Decommissioning* (Abrüstung) der paramilitärischen Waffen beginnt.

1994   Waffenstillstand erst der IRA, dann folgen die loyalistischen Paramilitärs UDA und UVF.

1995	*Drumcree I:* Beginn der jährlichen gewalttätigen Märsche des Oranier-Orden, mit angeführt von P., zur Erinnerung an den Sieg Wilhelms v. Oranien über die Katholiken 1691.
	David Trimble übernimmt die Führung der UUP, unterstützt von P.
1996	IRA-Bombenanschläge von *Canary Wharf*; Ende der Waffenruhe.
	Wahlen zum Nordirland Forum bringen Stimmengewinne der radikalen Parteien DUP (19%) und SF (15%) gegenüber den gemäßigten UUP (24%) und SDLP (21%).
1997	IRA erklärt neue Waffenruhe, Beginn der Allparteiengespräche.
1998	*Good Friday Agreement (GFA)*, Friedensabkommen inkl. Power-sharing, unterstützt von allen Parteien außer DUP; im anschließenden Referendum stimmen ca. 50% der Protestanten (20% der DUP-Anhänger), über 90 % der Katholiken dafür.
1999	Amtsantritt der nordirischen Regierung unter David Trimble (UUP)/ Seamus Mallon (SDLP), bis 2004 mehrfach suspendiert durch London wegen Streit um D*ecommissioning.*
2001	Polizeireform: RUC wird Police Service for Northern Ireland (PSNI); 50/50-Rekrutierung für Katholiken und Protestanten.
2003	Manifesto der DUP: Neu verhandeln! UUP-Abgeordnete laufen zur DUP über.
	Bei den zweiten Wahlen zum Regionalparlament überrunden die radikalen Parteien beider Lager die gemäßigten: DUP wird mit der Kampagne „Ulster says No" stärkste Partei (26%), bei den Wahlen für Westminster 2005 nochmaliger Anstieg auf 33%.
2004	Neuverhandlungen, um DUP einzubeziehen, verzögern sich, da der IRA Bankraub und Mord vorgeworfen werden.
2005	Die IRA erklärt das Ende des Krieges gegen Großbritannien und lässt die vollständige Abrüstung ihrer Waffenarsenale von der internationalen Commission IICD und einem katholischen und einem protestantischen Geistlichen verifizieren.
	UDA und UVF zögern mit entsprechenden Maßnahmen.
2006	*St. Andrews Agreement* ermöglicht der DUP, ohne Gesichtsverlust auf dem Boden des GFA zu landen. Toni Blair fährt den wichtigsten Erfolg seiner Amtszeit ein.
8. Mai 2007	P. wird Erster Minister von Nordirland, sein Stellvertreter wird Martin McGuinness (Sinn Fein): Power-sharing.
Anfang 2008	P. erklärt auch auf Druck der Gemeinde den Rückzug aus seinem geistlichen Amt bei der FPCU und kündigt den Rücktritt als Premier an.
	Ablösung P.s als Erster Minister durch Peter Robinson (DUP); DUP verliert an Zusammenhalt nach Rückzug P.s.

Weiterführende Literatur:

Barton, Brian / Roche, Patrick J. (eds.), The Northern Ireland Question. The Peace Process and the Belfast Agreement, New York: Palgrave Macmillan 2009.

Bruce, Steve, Paisley. Religion and Politics in Northern Ireland, Oxford: OUP 2007.

Edwards, Aaron / Bloomer, Stephen (eds.), Transforming the Peace Process in Northern Ireland. From Terrorism to Democratic Politics, Dublin: Irish Academic Press 2008.

Ganiel, Gladys, Evangelicalism and Conflict in Northern Ireland, New York: Palgrave/Macmillan 2008.

Hauswedell, Corinna, Geheimgesellschaften gegen law and order – Radikalisierung und Militarisierung nationaler, sozialer und konfessioneller Gegensätze in Irland im 19. Jahrhundert. In: Jansen, Christian (Hg.), Der Bürger als Soldat. Die Militarisierung europäischer Gesellschaften im langen 19. Jahrhundert. Ein internationaler Vergleich. Essen: Klartext Verlag, 214-229.

Hauswedell, Corinna (Hg.), Deeskalation von Gewaltkonflikten seit 1945, Essen: Klartext Verlag, 2006.

Hauswedell, Corinna, Small Arms – Big Issues. Lessons From the Case of Decommissioning Paramilitary Arms in Northern Ireland, in: dies. / Johannsen, Margret / Nolan, Paul (eds.), Demilitarizing Conflicts. Learning Lessons in Northern Ireland, Palestine and Israel, Loccumer Protokolle 64/08, Rehburg-Loccum 2009, 219-232.

Kaufmann, Eric P., The Orange Order, A Contemporary Northern Irish History, Oxford: OUP 2007.

Liechty, Joseph / Clegg, Cecilia (eds.), Moving Beyond Sectarianism, Religion, Conflict and Reconciliation in Northern Ireland, Dublin: The Columba Press 2001.

McKay, Susan, Northern Protestants. An Unsettled People, New update edition, Belfast: Blackstaff 2007.

Mitchell, Claire, Religion, Identity and Politics in Northern Ireland. Boundaries of Belonging and Belief, Ashgate Publishing, GB/USA 2006.

Mitchell, Claire, For God and ... Conflict Transformation. The Churches Dis/engagement with Contemporary Loyalism, in: Edwards/Bloomer (eds.), 148-162.

Moloney, Ed, Paisley. From Demagogue to Democrat?, Dublin: Poolbeg Press, 2008.

Powell, Jonathan, Great Hatred, Little Room. Making Peace in Northern Ireland, London: The Bodley Head 2008.

Oberdorfer, Bernd / Waldmann, Peter (Hg.), Die Ambivalenz des Religiösen. Religionen als Friedensstifter und Gewalterzeuger, Freiburg: Rombach 2008.

Shirlow, Peter / McGovern, Mark (eds.), Who are ‚The People‘? Unionism, Protestantism and Loyalism in Northern Ireland, London: Pluto Press 1997.

Sinnerton, Henry / Ervine, David, Uncharted Waters, London: Brandon Paperback 2003.

Taylor, Peter, Loyalists, London: Bloomsbury 2000.

Taylor, Rupert (ed.), Consociational Theory. McGarry and O'Leary and the Northern Ireland Conflict, London/New York: Routledge 2009.

Walker, Graham, A History of the Ulster Unionist Party. Protest, Pragmatism and Pessimism, Manchester: Manchester University Press 2004.

Weingardt, Markus A., Religion-Macht-Frieden, Stuttgart: Kohlhammer 2007.

Geistliche an den Schalthebeln der Macht?

Von der kirchlichen Legitimierung zur Kritik des Apartheid-Regimes in Südafrika

Dirk J. Smit

1. Wie war das eigentlich?

Wie war das eigentlich, damals als Dr. J. D. (Koot) Vorster Moderator der (einflussreichen, weißen) Niederdeutsch-Reformierten Kirche (englisch: Dutch Reformed Church, DRC) war und (sein Bruder) B. J. (John) Vorster Ministerpräsident des Landes? Das war die Frage eines schwarzen südafrikanischen Studenten vor zwei Wochen in einem Seminar. Hinter dieser Frage verbergen sich vermutlich dieselben Fragen wie hinter dem Thema dieses Bandes und vor allem dieser Fallstudie. Wie war das Verhältnis zwischen Kirche und Staat in der Apartheid-Zeit, das Verhältnis zwischen geistlichen Führern und denjenigen in öffentlichen Machtpositionen? Welche Rolle hat die Kirche eigentlich gespielt? Welchen Einfluss, welche Macht hatte die Kirche? Wie hat die Kirche diese Macht ausgeübt?

Diese Frage ist verständlich – und es ist begreiflich, warum die Zeit der Apartheid als Fallstudie für dieser Art Frage angesehen wird. Wurde die Apartheid nicht durch Kirche und Theologie begründet? Sind der christliche Glaube und die Bibel denn nicht gebraucht worden, um die Apartheid zu rechtfertigen? Haben sich die sichtbarsten Debatten über die Apartheid nicht gerade in der ökumenischen Kirche abgespielt? Waren manche der bekanntesten Kritiker nicht Geistliche und Kirchenführer?

Wie wichtig waren also Glaube, Kirche und geistliche Führer in dieser Geschichte? Genau welche Rolle haben die Geistlichen in dieser Zeit gespielt, sowohl in der Unterstützung und Rechtfertigung der Apartheid als auch in der Kritik und dem Widerstand dagegen? Dies sind komplizierte Fragen, die komplexe Antworten verlangen.

2. Geistliche Führer unterstützen die Macht?

Es ist in der Tat unmöglich, die Geschichte der Apartheid gebührend zu erzählen, ohne auch über die Rolle geistlicher Führer und der Kirche zu sprechen. Zugleich wäre es ein völliger Irrtum zu denken, dass Geistliche oder Kirchenführer die einzigen oder die Hauptakteure gewesen wären. Die

umfassende Monografie über *The Afrikaners* (2003) des angesehenen Histo-
rikers Hermann Giliomee dokumentiert beide Aspekte ausführlich.[1]

Es geht in der Apartheid um viel mehr als nur um den Einfluss von
Geistlichen und der Kirche. Der Begriff Apartheid (Afrikaans für ‚Geson-
dertheit‘, ‚Trennung‘) bezieht sich auf das offizielle politische System in
Südafrika zwischen 1948 und 1994. Seit den 1960er Jahren als ‚getrennte
Entwicklung‘ bezeichnet, legitimierte es eine strikte Rassentrennung und die
politische und wirtschaftliche Diskriminierung aller Menschen, die vom Gesetz als ‚nichtweiß‘ eingestuft wurden. Die Geschichte der Rassentrennung
und -diskriminierung reicht zurück bis in die Anfänge der Kolonialzeit und
verschärfte sich besonders nach der britischen Eroberung (1806). Eine Vielzahl von Gesetzen begrenzte das Recht der Schwarzen auf Landbesitz und
zwang sie zum Verkauf ihrer Arbeitskraft. Nach der Entdeckung von Dia-
manten (1867) und Goldvorkommen (1886) schränkten diese Gesetze die
Bewegungsfreiheit der Schwarzen weiter ein, indem sie ihnen auferlegten,
Pässe mit sich zu führen, ihnen bestimmte Berufe vorenthielten und ihre
gesellschaftlichen Aktivitäten auf verschiedene Weise reglementierten. Rassentrennung und -diskriminierung waren daher in der ersten Hälfte des 20.
Jh. weitgehend etabliert – aus ideologischen, ökonomischen, sozialen und
politischen Gründen eher als wegen eines großen Einflusses von Geistlichen
oder der Kirche. Gesetze enteigneten die schwarze Bevölkerungsmehrheit
ihres Landes, verweigerten ihnen das Wahlrecht und reglementierten Gast-
arbeit. 1948 übernahm die Nationale Partei die Regierung, trieb diese Politik
voran und nannte sie ‚Apartheid‘. Auf der Grundlage des Meldegesetzes
(1950) wurde die Rassentrennung nun umfassend durchgesetzt. Das Grup-
pengebietsgesetz (1950, 1957, 1961) schuf getrennte Wohn- und Geschäfts-
gebiete. Andere Gesetze verboten die meisten Formen gesellschaftlichen
Verkehrs, führten getrennte öffentliche Einrichtungen und Bildungssysteme
ein, erzwangen Arbeitsbeschränkungen, verwehrten Schwarzen die Beteiligung an der Regierung und erklärten jede schwarze Person, unabhängig vom
tatsächlichen Wohnort, letztendlich zum Bürger eines der zehn neugeschaf-
fenen afrikanischen Homelands.[2]

Also, welche Rolle spielen Glaube, Kirche und Theologie denn doch in
dieser Geschichte? Die offizielle Apartheid wurde durch eine Ideologie und
sogar eine „Theologie der Apartheid“ legitimiert. 1857 erklärte die Synode
der DRC, daß ‚um der Schwäche einiger willen‘ Schwarze und Weiße das
Abendmahl auch getrennt feiern dürften. Was als Ausnahme begann, bestimmte nach und nach die Ordnung der Kirche. 1881 wurde eine eigene

---

[1]   Hermann Giliomee, The Afrikaners. Biography of a People, London 2003.

[2]   Für einen knappen historischen Überblick vgl. Dirk J. Smit, Art. Südafrika, in: TRE 32,
       2000, 322-332.

Kirche für ‚farbige' Menschen gegründet, und weitere ethnische Kirchen folgten.[3] Diese kirchliche Politik der getrennten Kirchen wurde zu einer der wichtigsten religiösen Wurzeln der Ideologie und politischen Praxis der Apartheid. Zwischen den 20er und den 40er Jahren verbreiteten sich stark nationalistische Ideen unter den weißen Afrikanern. Diese Vorstellungen wurzelten im Europa des 19. und frühen 20. Jahrhunderts, aber örtliche Bedingungen sowie die politischen und wirtschaftlichen Umstände und Interessen trugen zu ihrer wachsenden Popularität bei – und folglich keineswegs nur geistliche und theologische Überzeugungen. Trotzdem gilt bestimmt auch, dass weißafrikanische Theologen diese nationalistischen Vorstellungen unterstützten und untermauerten. Besonders einflußreich war der Neo-Calvinismus mit seiner Betonung der Vielgestaltigkeit der Schöpfung. Während der 30er und 40er Jahre wandten sich Vertreter der weißen Afrikaner-Kirchen in zunehmendem Maße an die Regierung und forderten Gesetze zum Schutz ihres kulturellen, ethnischen und nationalen Überlebens und ihrer Selbstbestimmung sowie das Verbot gemischtrassischer Ehen und die Einrichtung getrennter Schulen und Wohngebiete.[4] In zunehmendem Maße wurden hierfür biblische Belege angeführt – aber nicht um die politischen Machthaber, das Kirchenvolk oder die öffentliche Meinung von etwas zu überzeugen, woran sie noch nicht selbst geglaubt hätten, sondern nur um aus der Schrift weitere Legitimierung zu bieten für die Volksideologie, die bereits verbreiteten Anhang hatte.[5] Ja, sogar die ‚mainline' englischsprachigen Kirchen, die diese Volksideologie nicht teilten, sind von ihrer Anziehungskraft nicht unbeeinflusst geblieben. Autoritative Studien über diese Kirchen tragen zurecht Titel wie *Servants of Power*[6] und *Trapped in Apartheid*.[7] Wirtschaftliche Macht, soziale Bevorzugung und Klasseninteressen beherrschen auch großenteils das Leben und das Zeugnis dieser Kirchen.

Kurzum, die Geschichte der Apartheid ist die eines wachsenden, allumfassenden Nationalismus. Die Sicherheit und das Fortbestehen des Volkes wird eine alles beherrschende Ideologie, die auch Kirchen und Theologie zunehmend prägen. Von den zahlreichen Studien über die Rolle der Kirche in der Apartheid fasst der Titel *Evolusie van 'n Volksteologie* diese Entwicklun-

---

3   Giliomee 2003, 204ff.

4   Vgl. die instruktiven Beiträge in: Johann Kinghorn (Hg.), Die NG Kerk en Apartheid, Johannesburg 1986.

5   Zur Frage, wie mit der Bibel umgegangen wurde, vgl. J.A. (Bobby) Loubser, The Apartheid Bible. A Critical Review of Racial Theology in South Africa, Cape Town 1987.

6   James R. Cochrane, Servants of Power. The Role of English-Speaking Churches 1903-1930, Johannesburg 1987.

7   Charles Villa-Vicencio, Trapped in Apartheid. A Socio-Theological History of the English-Speaking Chuches, Cape Town 1988.

gen gut zusammen.[8] Die weißen Reformierten Kirchen waren dieser Volksideologie vollständig dienstbar und spielten daher eine Schlüsselrolle, nicht
weil sie der Gesellschaft und den Inhabern von Machtpositionen Vorschriften gemacht hätten, sondern vielmehr indem sie selbst ganz und gar Teil der
nationalistischen Ideologie waren. Sie wurden ganz und gar Volkskirche,
und zwar in einem spezifischen Sinn. Vor allem ihre Ekklesiologie und
Missiologie, ihre Auffassungen über die eigene Identität und Berufung spielen hierin eine ausschlaggebende Rolle – so dass es nicht verwundert, dass
gerade Diskussionen über das Wesen und den Auftrag der Kirche im
Kampf gegen die Apartheid so heftig wüten.[9]

Ist es vor diesem Hintergrund möglich, zusammenfassend zu präzisieren,
welche Rolle geistliche Führer im Rahmen dieser Geschichte gespielt haben?
Es ist vielleicht nützlich, *drei spezifische Fragen* kurz zu beantworten:

Erstens: Über wieviel Macht und Einfluss haben die offiziellen Kirchenführer in der Apartheid-Zeit verfügt? Im Allgemeinen über nicht viel. Geistliche Führungspersönlichkeiten waren nicht wirklich einflussreich. Ihr Beitrag als Einzelne war nicht groß. Das kann damit zusammenhängen, dass
diese Kirchen reformiert sind und daher wirkliche Führerpersönlichkeiten
und Führungspositionen nicht kennen. Grundsätzlich gibt es niemand, der
die Kirche vertritt bzw. im Namen der Kirche und mit der Autorität der
Kirche sprechen kann. Es wird aber auch damit zusammenhängen, dass es
keine wirklich charismatischen Führer aus den Kirchen gab, die sich wirksam in der Öffentlichkeit für die Apartheid einsetzten. Das war eigentlich
auch nicht nötig. Der Einfluss der Kirche war eher ein kollektiver. Als
höchst wichtige soziale Einrichtung, der die meisten afrikaanssprachigen
Weißen angehörten und die bei den Kirchenmitgliedern viel Respekt und
Vertrauen genossen, hat die Kirche durch ihre stillschweigende Unterstützung der Apartheid und ihre enge Zusammenarbeit mit der Regierung sowie
mit zahlreichen Institutionen des bürgerlichen und kulturellen Lebens, einschließlich dem äußerst einflussreichen christlich-nationalen Erziehungswesen, dem ebenso einflussreichen Medienkonzern *Nasionale Pers*, wie auch
dem geheimen Bruderbund bereits eine umfassende ideologische Rechtferti-

---

8   Andries J. Botha, Die Evolusie van 'n Volksteologie, Bellville 1984.

9   Willem D. Jonker, Die Sendingbepalinge van die Ned. Gereformeerde Kerk van Trans-
    vaal, Potchefstroom 1962; Johannes C. Adonis, Die Afgebreekte Skeidsmuur weer Op-
    gebou. Die Verstrengeling van die Sendingbeleid van die Nederduitse Gereformeerde
    Kerk in Suid-Afrika met die Praktyk en Ideologie van die Apartheid in Historiese Per-
    spektief, Amsterdam 1982.

gung geboten. Die Kirche hatte es nicht nötig, selbst nach Macht zu streben.[10]

Zweitens: Hat es geistliche beziehungsweise kirchliche Führer gegeben, die selbst ein öffentliches Amt innehatten, d.h. selbst politische Macht ausübten? Wiederum muss die Antwort verneinend sein. In der Apartheid-Gesellschaft waren es nicht geistliche Führer, die voranschritten und das Volk inspiriert hätten. Die beiden möglichen Ausnahmen wären D. F. Malan und Andries Treurnicht, aber in beiden Fällen bedarf dies vorsichtiger Qualifizierung. Beide sind ganz aus dem kirchlichen Dienst ausgeschieden zugunsten öffentlicher Positionen von Macht und Einfluss, zunächst als Zeitungsredakteure und dann als normale Politiker, und daher nicht mehr als geistliche oder kirchliche Führer. Ferner gerieten beide in Konflikt mit der offiziellen Kirche und prominenten geistlichen Führern, im Falle Malan mit dem bekannten Andrew Murray. Die Titel bekannter Bücher von beiden – *Glo in u volk* (eine Sammlung berühmter Reden von Malan, 1964) und *Credo van 'n Afrikaner* (ideologisches Glaubensbekenntnis von Treurnicht, 1975) – zeigen in Wahrheit, dass sie nicht mehr geistliche Führer im kirchlichen Sinn waren, sondern eher Volksführer, bekennende Nationalisten.[11]

Es gab neben ihnen sehr wohl auch eine Reihe bekannter Theologen, geistliche Führer und kirchliche Persönlichkeiten, die von kirchlicher Seite auf verschiedene Weise dazu beigetragen haben, die Apartheid zu legitimieren. Dazu gehörten der reformierte Denker und Dichter J. D. du Toit (Totius), der die erste biblische Rechtfertigung schrieb; der Neutestamentler Groenewald, der vor 1948 das entscheidende Studiendokument für die Synode mit verfasste; der Stellenboscher Theologe Gerdener, der die Apartheid als Missionsstrategie in ein einflussreiches politisches Richtliniendokument der Nationalen Partei hineinschrieb; J. D. Vorster, J. S. Gericke und viele andere Moderatoren aufeinander folgender Synoden[12] – aber es ist schwierig, ihren Einfluss auf die Machthaber und ihre Rolle im öffentlichen Leben genauer zu beschreiben. Die Afrikaanse Kirche war eine bedeutende kulturelle und soziale Einrichtung, und daher war die Rolle ihrer Führer von großem öffentlichen Interesse. Ihre Rechtfertigung der Apartheid hat zweifelsohne viele Menschen beeinflusst und beruhigt. Zugleich waren sie nicht die wirklichen Begründer, sondern eher diejenigen, die geholfen haben, bereits Begonnenes instandzuhalten. Sie waren höchstens Ratgeber, Vertraute

---

[10] Heribert Adam / Hermann Giliomee, The Rise and Crisis of Afrikaner Power, Cape Town 1979.

[11] Schalk W. Pienaar (Hg.), Glo in u Volk. Dr. D.F. Malan as Redenaar 1980-1954, Kaapstad 1964; Andries P. Treurnicht, Credo van 'n Afrikaner, Kaapstad 1975.

[12] Vgl. die umsichtige und detaillierte Diskussion dieser Einflüsse bei Giliomee 2003, bes. 447ff.

der Machthaber, Mitglieder geheimer Organisationen, involviert bei Beratungen und Beschlussfassung hinter den Kulissen. Ihr größter Einfluss lag wahrscheinlich darin, dass sie die Wortführer und öffentlichen Symbole der Volkskirche waren, die der Ideologie Glaubwürdigkeit verliehen, das System wo nötig biblisch rechtfertigten und kraft ihrer Position Kritiker in der Öffentlichkeit verdächtigen und zum Schweigen bringen konnten.

Drittens: War daher ein verborgener und unsichtbarer geistlicher Einfluss hinter den Kulissen am Werk? Diese Frage muss offensichtlich mit ja beantwortet werden. Die Apartheid war ein umfassendes ideologisches System, auf geistlichen Werten und Überzeugungen fußend. Einige der bekanntesten frühen Studien über die Apartheid haben sie auch als eine Art „bürgerliche Religion" beschrieben – z.B. Dunbar Moodie in *The Rise of Afrikanerdom. Power, Apartheid and the Afrikaner civil religion.*[13] Nach der ursprünglichen Definition von Robert Bellah ist damit eine Art Glaube an die nationale Sache gemeint, an das Volk selbst, an eine mythische Vorstellung von der Vergangenheit und der Zukunft des Volkes, und an die heutige Berufung, die darin enthalten ist. Eigentlicher Träger dieses geistlichen Evangeliums ist folglich nicht die Kirche. Eher sind es politische Reden, öffentliche Rituale, die öffentliche Meinung, die Medien und das Erziehungswesen, und im Falle Südafrikas in späteren Jahren auch zunehmend der Kaplansdienst in der südafrikanischen Wehrmacht. Die volle Geschichte der Rolle und des Einflusses des Kaplansdienstes, wie auch die Rolle und der Einfluss rechtsgesinnter religiöser Beeinflussung, u.a. aus amerikanischen Quellen,[14] müssen wohl noch erforscht und erzählt werden – und dann erst mag die wahre Natur geistlicher Beeinflussung und Macht im Südafrika der Apartheid voll ans Licht kommen. Wenn der wahre geistliche Einfluss jedoch der einer ‚civil religion' war, dann hat die wahre Macht hinter den Kulissen funktioniert, und nicht in erster Linie als Teil der öffentlichen Meinungsbildung, heute oft „öffentliche Theologie" genannt.

3. Geistliche Führer im Widerstand gegen die Macht?

Wie war das eigentlich mit dem Widerstand gegen die Apartheid? Waren Einfluss und Macht der geistlichen Führer in diesem Fall anderer Art? Wiederum handelt es sich zugleich um eine Geschichte, die nicht ohne die Rolle geistlicher Führer und des Glaubens erzählt werden kann, und zugleich eine

---

[13] T. Dunbar Moodie, The Rise of Afrikanerdom. Power, Apartheid and the Afrikaner Civil Religion, Berkeley 1975; zur fortdauernden Diskussion vgl. David J. Bosch, The Roots and Fruits of Afrikaner Civil Religion, in: Willem S. Vorster u.a. (Hg.), New Faces of Africa, Pretoria 1984, 14-33.

[14] Paul Gifford, The Religious Right in Southern Africa, Harare 1988.

Geschichte, in der jene nicht unbedingt die einzigen oder die Hauptakteure sind – oder vielleicht doch? Wieder einmal ist dies eine komplizierte Frage, die umstrittene Antworten hervorruft. [15]

Während der 50er Jahre erhoben sich die Schwarzen in der Widerstandskampagne zunehmend gegen die weiße Vorherrschaft. Nach dem Sharpeville-Massaker (1960) wurden der Afrikanische Nationalkongress und der Panafrikanische Kongress verboten. Die organisierte schwarze Opposition wurde unterdrückt, viele ihrer Anführer verhaftet. Der Aufstand in Soweto (1976) verstärkte sowohl Widerstand als auch Unterdrückung im ganzen Land. Gefangene wie Steve Biko starben in Haft.[16] 1985 wurde der Ausnahmezustand verkündet. Das Land wurde zunehmend unregierbar, und die Wirtschaft drohte zusammenzubrechen. Im Februar 1990 hob F. W. de Klerk das Verbot der gebannten Organisationen auf und entließ Nelson Mandela aus der Haft. Offiziell endete die Ära mit den demokratischen Wahlen (April 1994) und der Inkraftsetzung der neuen demokratischen Verfassung (Februar 1997).

Was war also die Rolle der Geistlichen und der Kirche bei dieser Kritik, in diesem Widerstand und diesem Machtkampf? Sharpeville brachte einen Wendepunkt. In Cottesloe wurde eine ökumenische Konsultation gehalten. Moderate Resolutionen wurden verabschiedet, welche die Einheit der Kirche betonten und die biblische Begründung der Apartheid verwarfen. Ein öffentlicher Proteststurm brach los.[17] Danach nahm die Opposition gegen die Apartheid in Kirchenkreisen zu. Beyers Naudé gründete mit anderen das Christian Institute.[18] 1968 veröffentlichte der Südafrikanische Kirchenrat eine „Message to the People of South Africa", in der die Apartheid als „Pseudo-Evangelium" verdammt wurde.[19] Erzbischof Desmond Tutu er-

---

[15] Für einen allgemeinen Überblick vgl. u.a. John W de Gruchy / Steve de Gruchy, The Church Struggle in South Africa, Cape Town 2004; Zolile Mbali, The Churches and Racism. A Black South African Perspective, London 1987.

[16] Vgl. die leidenschaftlichen Interpretationen seiner Bedeutung und seines geistigen Einflusses bei: Barney Pityana / Mamphele Ramphela u.a. (Hg.), Bounds of Possibility. The Legacy of Steve Biko and Black Consciousness, Cape Town 1991.

[17] Abraham H. Luckhoff, Cottesloe, Cape Town 1978.

[18] Zu Geschichte und Bedeutung des Christian Institute vgl. Peter Walshe, Church versus State in South Africa. The Case of the Christian Institute, London 1983; zum geistigen Einfluss von Beyers Naudé vgl. u.a. Colleen Ryan, Beyers Naudé: Pilgrimage of Faith, Grand Rapids 1990, sowie seine Autobiographie: My land van Hoop, Kaapstad 1995; vgl. auch die jüngsten Veröffentlichungen des Beyers Naudé Center for Public Theology in Stellenbosch: Len Hansen (Hg.), The Legacy of Beyers Naudé, Stellenbosch 2006; Len Hansen / Robert Vosloo (Hg.), Oom Bey for the Future, Stellenbosch 2007; Len Hansen (Hg.), Christian in Public, Stellenbosch 2008.

[19] Zum außerordentlich großen Einfluss des South African Council of Churches vgl. u.a. Christine Lienemann-Perrin, Die politische Verantwortung der Kirchen in Südkorea und

langte durch seine führende Rolle weltweit Berühmtheit und erhielt 1984 den Friedensnobelpreis.[20] Viele Kirchen weltweit lehnten nun die Apartheid als Sünde und ihre theologische Legitimation als Häresie ab.[21] Von besonderer Bedeutung war die Kritik innerhalb der DRC-Familie selbst.[22] 1978 verurteilte die (farbige) Dutch Reformed Mission Church (DRMC) die Ideologie der Apartheid als im Widerspruch zur Versöhnungsbotschaft des Evangeliums stehend. 1982 erklärte die DRMC den status confessionis und formulierte die „Belhar Confession", in der sie sich zu Gott als dem Gott der einen Kirche, der Versöhnung und der Gerechtigkeit bekannte und damit die Theologie der Apartheid verwarf.[23] Das *Kairos Document* (1985) und *Road to Damascus* (1989) enthielten radikalere Aussagen.[24] Dokumente evangelikaler und pfingstlerischer Kreise folgten.[25] Die DRC-Denkschrift *Church and Society* (1986, 1990 überarbeitet) widerrief die biblische Rechtfertigung der Apartheid und führte zu einer Spaltung der Kirche.[26] Im November 1990 trat die bis dahin repräsentativste Versammlung südafrikanischer Kirchen in Rustenburg zusammen. Mitglieder der DRC legten ein öffentliches Schuldbekenntnis ab. Die Vollversammlung verabschiedete eine Deklaration, in der die Unterstützung der Apartheid als Schuld bekannt, deren theologische Legitimation als Häresie und Sünde verworfen und konkrete Formen der Wiedergutmachung gefordert wurden.[27]

Südafrika, München 1992; zu den damit verbundenen Machtkämpfen vgl. auch die wichtige Ansprache von Desmond Tutu als Generalsekretär des SACC vor der Eloff Commission of Enquiry am 1. September 1982: The Divine Intention, Braamfontein 1982.

[20] Zu Rolle und Einfluss von Desmond Tutu vgl. u.a. John Allen, Rabble Rouser for Peace, London 2006; ebenfalls die Beiträge in: Buti Thlagale / Itumeleng Mosala (Hg.), Hammering Swords into Ploughshares, Grand Rapids 1987.

[21] Vgl. John W. de Gruchy / Charles Villa-Vicencio (Hg.), Apartheid is a Heresy, Cape Town 1983.

[22] J. Christoff Pauw, Anti-Apartheid Theology in the Dutch Reformed Family of Churches. A Depth-Hermeneutical Analysis, Amsterdam 2007.

[23] Zum Hintergrund vgl.: Lippische Landeskirche (Hg.), Das Bekenntnis von Belhar und seine Bedeutung für die reformierten Kirchen in Deutschland, Detmold 1998.

[24] Vgl. Institute for Contextual Theology, The Kairos Document. Challenge to the Church. A Theological Comment on the Political Crisis in South Africa, Braamfontein 1986 (Revised Second Edition); ferner: The Road to Damascus. Kairos and Conversion, Braamfontein 1989.

[25] Vgl. z.B. die Dokumente: Evangelical Witness in South Africa, Dobsonville 1986, und Relevant Pentecostal Witness, Durban 1988.

[26] Vgl. Dutch Reformed Church, Church and Society. A Testimony approved by the Synod of the Dutch Reformed Church, Bloemfontein 1986.

[27] Vgl. Louw Alberts / Frank Chikane (Hg.), The Road to Rustenburg. The Church Looking Forward to a New South Africa, Cape Town 1991.

Im Rückblick also, welche Rolle haben geistliche Führer in dieser Geschichte gespielt? Wieviel Einfluss hatten sie in diesem Machtkampf? Vielleicht ist es wieder nützlich zu versuchen *dieselben drei Fragen* zu beantworten.

Erstens, über wieviel Macht haben die offiziellen und anerkannten kirchlichen Führerpersönlichkeiten in dieser Zeit verfügt? Im Kampf gegen die Apartheid war die Rolle geistlicher Führer und kirchlicher Persönlichkeiten viel prominenter als in der Rechtfertigung der Apartheid. Es ist unmöglich bei dem Gedanken an die Kritik an der Apartheid nicht sofort an die Namen zahlreicher geistlicher Führer zu denken – Desmond Tutu, Beyers Naudé, Allan Boesak, Wolfram Kistner, Frank Chikane, und auf regionaler und lokaler Ebene an viele mehr.[28]

Zweitens, daher. Waren diese Geistlichen wirklich in Machtpositionen? Was waren denn eigentlich Machtpositionen während des Widerstands? Welche Art Macht meinen wir? Ohne Zweifel war ein Machtkampf im Gange, und sie waren Hauptfiguren in diesem Kampf, aber in welchem Sinn und mit welchen Mitteln? Mit Sicherheit war es ein Kampf um die „Herzen und Gedanken". Aus gutem Grund wurden das Verstehen des Evangeliums selbst, die Auslegung der Bibel, das Wesen der Kirche, die sichtbare Gestalt der Kirche, die Missionsaufgabe der Kirche alle damals als „Schauplätze des Kampfes" (*sites of struggle*) bezeichnet, und diese geistlichen Führer waren zutiefst damit involviert. Wesentlich waren für diese Auseinandersetzungen bestimmte Schlüssel-Augenblicke, Versammlungen, Ereignisse, Aufsehen erregende Dokumente, Erklärungen und Beschlüsse, sowie weitreichende Auftritte und Prozesse.[29] Die Auseinandersetzungen innerhalb der Kirche und der Kampf der Kirche waren von ausschlaggebendem öffentlichem Interesse. Normale Wege zur Teilnahme an der öffentlichen Machtausübung standen ja nicht zur Verfügung. Teilnahme am politischen Prozess war ausgeschlossen. Bürgerliche Organisationen gab es nicht. Die öffentlichen Medien waren unzugänglich. Öffentliche Diskussion war verboten. Gottesdienste, Beerdigungen, Gebetstreffen, kirchliche Versammlungen waren oft die einzigen alternativen öffentlichen Gelegenheiten, wo die Stimme der Stimmlosen gehört werden konnte – z.B. das öffentliche „Gebet

---

[28] Zu Tutu vgl. John Allen, Rabble Rouser for Peace, London 2006; zu Naudé vgl. Len Hansen (Hg.), The Legacy of Beyers Naudé, Stellenbosch 2006; zu Boesak vgl. Allan A. Boesak, The Tenderness of Conscience, Stellenbosch 2005; zu Kistner vgl. Lothar Engel (Hrsg.), Wolfram Kistner, Hoffnung in der Krise, Wuppertal 1988; zu Chikane vgl. Frank Chikane, No life of my own, Braamfontein 1989.

[29] Vgl. z.B. Charles Villa-Vicencio, Between Christ and Caesar. Classic and Contemporary Texts on Church and State, Grand Rapids 1986, bes. 197-269, mit südafrikanischen Dokumenten.

zur Beendigung ungerechter Herrschaft" (1986),[30] genau zehn Jahren nach
Soweto. Kirchen und ihre Führer wurden stellvertretend die Stimme der
Stimmlosen. In diesem Sinn hatten sie Einfluss, war ihre Rolle entscheidend
wichtig, ihre Stimme die Stimme der Machtlosen. Ihre Macht war die Macht
der Kritik, der Meinungsäußerung und der Unterminierung. Das Apartheid-
system war sich dessen sehr wohl bewusst – darum wurden diese Kirchenführer als staatsgefährlich und unterminierend zur Zielscheibe gemacht,
wurden sie eingeschränkt, bedroht, intimidiert, verleumdet, unter Hausarrest
gestellt, eingesperrt, zum Schweigen gebracht. Kurzum, sie waren verschiedene Male an der Spitze des Kampfes gegen die ideologische Natur des Systems. Ihre Macht bestand darin, dass sie wie kaum jemand anders den Mangel an öffentlicher Legitimität des Systems bloßstellen und versprachlichen
konnten – innerhalb der Kirche als öffentlicher Sphäre, und durch ökumenische Bande, auch weltweit.[31]

Drittens. Wie wirksam waren diese geistlichen Stimmen und ihr Einfluss
wirklich in dem Widerstand? Wie unentbehrlich war die Rolle dieser Geistlichen? Rückblickend wird deutlich, dass die Antwort auf diese Fragen umstritten ist. Die Rolle der Kirchen und Religionen war damals schon ambivalent. Dies zeigt sich deutlich in dem Befund der Wahrheits- und Versöh-
nungskommission über die zwiespältige Rolle von Glaubensgemeinschaften,
wenn man zwischen Kirchen unterscheidet, die Ausführende bzw. Opfer
oder Gegner der Unterdrückung waren.[32] Auch diese geistlichen Wider-
standsführer waren in ihren eigenen Kirchen nicht immer so beliebt und oft
nicht gut unterstützt. Zugleich kann die unentbehrliche Rolle geistlicher
Überzeugungen bei der Arbeit der Kommission selbst nicht übersehen werden. Ohne diese wäre der Prozess schlicht nicht möglich gewesen, wie dies
ergreifend in Desmond Tutus eigenem Bericht *No Future without Forgiveness*
(1999) geschildert wird.[33] Es besteht kein Zweifel, dass der Widerstand motiviert war durch geistliche Visionen und Träume, Werte und verbindliche
Zusagen. Ebenso deutlich ist, dass viele der Hauptakteure ihre eigenen
Träume und zugesagten Verpflichtungen nicht in explizit religiöser oder
geistlicher Weise ausdrücken würden, selbst wenn viele von ihnen zweifellos
diese Werte in kirchlichen Kreisen erworben haben. Die Sammlung persönlicher Interviews mit Führern aus dem Widerstand, *The Spirit of Hope*, doku-

---

30   Allan A. Boesak / Charles Villa-Vicencio (Hg.), When Prayer makes News, Philadelphia
      1986.
31   Vgl. z.B. Mokgethi Mothlabi, The Theory and Practice of Black Resistance to Apartheid,
      Johannesburg 1984; Charles Villa-Vicencio, Civil Disobedience and Beyond. Law, Re-
      sistance and Religion in South Africa, Cape Town 1990.
32   Vgl. Truth and Reconciliation Report, Volume 4, Cape Town 1998.
33   Desmond Tutu, No Future without Forgiveness, New York 1999.

mentiert dies sehr gut.[34] Allan Boesaks Behauptungen in seinem kürzlich erschienenen wichtigen Buch *The Tenderness of Conscience. African Renaissance and the Spirituality of Politics* (2005) stellt diese Umstrittenheit wieder stark in den Vordergrund.[35] Er wirft den heutigen Führern vor, die wahre Vision und die Werte des Widerstands zu verraten, weil sie die geistliche Natur des damaligen Widerstands nicht hinreichend verstehen bzw. respektieren.

4. Geistliche Führer unterwerfen sich der Macht?

Es wäre interessant, die gleichen Fragen im Hinblick auf die Zeit nach dem demokratischen Übergang in Südafrika zu stellen, aber das gehört nicht in den Rahmen dieses Bandes. Verschiedene Studien sind bereits erschienen, in denen die seitherige kirchliche Entwicklung dargestellt wird. Aus der Universität Hamburg stammen z.b. zwei wertvolle Beiträge, die sich speziell mit der Rolle der DRC beschäftigen.[36] Ihre Leitfrage ist genau, ob sich die DRC aktiv für die Veränderungen eingesetzt oder sie nur ergeben hingenommen hat. Ähnliche Analysen müssten allerdings auch von anderen Kirchen, wie auch von der ökumenischen Kirche, gemacht werden, um dieselben drei Fragen beantworten zu können.

Über wieviel öffentliche Macht und Einfluss verfügen die offiziellen kirchlichen und religiösen Führer heute? Die Antwort lautet: unendlich wenig – doch müssten die komplexen Ursachen wiederum untersucht und benannt werden. Gibt es heute geistliche und kirchliche Führer, die öffentliche Machtpositionen innehaben? Die Antwort ist: unendlich viele. Durch die Transformationsprozesse befinden sich viele führende Persönlichkeiten aus dem Widerstand, darunter schwarze Theologen und Anti-Apartheidtheologen, heute in prominenten öffentlichen Ämtern – im Staatspräsidentenamt, in hohen Regierungsstellen, z.B. als Vorsitzende von Schlüssel-Kommissionen, in begehrten und mächtigen Positionen in der Wirtschaft im Gefolge der Initiativen des *Black Empowerment*, als Rektoren verschiedener Universitäten – aber in vielen Fällen ist festzustellen, dass sie nicht wirklich die Stimme der Kirche oder des Glaubens dort zu Gehör bringen.[37] Kann man

---

34 Charles Villa-Vicencio, The Spirit of Hope. Conversations on Politics, Religion and Values, Braamfontein 1994.

35 Allan A. Boesak, The Tenderness of Conscience. African Renaissance and the Spirituality of Politics, Stellenbosch 2005.

36 Wolfram Weisse / Carel Anthonissen (Hg.), Maintaining Apartheid or Promoting Change? The Role of the Dutch Reformed Church in a Phase of Increasing Conflict in South Africa, Münster 2004; Matthias Gensicke, Zwischen Beharrung und Veränderung. Die Nederduitse Gereformeerde Kerk im Umbruchprozess Südafrikas (1990-1999), Münster 2007.

37 Eine Ausnahme war vielleicht der anglikanische Erzbischof von Kapstadt, Njongonkulu Ndungane, der auch im Ruhestand weiterhin eine öffentliche Rolle als Kirchenführer

also weiterhin von einem verborgenen geistlichen Einfluss, einer unsichtba-
ren Macht hinter den Kulissen, z.B. einer „Zärtlichkeit des Gewissens"
sprechen? Auch darüber müsste man diskutieren. Die meisten Beobachter
und gesellschaftlichen Kommentatoren würden vermutlich – wie Boesak –
meinen, dass von einer solchen geistlichen Macht bzw. einem geistlichen
Einfluss zur Zeit eigentlich keine Rede sein kann. Über die Frage, ob das gut
ist, werden Südafrikaner weiterhin verschiedener Meinung sein.

(Übersetzung: Ulrich Plüddemann)

---

spielte, vgl. z.B. seine gesammelten Aufsätze: A World with a Human Face. A Voice
from Africa, Cape Town 2003.

Verbündeter oder Gegner der Herrschenden

Die Rolle der lateinamerikanischen Kirche unter der Militärdiktatur

Peter Waldmann

1. Fragestellung und Vergleichsdesign

Über Jahrhunderte hinweg war die katholische Kirche aufs engste mit dem Staat und den herrschenden Eliten verbunden. Während der Kolonialzeit setzte die Krone die Bischöfe ein und machte dem Klerus große Zugeständnisse (sog. Patronat); aber auch nach Erlangung der Unabhängigkeit blieb das wechselseitige Bündnis- und Abhängigkeitsverhältnis zwischen staatlicher und geistlicher Macht weitgehend erhalten. In der zweiten Hälfte des 19. Jahrhunderts trieben die in den meisten lateinamerikanischen Staaten aufkommenden liberalen Eliten zwar die Säkularisierung des Staatsapparats voran, indem sie die Vorrechte der Kirche (beispielsweise im Erziehungswesen) beschnitten und einen Großteil ihrer Ländereien und sonstigen Ressourcen in Staatseigentum überführten. Den damit verbundenen Einflussverlust konnten die katholischen Bischöfe jedoch durch den Aufbau von Laienorganisationen (AC, Acción Católica) und die Pflege enger Verbindungen mit bestimmten Elitesektoren weitgehend wettmachen. Lateinamerika blieb ein kulturell und religiös vom Katholizismus geprägter Subkontinent; beispielsweise war undenkbar, dass jemand Präsident eines Landes werden konnte, der nicht Katholik war.[1]

In den 60er und 70er Jahren des vergangenen Jahrhunderts kam Bewegung in dieses Allianzgefüge. Diese Jahrzehnte waren generell eine Umbruchzeit, in der die Weichen für die Entwicklung neu gestellt wurden und sich wichtige strukturelle Änderungen vollzogen: Wirtschaftlich betrachtet, war das sogenannte Modell der Importsubstitution, in dessen Rahmen ein erster Industrialisierungsschub stattgefunden hatte, in Lateinamerika an seine Grenzen gestoßen, während gleichzeitig deutlich wurde, dass die Länder dieser Region nicht mehr allein auf die traditionelle Exportwirtschaft als Wachstumsmotor zählen konnten. Nachdem die Einwanderungsströme aus Übersee, vor allem aus Europa, weitgehend zum Stillstand gekommen waren, setzten nun massive interne Wanderungen aus dem Hinterland in die rasch wachsenden Großstädte ein. Zunächst in deren Zentren, später an ihren Rändern bildeten sich ausgedehnte, ausschließlich von Migranten be-

---

[1] A. Gill 1998, 19-36.

wohnte Viertel. Der Wandel schlug sich auch im politischen Bereich nieder. Soweit sich bereits rechtsstaatliche Demokratien durchgesetzt hatten, gerieten sie in eine Krise und es wurde mit alternativen Herrschaftsformen experimentiert. Im sogenannten südlichen Kegel („Cono Sur": Argentinien, Uruguay, Chile, Brasilien), der innerhalb Lateinamerikas am weitesten entwickelt war, ergriffen überall die Militärs die Macht, mit der Begründung, es gelte dem drohenden politisch-gesellschaftlichen Chaos zuvorzukommen, die Ordnung wiederherzustellen und die Länder aus der Entwicklungssackgasse, in die sie geraten waren, durch einen verstärkt marktwirtschaftlichen Kurs herauszuführen.

Was die katholische Kirche betrifft, so bestand das Novum darin, dass sie erstmals in ihrer langjährigen Geschichte in Lateinamerika ihre Orientierung an den sozialen Ober- und Mittelschichten in Frage stellte und sich vermehrt den sozialen Unterschichten und Marginalgruppen zuwandte.[2] Gewiss hatte es seit der Kolonialzeit immer wieder Vorstöße in diese Richtung gegeben, zuletzt unmittelbar nach dem Zweiten Weltkrieg, inspiriert durch das französische Vorbild der „Arbeiterpriester".[3] Doch zu einer breiten, vor allem vom jüngeren Klerus getragenen Bewegung entwickelte sich die Arbeit von Priestern in Armenvierteln und städtischen Randgebieten erst mit dem Beginn der 60er Jahre. Ihr soziales Engagement, verknüpft mit einer gesteigerten Sensibilität für Menschenrechtsfragen, ließ Teile des „progressiven" Klerus mehr oder weniger offen gegen die Militärherrschaft in ihren Ländern opponieren (das gilt vor allem für den Cono Sur) oder in Bürgerkriegen, wie sie vor allem in Zentralamerika stattfanden, für die Aufständischen Partei ergreifen.[4] Auch das war, von Ausnahmen abgesehen, etwas Neues: Priester, in einigen Ländern selbst Bischöfe wurden, nachdem sie sich dem Widerstand angeschlossen oder es auch nur gewagt hatten, geschehenes Unrecht öffentlich anzuprangern, von staatlichen Sicherheitskräften verfolgt, schikaniert, zum Teil eingesperrt, gefoltert und unter Umständen sogar umgebracht.

Doch nicht überall ging die Kirche auf Distanz zu Diktatur und staatlicher Unterdrückung, die Verhältnisse entwickelten sich je nach Land durchaus unterschiedlich. In einigen Ländern bezog nicht nur der fortschrittlich gesonnene, sozial engagierte Teil des Klerus Position gegen die herrschenden Militärs, sondern die gesamte Kirche schwenkte auf seinen Kurs ein. Dagegen stellte sich das Episkopat anderer Länder ebenso geschlossen hinter die Militärs, unabhängig davon, wie intensiv diese die Grund- und Men-

---

[2]   M. Dodson 1979/80.
[3]   M. Löwy 1996, 29-31.
[4]   D. Levine 1979/80, 19ff.; D. Levine 1986.

schenrechte verletzten und mit ihrer Wirtschaftspolitik zur sozialen Aus-
grenzung der Unterschicht beitrugen. Die Kirchen Chiles und Brasiliens
stehen für die erstgenannte Option, die Kirche Argentiniens (unter einer
zivilen Regierung auch jene Kolumbiens) vertrat den ultrakonservativen
Standpunkt, der jedes staatliche Handeln, selbst Fälle extremer Repression,
bereit war zu rechtfertigen. Dazwischen liegen zahlreiche Zwischenstufen,
etwa ein mehr oder weniger unentschiedenes, zwischen Unterstützung und
Kritik schwankendes Verhalten der Kirche oder deren äußerliche Konformität mit einem Militärregime, allerdings verbunden mit dem Bemühen,
hinter den Kulissen mäßigend auf dieses einzuwirken.[5]

Im Folgenden geht es um die Frage, wie sich diese unterschiedlichen Reaktionen der kirchlichen Instutionen auf ähnliche Herausforderungen erklären lassen. Warum distanzierte sich das kirchliche Establishment im einen
Fall von einem Militärregime, während es im Nachbarland diesem den Rücken stärkte? Als Kontrastfälle, an denen sich diese unterschiedlichen Strategien und Verhaltensweisen exemplifizieren lassen, werden Argentinien
und Chile herangezogen. Beide Länder standen etliche Jahre unter Militärherrschaft: In Argentinien übten die Streitkräfte von 1966 bis 1972 und
erneut von 1976 bis 1983 die Macht aus, in Chile von 1973 bis 1989. Die
beiden Länder bieten sich für einen Vergleich an, da sie eine ähnliche Be-
völkerungsstruktur aufweisen – indianische Minderheiten fallen in ihnen
kaum ins Gewicht –, sich auf einem ähnlichen Entwicklungsniveau befinden
und weil der Verfasser mit ihnen – was bei qualitativen Analysen, wie sie
hier unternommen werden, ein wichtiges Argument darstellt – relativ gut
vertraut ist. Der entscheidende Grund für diese Auswahl, es wurde bereits
angedeutet, liegt aber im kontrastiven Verhalten der katholischen Kirche
gegenüber den jeweiligen Militärregimen.[6]

Zwar waren angesichts der verworrenen Verhältnisse vor dem Putsch,
die das Gespenst eines drohenden Bürgerkriegs heraufbeschworen, die Episkopate beider Länder bereit, das militärische Eingreifen zunächst zu billigen. Die chilenischen Bischöfe gingen aufgrund des unerwartet brutalen
Vorgehens der Streitkräfte jedoch alsbald auf Distanz zu der regierenden
Junta und gründeten, zusammen mit den Vertretern anderer Konfessionen,
ein „Friedenskomitee" (Comité Pro Paz), das allen Chilenen und Auslän-
dern, die durch die neue politische Lage in persönliche oder wirtschaftliche
Bedrängnis geraten waren, rechtlichen, geistlichen, technischen und finanzi-
ellen Beistand gewährte. Als diese Organisation unter dem Druck von Pino-

---

5 S. Mainwaring/A. Wilde 1989, 3.

6 Hierzu und zum folgenden vgl. A. Gill 1998, 121-170. Gill hat seine Erklärungshypothe-
se ebenfalls „qualitativ" anhand der beiden Kontrastfälle Chile und Argentinien über-
prüft. Allgemein zum Vergleich als Methode A. Przeworski/H. Teune 1970.

chet nach zwei Jahren geschlossen werden musste, schob der leitende Kardinal (Silva Henriquez) ein allein der katholischen Kirche unterstehendes „Vikariat" nach. Dieses entwickelte sich im Laufe der Jahre zu einem gewaltigen, über das ganze Land verbreiteten Hilfswerk, durch das Jahr für Jahr Zigtausende von Bittstellern mit den unterschiedlichsten Anliegen – von der Nachforschung über sogenannte Verschwundene bis hin zur Errichtung von Suppenküchen – geschleust wurden.[7] Das chilenische Episkopat wurde zudem nicht müde, bei den Militärs immer wieder die Wahrung der Freiheits- und Menschenrechte, die Wiederherstellung rechtsstaatlicher Verhältnisse sowie die Rückkehr zur Demokratie anzumahnen.

Ganz anders die argentinische Kirche. Einer bereits eingespielten Tradition folgend – auch die Militärputsche von 1930, 1943, 1955 und 1966 hatten das unmittelbare Placet des Episkopats gefunden –, billigte das Gros der Bischöfe nicht nur die erneute Machtübernahme durch die Streitkräfte im Jahr 1976, sondern viel spricht dafür, dass dieser Herrschaftswechsel bereits zuvor mit führenden Vertretern des Klerus abgesprochen war.[8] Das argentinische Episkopat ließ sich, von geringfügigen Ausnahmen abgesehen, in seiner Unterstützung des Militärregimes auch nicht durch dessen exzessives Wüten beirren – die Zahl der Umgebrachten und Verschwundenen betrug in Argentinien ein Vielfaches der in Chile von den Militärs Ermordeten. Vielmehr leistete es zusätzliche Legitimierungshilfe für den von den Militärs ausgeübten Terror, indem es für dessen „Exekutivkommandos" großzügig Militärseelsorger zur Verfügung stellte. Die verzweifelten Hilfsappelle der Angehörigen „Verschwundener" prallten ebenso an der dezidiert regimefreundlichen Haltung der meisten Bischöfe ab, wie diese sich weigerten, den durch das neoliberale Wirtschaftsmodell der Militärjunta in Not geratenen Individuen und Gruppen irgendwie beizustehen. Erst nach dem offenkundigen Scheitern des von den Streitkräften der Nation verordneten gesellschaftlichen und wirtschaftlichen Sanierungskurses rang sich die Kirche zu einem Bekenntnis zu Demokratie und Rechtsstaat durch. Dieses hinderte sie jedoch nicht daran, zu der 1983 aus Wahlen siegreich hervorgegangenen Regierung des Radikalen Alfonsín alsbald erneut auf Distanz zu gehen.

Der Versuch, die Ursachen und Hintergründe des unterschiedlichen Verhaltens der Kirche in beiden Ländern zu untersuchen, gliedert sich in mehrere Schritte. Zunächst wird auf das gewandelte Selbstverständnis der katholischen Kirche nach dem Zweiten Vatikanischen Konzil und den entsprechenden regionalen Bischofskonferenzen einzugehen sein. Als alternative Erklärung ist der Frage nachzugehen, inwieweit das mehr oder minder

---

7   C. German 1999, 308ff., 327ff.

8   J. M. Ghio 2007, 219ff.; s.a. E. Mignone 1986 und B. Klimmeck 2008.

starke Aufkommen des Protestantismus, vor allem der sogenannten Pfingstkirchen, das Missionsverständnis der katholischen Kirche in den verschiedenen Ländern beeinflusst hat. Der Umgang mit Autoritarismus und Repression, oder, allgemeiner gesprochen, die jeweilige politische Kultur eines
Landes könnte ein dritter und letzter Erklärungsschlüssel sein, der zu prüfen
sein wird.

2. Das neue Selbstverständnis der Kirche

Der klassische „ideelle" Erklärungsansatz[9] stellt vor allem auf das gewandelte Selbstverständnis der katholischen Kirche als Grund für ihre veränderte
Einstellung zu den sozialen Unterschichten und generell zu den Problemen
der Armut und der sozialen Gerechtigkeit ab. Große Teile des Klerus hätten
ihre spirituellen und weltlichen Aufgaben, und vor allem das Verhältnis der
beiden zueinander, neu bestimmt und daraus ein intensiveres Engagement
für die Ausgebeuteten und Entrechteten in dieser Welt abgeleitet. Je nachdem, wie sich diese neue „progressive" Sichtweise in einem Land durchsetz-
te, habe jene Fraktion überwogen, die sich gegen die Militärdiktatur stellte,
oder jene, die sie tendenziell rechtfertigte.

Um zu verstehen, worin das veränderte Selbstbewusstsein der Kirche bestand, liegt es nahe, auf das Zweite Vatikanische Konzil (1962-65) und vor
allem die sich daran anschließenden lateinamerikanischen Bischofskonferenzen von Medellin (1968) und Puebla (1979) einzugehen.[10] Doch wie Michael
Löwy betont, stellten diese nur die theologische Verarbeitung einer von der
seelsorgerischen Praxis ausgehenden Bewegung dar, die bereits zuvor in
Randbereichen des kirchlichen Engagements eingesetzt hatte und allmählich
zu den episkopalen „Zentren" vorgedrungen war.[11] Von daher erscheint es
sinnvoller, zunächst einen Blick auf diese Bewegung zu werfen, vor allem
auf ihren innovativsten Teil, die Entstehung neuer kirchlicher Basisgemeinschaften („comunidades eclesiásticas de base", kurz CEB, genannt), anschließend deren theoretische Überwölbung durch eine neue „Theologie der
Befreiung" anzusprechen und schließlich auf das zentrale Anliegen des progressiven Klerus, soziales Unrecht zu denunzieren und die Stimme der Kirche den ansonsten „stimmlosen" Armen und Randgruppen zu leihen, einzugehen, das ihn eine kritische Haltung gegenüber den Militärdiktaturen
einnehmen ließ.

Die Bewegung, die einem neuen kirchlichen Verständnis den Weg bahnen sollte, hatte zahlreiche Initiatoren und Träger. Dazu zählten u.a. katholi-

---

9   So bezeichnet von A. Gill 2003, 479.

10 Siehe etwa S. Mainwaring/A. Wilde 1989, 10ff.; D. Levine 1986, 8ff.

11 M. Löwy 1996, 40ff.

sche Studentengruppen, katholische Laienorganisationen, die in städtischen Randvierteln missionierten, sowie Ordensleute und Priester aus Europa, welche nach dem Vorbild der französischen Arbeiterpriester sich besonders für die Armen und Bedürftigen engagierten; außerdem unter geistlicher Führung oder von katholischen Laien initiierte Nachbarschafts-, Bauern-, Frauen- und Arbeitergemeinschaften unterschiedlichster Art.[12] Aus all diesen Ansätzen und Versuchen schälte sich ein neuer Typus religiöser Solidargemeinschaft, die CEB, heraus. Anknüpfend an die altchristliche Brüderlichkeitsethik und Gemeindereligiosität, war ihre Entstehung nicht zuletzt eine Antwort auf den chronischen Priestermangel, der für die katholische Kirche in Lateinamerika seit Jahrzehnten kennzeichnend ist. CEBs sind zwar meistens von Ordensleuten, Priestern oder der katholischen Kirche nahestehenden Laien gegründet worden und wahren stets eine enge Verbindung zu kirchlichen Institutionen. Sie werden aber wesentlich von engagierten Laien getragen und in ihrer Ausrichtung sowie in ihren Tätigkeitsschwerpunkten bestimmt.[13]

Es handelt sich um Gruppen von durchschnittlich 15 bis 30 Mitgliedern – die Zahlen schwanken je nach Land –, die überwiegend in räumlicher Nähe zueinander wohnen und sich regelmäßig, oft wöchentlich treffen, um miteinander die Bibel zu lesen, gemeinsam zu singen und zu beten sowie über soziale und politische Fragen zu diskutieren. Im Einzelnen haben die Solidargemeinschaften zwei Zielschwerpunkte. Zum einen geht es in ihnen um einen gemeinsamen Zugang zum Evangelium, um Formen gegenseitiger spiritueller Betreuung und religiöser Erfahrung in der Gemeinschaft. Diese Dimension der kollektiven Befriedigung religiöser Grundbedürfnisse darf in ihrer Bedeutung nicht unterschätzt werden. Sie bedingt zugleich die ständige Rückkoppelung dieser Zellen an kirchliche Stellen, welche an dieser seelsorgerischen Betreuung durch die Entsendung von Priestern und Nonnen, gelegentliche Vorträge oder in Form von Kursmaterialien, die zur Verfügung gestellt werden, teilhaben. Der andere Schwerpunkt ist praktischer Natur. Hier geht es um die gemeinsame Erörterung und Lösung der Alltagsprobleme, die das Leben dieser in gesellschaftlichen Randlagen befindlichen Personen bestimmen. Die Bedeutung der CEBs in den verschiedenen lateinamerikanischen Ländern ist unterschiedlich. In Brasilien scheinen sie zeitweise eine ungeheure Verbreitung erfahren zu haben – Kevin Neuhouser spricht beispielsweise von 50.000-80.000 CEBs mit insgesamt rund vier Millionen Mitgliedern, die allein in den 60er Jahren entstanden seien.

---

[12] Ebd., 32, 42f.

[13] Hierzu sowie zum folgenden D. Levine 1986, 14ff.; S. Mainwaring/A. Wilde 1989, 5ff.; K. Neuhouser 1989, 238ff.

Ihre theoretische Überwölbung erfuhren die neuen religiösen Bewegungen wie gesagt in Form der neuen „Theologie der Befreiung", welche die Diskussion über theologische Fragen innerhalb des Katholizismus in Lateinamerika während der 70er und 80er Jahre maßgeblich prägte. Es ist hier nicht der Platz, um das Lehrgebäude dieser progressiven Theologie, die in fast jedem größeren lateinamerikanischen Land einen oder einige prominente Vertreter aufweist, auch nur umrisshaft darzustellen.[14] Sie handelte ein breites Themenspektrum ab, angefangen von der Natur der Kirche und insbesondere der Rolle der Laien in ihr über Fragen der Volksreligiosität, Spiritualität und Liturgie bis hin zur Lektüre der Bibel und ihre praktische Relevanz.

Wichtig war die Neubestimmung der Kirche nicht als eine zeitlose Institution, sondern als geschichtliches Phänomen, das dem Wandel der Zeiten unterworfen war. Diese Zeitlichkeit wurde oft in der Metapher vom Pilgervolk Gottes eingefangen.[15] Bei dessen Gang durch die Geschichte wurde dem Exodus, dem Aufbruch in eine neue und bessere Welt, besondere Bedeutung zugemessen.[16] Das hieß zugleich, dass Religiosität nicht mehr eine rein spirituelle Angelegenheit war, sondern unmittelbare Konsequenzen für das Verhalten in dieser Welt nach sich zog. Als einer der bezeichnenden Züge der Theologie der Befreiung gilt die Neubestimmung des Verhältnisses von religiöser Überzeugung und religiös geleiteter Praxis. Es reichte aus dieser Sicht nicht mehr hin, die Übel und Ungerechtigkeiten dieser Welt mit Blick auf die ewigen Wahrheiten und Werte geduldig zu ertragen, sondern aus dem religiösen Engagement erwuchs gleichzeitig die Verpflichtung, die bestehenden Verhältnisse gegebenenfalls kritisch in Frage zu stellen und auf ihre Veränderung hinzuwirken.

Mit dieser denunziatorischen, kritischen Rolle rückten die Kreise progressiver Theologen in die unmittelbare Nähe des Marxismus.[17] Lange Zeit in Konkurrenz hinsichtlich ihrer intellektuellen Überzeugungs- und Anziehungskraft stehend, gingen Vertreter beider ideologischer Lager in den 60er und frühen 70er Jahren aufeinander zu und verbündeten sich. In Chile entstand in jener Zeit etwa die Gruppierung „Christen für den Sozialismus", und selbst das Episkopat in diesem Land rang sich unter der Präsidentschaft Allendes zu dem Standpunkt durch, Sozialismus und Christentum seien

---

14 Die wichtigsten Vertreter der Befreiungstheologie sind aufgezählt bei M. Löwy, 32; ebd. 35 findet man auch die Grundannahmen, von welchen die Befreiungstheologen ausgehen. Vgl. auch das Resümee dieser theologischen Strömung aus der Sicht D. Levines (1979/80, 26ff.)

15 D. Levine 1979/80, 21ff.

16 M. Walzer 1998.

17 M. Dodson 1979, 206f.

prinzipiell miteinander vereinbar.[18] Dabei ist davon auszugehen, dass von progressiven Theologen mehr an marxistischem Gedankengut übernommen wurde, als umgekehrt Marxisten dazu bereit waren, sich mit der Religion anzufreunden. Vor allem in Form der damals bei der lateinamerikanischen Linken verbreiteten „Dependenztheorie" beeinflussten Marxisten stark das Denken der Befreiungstheologen. Laut der Dependenztheorie wird der soziale Klassenantagonismus innerhalb der lateinamerikanischen Gesellschaften überlagert durch die weit wichtigere Spannungsachse zwischen entwickelten Industrieländern und ausgebeuteten Entwicklungsländern. Letztere, zu denen auch die lateinamerikanischen Länder zählten, hätten nur eine Chance auf kollektive Emanzipation und Entwicklung, wenn sie sich nicht mehr in die Rolle eines Rohstofflieferanten für die entwickelten Länder fügten, sondern sich von diesen abschotteten, um ihr eigenes wirtschaftliches Wachstum voranzutreiben.[19]

Der nationalen Oberschicht und Bourgeoisie der lateinamerikanischen Länder kam aus dieser Theorieperspektive primär die Funktion eines Handlangers und „Transmissionsriemens" für die großen Konzerne als Triebkräfte des transnationalen Imperialismus zu, während die eigentlichen, weil doppelt – transnational und national – ausgebeuteten Opfer der Dependenzbeziehung die lateinamerikanischen Unterschichten waren. In der Fixierung auf Unterschichten und soziale Randgruppen sowie der Forderung nach mehr sozialer Gerechtigkeit trafen sich die traditionelle Linke und der progressive Klerus in besonders augenfälliger Weise. Während die zahlreichen linksextremistischen politischen Splittergruppen in diesen Ländern seit jeher den Klassenkampf und die Emanzipation der Arbeiterklasse auf ihre Fahnen geschrieben hatten, war die Parteinahme für die Armen und Entrechteten von Seiten der Kirche eine neue Entwicklung, die in der Arbeit von Nonnen, Ordenspriestern und Laiengruppen aller Art an der „Basis" ihren Ausdruck und Niederschlag fand. Obgleich von den „Rändern" und der unteren Ebene des kirchlichen Apparats stammend, wurde die Aufforderung, sich vermehrt für die ärmeren Bevölkerungsschichten einzusetzen, insbesondere von den jüngeren Bischöfen bereitwillig aufgegriffen. Nicht von ungefähr bekannte sich die Bischofskonferenz von Puebla, in der einige der besonders radikalen Formulierungen der vorangegangenen Konferenz von Medellin wieder abgeschwächt wurden, zur Handlungspräferenz für die Armen und deren „Befreiung".[20]

---

18   German 1999, 308.

19   Einer der klassischen und zugleich differenziertesten Texte, in denen die Dependenztheorie entwickelt wird, stammt vom ehemaligen brasilianischen Präsidenten F. H. Cardoso und E. Faletto (1971); s.a. H.-J. Puhle 1977.

20   S. Mainwaring/A. Wilde 1989, 7.

Das Brisante an dieser Art von Prioritätensetzung lag darin, dass die katholische Kirche dadurch fast zwangsläufig in ein Spannungsverhältnis zum Militär geriet, das in vielen Ländern die Macht ausübte. Die meisten Militärregime zielten nicht nur darauf ab, in ihren Ländern den „Bazillus" marxistischer Subversion ein für allemal auszurotten, sondern durch die Ausschaltung der Gewerkschaften ihre Gesellschaften auf den Pfad unbegrenzten wirtschaftlichen Wachstums zu bringen. Die aus dieser Wirtschaftspolitik resultierende Umverteilung von Einkommen und Vermögen „von unten nach oben", welche die Verarmung breiter Schichten nach sich zog, stellte die katholische Kirche in diesen Ländern vor einen ernsthaften Glaubwürdigkeitstest, was ihre jüngste Schwenkung zu vermehrtem sozialen Engagement betraf. Sollte sie die Durchsetzung eines ungebremsten kapitalistischen Wachstumsmodells stillschweigend hinnehmen oder sich zum Fürsprecher und Verteidiger der unteren Schichten, zur Stimme der „Stimmlosen" machen? Im letzteren Fall riskierte sie, von den Streitkräften und rechtsextremen Gruppierungen als Helfer und Verbündete des militanten Linksextremismus hingestellt und, zumindest in Teilen, entsprechend verfolgt zu werden.[21]

Wie im Eingangsabschnitt ausgeführt wurde, entschied sich das argentinische Episkopat für die eine, die chilenische Kirche für die andere Option. Hing das mit der unterschiedlichen Verbreitung der neuen „Theologie der Befreiung" in beiden Ländern zusammen? Auf diesen einfachen Nenner lässt sich die Differenz nicht bringen. Auch in Argentinien bildete sich bereits relativ früh ein progressiver Flügel innerhalb des Klerus heraus, der sich „Bewegung der Priester für die Dritte Welt" (Movimiento de Sacerdotes para el Tercer Mundo, kurz: MSPTM) nannte.[22] Ihm blieb es jedoch, von vereinzelten Ausnahmen abgesehen, versagt, den oberen Klerus, die „Hierarchie", für sein Reformanliegen zu gewinnen. Unsere Untersuchung spitzt sich somit auf die Frage zu, warum das argentinische Episkopat es sich leisten konnte, in traditioneller Manier am Bündnis mit dem Staat und dem politischen Establishment festzuhalten, während die chilenische Kirche dieses Bündnis zumindest zeitweise aufkündigte. Einige Autoren sehen den Erklärungsschlüssel für diese Differenz im Erstarken des Protestantismus.

3. Das Aufkommen des Protestantismus

Das Argumentationsmuster bei diesem alternativen Erklärungsversuch unterscheidet sich grundlegend von dem jener Autoren, welche die Ursachen der progressiven Schwenkung der Kirche in ihrem gewandelten Selbstver-

---

[21] Ebd., 12ff.
[22] M. Dodson 1974.

ständnis sehen. Nicht der Bewusstseinswandel der Akteure war danach entscheidend, dieser habe vielmehr seinen Ursprung in veränderten „Umwelt-
bedingungen" gehabt, mit denen sich die katholische Kirche in Lateinamerika konfrontiert sah. Lange Zeit eine Quasi-Monopolposition auf dem
„Markt spiritueller Güter" einnehmend, sei der Katholizismus im 20. Jahrhundert durch das Aufkommen und die Verbreitung alternativer Religions-
und Ideologieangebote – vor allem der Protestantismus und der Marxismus
werden hier genannt – in eine institutionelle Krise geraten. Er musste neue
Strategien entwickeln, um seine Mitgliederzahlen zu halten und seinen
Rückhalt in der breiten Bevölkerung nicht zu verlieren. Die Option für die
Armen und die Unterschichten sei als Antwort auf diese Krise und als Versuch zu verstehen, die eigene spirituelle und weltliche Machtposition angesichts neuer Herausforderungen zu behaupten.

Ein Begründungsmuster dieser Art liegt bereits dem 1989 erschienenen
Aufsatz von Kevin Neuhouser über die jüngere Entwicklung der katholischen Kirche in Brasilien zugrunde. Die brasilianische Kirche, traditionell
eine treue Verbündete zunächst der Monarchie, später der Republik, zählte
zu den ersten, die unter den 1964 an die Macht gelangten Militärs eine regimekritische Schwenkung vollzog. Diese wurde dadurch erleichtert, dass
der brasilianische Staat immer weniger dazu bereit war, die Kirche zu ali-
mentieren; entscheidend waren nach Neuhouser jedoch andere Gründe:[23]

-   die Lockerung der sozialen Kontrolle, die von Großgrundbesitzern
    im engen Verbund mit der Kirche über die Landbevölkerung ausge-
    übt worden war, durch die intensiv einsetzenden Land-Stadt-
    wanderungen;
-   der Verlust der früheren Schlüsselbedeutung der Kirche im Erzie-
    hungswesen, vor allem den für die Ausbildung der Mittel- und Ober-
    schichtkinder maßgeblichen höheren Schulen;
-   das Erstarken alternativer religiöser und ideologischer Deutungsan-
    gebote: von Naturreligionen und spiritistischen Kulten, des Protes-
    tantismus (vor allem der Pfingstkirchen) und des Marxismus.

Zwar war die Zahl der Katholiken, die sich als solche bezeichneten, nur
geringfügig zurückgegangen: von 98,9% der Bevölkerung im Jahr 1890 auf
93,5% sechzig Jahre danach. Doch der Anteil praktizierender Katholiken
war deutlich geschrumpft: von 80% im Jahr 1900 auf 62% im Jahr 1970.
Bezeichnenderweise machten vor allem die Priester im verarmenden Nord-
osten des Landes, die besonders drastisch mit der Entkirchlichung der Bevölkerung konfrontiert waren, auf die alarmierende Situation aufmerksam.

---

23   K. Neuhouser 1989, 236. Generell zur „progressiven" Kirche in Brasilien vgl. S. Main-
     waring/A. Wilde 1989, Teil II.

Der seelsorgerische Notstand, der für weite Teile des brasilianischen Hinterlandes kennzeichnend war, wurde noch zusätzlich durch den Umstand verschärft, dass immer weniger junge Leute sich für den Priesterberuf entschieden. 1950 entfiel auf 6.900 Personen in Brasilien ein Priester.[24]

Angesichts dieser schwierigen Lage ergriff das brasilianische Episkopat zwei Initiativen. Zum einen wurde die nationale Bischofskonferenz als Einrichtung geschaffen, welche die Bischöfe regelmäßig zusammenführte, so dass sie sich über ihre Probleme austauschen und über Lösungsvorschläge gemeinsam Gedanken machen konnten. Die Bischofskonferenz entwickelte sich zu einem wichtigen Diskussionsforum und Beschlussgremium, in dem sich ein neues Selbstverständnis der Kirche herausbildete und sie ihre Rolle als Fürsprecherin der Armen einübte. Die zweite Initiative bestand in der Gründung unzähliger CEBs, die eine laienintensive Belebung des Katholizismus „von unten" darstellten, eine neue Form der Religiosität, in der Bibelarbeit und das Angehen sozialer Probleme nahtlos miteinander verschmolzen.

Auch die brasilianische Bischofskonferenz befürwortete zunächst den Militärputsch von 1964, nahm aber allmählich eine immer kritischere Haltung gegenüber der Militärregierung ein. Ungeachtet innerer Meinungsverschiedenheiten wurde sie zu einer Instanz, die kontinuierlich die Anliegen und Interessen der marginalisierten Bevölkerungsgruppen gegenüber dem Regime vertrat und nicht müde wurde, die im Land bestehende, besonders krasse soziale Ungleichheit anzuprangern und auf die Verletzung der Grund- und Menschenrechte hinzuweisen. Besonders vehement setzte sich die katholische Kirche zur Wehr, wenn der staatliche Repressionsapparat sich an Priestern, Bischöfen oder Mitgliedern katholischer Laienorganisationen vergriff. Diese Einnahme einer kritischen Position war freilich nur möglich, weil die Kirche reichlich finanzielle Zuwendungen aus Westeuropa erhielt, die sie von lokalen oder nationalen Finanzierungsquellen weitgehend unabhängig machte.[25]

Eine systematische Ausgestaltung erfuhr das Konkurrenzmodell als Schlüssel für die unterschiedliche Reaktion der Episkopate auf die Militärregierung in verschiedenen Ländern durch Anthony Gill. Gill erstellte einen komparativen Index, in dem er die Relevanz von vier Variablen für die proautoritäre bzw. antiautoritäre Haltung der lateinamerikanischen Kirche in zwölf Ländern überprüfte. Als Variablen erfasste er: die Konkurrenz zu anderen Kirchen; das Ausmaß der Armut; das Ausmaß der Repression; die Reformaufgeschlossenheit des jeweiligen nationalen Episkopats. Als Ergeb-

---

24 K. Neuhouser 1989, 237.
25 Ebd., 238.

nis seiner Untersuchung ist festzuhalten, dass das größte Gewicht für die Einnahme einer Oppositionshaltung der Kirche gegenüber autoritären Regimen der religiösen Konkurrenzsituation zukam, vor allem dem Erstarken des Protestantismus.[26] Armut und die Repressivität eines Regimes konnten hingegen, als isolierte Variablen betrachtet, wenig erklären. Die im Wesentlichen den Wirtschaftswissenschaften entlehnte Deutung dieses Sachverhaltes durch Gill lautet folgendermaßen:

Über Jahrhunderte hinweg hatte die katholische Kirche hinsichtlich der Versorgung der Bevölkerung mit „geistlichen Gütern" in Lateinamerika eine Monopolstellung inne. Dies sowie die Tatsache, dass die Kirche vom Staat unterhalten wurde, führte zu einem stabilen Bündnis zwischen der kirchlichen Hierarchie und den herrschenden Eliten. Zu den Eigentümlichkeiten des „religiösen Marktes" zählt seine Offenheit. Mit dem Eindringen anderer religiöser Strömungen, vor allem der Pfingstkirchen, auf dem Subkontinent hätte das Bündnis nur fortbestehen können, wenn der lateinamerikanische Staat die ihm zur Verfügung stehenden Regulierungs- und Repressionsmittel eingesetzt hätte, um im Interesse der katholischen Kirche konkurrierende religiöse Strömungen vom „nationalen Markt" fernzuhalten. Das geschah zwar teilweise, vor allem dort, wo die Kirche besonders mächtig war; insgesamt zeigte der Staat aber wenig Interesse an einer Unterdrückung und Eliminierung alternativer Religionen, da diese keine unmittelbare Bedrohung für ihn darstellten, protestantische Kirchen und Sekten im Gegenteil als prinzipiell staatstreu gelten. Deshalb sah sich die katholische Kirche, wollte sie ihren Einfluss nicht einbüßen, auf den alternativen Weg vermehrter Missionierungsanstrengungen und Evangelisierungskampagnen bei den breiten Bevölkerungsschichten angewiesen.[27] Dabei übernahm sie teilweise die Erfahrungen und Modelle ihres Konkurrenten, der Pfingstkirchen, indem sie auf starke Laienbeteiligung und solidarische Basisgemeinschaften als Grundstock ihrer Reformen setzte.[28] Die Hinwendung zu den Unterschichten und sein vermehrtes soziales Engagement brachten den Klerus in Konflikt zum Staat und den politischen Eliten, vor allem in all jenen Fällen, in denen letztere (wie im Falle der Militärdiktaturen) auf ein möglichst ungebremstes wirtschaftliches Wachstum unter kapitalistischem Vorzeichen gesetzt hatten.

Gill exemplifiziert seine allgemeinen Überlegungen an den beiden Kontrastfällen Chile und Argentinien. In Chile wird die baldige Distanz, die das Episkopat gegenüber dem Pinochet-Regime einnahm, mit dem frühen Aufkommen (ab den 30er Jahren) alternativer religiöser Strömungen, vor allem

---

26 A. Gill 1998, 104ff.
27 Ebd., 72ff.; s.a. A. Gill 2003, 479-483.
28 A. Gill 1998, 101.

der protestantischen Pfingstkirchen erklärt, welches die Kirche zu einer Vorwärtsverteidigung in Form einer intensiven Beschäftigung mit und Parteinahme für die ärmeren Bevölkerungsschichten gezwungen habe. Dagegen spielte der Protestantismus als missionierende Kraft – zu unterscheiden von den europäischen Einwanderergruppen protestantischer Provenienz – in Argentinien bis in die 80er Jahre des vergangenen Jahrhunderts hinein nur eine verschwindend geringe Rolle. Das habe es der katholischen Kirche erlaubt, mit ihrem traditionellen, staats- und elitenfreundlichen Kurs selbst unter dem Militärregime fortzufahren.[29]

4. Autoritarismus und Repression, oder: Die politische Kultur als Erklärungsfaktor

Zweifellos hat Gill auf eine wichtige strukturelle Variable hingewiesen, die den unterschiedlichen Kurs der Kirchen gegenüber den Militärregimen in den beiden Nachbarländern Argentinien und Chile beeinflusst hat. Die Frage ist jedoch, ob sie diese Differenz allein zu erklären vermag. Hier wird vorgeschlagen, als weiteren Erklärungsfaktor die politische Kultur beider Staaten zu berücksichtigen, die auch die Einstellung und das Verhalten des jeweiligen Klerus mit einfärbte. Sie lässt sich gut über dessen Haltung gegenüber Repression und Autoritarismus erschließen, wie sie in extremer Form durch die Militärregime verkörpert wurde. Zunächst bedarf es jedoch zweier allgemeiner Vorbemerkungen.

Zum Ersten ist festzustellen, dass das Episkopat in keinem lateinamerikanischen Land rasch und spontan gegen die Machtergreifung durch das Militär protestierte. Hier wirkte noch die Jahrhunderte alte Tradition der Allianz von „Kreuz und Schwert" (Cruz y Espada) nach; dazu war auch die Demokratie in diesen Ländern generell noch zu jung und zu wenig gefestigt, ganz abgesehen davon, dass es zu den Grundmaximen der katholischen Kirche gehört, sich nicht unmittelbar in politische Angelegenheiten einzumischen. Außerdem stellten die Putsche nicht nur in den Augen des Klerus, sondern auch eines Großteils der jeweiligen Bevölkerung keineswegs Willkürakte militärischer Herrschaftsusurpation dar, sondern wurden als Reaktion auf das sich ausbreitende politische Chaos betrachtet und deshalb mit einer gewissen Erleichterung aufgenommen. Erst als das Ausmaß des von den Streitkräften initiierten Gewalt- und Unterdrückungsfeldzugs deutlich wurde und sich zudem herausstellte, dass diese die politische Macht nicht nur vorübergehend, sondern für einen längeren Zeitraum beanspruchten, machte sich allgemein, so auch in der Kirche, oft Ernüchterung breit und setzte eine Distanzierung von dem Militärregime ein.

---

[29] Ebd., 120-170.

Was nun die von den Militärs betriebene Repressionskampagne betrifft, so ist zweitens anzumerken, dass zwar Geistliche und kirchliche Laienaktivisten, sofern sie sich als „links" stehend verdächtig gemacht hatten, nicht geschont wurden, insgesamt betrachtet jedoch weit weniger intensiv und systematisch verfolgt wurden als Gewerkschaftler, angeblich Subversive oder zum linken Lager zählende Intellektuelle. Allein die Tatsache, dass sich die Militärs bei ihrem „Kampf" gegen Marxismus und Atheismus auf die Verteidigung christlicher Werte beriefen, setzte ihrem Vorgehen gegen die Kirche Grenzen. Diese entwickelte sich häufig zu einem Schonraum eigener Art, der zum Sammelbecken von Oppositionellen aus den unterschiedlichsten Lagern wurde.[30] Daraus resultierten natürlich Spannungen in der Beziehung zum autoritären Regime, einzelne kirchliche Einrichtungen waren Schikanen ausgesetzt, Priester sahen sich bespitzelt und kontrolliert, doch in keinem Lande wagten es die militärischen Machthaber, das Episkopat offen anzugreifen.

Der den Kirchen zugestandene Freiraum wurde unterschiedlich genutzt. Im Falle Chiles wurden, wie eingangs dargestellt, kirchliche Institutionen und Gremien zur Anlaufstelle für Entrechtete und in Not Geratene, die dort auf Rat und Beistand rechnen konnten. Dagegen kam in Argentinien die Hilfestellung für Verfolgte und Unterdrückte nicht über die verdeckte Nachfrage des einen oder anderen Bischofs nach dem Los einzelner „Verschwundener" hinaus, während die Kirche insgesamt in Form der Militärseelsorge für die Gewaltschergen des Regimes dessen brutalem Wüten eine zusätzliche sakrale Weihe verlieh. Die Ursachen dieser kontrastiven Verhaltensweisen in einer ähnlichen Situation dürften nicht zuletzt in der unterschiedlichen politischen Kultur beider Länder zu suchen sein.

Chile konnte, als die Militärjunta unter Pinochets Führung 1973 die Macht ergriff, auf mehrere Jahrzehnte ununterbrochener rechtsstaatlich-demokratischer Regierung zurückblicken.[31] Die Kirche und die Katholiken hatten ihren Anteil an dieser Entwicklung. Schon früh in den 30er Jahren war die Acción Católica Chilena entstanden, eine Laienorganisation, die durch Missionierungsarbeit und Werbung bei den Unterschichten, auch den Gewerkschaften, diese gegen die stark aufkommenden Strömungen des Sozialismus und Marxismus zu immunisieren versuchte. Außerdem gab es in

---

[30] Vgl. A. Gill 1998, 145. Auf diese Funktion der Kirche wird zwar gelegentlich hingewiesen, doch wurde sie selten genauer analysiert, wie dies durch den Verf. in Bezug auf die baskische Kirche unter der Franco-Diktatur geschehen ist. P. Waldmann 1981, 45-68, 52ff.

[31] Zum folgenden vgl. neben den Ausführungen A. Gills und C. Germans B. H. Smith in: D. Levine 1979/80, 155-195; M. Fleet und B. H. Smith 1997; M. Fleet 1995; und M. Fernández-Baeza/D. Nohlen 1992.

Form der in den 50er Jahren gegründeten Christdemokratischen Partei, die bald zur dominierenden Parteiorganisation innerhalb des breiten chilenischen Parteienspektrums werden sollte, eine politische Kraft, durch welche der Katholizismus unmittelbar im politischen System des Landes präsent war. Die politische Intervention der Streitkräfte, wenngleich anfangs wegen der unübersichtlich und bedrohlich wirkenden Lage unter Allende gutgeheißen, wurde von kirchlichen Kreisen und ihrem Umfeld als Ausnahme und Übergangsmaßnahme betrachtet. Man hegte die Erwartung, die Streitkräfte würden, nachdem die Bürgerkriegsgefahr beseitigt und die Ordnung wiederhergestellt war, die Macht wieder auf die von der Verfassung vorgesehenen politischen Organe übertragen und sich in die Kasernen zurückziehen.

Als sich dies als Irrtum herausstellte, ging das chilenische Episkopat auf Distanz zum Regime. Fortan zählten neben der Kritik am monetaristischen Wirtschaftsmodell die Anmahnung rechtsstaatlicher Zustände und einer baldigen Rückkehr zur Demokratie zu den Konstanten im Forderungskatalog der Bischöfe gegenüber der Militärjunta. Sie ließen es auch nicht bei der bloßen Anprangerung von Menschenrechtsverletzungen bewenden, sondern dokumentierten diese aufs Sorgfältigste und sorgten mit der internationalen Verbreitung dieser Dokumentation dafür, dass das Regime in die Schlagzeilen der internationalen Presse geriet und zunehmend Druck von außen auf es ausgeübt wurde. Auch Beschwerden über die Zensur der Medien und die auf diese Weise eingeschränkte Informations- und Meinungsfreiheit des Bürgers, später auch über den fehlenden Pluralismus und die reduzierten politischen Optionsmöglichkeiten zählten zu den stets wiederkehrenden Vorhaltungen der Kirche gegenüber dem Militär. Nach 1980, als im Zuge der Wirtschaftskrise der politische Protestpegel jäh in die Höhe schnellte und die Opposition sich neu zu formieren begann, bot sich die Kirche als Vermittlungsinstanz an, die den Dialog zwischen beiden Seiten vorbereitete und damit einen wichtigen Beitrag zu einem friedlichen Übergang zur Demokratie leistete.

Eine vergleichbar konstruktive Rolle bei Demokratisierungsprozessen hat die katholische Kirche in Argentinien nie übernommen.[32] Auch hier entstand in den 50er Jahren eine christdemokratische Partei, sie kam jedoch nicht über den Rang einer politischen Splittergruppierung hinaus. Die katholische Kirche insgesamt konnte sich nie für die Demokratie und politischen Pluralismus erwärmen, hingegen begegnet man ihr regelmäßig auf der Seite des Militärs, das in der jüngeren argentinischen Geschichte ungleich öfter in das politische Geschehen eingriff als in Chile. Für diese einseitige

---

[32] Die folgenden Ausführungen stützen sich großenteils auf die exzellente Analyse von Jose María Ghio (2007). Neben der sonst in Anm. 8 zitierten Literatur vgl. zum argentinischen Fall sowie zum Peronismus auch P. Waldmann 1974 sowie M. A. Burdick 1995.

Parteinahme gibt es Gründe; sie hängen mit zwei Schlüsselphasen in der argentinischen Geschichte der letzten 120 Jahre zusammen: mit dem Liberalismus und Positivismus der sogenannten 80er-Generation des 19. Jahrhunderts und mit dem Peronismus (1943-1955).

Die sogenannte 80er-Generation des späten 19. Jahrhunderts, die dank der Erschließung der Pampa und dem Aufbau eines wirtschaftlichen Komplementärverhältnisses zu Europa Argentinien innerhalb weniger Jahrzehnte zum reichsten Land Südamerikas machte, setzte zugleich dem Machtanspruch der Kirche deutliche Grenzen. Sie führte, teilweise gegen den erbitterten Widerstand des Episkopats, das obligatorische Zivilregister ein, setzte die Ziviltrauung durch und erließ ein Gesetz, das die allgemeine Schulpflicht einführte und den Staat verpflichtete, kostenlosen Unterricht an öffentlichen Schulen anzubieten. Diese Einflusseinbuße hat ein Teil des hohen argentinischen Klerus, der insoweit durchaus mit einem Segment der konservativen traditionellen Oberschicht des Landes konform geht, nie verwunden. Unter Berufung auf ultrakonservative europäische Denker des 19. Jahrhunderts (u.a. Donoso Cortés und Joseph de Maistre) träumt er von einer Rekatholisierung der argentinischen Gesellschaft „von oben".[33] Dies war der Hauptgrund, warum das argentinische Episkopat und ihm nahestehende rechtskatholische Kreise regelmäßig militärische Putsche unterstützten, die, von katholischen Generälen angeführt, eine „nationale katholische Wertordnung" wiederherzustellen versprachen (1930: José Uriburu; 1966: Juan Carlos Ongania; 1976: Jorge R. Videla).

Einer dieser Putsche, jener von 1943, brachte nach einer kurzen Interimsphase Juan Domingo Peron an die Macht. Zwischen Peron und der Kirche kam es alsbald zu einer engen Zusammenarbeit und Allianz. Nicht allein, dass Peron sich ausdrücklich auf kirchliche Lehren berief und christliche Leitwerte zu eigen machte, dass er die Kirche wieder in ihre alten Rechte (u.a. durch den religiösen Pflichtunterricht) einsetzte und Geistliche in politische Schlüsselpositionen berief. Darüber hinaus kam die Peron modellhaft vorschwebende korporativistische Staatskonzeption den Vorstellungen kirchlicher Machtträger sehr nahe. Vor allem aber ersparte er es der Kirche, Anstrengungen zu unternehmen, um das Abdriften der städtischen Unterschichten hin zum Sozialismus oder Kommunismus zu verhindern. Denn das besorgte Peron selbst durch seine populistischen Maßnahmen der Einkommensumverteilung „nach unten", welche die Arbeiter und Gewerkschaften fest an den Staat banden.[34] Über die populistischen Kanäle des Peronismus verschaffte sich die katholische Kirche die Möglichkeit, mit

---

[33] A. Spektorowski 2008.
[34] P. Waldmann 1974, 113ff., 178ff.

ihren Glaubensbotschaften die unteren Bevölkerungsschichten zu erreichen, ohne dass es hierzu einer kirchlichen Eigeninitiative bedurft hätte. Der vorzeitige Sturz Perons trug zur zusätzlichen Legitimierung und Mythologisierung seiner Bewegung bei und festigte (abgesehen von einer kurzen Zwischenphase) das Bündnis zwischen seiner Bewegung und der Kirche.

Wie José M. Ghio hervorhebt, bewirkte der Peronismus aus einer längerfristigen Perspektive betrachtet, dass sich das argentinische Episkopat nie ernsthaft mit der demokratisch-liberalen politischen Ordnung auseinandersetzte, geschweige denn auf diese einließ. Stattdessen ging es direkt von einer rechtskonservativen, „ultramontanen" Position zu einer pseudorevolutionären populistischen Haltung über bzw. schwenkte und sprang zwischen beiden Einstellungen hin und her.[35]

Ergänzend sei angemerkt, dass die Kirchen Chiles und Argentiniens auch hinsichtlich ihrer materiellen Absicherung unter der Militärdiktatur unterschiedliche Wege gingen. Während das chilenische Episkopat, es wurde bereits angedeutet, sich seine regimekritische Haltung dank seiner weitgehenden Unabhängigkeit vom Staat und großzügiger Zuwendungen aus dem Ausland leisten konnte, wurde der argentinische Klerus für seine Regimetreue fürstlich belohnt.[36] Die Bischöfe erhielten vom Staat stattliche Gehälter und genossen besondere Privilegien. Wer sich für das Amt des Militärseelsorgers zur Verfügung stellte, konnte sogar damit rechnen, ein doppeltes Gehalt, vom Staat und von der Kirche, zu beziehen.

5. Resümee

Es gibt nicht nur eine Ursache für die unterschiedliche Haltung, die das chilenische und das argentinische Episkopat gegenüber den jeweiligen Militärregimen einnahm, sondern ein ganzes Faktorenbündel, das diese Haltung erklärt. Ohne das gewandelte Selbstverständnis der katholischen Kirche, ihr neues, theologisch untermauertes Engagement für die Armen und mehr soziale Gerechtigkeit hätte sich der chilenische wie auch der Klerus zahlreicher anderer lateinamerikanischer Länder schwerlich auf die Seite der unter den Militärdiktaturen Entrechteten und Unterdrückten gestellt. Doch das war keine rein ideelle Entscheidung; sie wurde vor dem Hintergrund getroffen, dass in einigen Ländern eine Schwächung der Stellung des Katholizismus durch den rasch sich ausbreitenden Protestantismus, vor allem die Pfingstkirchen, zu befürchten war, falls die katholische Kirche nicht vermehrte seelsorgerische Anstrengungen unternahm, um die breiten Bevölkerungsschichten für sich zu gewinnen. Doch auch diese Variable hat ihre

---

[35] J. M. Ghio 2007, 126, 153f., 180, 190.
[36] A. Gill 1998, 165.

Erklärungsgrenzen. Denn unabhängig von der jeweiligen Stärke des Protestantismus und anderer zum Katholizismus in Konkurrenz stehender geistiggeistlicher Strömungen setzte sich die neue „progressive" Theologie nicht überall in gleichem Maße durch. Junge Priester und der niedere Klerus waren dafür im Allgemeinen aufgeschlossener als die ältere Generation und die höheren Ränge der Hierarchie, die für den von der Kirche in einem Land eingeschlagenen Kurs letztlich verantwortlich waren. Inwieweit sich nun die tendenziell konservativen Bischöfe zu einer Oppositionshaltung gegenüber dem jeweiligen Militärregime entschlossen, dieses stillschweigend gewähren ließen oder ihm sogar Legitimierungshilfe leisteten, hing, wie die vergleichende Analyse der beiden Fälle Chile und Argentinien gezeigt hat, nicht zuletzt von der politischen Kultur eines Landes ab, deren Einfluss sich auch die Kirche nicht ganz entziehen konnte. In Chile hatte eine der liberalen rechtsstaatlichen Demokratie verpflichtete politische Einstellung so stark Fuß gefasst, dass die an sich politisch neutrale Kirche sich zu ihrem Anwalt machte und gegenüber dem Pinochet-Regime – je länger dieses sich an der Macht hielt, desto nachdrücklicher – entsprechende Forderungen stellte. Dagegen sah das zwischen einer ultrakonservativen Haltung und linkspopulistischen Leitvorstellungen hin und her pendelnde argentinische Episkopat keinen Anlass, am Militärregime Kritik zu üben und die baldige Rückkehr zu rechtsstaatlichen, demokratischen Verhältnissen anzumahnen.

Bibliographie

Burdick, Michael A.: For God and the Fatherland. Religion and Politics in Argentina, New York: State University of New York Press 1995.

Cardoso, Fernando Enrique / Faletto, Enzo: Dependencia y desarrollo en América Latina, 2. Aufl., Mexico 1971.

Dodson, Michael: The Christian Left in Latin American Politics, in: Daniel Levine (Hg.): Churches and Politics in Latin America, Beverly Hills/London: Sage Publications, 1979/80, 111-134.

Dodson, Michael: Priests and Peronism. Radical Clergy and Argentine Politics, in: Latin American Perspectives, Vol. 1 (1974), No. 3, 58-72.

Fernández-Baeza, Mario / Nohlen, Dieter: Chile, in: Peter Waldmann / Heinrich Krumwiede (Hg.): Politisches Lexikon Lateinamerika, 3. Aufl., München: C.H. Beck 1992, 74-87.

Fleet, Michael: The Chilean Church and the Transition to Democracy, in: Satya R. Pattnayak (Hg.): Organized Religion in the Political Transformation of Latin America, Lanham/New York/London 1995, 65-96.

Fleet, Michael / Smith, Brian H.: The Catholic Church and Democracy in Chile and Peru, Notre Dame (Indiana): University of Notre Dame Press 1997.

German, Christiano: Politik und Kirche in Lateinamerika. Zur Rolle der Bischofs-konferenzen im Demokratisierungsprozeß Brasiliens und Chiles, Frankfurt am Main: Vervuert 1999.

Ghio, José Maria: La iglesia católica en la politica Argentina, Buenos Aires: prometeo 2007.

Gilfeather, Katherine Anne: Women Religions, the Poor, and the Institutional Church in Chile, in: Daniel Levine (Hg.): Churches and Politics in Latin America, Beverly Hills/London: Sage Publications 1979/80, 198-224.

Gill, Anthony: Religiöse Dynamik und Demokratie in Lateinamerika, in: Michael Minkenberg / Ulrich Willems (Hg.): Politik und Religion, Wiesbaden 2003, 478-493.

Gill, Anthony: Rendering Unto Cesar. The Catholic Church and the State in Latin America, Chicago and London, Chicago: University of Chicago Press 1998.

Klimmeck, Barbara: Katholizismus, Gewalt und Militärdiktatur in Argentinien, in: Bernd Oberdorfer / Peter Waldmann (Hg.): Die Ambivalenz des Religiösen. Religionen als Friedensstifter und Gewalterzeuger, Freiburg: Rombach 2008, 219-245.

Levine, Daniel H. (Hg.): Churches and Politics in Latin America, Beverly Hills/London: Sage Publications 1979/80.

Levine, Daniel H. (Hg.): Religion and Political Conflict in Latin America, Chapel Hill/London: University of North Carolina Press 1986.

Löwy, Michael: The War of Gods. Religion and Politics in Latin America, London/New York: Verso 1996.

Mainwaring, Scott / Wilde, Alexander (Hg.): The Progressive Church in Latin America, Notre Dame (Indiana): University of Notre Dame Press 1989.

Mignone, Emilio F.: Witness to Truth. Complicity of Church and Dictatorship in Argentina 1976-83, Maryknoll/New York: Orbis Books 1986.

Neuhouser, Kevin: The Radicalization of the Brazilian Catholic Church in Comparative Perspective, in: American Sociological Review, Vol. 54 (1989), 233-244.

Przeworski, Adam und Teune, Henry: The Logic of Comparative Social Inquiry, New York 1970.

Puhle, Hans-Jürgen: Lateinamerika. Historische Realität und Dependencia-Theorien, Hamburg: Hoffmann und Campe 1977.

Smith, Brian H.: Churches and Human Rights in Latin America. Recent Trends on the Subcontinent, in: Daniel Levine (Hg.): Churches and Politics in Latin America, Beverly Hills/London: Sage Publications, 1979/80, 155-194.

Spektorowski, Alberto: Joseph de Maistre, Donoso Cortes and Argentina's Catholic Right: The Integralist Rebellion Against Modernity, in: Totalitarian Movements and Political Religions, Vol. 9 (2008), 455-474.

Waldmann, Peter: Mitgliederstruktur, Sozialisationsmedien und gesellschaftlicher Rückhalt der baskischen ETA, in: Politische Vierteljahresschrift, 22. Jg. (1981), 45-68.

Waldmann, Peter: Der Peronismus 1943-1955, Hamburg: Hoffmann & Campe 1974.

Waldmann, Peter: Ursachen der Guerilla in Argentinien, in: Jahrbuch für Geschichte von Staat, Wirtschaft und Gesellschaft Lateinamerikas, Bd. 15 (1978), 295-348.

Walzer, Michael: Exodus und Revolution, Frankfurt: Fischer 1998.

Entwurf eines typologischen Schemas zum Verhältnis von Macht und Religion

Peter Waldmann

Wie B. Oberdorfer in seinem Beitrag betont, ist für Religionen generell eine Dialektik von Weltdistanz und Weltorientierung bezeichnend. Einerseits Sachverwalter der Beziehungen zu Gott und dem Jenseits, erheben sie gleichzeitig den Anspruch auf normative Mitgestaltung der Ordnung dieser Welt. Ihr diesseitsbezogenes Engagement hängt eng mit dem Umstand zusammen, dass die Mitglieder und Anhänger von Religionen, die Gläubigen, keine abstrakte Kategorie sind, sondern konkrete Gemeinschaften bilden, die des Schutzes, der Fürsorge und der Regelung ihres Alltags bedürfen. Das gilt vor allem für die abrahamitischen Religionen, welche die Erlangung des ewigen Heils, das allen Gläubigen verheißen ist, an eine bestimmte Lebensführung binden (H. Kippenberg). Durch diese kollektive Verheißung gewinnt die Gesamtheit der sich zu einer Religion Bekennenden bereits als irdische Gemeinschaft eine quasi sakrale Qualität, was u.a. darin zum Ausdruck kommt, dass sie eine besondere Brüderlichkeitsethik entwickeln und sich als „das Volk Gottes" bezeichnen. Mit der Qualifizierung als „Volk Gottes" eröffnet sich zugleich die Möglichkeit, dass die Loyalität der Gläubigen gegenüber ihrer Glaubensgemeinschaft und jene gegenüber den weltlichen Ordnungen und Mächten auseinander treten.

Dieses Auseinandertreten, in früheren Zeiten eher die Ausnahme, ist im Zuge der Säkularisierung und Ausdifferenzierung moderner Gesellschaften zur allgemeinen Regel geworden. Es bildet den Ausgangspunkt und das Thema des vorliegenden Bandes in einem. Damit ist noch nichts darüber ausgesagt, ob die Religionen die Gewinner oder die Verlierer dieser Entwicklung sind. Es steht ihnen ja frei, durch ein Bündnis mit den weltlichen Machthabern, wie dies etwa die katholischen Bischöfe unter der letzten argentinischen Militärregierung (1976-1983) versucht haben, die Trennung zwischen politischer und religiöser Macht wieder rückgängig zu machen und beide miteinander zu verschmelzen.

Bei näherer Betrachtung zeigt sich allerdings, dass es ein Trugschluss wäre zu glauben, das Rad der Geschichte ließe sich beliebig wieder zurück drehen. Mit der Ausdifferenzierung der Bereiche, der Separation von Religion und Politik, haben die Beziehungen zwischen religiösen Funktionsträgern und irdischen Machthabern ihre Unschuld verloren: Es liegt nicht nur der Verdacht, sondern die reale Gefahr nahe, dass der Glauben durch die Nähe zur Herrschaft kontaminiert wird. Diese tendenzielle Asymmetrie, dass nämlich Religionen besonders wirkungsmächtig sind, wenn sie ihre Botschaften und Gebote unabhängig von oder sogar in Konflikt mit den politischen Herrschaftsmächten verkünden, ist eine der tentativen Schlussfolgerungen, die sich aus dem nachfolgend vorgestellten Schema ergeben.

Es werden fünf Hauptformen der Beziehung zwischen weltlicher Herrschaft und religiösen Gemeinschafen unterschieden, angefangen von der gänzlichen Machtlosigkeit der Religionen und ihrer Führer bis hin zu deren politischem Machtmonopol. Der Vorstellung und kurzen Charakterisierung der Formen, die größtenteils mit Beispielen aus dem Sammelband belegt werden, folgt eine skizzenhafte Darstellung ihrer strukturellen Implikationen und Folgen. Es versteht sich von selbst, dass das Schema wie auch die angeführten Beispiele keinen Anspruch auf Vollständigkeit erheben, sondern primär als ein Versuch zu verstehen sind, die Vielfalt der denkbaren Machtbeziehungen typologisch zu gliedern und zu ordnen.

Typologisches Schema zum Verhältnis zwischen religiösen Gemeinschaften und weltlicher Herrschaft

Relation	Absolute Machtlosigkeit	Unterlegenheit	Einflussnahme	Machtteilhabe	Machtmonopol
Explikation	Unterwerfung, Unterdrückung, Entrechtlichung einer Religionsgemeinschaft durch weltliche Herrscher	Religionsgemeinschaft stellt Minderheit gegenüber herrschender Mehrheit dar, befindet sich in der Opposition, im Widerstand, ohne dass ihr Existenzrecht prinzipiell in Frage gestellt wird	Formen informeller und indirekter politischer Einflussnahme mittels spezifisch religiöser Fähigkeiten und Funktionen	formalisierte, d.h. offiziell sanktionierte Form der Partizipation an der Macht durch Parteien oder anerkannte Führer religiöser Minderheiten	Theokratie; die herrschenden Geistlichen dulden keine von ihren religiösen Prämissen abweichende politische Konkurrenz

Beispiele	Jüdisches Volk im babylonischen Exil	die kath. Kirche in Polen unter dem kommunistischen Regime	Beichtväter in der Frühen Neuzeit	Ultraorthodoxe jüdische Parteien in Israel	die islamische Republik Iran
	das Christentum in seinen Anfängen im Römischen Reich	die chilenische katholische Kirche unter dem Militärregime Pinochets	der baptistische Massenprediger und Präsidentenberater Bill Graham in den USA	die Maroniten im Libanon die Bischöfe im späten römischen Reich	Calvins sittenstrenges Regime in Genf nach seiner Rückberufung 1541
	die russisch-orthodoxe Kirche unter Stalin Katharer und Albigenser im Mittelalter	die prot. und die kath. Kirche in der DDR die Katholiken in Nordirland (bis vor Kurzem)	Fatwas im Islam ursprüngliche Legitimierung der Apartheid durch prot. Kirchen in Südafrika	die katholische Zentrumspartei in der Weimarer Republik	Cromwells puritanisches Regime als „Lord Protector" im England des 17. Jahrhunderts

Der erste Idealtypus gänzlicher Machtlosigkeit einer Religionsgemeinschaft gegenüber einem Herrschaftssystem, von dem ihr die Existenzberechtigung abgesprochen wird, ist zugleich ein Extremfall des Auseinanderfallens von geistlicher und weltlicher Autorität. Die Gläubigen wie die Gemeinschaft insgesamt werden durch diesen Loyalitätskonflikt vor schwerwiegende Entscheidungen gestellt: Sollen sie sich dem von der weltlichen Macht ausgeübten Druck beugen und ihrem Glauben entsagen (oder zumindest zum Schein auf ihn verzichten), eine Art Rückzug praktizieren, um ihren kultischen Verpflichtungen im Verborgenen oder weitab von den jeweiligen Zivilisations- und Herrschaftszentren nachzukommen, oder sollen sie sich im Namen ihrer religiösen Überzeugungen gegen den oder die Herrscher auflehnen? In jüngerer Zeit waren es vorwiegend totalitäre Regime, die im Zeichen einer als absolut gesetzten Ideologie ihren Bürgern einen Religionsverzicht abverlangten. Doch konnte es, wie die Beispiele aus dem Schema belegen, in früheren Zeiten schon ausreichen, vom religiösen Mainstream oder der offiziellen Staatsreligion abzuweichen, um in eine Außenseiterrolle abgedrängt zu werden und Gefahr zu laufen, als religiöse Gemeinschaft verfolgt und ausgerottet zu werden (vgl. den Beitrag von P. Gemeinhardt).

Wenngleich meist nur eine Minderheit der Gläubigen dazu bereit ist, sich unter extrem repressiven Bedingungen zu ihrem Glauben zu bekennen, geht von diesen Wenigen meistens eine ebenso starke wie nachhaltige Wirkung aus. Das hängt zum ersten damit zusammen, dass sie ihren Mut und ihre Risikobereitschaft oft teuer bezahlen müssen, weil das herausgeforderte Regime an ihnen ein Exempel statuiert, ihr Festhalten am Glauben mit harten Sanktionen bis hin zur Todesstrafe belegt. Märtyrern kommt aber für den Fortbestand noch nicht gefestigter Religionsgemeinschaften große Bedeutung zu. Ihr Beispiel wird nicht vergessen, sondern als vorbildliches, zur Nachahmung anspornendes Verhalten im kollektiven Gedächtnis der Gemeinschaft gespeichert. Ein zweiter Grund für die von Situationen extremer Unterdrückung und Entrechtung ausgehende religiöse Impulswirkung liegt darin, dass sie häufig tiefgreifende Erneuerungsbewegungen auslösen. Hierfür steht exemplarisch das Judentum, für das die „babylonische Gefangenschaft" eine Periode intensiver kollektiver Heilsvergewisserung und religiösen Aufbruchs war (vgl. den Beitrag von E. Otto). Aus der Schmach und Erniedrigung, welche die religiöse Gemeinschaft erdulden muss, erwächst Sehern und Propheten die Chance, das über die Gläubigen hereingebrochene Unheil religiös zu deuten und zugleich durch die Aufforderungen zur Besinnung und Umorientierung einen Ausweg aus der verzweifelten Lage aufzuzeigen. Dies ist nicht selten die Geburtsstunde eschatologischer Heilsentwürfe, die eine Umkehrung der bestehenden Machtverhältnisse, mit den gedemütigten Gläubigen als Sieger über ihre gegenwärtigen Unterdrücker, vorsehen.

Ist die absolute Entrechtung und Unterdrückung einer Religionsgemeinschaft heute zu einem Ausnahmephänomen geworden, für das man die Beispiele vorwiegend in der Geschichte suchen muss, so bildet deren relative Benachteiligung und Diskriminierung einen auch in der Gegenwart häufig anzutreffenden Sachverhalt. Man denke etwa an die schwierige Lage, in der sich christliche Gemeinden – von den jüdischen gar nicht zu reden – in den meisten Ländern des Nahen und Mittleren Ostens befinden, oder an die systematische Verfolgung und Diskriminierung der Juden im Christentum über Jahrhunderte hinweg. Bezeichnend für diesen zweiten Teiltypus ist, dass der betreffenden Religionsgemeinschaft vom Staat oder den politischen Machthabern ihre Existenzberechtigung zwar nicht schlechterdings abgesprochen wird, ihre Mitglieder jedoch sowohl in Glaubensfragen als auch generell zahlreichen Einschränkungen und Benachteiligungen unterworfen sind. Der Fächer der Diskriminierungen ist breit, entsprechend den unterschiedlichen Intensitätsstufen der Ächtung und Zurücksetzung. Er reicht von der simplen Benachteiligung bei der Arbeits- und Wohnungssuche bis hin zur strafrechtlichen Verfolgung exponierter Führer, die im Namen ihrer religiösen Überzeugung allzu offen Kritik an den in einer Gesellschaft herrschenden Zuständen (oder dem politischen System) üben.

Bei der Frage, wie die Mitglieder der zurückgesetzten Religionsgemeinschaft mit ihrer Unterlegenheit oder ihrem Minderheitsstatus umgehen, stößt man erneut auf die bereits zuvor aufgezeigten Verhaltensoptionen, wenngleich in weniger dramatischer Form. Die Alternativen lauten: Anpassung, Rückzug oder Widerstand. Ähnlich wie im Falle völliger Entmachtung stellen Situationen kollektiver Diskriminierung und potentieller Verfolgung bzw. Unterdrückung Bewährungsproben für eine kirchliche Gemeinschaft dar, aus der sie geschwächt oder gestärkt hervorgehen kann. Ethnisch-religiöse Minderheiten wie etwa die Katholiken im mehrheitlich protestantischen Nordirland, die Kopten in Ägypten oder die jüdischen Diasporagemeinschaften in der ganzen Welt haben sich bereits an diese Dauerherausforderung gewöhnt und entsprechende Strategien der Abwehr und religiöser Selbstbehauptung entwickelt. Anders sieht es dagegen aus, wenn Kirchen oder Religionsgemeinschaften wegen eines Regimes, das ihnen nicht wohlgesonnen ist (Beispiel: die ehemaligen kommunistischen Regime im Osten), für eine begrenzte Zeit in Bedrängnis geraten. Hier kommt es regelmäßig zu einer Ausdifferenzierung der Reaktionen im Sinne der erwähnten drei Alternativen.

Dabei erweist sich erneut als längerfristig besonders wirkungsträchtig die Haltung jener, die den Herrschenden aus ihrer Glaubensüberzeugung heraus die Stirn bieten. Man denke etwa an die Rolle der Katholiken im Rahmen der oppositionellen Solidarność-Bewegung im Polen der 80er Jahre, die Schlüsselbedeutung des baskischen Klerus beim Widerstand gegen das Franco-Regime in den 60er und frühen 70er Jahren oder den mutigen Oppositionskurs des chilenischen Episkopats gegen die Pinochet-Diktatur in den 70er und frühen 80er Jahren. In all diesen Fällen ging von kirchlichen Widerstandskernen gegen autoritäre Herrschaftssysteme eine eigentümliche Sogwirkung aus. Sie wurden zum Sammelbecken der Opposition, in dem sich Regimekritiker und Widerständler der unterschiedlichsten Lager zusammenfanden. Der Kirche kann in solch außergewöhnlichen Situationen der Zwangsherrschaft eine Bedeutung zuwachsen, die ihr normalerweise in modernen, weitgehend säkularisierten Gesellschaften nicht zukommt. Sie wird zum kollektiven Hoffnungsträger, ihre Vertreter verkörpern all jene humanitären Werte, die von dem Regime mit Füßen getreten werden. Doch handelt es sich dabei nur um begrenzte Perioden und exzeptionelle Bedingungen. Wenn die Krise überstanden ist und die Politik wieder in verfassungsmäßigen rechtsstaatlichen Bahnen verläuft, büßen Religionen und ihre Träger rasch den Sonderstatus ein, der ihnen in Zeiten der Not und Unterdrückung eingeräumt wurde (als Beispiele bieten sich sowohl der Protestantismus in der ehemaligen DDR nach der Wende als auch die Katholische Kirche in Brasilien nach dem Ende der letzten Militärdiktatur an).

Beim dritten Typus wird der Sprung von einer Lage relativer Benachteiligung und Machtlosigkeit zur Einflussnahme auf den politischen Prozess vollzogen. Diese Möglichkeit bleibt allerdings meist religiösen Führern und bedeutenden Predigern oder Theologen vorbehalten, während sich das Gros der Gläubigen weiterhin mit einer eher passiven Rolle begnügen muss. Bezeichnend für die in diese Kategorie fallenden Formen politischen Einflusses ist, dass dieser vorwiegend über informelle Wege und Kanäle erfolgt. Dies kann auf unterschiedliche Art und Weise geschehen:

- Religionsvertreter können unmittelbaren Zugang zum Herrschaftsapparat und -personal erlangen oder indirekt, durch die Beeinflussung des allgemeinen Werteklimas und der Stimmungslage, den jeweiligen politischen Kurs und die politischen Entscheidungen beeinflussen.

- Die Einflussnahme kann mehr privater Natur sein, etwa in Form persönlicher Beratung politischer Schlüsselpersonen ausgeübt werden oder in mehr oder weniger öffentlicher Form, beispielsweise durch Predigten, kirchliche Stellungnahmen etc. erfolgen (vgl. den Beitrag von U. Balbier).

Religiöse Assistenz für Herrschaftsträger, die in Europa eine weit ins Mittelalter zurück reichende Tradition hat, lässt sich in ihren verschiedenen Varianten gut am Beispiel des Beichtvaters als Machtberater in der Frühen Neuzeit studieren, der Arzt, Richter und Prophet in einem sein sollte (vgl. den Beitrag von N. Reinhardt). Hier werden an den Kontrastfällen Spanien und Frankreich auch die gegensätzlichen Tendenzen zu einer „Theologisierung" der Politik bzw. einer „Politisierung" der Theologen deutlich. Gegenwärtig kommt den Fatwas im Islam eine ähnlich zentrale Bedeutung für die Orientierung der muslimischen Gläubigen zu, wie sie einst die Beichte für gläubige Katholiken hatte. Ursprünglich kam Fatwas vor allem die Funktion von Rechtsgutachten für islamische Herrscher in schwierigen Situationen zu, wobei die dafür zuständigen Muftis eine ähnlich ambivalente Position zwischen Religion und Politik einnahmen wie Beichtväter als Herrschaftsberater. Mittlerweile haben sie jedoch im Zuge des beschleunigten sozioökonomischen Wandels und insbesondere der breiten Wanderungsströme von Muslimen in westliche Länder enorm an Relevanz für das Alltagsleben der Muslime gewonnen, ohne indes ihren herausragenden Stellenwert im engeren politischen Bereich eingebüßt zu haben. (Beispiel: Die Fatwa Bin Ladens von 1998 gegen die USA, die allerdings nicht unumstritten ist, da Bin Laden kein anerkannter islamischer Rechtsgelehrter ist; vgl. den Beitrag von H. Kippenberg.)

Die stärkste Form, um von Seiten der Religionsvertreter einem politischen System seinen Stempel aufzudrücken, besteht in dessen expliziter

Legitimierung (Beispiel: Legitimierung des Apartheid-Regimes in Südafrika über Jahrzehnte hinweg durch die calvinistische Kirche; vgl. den Beitrag von D. Smit) oder Delegitimierung. Damit ist die seit der jüngeren Neuzeit bestehende Trennlinie zwischen politischer und religiöser Sphäre weitgehend aufgehoben. Die politische Macht leitet sich nicht mehr nur aus diesseitigen Prinzipien wie etwa der Volkssouveränität her, sondern erhält eine sakrale Aura und erfährt eine transzendentale Rechtfertigung. Wenn sich Religionsvertreter in dieser Weise politisch engagieren, mögen daraus der betreffenden Kirche zwar kurzfristig Vorteile erwachsen. Doch ob sich diese Bindung längerfristig auszahlt, ist zu bezweifeln.

Das lässt sich anschaulich anhand eines diachronen Vergleichs der Rolle der katholischen Kirche in Lateinamerika mit jener der protestantischen Kirchen in den USA belegen. Die enge Anlehnung insbesondere des hohen Klerus in Lateinamerika an den Staat hat die Position der Kirche, langfristig betrachtet, nicht gestärkt, sondern eher geschwächt. Hinter der Fassade eines offiziellen, teils sogar in der Verfassung verankerten Katholizismus vollzog sich lautlos eine allmähliche Entfremdung breiter Bevölkerungsteile von der Kirche, die den Boden für das heute vielerorts starke Aufkommen der protestantischen Sekten bereitete (vgl. den Beitrag von P. Waldmann). Lateinamerika bringt seit Jahrzehnten nicht mehr genug Priester hervor, um die geistliche Versorgung der immer noch überwiegend katholischen Bevölkerung sicherzustellen, sondern muss diese aus anderen Großregionen, vor allem aus Europa, „importieren". Diese Situation steht in deutlichem Kontrast zu jener in den USA. Die nordamerikanischen Eliten haben sich gehütet, den Protestantismus zur Staatsreligion zu machen, sondern waren vor allem bestrebt, den gesellschaftlichen Raum mit religiösen Ideen und Bewegungen zu durchdringen. Das Ergebnis dieser klugen Zurückhaltung ist, dass der Protestantismus nach wie vor die anerkannte Wertebasis staatlicher und gesellschaftlicher Führungsgruppen darstellt und die USA bis heute das am stärksten von religiösen Einflüssen geprägte Land in der westlichen Hemisphäre sind.

Mit der vierten Kategorie der „Teilhabe an der Macht" ist die Grenze zur aktiven Mitgestaltung des politischen Prozesses definitiv überschritten. „Machtteilhabe" ist nicht gleichbedeutend mit Beteiligung an der Herrschaft oder Regierung; auch eine Oppositionsrolle fällt in diese Kategorie. Worauf es ankommt, und was diesen Typus von jenem der „Unterlegenheit und relativen Machtlosigkeit" unterscheidet, ist, dass nunmehr der Machtstatus einer religiösen Gemeinschaft oder ihres Vertretungsorgans offiziell anerkannt ist, während diese als unterlegene Gruppe nur geduldet wird.

Den Paradefall religiöser Machtteilhabe in der Moderne bilden konfessionell ausgerichtete Parteien, wobei jedoch zwei Untertypen zu unterschei-

den sind: jene Parteien, die die religiöse Bindung nur als ein vages Versprechen in ihrem Titel führen (Beispiel: CDU/CSU), und jene, wie etwa die
katholische Zentrumspartei in der Weimarer Republik oder gegenwärtig die
ultraorthodoxen jüdischen Parteien in Israel (vgl. hierzu den Beitrag von A.
Timm), welche religiöse Grundsätze und Ziele zur Richtschnur ihrer Politik
machen. Wie das Beispiel des Libanon und anderer schwacher Staaten zeigt,
kommt Parteien jedoch je nach Regimetypus ein unterschiedliches politisches Gewicht zu; deshalb sollten sie in ihrer Bedeutung nicht überschätzt
werden. Im Falle des libanesischen Konkordanz-Regimes (so der terminus
technicus) sind es nicht die Parteien, sondern die hinter ihnen stehenden
ethnisch-religiösen Großgruppen und Verbände, welche die eigentlichen
Machtbausteine bilden, auf denen das gesamtgesellschaftliche Gefüge ruht.
Folglich sind es auch diese Großgruppen, in denen sich Religion und Politik
am intensivsten begegnen und miteinander verquicken.

Das lässt sich gut am Beispiel der Maroniten im Libanon demonstrieren
(vgl. den Beitrag von T. Scheffler). Der maronitische Patriarch nimmt nicht
nur spirituelle, sondern auch wichtige zivilgesellschaftliche und politische
Funktionen wahr. Dadurch kommt es zu einer Vermischung und teilweisen
Verschmelzung religiöser und säkularer Elemente in seinem Amt. Er wird
zum Repräsentanten einer religiösen Kultur eigener Art, der in seiner Doppelrolle Zugeständnisse nach zwei Seiten hin machen muss: als Theologe an
das Hier und Jetzt des politischen Alltags und das der Politik inhärente
Denken in Macht- und Selbstbehauptungskategorien; als Politiker insofern,
als er nicht darauf verzichten kann, seine Maßnahmen und sein ganzes Vorgehen in den Rahmen eines umfassenden religiösen Heilsplans zu stellen. In
diesem wie in ähnlichen Fällen (man denke etwa an die ebenfalls zum libanesischen Parteienspektrum gehörende, die dortigen Schiiten vertretende
Hizbollah), bildet sich zwischen den beiden Polen eine Art Gleichgewichts-
zustand heraus, der jedoch prekär ist und jederzeit zum einen oder anderen
Pol hin abkippen kann. Sei es, dass die Religion zur weltanschaulichen Be-
mäntelung egoistischer Kollektivinteressen verkommt, sei es, dass die für
das politische Geschäft unentbehrliche Kunst, Kompromisse zu schließen,
auf dem Altar des religiösen Fanatismus und Dogmatismus geopfert wird.

Insgesamt ist die Bereitschaft von Religionsvertretern, aktiv gestaltend
am politischen Prozess teilzunehmen, an eine prinzipielle Weltbejahung
gebunden, die in den Religionen unterschiedlich stark ausgeprägt, innerhalb
des Christentums beispielsweise, insgesamt betrachtet (unter Vernachlässigung von Unterströmungen), eher für den Protestantismus als für die orthodoxe Kirche kennzeichnend ist. Weltbejahung und Bejahung eines bestimmten Regimes können nahtlos einander übergehen, worunter unter
Umständen die Funktion von Religionen leidet, Herrschaftssysteme kritisch

zu hinterfragen und an zeitlosen moralisch-religiösen Normen zu messen. Wie P. Gemeinhardt in seinem Beitrag ausführt, hatte schon in der Frühzeit des Christentums der Aufstieg der Bischöfe zu Macht und Ansehen zur Folge, dass sich als Reaktion dagegen ein Zweig der „Heiligen" herausbildete, die weitab von den Großstädten durch Weltentsagung und Askese den Idealen christlichen Lebens näher zu kommen suchte. Diese Art pointierter Abwendung von einer nach Ansicht vieler Gläubigen allzusehr in irdische Machtinteressen verstrickten Kirche ist bis heute nicht selten. Daneben gibt es jedoch auch eine moderatere, letztlich dem gleichen spirituellen Anliegen dienende Reaktion: dass nämlich von theologischer Seite das machtpolitische Engagement eines Teils des Klerus und kirchlicher Laien als eine Form des „outsourcing" betrachtet wird, das dem Rest erlaubt, umso ungestörter religiösen Meditationen und Reflexionen nachzugehen.

Die Spannung zwischen religiösen Zielen und irdischen Machtinteressen erreicht ihren Höhepunkt bei der fünften und letzten Kategorie, wo sie eigentlich aufgehoben sein sollte: im Falle eines von Geistlichen ausgeübten Machtmonopols. „Machtmonopol" geht über den religiösen Alleinvertretungsanspruch einer Kirche oder Religionsgemeinschaft hinaus und meint die Verfügung über sämtliche Herrschaftsmittel. Die Fälle eines solcherart unbegrenzten religiösen Herrschaftsanspruchs sind in der jüngeren europäischen Geschichte rar. Das von Calvin nach seiner Rückberufung nach Genf 1541 dort ausgeübte strenge Sittenregime mag dem Idealtypus einer Theokratie nahe kommen, ähnlich wie rund hundert Jahre später die in England von Oliver Cromwell als Lord Protector ausgeübte Herrschaft. Im außereuropäischen Raum denkt man sofort an die iranische Revolution von 1979 und die dort seit 1981 existierende „islamische Republik Iran", in der faktisch ein Geistlicher (Faqih) die höchste Macht ausübt (vgl. den Beitrag von H. Fürtig).

Wie eben angemerkt wurde, ist die Spannung zwischen religiöser Berufung und weltlichen Machtinteressen in der Theokratie, wo alles unter dem letzten Diktat eines Geistlichen steht, nur scheinbar aufgehoben. Tatsächlich stellen sich nun die Probleme gerade umgekehrt wie im Falle einer absoluten Rechtlosigkeit und Unterdrückung religiöser Gemeinschaften. Hat deren gänzliche Machtlosigkeit zur Folge, dass sich die Gläubigen verstärkt auf die Religion als ihren verbliebenen Halt und Rettungsanker stützen, so birgt die Machtfülle, die in einer Theokratie in die Hände des Klerus gelegt ist, die gegenteilige Gefahr, dass im Regierungsgeschäft weltliche Interessen und Belange so sehr dominieren, dass die eigentlich propagierten religiösen und moralischen Ziele in den Hintergrund treten oder verwässert werden. Wie lässt sich verhindern, dass Geistliche, von der plötzlich ihnen zur Verfügung stehenden Ressourcenfülle überfordert, sich verführen und korrumpieren lassen? Hinzu kommt, dass es aufgrund der Seltenheit theokratischer Herrschaftssysteme an einschlägigen Vorbildern fehlt, nach denen sich die geistlichen Führer richten könnten. So bleibt jedem theokratischen Machthaber nichts anderes übrig, als einen eigenen Weg zu finden, wie man aus Fehlern lernen und einen überwölbenden religiösen Heilsanspruch mit den für alle politischen Systeme charakteristischen Macht- und Interessenskonflikten in Einklang bringen kann.

Auch die Entwicklung der „islamischen Republik Iran" in den letzten 30 Jahren stellt sich als ein zeitlich gestrecktes Lernexperiment dar. Wie ihr Begründer, Ayatollah Khomeini, bald erkennen musste, ließ sich seine Leitvorstellung eines als Modell geplanten, unter der autoritären Herrschaft eines islamischen Rechtsgelehrten stehenden Staates nicht ohne Weiteres mit der wirtschaftlichen, innen- und außenpolitischen Eigenlogik eines modernen Nationalstaates in Einklang bringen, der in ein System gleichartiger Staaten eingebettet ist. Die Lösung dieser Spannungsbeziehung bestand im periodischen Hin- und Herpendeln zwischen einer Aufwertung der weltlichen Technokraten und der Bestätigung der letztlich entscheidenden Rolle des obersten Geistlichen und seines klerikalen Gefolges in allen wichtigen Fragen. Obwohl deren Machtmonopol im Ergebnis unangetastet blieb, stellt sich doch die Frage, ob das Experiment gelungen, der Iran dank der von Geistlichen ausgeübten Herrschaft zu einem „religiöseren" Land im Sinne der Lehren des Koran geworden ist. Gelegentlich nach außen dringende Berichte über die Distanzierung vor allem der Jugend von der offiziell propagierten Religion lassen dies bezweifeln.

Dem hier vorgestellten typologischen Schema haften einige Schwächen an, die nicht unerwähnt bleiben sollen. Zunächst ist einzuräumen, dass das Schema mit vergleichsweise groben Kategorien arbeitet und rein statischer Natur ist. Bei den meisten Kategorien könnte man noch Untertypen bilden; außerdem erfasst es nicht gleitende Übergänge und den Wechsel einer Religionsgemeinschaft von einer Kategorie in eine andere. So stieg etwa die russisch-orthodoxe Kirche, die unter Stalin zunächst sehr hart unterdrückt wurde, im „Vaterländischen Krieg" gegen das Hitlerreich zu einer immerhin geduldeten Institution auf, deren Mobilisierungskapazität man sich bediente, um den patriotischen Widerstandswillen gegen die deutschen Truppen aufrechtzuerhalten. Um ein anderes Beispiel zu nehmen: P. Gemeinhardt verfolgt in seinem Beitrag die Entwicklung der Christen von einer unterdrückten religiösen Sekte zur Staatskirche (vgl. auch den Beitrag von C. Hauswedell über Jan Paisleys Wandel vom Konflikttreiber zum Friedensermöglicher).

Weiterhin ist zu betonen, dass sich das Schema auf die Darstellung der Beziehung von Religionsgemeinschaften zu externen Machtorganisationen beschränkt. Völlig ausgeklammert bleiben dagegen die Machtverhältnisse innerhalb der religiösen Gemeinschaften. Auch hier existiert ein breites Spektrum von Gestaltungsmöglichkeiten, angefangen von ausgesprochen dezentralen Strukturen bis hin zur Konzentration sämtlicher Machtbefugnisse in einer Führungsspitze. Die meisten Kirchen und Religionsgemeinschaften haben eine Zwischenlösung zwischen diesen beiden Extremformen gewählt. Die Problematik, die hinter dem Schlüssel interner Machtverteilung steht, ist im Grunde nicht unähnlich jener, vor die sich religiöse Führer bei der Einlassung auf mehr oder weniger enge Beziehungen mit externen Machtträgern gestellt sehen. In jedem Fall geht es darum, herauszufinden, welche Konstellation am besten geeignet ist, um die religiöse Botschaft in dieser Welt zur Geltung zu bringen und ihr Resonanz zu verschaffen. „In dieser Welt" bedeutet, dass es nicht hinreicht, zeitlose religiöse und moralische Wahrheiten zu verkünden, sondern dass Zugeständnisse an den jeweiligen Zeitgeist und die konkreten Existenzbedingungen sowohl der religiösen Gemeinschaft im engeren Sinn als auch der jeweiligen Gesellschaft im Allgemeinen gemacht werden müssen. Eine Kombination aus zentraler Führung, die zumindest ihrem Anspruch nach die zeitlose Essenz einer Religion verkörpert, und dezentralen, den jeweiligen zeitlich-räumlichen Umständen angepassten Umsetzungs- und Ausführungsorganen, scheint dieser Doppelanforderung am ehesten gerecht zu werden.

Dabei ist allerdings zusätzlich ein Faktor zu berücksichtigen, der ebenfalls aus den bisherigen Überlegungen ausgeklammert wurde: jener der Konkurrenz, und zwar sowohl der Konkurrenz zwischen verschiedenen Strömungen innerhalb derselben Religion als auch jener zu anderen Religionen. Sieht man von sozio-ökonomischen Krisenzeiten („Not lehrt beten") und Situationen politischer Unterdrückung ab, wirkt sich kaum ein Umstand belebender auf das religiöse Leben einer Gesellschaft aus als das Aufkommen konkurrierender religiöser Heilsangebote, die der etablierten Kirche ihre Vorrangstellung streitig machen. Das historisch herausragende Beispiel ist die Gegenreformation, eine Antwort der katholischen Kirche auf die Herausforderung, die für sie die Reformationsbewegung darstellte. In Bezug auf Lateinamerika besteht kein Zweifel, dass die dort in den 60er und 70er Jahren des vergangenen Jahrhunderts entstandene „Theologie der Befreiung" u.a. als eine Reaktion auf das Erstarken der protestantischen Sekten in diesem Großraum zu verstehen ist, von denen sie im Übrigen großenteils ihre neuen Formen der Missionierung übernahm. Und könnte die erstaunliche Vitalität des Protestantismus in den USA, aber auch des Islam nicht mit dem ausgeprägten inneren Pluralismus beider Großreligionen zusammenhängen, der Tatsache also, dass in ihnen zahlreiche Untergruppen und Teilströmungen miteinander rivalisieren?

Ist Machtnähe Religionsgemeinschaften bekömmlich oder schadet sie ihnen eher? Es fällt schwer, eine abschließende Antwort auf diese Frage zu geben. Beim Durchmustern der verschiedenen Beziehungsformen wurde eher der letztgenannte Standpunkt vertreten. Das heißt, es wurde davon ausgegangen, dass Religiosität in Reinform eher dann auftritt, wenn weltliche Herrschaftsangebote und religiöse Gebote auseinanderfallen. Dabei stand nicht zuletzt der von Emile Durkheim herauspräparierte Gedanke Pate, dass erst das abweichende, regelwidrige Verhalten (in diesem Fall die mit religiösen Geboten unvereinbaren Loyalitätserwartungen staatlicher Hoheitsträger) den Sinn einer (religiösen) Norm voll erschließt. Folglich, so der gemäß dieser Logik gezogene Schluss, haben von den Machtzentren isoliert lebende oder unterdrückte religiöse Gemeinschaften eine größere Chance, zum Kerngehalt einer Religion vorzudringen und ihr gemäß zu leben, als eng in Machtinteressen eingebundene und in Machtkämpfe verstrickte Gemeinden.

Doch eine religiöse Gemeinschaft besteht nicht nur aus Märtyrern und Heiligen, die sich in Ausnahmesituationen bewähren. Ihr Heilsangebot muss auch auf jene Gläubigen abgestimmt sein, die nicht allein ihrem Glauben leben und bereit sind, für ihn große Opfer zu erbringen, sondern Religion als Stütze zur Bewältigung ihres Alltags benötigen. Zudem darf man, wenn es um die Vitalität und Beharrungskraft einer Religion geht, nicht nur Krisenzeiten und Ausnahmesituationen im Auge haben, sondern auch ihre Funktionen in Zeiten des Wohlstands und institutioneller Stabilität. Selbst wenn hinsichtlich der Extremsituationen eine gewisse Asymmetrie dergestalt festzustellen ist, dass extreme Unterdrückung sich im Zweifel belebend auf die Religiosität einer Bevölkerung auswirkt, während ihre allzu enge Verschwisterung mit der Macht einer Religion eher schadet: selbst dann sollte man daraus keine generelle Devise des Inhalts ableiten, Religionsvertreter seien prinzipiell gut beraten, sich von der Macht fernzuhalten.

Vielmehr ist festzuhalten: Machtnähe kann, muss aber nicht die Substanz einer Religion angreifen, wie umgekehrt relative oder absolute Machtdeprivation einer Religionsgemeinschaft nicht automatisch religiöse Erneuerungs- und Erweckungsbewegungen nach sich zieht. Hier gibt es keine deterministischen Kausalitäten, sondern allenfalls strukturell bedingte Wahrscheinlichkeiten und Chancen. Wieweit sie „greifen" und wahrgenommen werden, hängt von den jeweiligen Traditionen, den situativen Umständen und den maßgeblichen religiösen Führungsfiguren ab.

ATHINA LEXUTT,

DETLEF METZ (HG.)

CHRISTENTUM – ISLAM

EIN QUELLENKOMPENDIUM (8.–21. JH.)

(UTB FÜR WISSENSCHAFT 3225 S)

Wie wichtig ein vertieftes Verständnis der islamischen Religion und ihrer verschiedenen Gestalten ist, verdeutlicht der tägliche Blick in die Nachrichten. Auseinandersetzungen im Nahen Osten, Diskussionen um einen Moscheebau, religiös begründete Terrorakte – mit der Welt des Islam in einen Dialog einzutreten, ist eine der dringlichsten Aufgaben in Gegenwart und Zukunft. Dass dies in der Vergangenheit bereits als Aufgabe erkannt wurde, überrascht dagegen zunächst.

Auch im Studium der Geschichte, der Theologie, der Politik- und der Religionswissenschaften gerät diese Seite des Verhältnisses der Religionen zunehmend in den Fokus. Dieser Tendenz trägt das vorliegende Studienbuch Rechnung, indem es die wichtigsten Quellen zusammenstellt, die aus christlicher Perspektive den christlich-islamischen Dialog von den Anfängen bis in die Gegenwart dokumentieren. Fachkundige Einleitungen zum politischen und geistesgeschichtlichen Kontext des jeweiligen Jahrhunderts sowie zu den einzelnen Autoren und ihrem Werk ergänzen die Quellen zu einem informativen Überblick.

2009. 237 S. BR. 120 X 185 MM.

ISBN 978-3-8252-3225-2

BÖHLAU VERLAG, URSULAPLATZ 1, 50668 KÖLN. T: +49(0)221 913 90-0

INFO@BOEHLAU.DE, WWW.BOEHLAU.DE | KÖLN WEIMAR WIEN

böhlau

MAXIMILIAN GOTTSCHLICH
VERSÖHNUNG
SPIRITUALITÄT IM ZEICHEN VON
THORA UND KREUZ
SPURENSUCHE EINES GRENZGÄNGERS

Christentum ist nicht ohne Judentum. Dieser Umstand wird von vielen Christen weithin tabuisiert und ignoriert. Immer noch trifft zu, was der Theologe Karl Barth einmal so formulierte: »Die Kirche ist den Juden, denen sie alles schuldet, bis zum heutigen Tag alles schuldig geblieben«. Dieses Buch macht deutlich: Christliche Spiritualität »nach Auschwitz« kann nur eine Spiritualität der Versöhnung sein – im wahrhaften Dialog mit dem Judentum, mit dem Geist Israels, aus dem auch der gläubige Jude Jesus schöpfte. Der Weg dort hin beginnt damit, nicht das Trennende beider Religionen zu suchen, sondern das Verbindende. Wie das gelingen kann, darauf versucht der Wiener Kommunikationswissenschafter Maximilian Gottschlich – selbst katholischer Christ mit jüdischen Wurzeln – Antwort zu geben.

2008. 362 S. GB. MIT SU. 235 X 155 MM.
ISBN 978-3-205-77658-1

»Eine Hommage an Gottes erste Liebe.«
   ORF Religion

BÖHLAU VERLAG, WIESINGERSTRASSE I, A-IOIO WIEN, T: +43 I 330 24 27-0
VERTRIEB@BOEHLAU.AT, WWW.BOEHLAU-VERLAG.COM

böhlau

RUDOLF LANGTHALER, KURT APPEL (HG.)

DAWKINS' GOTTESWAHN

15 KRITISCHE ANTWORTEN AUF
SEINE ATHEISTISCHE MISSION

Dawkins' Bestseller »Der Gottes-Wahn« gilt als eine der schärfsten zeitgenös-
sischen Formen der Religionskritik und eines evolutionsbiologisch begründeten Atheismus. Doch sind die von Dawkins vorgebrachten Einwände und
seine Auseinandersetzung mit der Gottesthematik auch wirklich stichhaltig?
15 Autoren aus Naturwissenschaft, Philosophie und Theologie analysieren in
unterschiedlichen Zugängen die in Dawkins »Gotteswahn« vorgelegten Argumente und geben eine kritische Antwort auf Dawkins' Herausforderung.

2009. 400 S. BR. 135 X 210 MM.
ISBN 978-3-205-78409-8

»[E]ine Fundgrube an Argumenten, die sich vornehmlich, aber nicht nur
kritisch mit dem Ober-Atheisten auseinandersetzen.«
   Die Furche

BÖHLAU VERLAG, WIESINGERSTRASSE 1, A-1010 WIEN, T: +43 1 330 24 27-0
VERTRIEB@BOEHLAU.AT, WWW.BOEHLAU-VERLAG.COM